숨겨진
부의 설계도
Blueprint of Hidden Wealth

Blueprint of Hidden Wealth

숨겨진
부의 설계도

| 자명 지음 |

지식공감

서문

 이 책을 쓰기에 앞서 가장 큰 고민은 어떻게 쉽게 쓰느냐 하는 문제였다. 대부분의 투자 관련 서적이나 경제 관련 리포트들을 읽으며 불편하게 생각했던 것 중 하나는 왜 쉬운 용어를 놔두고 어려운 단어를 굳이 사용해야 하는가 의문이었다. 그런가 하면 투자전문가들이나 이해할만한 전문용어들이 주석 없이 그대로 쓰여졌다는 것도 아쉬움으로 남아 있었다.

 내가 강의를 할 때, 맨 먼저 고려하는 부분도 모든 참석자들이 쉽게 이해하도록 진행하는 것에 중점을 둔다. 단 한 사람이라도 그 강의를 이해하지 못하고 시간을 허비했다면 그 강의는 실패했다고 생각하기 때문이다. 또한, 아무리 좋은 책이라도 독자가 이해하지 못한다면 그 책은 장식용에 불과하다는 생각이다.

 이 책은 투자와 미래의 대변화를 예측하고 그 내용이 실질적인 투자활동과 자산증식에 도움이 되도록 쓰였음에도 불구하고 고등학생도 이해할 수 있도록 풀어쓰려고 노력했다. 그리고 각 주제에 대한 해답보다는 힌트를 찾는 데 더 큰 의미를 두었다. 해답은 글쓴이의 영역 안에 갇힐 수 있기 때문이다. 우리가 카페에서 마주 앉아 주고받는 대화처럼 누구나 읽고 이해할 수 있도록 서술한 책이다. 그리고 이론보다는 구체적인 사례와 내 경험들을 전달하는 데 중점을 두었다. 노후준비와 자산을 불려가기 위해 다양한 상품에 투자하려는 사람들과 스타트업을 구상 중인 창업자들에게도 이 책은 방향설정을 새롭게 하고 힌트를 찾을 수 있도록 설명해 줄 것이다. 오랜 기간 여러 나라들의 다양한 상품과 실물자산 등에 투자한 경험과 수많은 컨퍼런스를 통해 얻은 지식들도 꼼꼼히 기록했다.

현재도 투자활동을 하면서 현장에서 보고 느낀 사례들을 바탕으로 쓰였기에 이해하는 데 큰 도움이 될 것으로 기대하고 있다. 앞으로 10년은 50년을 앞당길 대변혁의 시기다. 인생에 3번 기회가 온다는 그 호기도 최소한 두 번 정도는 이 기간에 찾아올 것이다. 다만 그 기회가 몇 번이나 찾아와도 그것을 준비하고 예견하지 못한다면 소용없는 일이다.

세계 최고의 부자들과 부자 기업들의 공통점은 머리를 써서 금자탑을 세웠다는 점이다. 공장 하나 없는 아마존이나 구글(google) 가치만으로도 우리나라의 상장사(코스피, 코스닥) 전체를 사고도 남는다. 앞으로 부의 역사를 고쳐 쓰게 될 신흥부자들도 머리로 돈을 버는 사람들이 주인공이 될 것이다.

밀레니엄 시대에 들어서서 새롭게 등장한 한국의 신흥부자들 또한 모두 머리로 돈을 번 사람들이었다. 빠르게 진화하는 신산업 트렌드의 패러다임에서 새로운 부의 지도를 그려갈 사람들도 발상의 전환에서 시작될 것이다. 지금까지 모든 산업은 기술이 앞장서 변화를 주도했다면 향후 10년은 작은 발상이 기술을 이끌고 신산업으로 변화해 갈 것이다. 융합과 공유경제가 성숙기를 맞을 앞으로 10년은 신(新)개념의 아이디어를 통해 새로운 리더들이 탄생할 것이고 부의 역사를 바꿀 것이다.

  그리고 우리나라 역사에서 가장 큰 변화가 시작되는 기간이기도 하다. 이러한 변화는 '마지막 기회의 땅 북한'에 대해 심도 있게 다루었다. 어떤 식으로든지 10년 안에 남북한은 경제통일을 먼저 맞이할 것으로 예측하고 있다. 북한에 대한 변화와 현재의 상황을 산업별로 분석하고 전망하였다. 머지않아 남북한 경제 단일화 또는 경제협력이 이뤄졌을 때 북한에 대한 투자를 계획하거나 경제 전반의 실상을 알고 싶은 사람들에게도 큰 이해와 함께 미래의 사업에 대한 모티브를 찾을 수 있을 것이다.

  신기술이나 산업의 패러다임은 일정한 기간 동안 시행착오를 거치며 진화한다. 사업의 시스템이나 정책 또한 많은 실수와 경험을 토대로 발전한다. 한국의 대표기업인 삼성전자가 창사 이래 가장 큰 금액의 투자를 발표하며 내세운 점도 스타트업의 육성과 동반성장이었다. 우리나라의 대표적인 반도체산업은 향후 10년 안에 완전히 새로운 모델로 탈바꿈하여 제2의 전성기를 맞을 것이다. 메모리반도체에서 시스템반도체로 전환은 진정한 IT강국으로 거듭나기 위한 과정이다. 우리나라 반도체산업은 어느 국가의 기업들보다 많은 노하우와 경험을 갖고 있어 진정한 반도체 1위 국가임을 증명해 줄 것이다.

최근 일본 정부의 수출규제 횡포를 보며 우리는 비로소 대한민국의 IT강국이라는 허상을 보았고 허탈감을 느꼈다. 자부하던 반도체시스템의 수준과 한계를 정책당국자들이나 국민들은 보았고, 새로운 인식 전환의 계기가 되었을 것이다. 이번 사태는 반도체 관련 장비와 소재의 신기술을 앞당기는 계기를 주었는가 하면 대기업과 중소기업 간의 구조적인 문제점을 보완할 수 있는 공감대를 만들어 주었다. 대한민국의 장래를 위해 멀리 내다보면 큰 호재가 아닐 수 없다. 수많은 스타트업 기업들이 이 분야에서 생겨날 것이고 새로운 부자들도 여기에서 나올 확률이 매우 높다. 창업을 준비하고 있는 사람들은 이 책에서 스타트업에 대한 아이디어를 찾을 수 있고 다양한 분야의 산업구조를 이해하게 될 것이다. 이제 새로운 가치로 떠오르고 있는 한류문화도 신산업으로 자리를 잡아 성숙기에 들어섰다. 창업을 꿈꾸는 사람들에게 힌트를 얻을 수 있고 새로운 사업모델이 될 수 있도록 현재 상황과 진화하는 과정을 서술해 놓았다.

최근 빠르게 돈의 흐름이 바뀌고 있다. 큰돈을 투자해 공장을 세우고 제품을 만들어 돈을 버는 시대는 지났다. 우리나라 기업들의 한계라 할 수 있는 중화학 위주(조선, 자동차, 화학, 철강 등)의 생산구조는 많은 어려움에 봉착해 있는 현실이다. 이제는 머리로 돈을 버는 시대다. 발상의 전환을 통해 융합경제의 신기술이 접목된 아이디어산업이라야 경쟁력을 가질 수 있다. IT산업의 완성을 가져올 5G 시대가 실현됨으로써 연관된 인공지능, 자율주행, 의료혁명, E-커머스 등이 비로소 빛을 보는 시대다. 이 분야에서 수많은 신생기업들이 태동할 것이고 한국의 새로운 리더들이 탄생할 것으로 믿고 있다. 이 책에서 깊이 있게 다룬 부분도 5G와 관련된 사업들이다.

우리나라의 제약·바이오산업이 본격적인 연구를 시작한 지 20년이 지났다. 30년 차에 들어서는 향후 10년은 신물질 연구개발에 대한 결실이 나오는 시기다. 지속경영이 가능한 업체들과 이름뿐인 바이오산업 기업들이 명확히 구분되는 기간이기도 하다. 투자자적 관점에서 큰 관심을 두고 봐야 할 신산업이다. 앞으로 대한민국을 먹여 살릴 분야는 소프트 부문과 비메모리반도체가 중심이 될 것이다. 그 뒤를 이어 제약·바이오산업이 새로운 먹거리로 나설 가능성이 매우 크다. 소위 대박을 터트릴 분야다. 이 부분에 많은 지면을 할애했다.

그런가 하면 우리들의 일상생활에서 직접 피부에 와 닿는 가장 큰 변화를 가져올 분야는 전기자동차다. 전기자동차가 거리를 채우면서 급속히 사라질 업종들과 새로 선보이는 신산업이 부각될 것이다. 신산업의 패러다임 속에 수많은 신생기업들이 나타나 신성장의 사업모델로 세상을 바꿔나갈 것은 불을 보듯 뻔하다.

앞으로 10년 안에 우리나라 기업들의 절반 이상은 명맥만 유지하거나 흔적 없이 사라질 것으로 보고 있다. 그 자리를 스타트업 기업들이 탄생해 새로운 산업의 부흥을 이끌어 가길 기대하고 있다. 또한, 우리의 금융산업도 새로운 시스템으로 변화해 선진국 형태의 금융시장으로 변신을 꾀하는 중이다. 이미 그 변화는 시작되어 돈의 흐름이 바뀌고 있다. 이 대변혁의 기간에 우리는 작은 성장의 파이를 두고 경쟁해야 한다. 그것을 차지하는 방법은 보다 앞선 정보, 그리고 돈의 흐름을 먼저 읽고 그 흐르는 물줄기를 따라가는 길뿐이다. 이 책에서 그 변화의 흐름과 방향을 찾을 수 있을 것이다.

C o n t e n t s

Contents

제1장

돈의 흐름이
세상을 바꾼다

세계를 움직이는
돈의 정체

대형 IB(Investment Banking)들의 연례행사

미국에서는 연말이 다가오면 세계 유수의 금융기관들이 연례행사로 헤지펀드 프레젠테이션을 갖는 대규모의 컨퍼런스가 열린다. 미국의 주요 도시를 돌며 영향력 있는 투자자들이나 투자기관(재단, 연기금, 학교기금, 사학연금, 개인, 기업자금 등), 헤지펀드운용사를 초대하여 길게는 일주일, 짧아도 5일 정도 열리는 투자자와 투자은행들의 축제다. 전세계의 투자관계자들을 초청하여 행사를 주관한 금융기관들은 치밀한 일정표와 함께 프레젠테이션 스케줄을 조정하고 투자자와 투자기관들의 중개역할을 하며 흥행할 수 있도록 신경을 쓴다.

기존 헤지펀드를 운용하는 투자그룹이나 새롭게 진출하는 투자기관들은 정해진 시간표에 따라 자기들만의 특화된 상품과 특정한 국가를 대상으로 하는 투자전략을 발표하고 선전하는 기회를 갖는다. 이런 모임도 예외는 아니어서 실적이 뛰어난 펀드나 유명 펀드매니저 등이 속한 곳에 사람들이 몰리는 것은 당연하다.

유명한 투자은행이나 헤지펀드에서 이름을 날린 경력자들이 독립하여 신생펀드를 출범한 후 초대받은 경우도 있다. 주관사의 초청을 받아 왔기에 이 기회를 통해 데뷔하게 되고 또 신생펀드의 미래를 점쳐 볼 수 있는 시험장이기도 하다. 주관사들은 이런 행사를 통해 기존 고객과의 유대를 더 돈독히 하고 자신들만의 투자그룹을 공고히 하려는 데 목적을 두고 있다.

사모펀드의 특징인 끼리끼리의 그룹을 형성하는 데는 대체로 큰 규모의 자금을 굴리는 사람들이 특히 신경을 많이 쓰는 편이며 백인들 사회에서는 오랜 전통처럼 이어져 오고 있다. 펀드를 운용한 지 20년이 된 그룹들도 외부에 정보를 전혀 노출하지 않고 광고나 고객을 모집하는 행위를 일체 하지 않는 것도 보수적인 사모펀드들의 문화라고 할 수 있다.

신생펀드들은 자신들의 존재감을 알리고 투자자금을 모으기까지 상당한 시간과 노력이 필요한데 이 행사에 오는 투자자들은 주로 큰 자산가와 기금을 운용하는 책임자들이 모이는 자리다. 그렇기에 이 기회를 통해 자신들의 펀드를 알리고 신규고객을 확보하고자 전력을 다한다.

이 행사를 주관하는 투자기관은 대형 IB 또는 영향력 있는 헤지펀드들이다. 요즘은 주로 헤지펀드들이 이런 행사를 주관하며 자신들만의 그룹을 형성하고 서로 협업하며 어느 기업에 투자한 후 영향력을 행사한다. 이런 행사에 초대를 받았다는 자체만으로도 펀드운용사들과 투자자들은 머니게임 세계에서 인정받았다는 셈이다. 초대받은 기관이나 개인은 한두 명의 손님을 데려갈 수 있는데 유명 회원제 골프장의 회원이 비회원을 초대할 수 있는 것과 같다.

참여자들에겐 내로라하는 투자기관들의 투자전략과 돈의 흐름을 가늠해 볼 수 있는 중요한 자리이기도 하고 향후 투자방향을 짐작해 볼 수 있는 시간이다. 통산 서너 군데의 룸에서 동시에 진행되며 평소 관심이 있거나 기존 거래하는 펀드를 찾아 투자전략을 듣기도 하고 파트너끼리 다른 룸에 참석해 정보를 취합하기도 한다. 그리고 영향력 있는 투자업계 거물들을 초청해 강연을 들으며 포럼을 통해 향후 투자전략에 대해 진지한 토론을 하며 정보를 교환한다.

예를 들면 한국의 경기전망과 금융시장의 특성 규제 등을 설명하고 현 정부의 정책 방향, 리더의 경제관념 등 정보를 공유하고 특정한 기업이나 산업별 현황 등을 두고 토론하는 식이다. 지난해에는 그 어느 때보다 한국의 지정학적 리스크(북한문제)에 대해 질문들이 많았다. 또 한 가지 눈에 띄는 점은 국가부도 상태에 놓인 아르헨티나를 두고 큰 관심을 보인 것이다. 수도 부에노스아이레스의 랜드마크 빌딩들과 공공기관들이 소유한 주요 부동산들을 매입하는데 상세한 정보를 교환하는 것이었다. 기본 설계도는 물론 빌딩에 대한 상세한 정보와 현재 입주해 있는 기업이나 기관들의 정보도 있었다. 이 부동산에 투자하면 언제 빠져나오고 얼마만큼의 수익률을 목표에 둘 것인지 그 나라의 정부는 미국과의 관계는 어떤지, 세계은행이나 IMF는 어느 정도의 자금을 지원할 것인지 등 몇 개의 시나리오를 정해 놓고 토론했고 은행을 비롯하여 주요 기업들의 M&A에 대해서도 큰 관심을 두고 있었다.

우리나라가 IMF 국가부도 사태를 맞았을 때가 외국 투자가들에겐 황금의 시절이었다. 그들은 서울의 주요 빌딩들을 헐값에 사 모으고, 껌값으로 우리나라 대표기업들의 주식들을 쓸어 담았던 때가 생각나 섬뜩했다. 어느 한 국가는 위기에 처해 살아남기 위해 고군분투하고 있는데 다른 한쪽에서는 곤경에 처해 있는 국가의 약점을 이용해 이득을 취하려고 음모를 꾸미는 현장은 자본주의의 냉엄한 모습을 보는 것 같아 쓸쓸하지 않을 수 없었다.

프레젠테이션은 각 사의 투자설명회를 하는 자리이기도 하지만 투자정보를 공유하고 토론하는 소규모 모임들이 일상화되어 있다. 각 헤지펀드그룹들이 진행하는 투자설명회는 대부분 같은 방식이지만 돈을 굴리는 펀드들은 듣지도 보지도 못한 특색 있는 상품과 투자전략을 내놓고 있다. 예를 들면 펀드 희망 규모와 투자방향(주식-매수, 공매도, 원자재, 채권, 파생상품, 전환사채, 선물, 인덱스를 비롯하여 투자공략 지역, 기간, 펀드의 특성 등)을 상세히 설명하고 있다. 하루 6시간 정도의 프레젠테이션이 끝나면 파티와 함께 네트워크를 형성하는 자리가 마련된다. 초대 가수들의 콘서트와 함께 여흥이 마련되는 동안 서로 명함을 나누며 친분을 쌓는데 더 공을 들인다. 이런 행사를 몇 군데 참석하고 나면 대충 돈의 흐름을 예측해 볼 수 있다. 큰돈을 움직이는 주체들은 어떤 전략을 갖고 있는지 특히 신흥국에 대한 투자방향과 투자규모를 대략 엿볼 수 있어 이머징마켓(emerging market)에 비중을 많이 두고 있는 입장에서는 큰 도움이 아닐 수 없다.

정체가 바뀌는 돈의 흐름

미국을 비롯하여 선진국들의 금융시장에서 몇 년 전까지만 해도 뮤추얼펀드(일반인을 대상으로 하는 공모펀드)가 대세였으나 지금은 기간과 상관없이 오직 수익만을 쫓아다니는 헤지펀드로 돈이 몰리고 있다. 금융시장에 큰 영향을 미치는 펀드로 돈을 넣는 주체들은 주로 큰 자산을 관리하는 공기업과 단체, 대학기금, 일반기업들의 자금들이다. 대형 IB들이 주관하는 투자컨퍼런스 또한 모금하는 돈의 대부분은 헤지펀드, 특히 사모펀드가 인기가 높고 최근 몇 년 사이 돈들은 이곳으로 몰리고 있다. 이렇게 모인 돈의 일부는 조세회피 지역으로 이동하여 페이퍼컴퍼니를 설립하고 전혀 다른 펀드나 회사의 이름으로 둔갑하여 여러 나라에 투자하는 것이 보편적이며 주된 목적은 세금을 회피하기 위해서다. 예를 들어 우리나라와 이중과세방지협약을 맺은 국가들에 있는 펀드들이 한국에 투자해 이익을 내도 양도세를 납부하지 않아도 되기 때문이다. 헤지펀드뿐만 아니라 일반적인 유명한 회사들도 이 조세회피지역에 종이뿐인 회사를 만들어 영업활동을 하고 있다. 애플, 아마존, 구글 같은 기업들 대부분도 이 조세피난처에 별도의 법인을 세우고 그 법인 명의로 영업활동을 한다. 이 기업들이 해당 지역에 있는 다른 투자기관에 돈을 넣으면 돈의 출처가 전혀 다른 이름으로 바뀌어 투자활동을 하게 된다. 한국에 있는 대기업의 오너가 해외에 설립한 회사로 자금을 보내면 그 회사는 펀드에 투자를 맡긴다. 그 펀드는 순수한 외국인 자금으로 둔갑하여 한국으로 들어와 그 회사의 주식을 매입하여 주가를 안정시키거나 지분율을 확보해 경영권 안정을 꾀하려는 목적을 두고 있다. 또한 자기 회사의 내부 사정을 잘 아는 오너가 미리 주식을 싸게 사 놓고 이익을 챙기려는 수법이기도 하다. 이처럼 돈은 합법적으로 세탁을 거쳐 자신의 정체를 숨기고 이익을 쫓아다니고 있다.

많은 조세회피지역의 국가들은 법인세를 100% 감면해 주거나 아주 낮은 세율을 적용하고 있다. 누구도 쳐다보지 않은 오지의 국가나 작은 섬나라들은 특정 지역을 면세지역으로 선포하고 서류뿐인 회사들의 설립을 양산하고 있다. 실질적인 영업활동은 안 하더라도 법인설립과 자금이동 등 최소한의 활동은 그곳에서 해야 하기 때문이다. 문제는 이 조세피난처로 유출된 자금들이 돈세탁 창구로 이용되거나 탈세

같은 불법 은닉자금으로 활용된다는 점이 알려지면서 비난의 대상이 되고 있다.

우리나라도 세계에서 3번째로 많은 자금을 조세피난처에 맡기고 있다고 알려졌다. 한국의 대기업은 물론 그룹 총수, 부를 상속받은 일부 부자들은 대부분 이 지역에 계좌를 갖고 있다고 알려졌다. 심지어 학계, 연예계에 있는 사람들도 이곳의 계좌를 이용해 탈세한 것이 발각되어 국세청 조사를 받은 적이 있다는 뉴스를 보았을 것이다. 조세회피지역에 설립한 회사의 통장으로 들어간 돈들은 다시 헤지펀드로 유입되고 그 자금들은 처음 자금을 가져온 자국으로 들어가거나 여러 나라들로 분산되어 투자활동을 한다. 우리나라 금융가에서 '검은 머리 외국인 투자자'라는 말을 심심찮게 들을 수 있는데, 바로 이런 자금을 지칭하는 것이다.

우리나라에 들어온 외국자금의 실체

우리의 국채나 공기업 등에서 발행하는 채권을 주로 사는 주체들은 각 나라의 연기금이나 국가가 설립한 투자기관들이다. 각 나라들은 자기들이 보유하고 있는 외화자금과 국가의 자산을 불리기 위해 국가가 전문투자기관을 설립해 운용하고 있다. 물론 우리나라도 마찬가지다. 일반인들에게는 잘 알려져 있지 않지만 한국은행 산하에 한국투자공사가 있다. 우리나라처럼 대부분의 국가들은 국민연금과 같은 연기금을 두고 있다. 국민들의 노후복지를 위해 설립된 공기업이다. 이 자금들도 우리나라의 국채에 꾸준히 투자를 늘려가고 있다.

그다음으로 주식과 메자닌(주식과 채권의 중간 상품 - 전환사채 등) 상품에 주로 투자하는 돈들은 헤지펀드가 대부분이다. 다양한 이름으로 둔갑하여 투자활동을 하는 외국 자본의 70% 이상이 헤지펀드라고 보면 된다. 이 자금들은 철저히 이익만 쫓아다니며 투자활동을 하므로 쉽게 돈이 몰려오기도 하고 불안한 상황이 닥치면 금방 돈을 빼서 나가기 때문에 금융시장에 큰 충격을 주기도 하는 장본인들이다. 어떤 특정한 기업이나 국가에 투자를 집중하는가 하면 막대한 자본으로 국가나 기업을 공격하거나 자신들의 이익을 극대화하기 위해 연합하여 돈의 위력을 행사한다. 또한 어떤 대형악재가 터지면 이 헤지펀드들은 집중적인 공매도 공세를 퍼부어 시장을 더 추락시킨다. 일본 수출규제와 미·중 무역전쟁이 환율전쟁으로 확대되자 우리 주식시장도 폭락하여 1,900선까지 하락했다. 이때도 헤지펀드들의 공매도가 집중되어 투자심리를 더 얼어붙게 하였다. 급기야 정부관계기관들은 대책회의를 통해 시장 안정화 조치로 맨 먼저 공매도 금지를 검토했었다.

우리가 은행이나 증권사를 통해 투자한 다양한 펀드들의 대부분은 해외에서 도입된 금융상품들이 많다. 2019년 들어 사회적 이슈로 큰 혼란을 겪은 DLS채권 상품도 외국에서 들어와 은행들(하나은행, 우리은행 등)이 판매한 상품이다. 많게는 원금의 90% 최소한 60% 이상 손실을 본 이 상품은 수수료에 눈이 먼 은행들이 정확한 상품의 이해와 철저한 검증 없이 금융지식이 부족한 주부와 노인들을 대상으로 판매한 고위험의 파생상품이다.

신흥국들의 금융권에서 판매되고 있는 파생상품들 또한 대부분은 미국이나 유럽, 금융선진국에서 들여온 것들로 증권사와 은행, 보험 등 펀드판매 영업망을 통해 일반 투자자들로부터 자금을 끌어모은다. 철저히 실적에 의해 평가받는 냉엄한 곳이 우리나라 은행의 현실이다 보니 지점이나 직원들은 수익률에 사활을 걸 수밖에 없다. 이런 상품들은 수시로 다양한 이름으로 출시되어 나온다. 아직도 우리나라 금융기관들은 후진국 형태의 수준에서 지식이나 경험 없이 단지 수익률에 집중하고 본부에서 작성된 브로슈어나 홍보책자만 보고 판매하다 보니 결국은 국민들이 피해를 입을 수밖에 없다.

그리고 이 자금을 책임지고 운용하는 운용사의 책임자들(펀드운용역, 투자전략가 등) 또한 철저히 실적으로만 평가받는 세계다 보니 높고 안전한 수익률을 가장한 교묘한 상품구조로 디자인하여 내놓는다. 어느 국가를 막론하고 펀드 설립 초기에는 신생펀드의 한계를 극복하고 살아남기 위해 수익률이 높은 상품에 집중하고 서서히 이름을 알린다. 그런 과정을 거친 다음 큰 자금을 끌어모아 회사의 기틀을 마련하는 것도 헤지펀드들의 전략이다.

우리나라를 대표하는 대부분의 자산운용사(헤지펀드)들도 이런 과정을 밟아 왔다. 두세 명의 직원으로 출발해 투자자문사로 영업하며 이름을 알린 뒤 투자운용사로 전환하는 길을 걸어왔다. 외국 자본들이 다양한 방법으로 우리나라에 들어와 투자활동을 하며 시장에서 큰 영향력을 행사하듯 우리나라 헤지펀드들도 그 규모를 키우고 선진국의 투자기법을 배워 해외로 나가야 한다. 수십 개의 공장을 짓는 것보다 뛰어난 투자기관 하나가 벌어들이는 부가가치가 훨씬 더 크며 수출로만 먹고 사는 게 점점 어려워지고 있는 것이 대한민국의 현실이기 때문이다.

O━━━━╼

세계 금융시장을 지배하는
대형펀드

세계적인 연기금 펀드

　대한민국 국민들의 노후를 기본적으로 책임져야 할 국민연금은 국민들이 매달 낸 돈을 잘 굴려 자산을 꾸준히 늘려가야만 인플레이션을 따라갈 수 있고, 빠르게 늘어나는 연금수령자에게 예약된 연금을 지급할 수 있다. 우리의 국민연금은 전문적인 투자부서를 두고 다양한 금융상품과 부동산 등에 직간접적으로 국내는 물론 해외에서 투자활동을 하고 있다. 또는 여러 전문투자기관들(운용사, 자문사, 헤지펀드, 해외전문투자기관 등)에 돈을 맡겨 투자를 일임하기도 한다. 직접투자 또는 위탁투자도 정해진 규정에 의해 자금이 집행되고 시시각각 투자의 적법성에 대해 모니터링을 하고 있다. 위탁 투자기관 또한 철저히 운용수익과 투명성에 의해 투자자금이 배분되므로 어찌 보면 최고의 엘리트 집단이 국민의 돈을 굴린다고 해도 과언이 아니다.

　2017년 기준 국민연금은 자산규모 세계 3위의 기금으로 성장했다. 1위는 수년째 일본이 약 1,330조의 자금을 굴리는 연기금으로 1위 자리를 굳건히 지켜가고 있다. 국가 기준으로 보면 일본은 세계에서 가장 많은 빚을 지고 있는 나라 중 하나임에도 금융위기나 환율위험 등에서 단 한 번도 국가부도 사태에 대해 거론된 적이 없다. 세계적인 경제위기가 올 때마다 오히려 일본의 엔화 가치는 강한 상승을 이어가곤 했다. 많은 사람들이 궁금해하는 이유이기도 하다. 가장 큰 이유는 일본 정부가 지고 있는 빚은 외국인이 아닌 바로 자국민들에게 돈을 빌렸기 때문에 몇 번의 세계적 경제위기가 닥쳤을 때도 안전할 수 있었다. 경상수지도 적자가 난 상태이고, 국가 빚이 세계 최상위권(GDP 대비 237% 정도, 2018년)을 차지하고 있어도 국가는 흔들리지 않는 주된 이유다. 외국으로부터 많은 빚을 지고 있지 않기 때문에 급격한 외환 자본의 유출이 없었다. 경제위기의 징후가 보이거나 금융시장이 크게 요동치면 일본 돈은 3대 안전자산(금, 미 달러, 일본 엔)으로 불리며 돈 가치가 올라간다. 우리나라 돈은 가치가 크게 떨어지는 것과 정반대 현상이다.

2위는 950조 규모를 자랑하는 노르웨이 연기금펀드가 차지하고 있다. 이 펀드는 투명성과 환경, 윤리적인 기업이나 국가에 투자하는 것으로 널리 알려져 있다. 예를 들면 환경오염유발업체, 도박업계, 노동력을 착취한 기업이나 부패지수 상위 또는 인권침해 국가 등에는 투자를 제한하기로 유명하다. 인구 500만 명에 불과한 작은 나라에서 세계 2위의 공기업 펀드를 굴린다는 것은 그만큼 그 나라의 복지수준이 높다는 것을 알 수 있으며 실제 연기금에서 국민들의 노후를 책임지고 있다. 이 펀드가 다시 우리나라에 투자하기로 하고 투자를 대행할 투자운용사를 선정했다.

세계적인 초대형 기금으로 성장한 국민연금 직원들이 미국 월스트리트에 나타나면 대형 투자기관들은 양탄자를 깔아놓고 대환영을 할 정도로 큰손으로 자리 잡았다. 그러함에도 국민연금이 굴리는 국민들의 자산은 시간이 갈수록 투자에 대한 성과가 빛을 잃고 있고 2018년엔 1% 가까운 마이너스 수익률을 기록했다. 2018년 국민연금이 밝힌 투자성과를 보면 국내주식에서 −16.77%, 해외주식에서 −6.19%의 부진한 수익률을 낸 것이다. 반면 국내채권(4.85%), 해외채권(4.21%), 대체투자(11.80%)는 양호한 실적을 냈지만 주식투자에서 손실을 메우지 못해 결국 0.92%라는 손실을 기록한 것이다. 단순 계산으로 채권이자의 두 배 이상의 수익을 내야만 물가인상에 따른 미래의 지급률을 최소한 유지할 수 있다는 계산이 나오는데, 적자가 났다는 것은 그만큼 향후 지급할 기금이 급격히 줄어들었다는 얘기다. 근본적으로 투자에 대한 기술과 세계적인 산업트렌드의 흐름을 읽는 능력이 부족하다고 볼 수 있다. 아직도 국내 비중이 큰 투자전략의 한계와 위험자산투자 운용에 대한 전문성 결여와 미숙함도 원인일 수 있다.

세계금융시장의 투자환경도 빠르게 변화하고 있는 지금, 여러 규제와 정책적인 이슈에서도 자유롭지 못해 금융환경의 트렌드에 뒤처져 있다는 것이 필자는 물론 해외전문가들이 보는 시각이기도 하다. 그러나 국민연금도 투자전략에 있어 최근 큰 변화를 예고하고 나섰다. 아직은 투자를 단행하지 않았던 헤지펀드에 적극적으로 투자하겠다는 발표였다. 가장 보수적으로 안정에 우선을 둔 투자정책의 변화는 돈의 흐름이 바뀌고 있다는 것을 엿볼 수 있는 대목이 아닐 수 없다.

최근 몇 년 사이 국민연금은 여러 나라의 부동산에 투자를 단행했다. 대부분 그 지역의 랜드마크 역할을 하는 대표적인 건물들을 매입하여 소기의 성과를 올리고 있다. 미국금융위기 이후 각국 곳곳에 주요 부동산을 사들인 주체는 중국이었다. 미·중 무역전쟁을 치르면서 중국은 세계부동산 시장에서 발을 뺏고 뒤를 위어 한국의 연기금이나 부동산 펀드들이 세계부동산시장의 큰손으로 나서고 있다.

또한 국민연금이 위험투자로 여겨왔던 헤지펀드에 투자를 시작할 것이라는 뉴스는 큰 변화의 흐름을 눈치챌 수 있는 부분이다. 우리나라의 주식시장에 절대적인 영향을 미치는 국민연금펀드는 경제적인 이슈로 인해 또는 외부의 투자환경에 영향을 받아 주식시장이 폭락할 때마다 큰 지지선 역할을 해 온 것도 사실이다. 하지만 이제는 선진국형 투자기법을 적극적으로 받아들여야 하며 정치적인 부분에서도 자유로워져야 한다.

한국에도 국부펀드가 있다

대부분의 국가들은 국민연금처럼(연기금) 국민의 노후보장을 위해 자금을 굴리는 펀드를 운용하고 있는가 하면 국가의 자금으로 설립되어 직접 투자하는 국부펀드가 있다. 정부가 100% 지분을 갖고 있는 국가가 설립한 투자기관들은 자국의 이익과 보유하고 있는 외화를 보다 효율적이고 이익을 우선할 목적으로 설립된 특별 투자기관이다.

한국투자공사, 약칭 KIC(Korea Investment Corporation), 대한민국 국부펀드는 현재 여러 나라에 지사를 두고 투자활동을 하고 있다. 우리나라 국민연금과 한국투자공사가 다른 점은 국민연금은 국민들이 노후를 대비해 정기적으로 일정 기간 낸 돈을 모아 운용하는 펀드이고, 한국투자공사는 대한민국 정부가 보유한 외환보유액과 국가 소유의 자산을 직접 관리하기 위해 출범된 대한민국의 펀드다. 주로 해외에서 투자활동을 하는 투자전문기관(국부펀드)으로 2005년 설립되었다. 2015년 4분기 말 기준 총 800억(약 100조) 달러 자산을 운용하고 있다.

국부펀드지만 일반 투자기관처럼 주식, 채권, 환율, 금 등 다양한 상품에 투자하고 있으며 세계 유명한 펀드에 자금을 위탁하기도 한다. 우리의 국부펀드가 설립되면서 크게 투자를 늘린 부분은 금이었다. 당시 중국을 비롯하여 일부 신흥국가들이 금을 확보해 미래자산가치의 안정성을 확보하려는 전략에 발맞춰 우리나라도 금 보유를 늘리는 데 국부펀드가 주도한 것이다. 세계금위원회(WGC)가 최근 발표한 자료에 따르면 한국은행의 금 보유량은 104.4톤으로 34위에 랭크됐다. 한국은 세계에서 34번째로 금을 많이 보유하고 있는 국가다.

미국의 대형 엘리엇 사모펀드가 단 1%의 지분을 갖고 주주 권리를 내세워 삼성전자와 현대차의 경영에 간섭하며 배당 및 주가관리에 적극적으로 나서라며 소송을 제기해 해당 기업들이 곤경에 처했고 이 헤지펀드에 우리의 국부펀드가 자금을 위탁했다는 소리가 있어 비난을 받은 적이 있었다. 행동주의 펀드로 악명을 떨친 펀드에 국가의 자금을 위탁하는 것은 단순한 투자이익성과를 기대하는 이유도 있겠지만 그들의 투자패턴과 투자상품의 특성 등의 정보를 얻기 위한 수단이기도 하다. 단순한 투자이익을 얻기 위해 돈을 궁극적으로 맡기지만 전략적인 투자 차원에서 자금을 위탁하는 경우도 있다.

세계적인 국부펀드

세계적으로 유명한 국가기관의 대형펀드는 단연코 1위인 중국의 국부펀드 CIC가 있다. 약 2,000조 이상을 굴리는 대형펀드로 다양한 상품에 투자하며 전 세계금융시장에 막대한 영향력을 행사한다. 중국의 국부펀드는 여러 개의 계열사를 거느리며 투자대상과 지역에 따라 특화된 상품에 투자하고 계열사들은 기업인수합병에도 직접 나서고 있다. 우리나라에서 발행하는 채권도 매입하는 가장 큰손이다. 또한 미국이 발행한 국채를 대량(약 1,400조 원)으로 보유하고 있어 채권금리에도 큰 영향을 미칠 수 있다. 미·중 무역전쟁이 확대일로에 있자 일각에서는 중국이 보유한 미국 국채를 매각해 미국 경제를 뒤흔드는 무기로 활용할 수 있다는 루머들이 나오는 것도 엄청난 미국 국채를 보유하고 있기 때문이다. 최근 들어 중국이 금을 사들이며 세계 선물시장에서 막대한 영향력을 발휘하고 있다. 선물 및 현물시장에 큰 영향을 미치게 하는 장본인들은 중국의 국부펀드 계열사들이다. 한때 넘쳐나는 달러와 중국 돈 가치 상승을 억제하기 위해 남는 달러를 해외로 가져가 세계 전역에 걸쳐 대표적인 기업이나 건물들을 매입했다. 유례없는 국가적 차원에서 투자를 단행하고 기획한 곳도 바로 중국의 국부펀드였다.

그다음으로 아랍에미리트 국부펀드 ADIA이고 자금규모는 1,400조 원을 굴리고 있다. 몇 년 전부터 한국의 국채와 주식에 투자를 시작한 이래 급속도로 그 규모를 늘려가는 추세다. 이 아랍에미리트 국부펀드는 그전까지는 영국과 미국을 주 무대로 투자활동을 해왔으나 최근에는 한국을 비롯해 베트남 등 신흥국에도 투자를 확대하고 있다. 특히 부동산 투자와 기업인수합병에 재무적 투자자로서도 적극적으로 나서고 있다. 산하 각 투자그룹별로 전문가들이 운용하는 10개의 투자기관을 거느리고 있다. 현재 전 세계의 국부펀드 중 약 48%를 차지하는 중동계 국부펀드는 막대한 오일머니를 바탕으로 석유 고갈을 대비해 만들어졌다. 또한, 선진국들의 국부펀드와 달리 중동계의 국부펀드는 운용 목적에 따라 개발목적펀드와 투자목적펀드로 구분되기도 한다. 개발목적펀드는 자국의 산업발전 및 사회개발을 위한 펀드이며, 투자목적펀드는 석유 고갈 이후를 대비하여 수익 추구에 중점을 둔 펀드다.

IMF는 국부펀드를 안정화 펀드, 저축형 펀드, 개발형 펀드, 연기금형 펀드, 외환보유고형 펀드로 분류하고 있다. 안정화 펀드는 석유 고갈과 급격한 저유가 시대를 대비하기 위해 만들어진 펀드다. 이러한 중동계 국부펀드들은 즉각적으로 현금화할 수 있는 국채 등에 높은 투자 비중을 유지한다. 대표적인 예로 사우디아라비아의 사마포린홀딩스(SAMA Foreign Holdings)가 있다. 저축형 펀드는 미래세대를 위해 국부를 유지하기 위한 목적으로 조성된 펀드다. 쿠웨이트 투자청과 아부다비 투자청이 이에 해당한다. 개발형 펀드는 자국 산업발전을 위해 인프라 및 전략산업 투자에 주안점을 둔 펀드로 무바달라(Mubadala)와 공공투자펀드(PIF: Public Investment Fund) 등이 있다. 일부 펀드들은 2가지 이상의 목적을 함께 가지기도 한다. 이와 같이 국부펀드는 다양한 목적을 위해 운용되고 있으며, 단순히 수익만 추구하는 것이 아니라 때로는 리스크가 크고 단기간 내에 수익이 나지 않더라도 경제개발을 위한 전략적 투자의 일환으로 활용되고 있다는 것이 중동계 펀드의 특징이다.

아시아를 대표하는 국부펀드

투자자라면 한번쯤 들어봤을 유명한 국부펀드는 싱가포르의 양대 국부펀드로 알려진 GIC와 TH 테마섹이다. 약 8천여 명의 직원들이 세계 각국에 지사를 운영하며 막강한 실력을 자랑하고 있다. 서울의 대표적인 랜드마크 빌딩 중 하나인 서울파이낸스 주인도 바로 이 국부펀드다. 현재 서울 시내 대형빌딩 중 30% 정도는 외국 자본가들이 소유하고 있다. 그 가운데 30% 이상은 싱가포르 자본으로 알려져 있다.

현재까지 국부펀드 역사상 가장 높은 실적을 자랑해온 국부펀드도 싱가포르가 차지했으며 단연코 앞서가고 있다. 인구 400만 명 정도의 작은 나라가 세계 금융시장에 큰 영향력을 행사할 수 있는 굴지의 국가 펀드를 운용한다는 것은 그 나라의 경제력을 알 수 있다. 투자 자금의 대부분은 여윳돈을 통해 중장기적으로 운용하기 때문이다.

이 펀드는 우리나라의 중요한 부동산 매입에 적극적으로 나서 큰 성과를 올렸다. 국가 채권은 물론 기업들의 전환사채와 M&A의 재무적 투자자로 우리에겐 단골손님이다. 작은 국가지만 펀드를 운용하는 능력과 우수한 인재들은 타의 추종을 불허한다. 국가의 면적이 작고 특별한 생산기반이 없는 싱가포르가 지적산업에 투자할 수밖에 없는 환경적 요인도 있었다. 아직도 싱가포르가 아시아권의 금융허브로 불리고 있는 데는 국가적 차원에서 설립된 국부펀드들이 다양한 국가에 진출해 유명한 금융기관들과 공동으로 투자를 집행하고 영향력을 행사한 점도 자국의 금융산업 발전을 견인했다고 볼 수 있다.

세계의 금융시장에서 막대한 영향력을 행사하고 있는 대형펀드들의 자금 흐름과 투자방향을 아는 것도 투자활동에서 매우 중요한 포인트다. 이들 대형펀드들과 협업하며 돈의 흐름을 읽는다는 것 자체가 경쟁력이고 실력이다. 내가 투자활동을 하면서 가장 중요시하는 부분도 대형펀드들의 투자패턴이다. 특히 외국인들의 투자비중이 큰, 우리 금융시장에서 무엇보다 중요한 요소가 아닐 수 없다.

헤지펀드로
돈이 흐른다

돈의 흐름이 바뀌고 있다

헤지펀드가 시중의 자금을 빠른 속도로 빨아들이고 있다. 우리가 은행이나 증권사, 보험 등에서 가입했던 일반적인 펀드, 즉 뮤추얼펀드는 많이 줄어들고 있는 반면 새로운 투자형태인 헤지펀드는 규모가 급속도로 커지고 있다. 헤지펀드란 말 그대로 위험을 회피하고 울타리를 쳐 안전하게 돈을 굴린다는 의미지만 실제 돈을 굴리는 방식은 전혀 다른 반대의 개념으로 이해하는 게 옳다. 헤지펀드의 특징은 적은 수의 투자자들로부터 큰 규모의 자금을 모아 돈이 되는 곳만 찾아다니는 투자방식이다. 공개펀드와 달리 투자대상에 대해 특정한 규제가 없고 금융당국으로부터 간섭을 덜 받는다는 것도 일반 뮤추얼펀드와 크게 다르다. 아직까지 한국에서 일반인들에게 생소한 투자방식이지만 머지않아 누구나 다 참여하는 대중적인 투자수단으로 빠르게 발전할 것이다.

헤지펀드는 크게 나눠 공모펀드와 사모펀드 두 종류를 말할 수 있다. 대부분 펀드가 이 사모펀드로 이뤄져 있으며 우리나라의 경우 한

펀드당 49명으로 인원을 제한한다. 이 사모펀드의 특징은 좋은 투자상품이나 투자대상이 있을 때 그 상품에 투자할 특정한 사람들이나 기관들이 소수의 인원으로 모여 투자를 결정한다는 것이다. 선진국에서 가장 유행하고 대중화되어 있는 투자방식이기도 하다. 미국의 경우 투자자들의 인원 제한은 99명이다.

펀드를 운용하는 주체는 투자철학이 같고 투자에 대한 동질성을 가진 사람들이 모여 만들기도 하지만 독립적으로 펀드를 출시하는 운용사들도 많다. 엄청난 규모의 투자금액을 굴리는 사모펀드도 있지만 대부분 적은 금액으로 특화된 상품에 자기들만의 방식대로 투자하기 때문에 인맥을 통해 모이고 신속한 투자를 결정한다. 그리고 투자이익이 목표에 도달하면 미련 없이 자금을 회수하고 원금과 수익을 나눠준다. 그후 또 다른 투자대상을 물색한다. 반면 일부 헤지펀드들은 일정한 기간을 정해놓고 투자기간 동안 해약할 수 없도록 정해놓은 펀드들도 있다.

어떤 특정한 상품에 투자하거나 한 국가의 환율이나 기업을 전략적으로 공격하여 투자이익을 극대화하기 위해 다른 펀드들과 공동작전으로 나서기도 한다. 헤지펀드를 운용하는 펀드 담당자들은 투자의 영역을 가리지 않고 다양한 기업이나 사람들과 접촉하며 투자대상을 물색한다. 아주 적은 금액에서부터 큰 금액까지 자금을 필요로 하는 기업들과 직접 대화하며 투자를 결정하기도 한다. 반대로 투자를 희망하는 사람들의 요구에 따라 투자처를 발굴하고 찾아가 접촉하기도 한다.

예를 들면 A기업이 자금을 조달하고자 할 때 먼저 헤지펀드를 운용하는 팀에게 의사를 밝힌다. 헤지펀드 담당자는 그 회사의 기본적인 정보를 검토하고 재무제표 등을 확인한 다음 자금조달방식을 상호협의한다. 전환사채방식을 택할 경우 금액은 예로 들자면 200억 원으로 정하고 전환시기, 전환단가, 금리 등 세밀한 조건 등을 회사의 신용도에 따라 서로 결정한다. 헤지펀드 담당자는 A기업과 의논해 가며 자금조달에 관한 약정서를 작성하고 상호 계약한다.

헤지펀드 담당자들은 A기업과 약정서를 작성하기 전에 이미 투자자들과 사전에 협의하여 필요한 자금을 사전 확보하기도 한다. 여러 번 투자경험이 있는 개인이나 기관투자자들은 안전하고 빠른, 이런 투자방식을 선호한다. 사전에 투자자를 찾지 못한 헤지펀드 담당자는 기업과 약정 후 투자자들에게 프레젠테이션 또는 다양한 방법으로 투자상품에 대해 설명하고 자금을 모은다. 이러한 상품들은 전부 사모펀드라고 보면 되고 투자자는 49명으로 제한하지만 대부분 절반도 안 되는 인원으로도 자금이 모이고 기획한 상품에 투자를 단행한다.

우리나라에서도 대부분의 기관투자가들이 이 펀드에 적극적으로 참여하고 있다. 최근 들어 국민연금을 비롯하여 지방국가자금과 사학연금 등 공기업자금을 운용하는 펀드들도 참여할 의사를 밝힌 바 있다. 오래전부터 부동산펀드나 기업인수 시 재무적 투자자로 참여한 곳도 공기업들이지만 지금은 그 영역을 좁고 깊게 나아가는 추세다. 아직 일반인들에겐 익숙하지 않은 투자방식이고 고위험 고수익을 추구하다 보니 투자의 제약이 따르고 투자금액도 최소 금액(1억 이상 등)을 정해 두고 있다. 고수익과 고위험을 동시에 포함하고 있는 투자수단이기에 정부 당국도 일반인들의 참여를 제한해 사회적 혼란을 사전에 방지하려는 제도를 시행하고 있다. 한 가지 분명한 것은 돈의 흐르는 방향이 일정한 곳을 두고 흘러가고 있다는 것이다. 일반인들이 배제된 투자는 성장의 한계가 있기에 여러 곳의 금융기관들이 헤지펀드 간접상품을 개발하여 일반인들의 참여를 독려하고 있다. 하지만 머지않은 시간에 누구든지 이 변화의 흐름에 동참할 것이다. 전형적인 선진국형 투자방식을 우리도 따를 수밖에 없는 금융환경에 놓여 있기 때문이다.

기업들의 달라진 자금조달 방식

　예전 같으면 상장기업이 자금을 조달하려면 먼저 주관사(증권사 등)를 선정하고 해당 증권사의 주관으로 자금조달계획서를 작성, 금융감독원에 신고한다. 자금조달 하는 이유와 규모, 조건 등을 문서화 하여 상세히 설명하고 유가증권(자금조달) 발행허가를 받는다. 그리고 사실을 공시하고 유상증자나 사채발행을 통해 자금을 조달하는 것이 일반적인 방식이었다. 지금도 불특정 다수를 상대로 자금을 조달하는 기업들은 이런 절차를 반드시 거쳐야 하지만 많은 기업들은 절차가 간단하고 당국의 허가를 받지 않은 사모펀드를 선호하고 있다. 이제 시작단계로 들어선 상황이지만 많은 기업들이 사모펀드를 통해 자금을 조달하고 또 기업을 합병하거나 인수하는 데 적극적으로 활용할 가능성이 매우 높다. 이미 돈의 흐름이 그렇게 흘러가며 새로운 투자방식으로 자리를 잡아가고 있기 때문이다. 일반 투자자들도 획일화된 투자방식에서 탈피해 새로운 투자형태를 알고 따라가면 훨씬 더 높은 수익률과 안전한 투자처를 확보할 수 있다. 사모펀드는 투자 인원이 제한되어 있고 투자대상도 특정한 상품을 정해 놓고 투자자금을 모으기 때문에 일반투자자들은 이런 상품들이 있는지조차 모르는 경우가 많으며 어떻게 투자를 하는지 정보를 얻는 데도 한계가 있다. 사모펀드는 투자자를 모을 때 광고를 하지 않기 때문이다.

　현재는 기관투자자를 중심으로 부동산과 메자닌 상품 위주로 투자되고 있지만 머지않아 일반인들도 투자에 동참할 것이며 현물투자는 물론 식품, 상품, 곡물 수입, 영화 등 다양한 분야로 투자영역을 넓혀갈 것이다.

　새로운 돈의 질서와 투자패턴을 알기 위해선 남다른 관심과 노력이 필요하다. 앞선 정보와 양질의 투자를 원한다면 투자 관련 서적이나 신문, 세미나 등을 찾아다니며 기본정보를 얻을 수밖에 없다. 또한 증권사 등 금융기관의 담당자들과 자주 만나 대화를 통해 돈의 흐름을 파악하고 정보를 얻는 것이 가장 좋은 기회가 될 수도 있을 것이다.

서양 명언에 "요트를 사고 싶은데, 요트를 살 돈이 없다면 요트를 가진 친구를 사귀라"는 말이 있다. 새로운 투자방식의 금융질서를 따라가고 싶다면 그 분야에 정통하거나 투자를 실행하고 있는 친구를 사귀는 것만큼 빠르고 좋은 방법은 없을 것이다. 그런 좋은 인맥이 자신의 주변에 있다는 자체가 새로운 금융의 패러다임 속에서 능력이고 자산이다.

선진국들의 헤지펀드

선진국들의 헤지펀드 대부분은 레버리지를 이용해 투자이익을 극대화하는 투자방식이 일상화되어 있다. 즉, 빚을 내서 자기자본을 크게 늘려 투자를 한다는 뜻이다. 각 펀드의 신용도에 따라 펀드자금의 50배 적게는 10배 가까운 레버리지를 이용해 투자한다. 어느 한 펀드 자금이 100억이라고 한다면 최대 50배의 돈을 빌려 5,000억까지 투자를 할 수 있다는 얘기다.

물론 해당 펀드의 신용도에 따라 다르긴 하지만 레버리지를 이용한 5,000억으로 투자를 단행해 10%의 이익을 낸다면 500억이 순수익이 되고 당초 투자금액인 100억의 5배인 500%의 투자수익을 한순간에 올리는 효과를 거둘 수 있다. 반대로 5,000억을 투자했는데, 투자한 상품이 2%만 하락해도 원금이 순식간에 사라져 버리는 매우 위험한 투자방법이다. 이러한 고수익 고위험을 안고 있는 투자방식이기 때문에 우리나라에서는 최대 레버리지를 400%까지만 허용하는 펀드도 있고 레버리지를 아예 적용하지 않거나 최소한 50~100% 선에서 운용하는 것이 일반적이다. 향후 이 부분도 선진국 형태로 발전해 갈 것이다.

반대로 불특정다수를 상대로 자금을 모으는 공모펀드는 이런 레버리지를 쓸 수 없고 투자상품 또한 당초 펀드를 출시할 때 정한 투자형태를 크게 벗어날 수 없도록 당국의 규제를 받는다. 우리나라에 들어와 투자하는 외국인들의 자금 중 70% 이상이 바로 이 헤지펀드의 자금들이다. 우리나라의 국가 기관이 발행하는 채권에 투자하는 주 고객은 외국의 연기금이나 국민펀드가 주축을 이루고 있지만 주식시장이나 기업이 발행하는 채권과 기업인수합병의 주된 투자자는 헤지펀드의 자금들이다. 헤지펀드들도 각 펀드마다 투자성향이 다르고 투자대상에 대해 특화된 전략을 가지고 있다.

공매도에 주력하는 펀드가 있는가 하면 환율, 원자재를 주로 공략하는 선물전문펀드도 있고 신흥국을 찾아다니며 환율이나 특정 주식을 겨냥해 투자하고 주주들의 권리를 내세우는 행동펀드 등 다양하다. 펀드의 성격이나 신분을 감추기 위해 1차로 모인 자금은 투자상품에 따라 펀드 이름이 가공되기도 하고 다른 펀드에 합류하거나 다양한 방법으로 투자이익을 따라다니는 것도 헤지펀드들의 특징이라고 할 수 있다. 또한 헤지펀드는 설립에서부터 운영되기까지 당국의 감시 감독이 느슨하고 규제가 현저히 낮은 점을 이용해 다양한 펀드들이 속속 출시되고 있다.

우리나라에 처음 헤지펀드가 도입될 때 일반인에게는 생소한 용어들이었기에 접근하고 이해하는 것이 쉽지 않았다. 일반 국민들에게 생소하고 위험성이 큰 투자 성격상 큰 피해를 보는 것은 물론 사회적 혼란을 줄 수 있다는 판단에 당국에서도 일반인들의 투자를 허용하는 데 큰 벽을 둔 주된 이유다.

세금 없는 헤지펀드

우리들의 기억에 생생한 외국의 헤지펀드로는 론스타가 있다. 먹튀 논란을 일으켜 국민들의 분노를 샀던 론스타는 누구나 한번쯤 들어보아 익숙한 이름이다. 이 펀드는 미국 텍사스주 댈러스에서 1989년 설립된 부동산투자 전문 헤지펀드다. 존 그레이켄 회장이 텍사스 지역의 개인적인 인맥을 알음알음 이용해 자금을 끌어모아 창립했다. 우리나라의 계 모임 같은 조직이라고 보는 게 이해가 빠르다.

어느 펀드처럼 처음 조성된 금액은 미미했다. 주요 투자자는 작은 동네 가까운 사람들이 주축이 되었고 일반인들은 그런 투자가 있는 줄도 몰랐다. 철저히 개별적인 인맥을 이용해 투자자들을 모았기 때문이다. 전형적인 사모펀드라 할 수 있다. 그런 모임들이 서서히 알려지기 시작하면서 공공연금, 대학기금, 은행지주 등 기관자금이 들어와 펀드의 구색을 갖추었다. 일절 광고를 하지 않고 심지어 홈페이지도 없는 투자자 구성원들은 지금도 철저히 베일에 가려진 폐쇄형 펀드다. 주로 현물자산 부동산 등에만 투자하고 있으며 아시아권에서는 태국, 일본, 한국에서 투자를 집중하고 있다. 현재는 다양한 국가에 투자하고 있으며 어느 특정 국가가 경제 위기에 처해있을 때 이런 펀드들이 해당 국가의 핵심적인 부동산에 눈독을 들인다.

론스타가 처음 한국에 발을 들여놓은 것은 외환위기 직후인 1998년 12월. 진출 초기 론스타는 캠코(자산관리공사) 등으로부터 부실채권을 사들여 단기간에 큰 수익을 냈다. 당시 필자가 운용하던 자금도 이 상품들을 인수했었다. 첫 투자에서 좋은 성과를 올리자 연이어 출시된 론스타 한국투자 펀드들은 3년 사이 약 5조 6,500억 원을 조달해 투자를 단행했다. 2000년부터는 부동산에 투자하여 현대산업개발로부터 6,330억 원에 인수한 서울 강남구 역삼동 스타타워를 3년 뒤 3,120억 원의 매각차익을 남기고 되파는 등 대박 신화를 이어갔다. 사모펀드의 특징은 이렇듯 투자대상이 정해지고 그 성과가 빛을 보면 돈들이 몰리는 경향이 있다는 점이다.

론스타는 연이어 극동건설 이외에 외환은행, 강남파이낸스센터 등의 기업이나 자산을 인수한 후 단기간에 수조 원의 막대한 차익을 남기며 세계금융시장에서 유명세를 타기 시작했다. 그 후 자금을 회수하는 과정에서 합당한 세금을 내지 않고 돈을 빼 나간 사실이 알려지자 국민들은 분노했다. 론스타도 헤지펀드들이 자주 이용하는 조세회피 지역을 활용했다. 미국에서 모인 자금을 조세회피 지역에 설립된 법인(펀드) 이름으로 입금한 뒤 한국에 들어올 때는 미국 자금이 아닌 조세피난처가 있는 회사 명의로 우리나라에 투자했기에 세금을 내지 않았던 것이다. 이중과세방지협정은 어느 한쪽에만 소득신고를 하고 세금을 내면 되기 때문이다.

거기에다 외환은행의 헐값 인수과정에서 부정적인 방법을 동원해 인수했다는 사실은 지금까지도 외국자본, 특히 헤지펀드들의 부정적 인식을 갖게 하는 원인이 되었다. 론스타의 외환은행 인수과정에 있어 가장 핵심이 되는 문제는 바로 BIS(국제결제은행) 자기자본비율이었다. BIS비율은 국제결제은행이 정한 은행의 부실채권 대비 자기자본의 비율을 의미하는데 이 기준에 따라 은행은 위험자산에 대해 최소 8% 이상의 자기자본을 유지해야 건전성을 인정받을 수 있다. 금융기관이 아닌 주체 즉 헤지펀드나 일반 기업 등이 금융기관을 인수하려면 BIS비율이 8% 이하인 부실금융기관만 인수할 수 있도록 법으로 규정하고 있었고 IMF가 우리에게 돈을 빌려주면서 특히 내세운 조건이기도 했다. 그러나 일부러 회계조작을 통해 BIS를 낮춰 론스타가 외환은행을 매입할 수 있도록 도왔다는 의혹이 제기되었고 조직된 팀원들의 전략으로 은행자본비율이 조작되었음이 수사를 통해 밝혀졌다.

이 사건은 해외투자들의 부정적 인식을 심어줬고 사회적으로도 큰 파문을 일으켰다. 돈을 굴리는 주체들은 어떤 투자대상이 정해지면 여러 가지 시나리오를 정해 놓고 그것을 공격하거나 투자의 목표만을 달성하기 위해 치밀한 계획을 세우고 수단과 방법을 가리지 않고 단계적으로 실행한다. 일련의 사태를 통해 우리에게 헤지펀드는 아직도 낯설고 부정적인 이미지가 강하게 남아 있다.

국가도 망하게 하는 헤지펀드

헤지펀드 하면 가장 먼저 떠오르는 기업은 지금도 전설로 남아 있는 헤지펀드계의 대부 미국의 조지 소로스(George Soros)가 이끄는 퀀텀펀드(Quantum Fund)다. 헤지펀드를 잘 이해하지 못하는 사람들에게 아직도 악명 높기로 유명하다. 영국을 부도사태로 몰아넣은 원인을 제공한 장본인이기 때문이다. 최근 우리나라 투자포럼이나 언론에 자주 등장한 월가의 전설로 유명해진 짐 로저스와 소로스가 설립한 펀드다.

1990년 영국은 유럽 내 단일 통화권 구축을 위해 만들어진 과도기적인 체제인 ERM(환율조정메커니즘)에 가입했다. 유럽 주요 국가들이 단일 화폐와 경제통합을 이뤄 경쟁력을 확보하고 생산과 유통의 혁신을 이룬다는 목표로 세워진 단일체였다.

영국은 이 가입조건에 따라 파운드화는 독일 마르크화 대비 상하 6% 밴드 내에서만 움직이도록 고정되어 있었다. 만약 이 상한선이 무너질 경우 영국중앙은행이 환율시장에 개입해 자국의 돈(파운드화) 가치를 안정시킨다는 것이 정책적으로 정해져 있었다. 그 무렵 독일은 통일이 이뤄졌고 동독 발전을 위해 천문학적인 돈을 풀기 시작했다. 막대한 화폐가 풀리면서 독일금리가 폭등하게 된다. 인플레이션을 방어하기 위해 독일 중앙은행은 2년 동안 10차례나 금리를 인상하는 초강수를 두게 되었다. 자연스럽게 독일의 돈(마르크화) 가치는 강세를 나타내기 시작했고 인플레이션도 빠르게 안정되었다.

영국 중앙은행도 영국 돈의 가치를 상하한선인 6%의 밴드 내로 유지하기 위해 금리를 인상할 수밖에 없었다. 그러나 독일만큼 튼튼하지 못했던 영국경제는 심각한 위기를 맞았고 실업률은 두 자릿수까지 치솟아 경기는 심각한 상황에 놓이게 된다. 그러함에도 명분을 중시하고 자존심 내세우기로 유명한 영국은 ERM을 탈퇴하고 근본적인 문제에서 벗어나기보단 영국 돈 가치를 방어하기 위해 지속적으로 달러를 풀어 파운드화를 지키려고 노력했다. 바로 이 점을 시시각각 모니터링하던 헤지펀드들은 가능한 모든 자금을 동원해 파운드화(영국 돈)의 공매도에 나섰다. 영국이 보유한 달러가 바닥나면 영국 돈 가치가 크게 하락할 것을 알고 있었기 때문이다. 그런가 하면 영국이 가용할 수 있는 달러의 규모와 조달 방식 등을 사전에 파악하고 공격을 시작한 것이다.

이런 헤지펀드들의 공격을 눈치챈 자존심 강한 영국은 단기금리를 10%로 인상하며 헤지펀드에 대항했다. 금리가 대폭 오르면 해외자금들이 높은 이자를 따라 들어올 것으로 예상한 것이다. 그러나 해외투자기관들은 자기들끼리 이미 전략을 공유하고 있었고 머지않아 영국이 붕괴될 것을 기정사실화 하고 있었다. 시장의 실질금리가 20% 가까이 육박하자 기업들의 도산은 늘어갔고 곳곳에서 시민들의 아우성이 끊이지 않았다. 퀸텀펀드는 이때를 놓치지 않고 모든 자금을 총동원하여 지속적으로 파운드화 공매도에 집중했다. 다른 한쪽에서는 직접 달러를 사재기하며 영국 돈 가치 하락에 전력을 다했다. 급기야는 영국 중앙은행은 달러가 고갈되어 두 손을 들고 항복하고 말았다.

이때 국가부도 사태를 맞은 영국은 1992년 9월 16일 유로존 단일 화폐 조약에서 탈퇴하게 되고 파운드화를 사용하게 되었고 현재까지 이어진 것이다. 영국이 자국을 공격한 헤지펀드들에게 항복한 후로도 파운드화는 수직으로 하락하기 시작했고 조지 소로스를 비롯한 헤지펀드들은 천문학적인 수익을 올렸다.

우리나라가 국가부도인 IMF 사태를 맞은 1997년도에도 그 원인의 단초를 제공한 것은 바로 조지 소로스가 이끄는 퀸텀펀드로 알려졌었다. 1997년 5월 태국 기업들의 막대한 외환부채로 상환이 어렵다는 것을 파악한 조지 소로스는 대량의 자본을 태국으로 이동하여 태국 돈인 바트화를 공격해 결국 국가부도 사태를 촉진했다고 알려졌기 때문이다. 그 후부터 헤지펀드는 악명 높은 투자집단으로 인식되었고 아직도 부정적인 생각을 갖게 하는 것이다. 이러한 인식으로 인해 우리나라에 헤지펀드가 정착하기엔 국민 정서가 쉽게 받아들이지 않는 것이다.

그러함에도 돈이 흐르는 세계적인 패러다임은 피할 수 없고 그 흐름을 따라야만 우리의 금융시장도 성숙하고 안정될 수 있다. 아직도 미국이나 선진국에 비해 완전히 헤지펀드 운용에 대한 규제를 풀고 있지 않지만 머지않아 세계적 흐름에 동참할 것으로 보고 있다. 헤지펀드는 채권이나 주식투자 외에도 기업인수합병과 기업들의 자금조달 창구 역할은 물론, 사회간접자본(SOC)이 필요로 하는 돈을 공급하는 데 주도적인 역할을 할 것이다. 이것이 현재 돈이 흐르고 있는 세계적인 추세이고 우리도 이 거대한 물줄기를 거스를 수 없는 새로운 금융질서에 놓여 있다.

한국형 헤지펀드

전문 투자인력들의 대이동

헤지펀드가 우리나라에 본격적으로 선보인 것은 10여 년 전이다. 초기는 일부 금융기관에서만 취급하고 시장의 큰 호응을 받지 못했다. 주로 부동산 펀드나 기업인수합병에 따른 재무적 투자 성격의 펀드가 대세였다면 최근 몇 년 사이 다양한 상품과 주식 채권 등에 투자가 확대되면서 5~6년 사이 한국형 헤지펀드는 100배 이상 놀라운 성장을 이루었다. 그 배경에는 선진국에서 금융기법을 배운 경력자들이 영입됨과 동시에, 기관투자자와 고액자산가들의 자금이 대거 유입된 데 있다. 또한 오랫동안 박스권에 갇혀 있던 우리의 주식시장이 세계화에 탈동조화한 것도 돈들이 새로운 투자처를 찾은 주된 이유라고 할 수 있다. 그리고 헤지펀드들의 약진은 양적 팽창 못지않게 질적 성장(투자이익)이 두드러진다는 점이다. 과거에는 헤지펀드라 하면 주식형펀드가 대부분이었다. 하지만 2015년 10월 자본시장법 개정 이후 헤지펀드 운용업이 인가제에서 등록제로 완화되면서 헤지펀드에 특화된 상품을 만들고 다양한 투자처를 개발한 점도 헤지펀드가 급성장한 이유다.

한국금융시장의 이러한 지각변동은 이제 초입 단계이며 모든 투자 자산의 절반 이상은 헤지펀드가 주도할 것이다. 돈 되는 곳으로 쏠림 현상이 유독 심한 우리의 특성을 감안하면 헤지펀드는 엄청 크게 성장할 것이며 다양한 분야로 확대될 것은 의심의 여지가 없다.

최근 헤지펀드가 크게 성장한 배경은 무엇일까. 가장 눈에 띄는 대목은 주식시장에서 코스피나 코스닥 지수가 마이너스를 기록하고 있는데도 헤지펀드들의 수익률은 크게 좋은 결과를 낳았고 빠른 투자결단을 내릴 수 있다는 점이다. 무엇보다 마땅한 투자처를 찾지 못하고 있는 기관투자자금과 보험, 연기금의 돈들이 갈 곳을 찾지 못하고 마이너스 운용수익을 올리고 있는 상황에서 헤지펀드들의 약진은 시장의 관심을 끌기에 충분했다. 또한 일반 투자자들을 대상으로 끌어모은 공모펀드들의 수익률이 대부분 마이너스를 기록함은 물론 우리나라의 대표적인 장기투자 펀드인 가치투자를 운용하는 펀드들도 거의 다 원금을 까먹는 수익률을 기록하고 있다는 점도 헤지펀드가 다크호스로 나올 수밖에 없었다.

또 다른 원인은 유능한 펀드매니저들이나 투자전문 인력들이 기존 금융기관을 떠나 헤지펀드로 이동하고 있는 점이다. 헤지펀드의 큰 장점은 자금을 운용함에 있어 특별한 규정이 없고 파격적인 성과급을 보장해 주기 때문이다. 우리나라를 대표하는 금융기관이나 정년이 보장된 공기업들을 과감히 떠난 우수한 인력들이 헤지펀드로 몰려가는 것도 금융시장의 큰 변화의 물결이다.

일반인들이 생각하기에 헤지펀드는 주로 주식이나 채권 등에 투자하는 것으로 알고 있지만 그 외에 투자하는 금액이 훨씬 더 크다. 어느 기업이 매물로 나오면 예전엔 외국 투자가들이 투자자금을 모아 인수를 위한 펀드를 조성해 해당 기업을 인수하는 것이 대부분이었다.

그러나 우리나라에 헤지펀드가 본격적으로 들어서면서 한국형 헤지펀드 즉, 사모펀드들이 주축이 되어 직접 인수자로 또는 재무적 투자자로 앞장서 M&A 시장을 주도하고 있다.

투자를 하는 사람이라면 한두 번 정도는 어떤 상장기업의 대주주란에 ○○투자조합, 또는 ○○인베스트먼트, ○○스펙 2호 등 어느 단체의 이름이 대주주 또는 주요주주로 기재되어 있는 것을 보았을 것이다. 신문 경제란에서도 종종 이런 기사들이 나오는데, 대부분 사모펀드라고 이해하면 된다. 지금 매물로 나와 있는 아시아나항공의 경우 흥행이 그다지 좋지 않은 상황이지만 만약 대기업이 인수하지 않고 인수를 희망하는 전략적 투자자 단독으로 인수하기는 무리가 따를 것이다. 현재 인수 후보자로 나선 두 곳(애경그룹, HDC현대산업개발)도 재무적 투자자(사모펀드)와 컨소시엄을 이뤄 인수에 뛰어든 것이다.

금호그룹이 아시아나항공을 인수한 것도 이 재무적 투자자들(엄밀히 따지면 사모펀드)에게 약속한 옵션 때문에 그룹 자체가 해체되는 위기를 맞았고 결국 아시아나항공을 매각하게 된 주된 이유다. 이처럼 사모펀드는 기업이 발행하는 전환사채는 물론 상장을 앞둔 기업들의 유상증자에 참여하거나 신주인수권, 채권 등 다양한 상품에 투자하고 있다.

선진국형으로 가는 헤지펀드 설립규정

우리나라의 헤지펀드는 크게 공모형과 사모형으로 나눌 수 있다. 공모형이란 우리가 흔히 은행이나 증권사에서 가입하게 되는 불특정 다수를 대상으로 자금을 모으는 펀드고, 사모펀드는 49인까지만 투자자를 모집할 수 있도록 인원의 제한이 있다. 그리고 전문투자형과 경영참여형(PEF-Private Equity Fund)으로 구분한다. 흔히 한국형 헤지펀드로 불리고 있다.

전문투자형은 기업에 투자할 때 10% 이상 지분투자가 가능하지만 의결권은 10%까지만 인정되고 투자대상의 제한이 없다. 반면 경영참여형은 10% 이상의 지분을 갖고 경영권을 행사할 수 있다. 전문투자펀드는 돈을 빌려서 투자할 수 있고 선물, 주식, 공매도 등 모든 상품에 투자할 수 있지만 경영참여형은 원칙적으로 지분투자를 하도록 되어 있다.

전문투자형 펀드를 운용하려면 최소 자본금 10억 이상과 전문 인력 3인 이상을 갖춰야 하며 상호도 000운용사라고 회사 상호를 사용해야 한다. 그러나 경영참여형 펀드는 별다른 요건을 갖추지 않고 자본금 1억 원만 있으면 설립이 가능하고 별도의 사무실을 갖추지 않아도 된다. 운용 인력은 2명 이상이면 가능하다. 유명한 펀드로는 론스타, 칼라일, 한엔코 등이 있고 한국에서는 한앤컴퍼니, MBK파트너스 등이 있고 조국 법무장관 후보자의 청문회 때 유명해진 사모펀드가 이에 해당한다. 이 펀드도 설립 후 금융감독원에 신고하여 공지하지만, 돈의 투자처와 투자자를 밝히지 않아도 법적으로 전혀 문제가 없다. 작은 인원으로 스스로 판단하여 자금을 모아 투자를 하는 것이기 때문에 투자자 스스로에게 책임이 있다고 감독원은 판단하기 때문이다.

사회간접시설의 주 고객이었던 외국인 투자자들의 자리를 한국금융기관이 주도하게 된 배경에도 사모펀드들이 적극적으로 참여하면서 가능해졌다. 그동안 국가시설 건설에는 외국 투자자들이 대부분 참여했다. 인천공항이 그렇고 인천대교, 전철 9호선 등도 얼마 전까지만 해도 그 주인은 외국 투자가들이었다. 한국금융기관들의 주도하에 국책 프로젝트에 대표로 나서게 된 배경에는 한국금융시장의 성장과 함께 사모펀드들의 규모가 커짐으로 가능해진 것이다.

그동안 한국 금융당국은 헤지펀드의 진입을 선진국에 비해 엄격하게 관리해 왔다. 몇 년 전부터 외국투자자들이 꾸준히 요구해온 금융 개방과 세계적 흐름인 금융변화에 따라 최근 정부당국도 헤지펀드 설립 및 운용규정을 크게 완화하므로 신생 헤지펀드 운용사가 빠르게 증가하고 있다.

2015년까지만 해도 헤지펀드 운용사를 설립하려면 최소 자본금이 60억 원이었는데, 최근 20억 원으로 완화되었다. 그 이후 지난해(2018년) 12월부터 최소 자본금이 다시 10억 원으로 더 낮아졌다. 그러함에도 양적이나 질적으로도 한국형 헤지펀드가 더 성장하려면 풀어야 할 숙제가 남아 있다. 가장 큰 문제로 언급되는 것이 '개별펀드 규모가 작다'는 것이다. 한국형 헤지펀드 가운데 설정액이 5,000억 원이 넘는 것은 NH투자증권의 'NH앱솔루트리턴' 등 손에 꼽을 정도다. 4,000억 원이 넘는 펀드도 '미래에셋스마트Q아비트라지(4,553억 원)'를 비롯해 몇 개에 불과한 실정이다. 현재까지 전체 헤지펀드 가운데 설정액 규모가 100억 원에 미치지 못하는 펀드가 50%를 넘다 보니 제대로 된 운용 전략을 수행하는 데 한계를 갖는다. 펀드 금액이 적다는 것은 그만큼 일반인들에게는 접근이 어렵다는 얘기다. 헤지펀드가 선진국처럼 대중화되어 경쟁력을 갖추려면 일반인들의 참여가 필수적이다.

그리고 헤지펀드의 가장 큰 문제는 '49인 룰'이다. 국내 헤지펀드는 전문투자자가 아닌 개인투자자는 49인까지만 모집할 수 있다. 특히 이 49인을 '청약 권유한 사람 수'로 계산하기 때문에 헤지펀드당 실제 투자자는 49인이 되지 않는 경우가 대부분이다. 49인 이상 투자를 권유할 경우 공모펀드가 된다는 취약점을 안고 있다.

한국의 대표적인 헤지펀드

한국에서 지난 3년간 헤지펀드 운용사는 현재까지 140여 개가 새로 설립되었고 개별 헤지펀드 개수만 해도 1,800개를 넘어섰다고 알려져 있다. 헤지펀드 설립요건이 빠르게 선진화되면서 향후 더 많은 펀드들이 새롭게 태동할 것은 불을 보듯 뻔하고 한국금융시장은 새로운 전환기를 맞이할 것이다. 현재 한국의 대표적인 헤지펀드 운용사로는 2조 원 넘는 자산을 운용하며 주식 부분에서 단연 앞서가는 타임폴리오자산운용이 있다. 국내 최초로 100% 출자한 해외법인을 싱가포르에 설립해 영업을 시작했다. 마찬가지로 1조 원 넘는 자산을 운용하는 엘렌루트자산운용, 미래에셋 등이 우리나라 헤지펀드의 간판 역할을 하고 있다. 헤지펀드운용사들의 특징은 10명도 안 되는 적은 인원으로 투자자문사를 운용하다 투자전문 자산운용사로 전환한 공통점을 갖고 있다.

대부분의 사모펀드들이 최소 가입금액을 1억 원 이상으로 제한을 두고 있어 일반인들에게는 아직 투자하기엔 이른 감이 없지 않다. 이러한 문제점을 해소하고자 미래에셋에서는 500만 원으로도 가입이 가능한 사모재간접 공모펀드인 '미래에셋스마트헤지펀드 셀렉션'과 삼성자산운용의 '삼성솔루션코리아플러스알파' 두 개를 최근에 선보였다. 2018년 9월 설정된 국내 1호 사모재간접 공모펀드인 미래에셋스마트헤지펀드 셀렉션이 대표주자다. 아직 1년이 채 되지 않았지만 순자산이 1,500억 원에 육박하며 인기를 끌고 있다. 지난해 4.8% 수익률을 기록하며 같은 기간 코스피 수익률 -7.4%에 비해 월등한 실력을 과시했다. 설정 이후 약 1년간 수익률은 10.41%에 달한다.

삼성솔루션코리아플러스알파는 순자산이 223억 원으로 아직은 반응이 미미하지만 지지부진한 올해 증시에서도 안정적인 플러스 수익을 내며 순항 중이다. 일반인들이 위험자산에 투자하여 수익을 내기란 여간 어려운 일이 아니다. 또한 누구나 가입하고 있는 공모펀드는 수년째 마이너스 수익률을 경험하는 데 익숙해져 있다.

투자활동을 꾸준히 하면서 관심 있게 공부를 해 온 투자자들은 이 돈의 흐름에 발맞춰 헤지펀드 간접상품에 가입해 좋은 투자성과를 올리고 있다. 그렇다면 아직도 생소한 헤지펀드에 가입하기 위해서는 어떻게 해야 할까. 운용사가 증권사와 계약을 맺고 지점 창구에서 자사 상품을 판매하기도 하지만 인기 있는 헤지펀드 상품의 경우 입소문을 타고 사전에 투자자금이 모집되는 일이 많아서 발품을 팔아야 한다. 또는 위에 언급된 펀드회사들에 직접 연락하여 정확한 정보를 얻는 것도 한 방법이다. 거래하는 증권사를 찾아 담당자와 상의를 하고 해당 상품이 나오면 연락해 달라고 부탁하는 것도 하나의 대안이 될 수 있다. 내가 생각하는 가장 좋은 투자방법은 비교적 큰 자산을 운용하는 지인을 통하는 것이다. 가장 빠르고 정확한 정보를 공유할 수 있고 쉽게 투자할 수 있을 것이다. 자산증식을 함에 있어 관계는 아주 중요하다. 돈의 흐름이 끼리끼리 정보를 주고받고 수익이 나는 특화된 상품들에 돈이 몰리고 있는 지금은 더욱더 중요한 일이 아닐 수 없다.

화폐개혁이 가져올
대변화

화폐개혁의 가능성

2019년 연초부터 금융가와 일부 정치권에서 리디노미네이션(Re-denomination), 화폐단위 변경(화폐단위 하향조정)에 대한 논의가 뜨겁다. 심심찮게 오랫동안 증권가에서 찌라시로 간간이 나돌던 화폐개혁의 불씨를 살린 건, 현 한국은행 총재가 국회에서 한 발언이다. 한국은행은 언제든지 화폐개혁을 할 준비가 되어 있으며 빠르면 빠를수록 좋다는 취지로 언급한 것이 본격적인 논란의 불을 지핀 셈이다. 여기에 한술 더 뜬 건, 한국은행 총재를 역임한 박승 전 총재가 총대를 메면서 사회적 이슈로 떠올라 정계는 물론 금융기관들도 촉각을 곤두세우며 한바탕 소동을 치러야 했다.

국회는 물론 사회 전반에 찬반 논란이 거세지자 한국은행 총재는 한발 물러나 당장은 계획이 없다고 진화에 나섰다. 급기야 경제부총리까지 앞장서 수습하느라 진땀을 흘리며 논란을 잠재우고 있지만, 아직도 진행형이다. 지난 노무현 정부에서 한국은행 총재를 지냈던 박승 전 총재는 공공연히 시행해야만 한다고 강의에서나 대중적 모임에서 언급하고 있어 아직도 사회적 이슈로 뜨겁다. 정치권에서도 토론회를 개최하는 등 일부 의원들은 지금이 적기라는 의견을 내놓고 있으며 찬반으로 나뉘어 좀처럼 가라앉지 않고 있다.

화폐개혁을 찬성하는 사람들이 내세운 가장 큰 이유로 1인당 국민소득 3만 달러가 넘어선 이후 화폐단위도 국격에 맞게 재조정해야 하며 G20 국가 중 숫자 0 네 단위를 쓰는 국가는 유일하게 대한민국뿐이라고 주장을 하고 있어 일부 국민들은 화폐개혁이 기정사실로 되는 것처럼 회자되고 있다.

아직 일반 국민에게는 생소한 리디노미네이션이라는 단어는 편의상 화폐개혁이라고 해야 이해가 빠를 것이다. 간간이 언론이나 금융가에서 한 번씩 회자되고 있는 이 문제를 두고 영민한 투자자들은 벌써부터 화폐개혁이 실행되면 어떤 변화가 있고 돈들은 어떤 곳으로 흐를까 해답을 찾느라 삼삼오오 모여 포럼을 갖는 등 발 빠르게 움직이고 있다.

내 생각도 머지않아 분명 화폐개혁이 이뤄질 것이라고 믿고 있었지만 외국인들의 입에서 한국의 화폐개혁 얘기가 나오는 걸 보고 깜짝 놀랐다. 지난 연말 미국에서 투자전문가들의 사교모임에 참석했다가 중위권의 헤지펀드를 운용하는 대표가 불쑥 "한국 정부가 곧 화폐개혁을 단행할 것으로 보는데 너는 어떻게 생각하느냐"고 물어와 적잖이 당황했었다. 사실 화폐개혁은 노무현 정부 때인 2004년에 본격적으로 논의되었다. 한국은행에서 태스크포스(Task force)를 꾸려 추진했으나 정부의 반대로 무산되었다. 당시 정치적 이슈와 강력한 야당의 반대와 경제적 여건 등으로 중단하고 그동안 수면 아래 가라앉아 있었다. 많이 늦은 감이 없지 않지만 대부분의 학자들이나 금융인들, 경제인들은 지금이라도 본격적인 논의가 되어 이른 시간에 화폐개혁이 시행되어야 한다고 생각하고 있다.

현재 우리나라는 세계 200여 개국의 나라 중 경제권은 10위 안에 들어섰지만 유일하게 화폐단위 0 숫자가 4개 들어가는 원/달러를 쓰는 나라는 우리뿐이다. 한국보다 훨씬 못한 신흥국들도 1달러당 0을 4개 이상 쓰는 나라들은 극히 드물다. 국가 경제규모와 무역, 금융 분야에서 급속도로 팽창하고 있는 지금, 현재의 화폐단위를 사용하므로 상당한 부작용이 없지 않다. 통계상 어떤 지표나 총계를 나타낼 때 수십 경까지 표기해야 할 경우 0 숫자가 얼마나 들어가야 하는지 그것을 확인하기도 쉽지 않을 만큼 혼란스럽다. 어떤 통계를 보면 한참 동안 0을 세어 봐도 헷갈릴 정도로 숫자가 많다. 마치 몇 개월 사이 수천 배 인플레이션이 유발된 부도위기에 빠진 베네수엘라 같은 나라들을 연상하기 쉽다. 이러한 문제점을 알면서도 지난 정부는 정권을 잡는 동안 정치적인 부담감을 지고 싶지 않았고 발등에 떨어진 불을 끄기에도 급급한 당파적 이슈들로 기회를 놓치고 말았다. 외국인들이 한국에서 환전하면서 매우 놀라는 것도 너무 많은 돈 때문에 혼란을 느끼고 물건을 살 때마다 물건값을 계산하기가 여간 어려운 문제가 아니라고 고충을 털어놓은 것을 여러 번 목격했다.

우리나라 화폐개혁의 역사

해방 후 우리나라는 몇 차례 화폐개혁을 단행했었다. 첫째는 1950년의 화폐개혁(제1차 긴급통화조치)으로 이뤄졌는데, 이유는 한국전쟁 때문이었다. 북한군이 당시의 법정 화폐인 조선은행권을 위조 남발함에 따라 심각한 인플레이션과 가짜 화폐의 난립을 막으려는 조치로 시행했다. 당시 태동한 지 얼마 되지 않은 한국은행이 구화폐를 회수하고 신권을 공급함으로써 한국은행이 발행한 새 화폐를 국민에게 각인시키며 유통하는 계기가 되었다.

이 화폐개혁은 1950년 9월 15일부터 1953년 1월 16일까지 전쟁의 상황에 따라 지역별로 나누어 실시한 탓에 상당한 혼란을 겪으며 정착하기까지 오랜 기간이 소요되었다. 1953년 두 번째 실시된 화폐개혁은 한국전쟁 과정에서 남발된 통화와 빠르게 늘어나는 인플레이션을 수습하기 위한 조치였다. 화폐단위 또한 원(圓)에서 환(圜)으로 바꿈과 동시 100:1로 구권을 신권으로 교환하게 함으로써 명목절하가 실시되었다.

1차 시행 후 얼마 되지 않아 또다시 화폐개혁을 단행한 궁극적 목표는 시중의 과잉구매력을 흡수하여 인플레이션을 수습하고 이를 경제부흥자금으로 이용하자는 데서 기인했다. 정부는 긴급금융조치를 통해 금융기관으로부터 예금인출을 제한하는 봉쇄계정을 설치하였다. 이 조치로 전체 예금의 24% 정도를 동결할 수 있어 부흥자금의 동원에도 어느 정도 성과를 거둔 화폐개혁이었다고 평가되고 있다.

현재까지 마지막으로 단행한 1962년의 화폐개혁은 화폐단위를 환에서 원으로 10:1로 교환하게 함으로써 명목절하와 함께 현금과 예금을 동결하는 긴급금융조치가 함께 시행되었다. 5·16 쿠데타로 정권을 잡은 군사정권 역시 인플레이션 누적으로 인한 화폐거래비용의 증가라는 명분을 걸었지만 사실은 그림자 금융 척결이 목표였다. 특히 구 정치권의 은닉자금과 금융권 못지않게 커져 있는 지하자금을 금융권으로 끌어들이고 탈세 등 부정부패를 막겠다는 의지가 있었다. 그러함에도 소기의 성과를 보지 못하고 오히려 경제를 크게 위축시키고 국민들의 동요가 가라앉지 않자 한 달을 넘기지 못하고 긴급금융조치가 철회됨으로써 1962년 화폐개혁은 끝났다.

1962년 화폐개혁은 부동자금을 수면 위로 끌어올려 금융권을 통해 산업자금으로 흐르도록 하려는 목적은 달성 못 했지만, 다시 구화폐 단위 환을 지금의 원화 표시로 회귀함과 동시에 안정적인 화폐경제의 기틀을 마련한 것으로 평가되고 있다.

화폐개혁에 따른 장단점

현시점에서 화폐개혁이 단행됨으로써 장단점과 우리 생활의 변화는 어떤 것들이 있을까. 장점으로 본다면 우선 경제규모에 맞게 통계자료 및 모든 결산서류는 물론 일상생활에서 단순해진 계산법은 편리할 수 있고 국가위상을 높일 수 있다. 선진국 G20 국가 중 부패지수가 가장 높은 불명예를 벗어날 수 있고 지하경제의 20%로 추정되는 불분명한 자금흐름을 양성화할 수 있는 점도 화폐개혁의 주된 이유가 될 수 있다.

이 점은 어느 정부에서 추진하던지 대표적인 명분으로 내세울 가능성이 매우 크다. 한국은행 총재가 2019년 국회에서 여당국회의원이 질문한 화폐개혁에 대한 답변에서 필요성을 느끼지만, 외국에서도 리디노미네이션에 성공한 국가들도 있고 크게 실패한 국가들도 상당히 많다고 언급한 것을 봐도 분명 혼란의 여지는 있다고 볼 수 있다. 그중 2008년과 2018년 베네수엘라는 각각 1,000대 1의 비율로 화폐개혁을 단행했지만 오히려 급격한 인플레이션과 사회적 혼란을 겪다가 결국 국가부도사태를 맞이하고 말았다.

대표적인 실패의 사례를 보듯 화폐개혁을 통해 환율 폭등과 하이퍼인플레이션을 안정시킨 사례도 없지 않다. 그중 경제규모가 크고 정치적으로도 상당히 안정된 터키의 사례를 볼 수 있다. 터키는 1994년과 2005년 두 차례의 외환위기를 겪고 자국 화폐 리라화 가치가 미 달러 대비 거듭 폭락하자 2005년 1월 1일부터 100만분의 1로 화폐개혁을 단행했다. 그리고 구권화폐를 신권으로 교환하는 기간을 10년으로 충분히 잡아 구·신권을 동시에 사용하게 하며 점진적으로 신권을 교환하도록 유도하였다. 매년 50% 가까이 육박했던 소비자물가는 화폐개혁 단행 이후 6~10%대로 안정되었고 7%라는 고도의 성장을 누릴 수 있었다고 터키 당국은 공식적으로 발표했다.

이는 공공부문 개혁과 은행시스템 개선 등을 병행한 결과였다. 또한 국민들이 혼란에 빠지지 않고 서서히 화폐개혁에 적응할 수 있도록 사전 충분한 협의와 홍보를 병행했었고 국민들도 사전에 인지하고 있었기에 성공할 수 있었다. 무엇보다 서민들의 공감대가 형성되었고 사전에 충분한 토론과 여론의 이해를 높이는 데 집중한 결과였다.

실패와 성공을 경험한 두 나라에서 보듯 국가마다 정치적, 경제적 상황이 다르기에 어느 국가를 우리와 비교할 수 없겠으나 양면의 장단점을 모두 자세히 파악해야 할 것이다. 또한 국민의 공감대를 먼저 형성해야 한다는 데는 정치권은 물론 전문가들도 한목소리를 내고 있다. 수년째 내수경기의 부진을 겪고 있는 우리 경제에 활력을 줄 수 있고 화폐개혁을 통해 인위적인 인플레이션을 유도함으로써 디플레이션의 경기를 벗어날 수 있다는 점도 정책결정자들이 고려할 수 있는 이유다. 실질적인 가치는 그대로지만 절상 효과로 인해 크게 낮아진 가격은 일시적인 착시현상과 함께 심리적 요인에서 오는 소비 욕구는 높아지고 단순해진 가격도 지갑을 여는 데 긍정적인 효과를 기대해 볼 수 있을 것이다.

물가상승은 자연스러운 현상

만약 1000:1로 화폐개혁이 단행될 경우 전까지 3,900원 하던 커피 한 잔 값이 3.9원으로 낮아지는데, 커피 주인은 4원으로 가격 표시를 할 가능성이 있고 모든 제품에서 가격 절상할 가능성이 매우 높다. 이는 곧 물가상승으로 이어지고 인플레이션을 유발한다는 것이 우선 떠오르는 단점일 수 있다. 그러나 소상공인이나 기업의 입장에서 보면 가격상승과 구매증가는 곧 기업의 이익이 좋아지고 내수경기의 가장 큰 문제점인 디플레이션에서 벗어날 수 있다는 점에서 양면의 칼이 아닐 수 없다. 또한 현금을 많이 보유하고 있는 국민들이 신권을 모두 교환하므로 행여 자금출처에 대한 염려가 앞서 현금을 소비할 수도 있을 것임을 예상해 볼 수 있다. 즉 돈이 빠르게 돌고 소비는 심리적 요인이 가장 크다는 점에서 가격절상은 일시적으로 착시현상을 일으켜 가격이 싸다는 느낌과 단순해진 계산법은 분명 소비를 촉진시킬 수 있다.

가장 쉽게 연상해 볼 수 있는 점은 주식시장에서 흔히 볼 수 있는 액면가 분할을 떠올리면 쉽게 이해가 될 것이다. 예를 들어 삼성전자 주식이 250만 원 하던 것을 소액투자자들도 쉽게 매매할 수 있게 가격을 1,000:1로 절상하여 2,500원으로 새롭게 거래를 재개한다면 누구나 쉽게 매수를 하고 싶어질 것이다. 250만 원으로 매수한다면 단한 주밖에 사지 못할 주식을 1,000주나 보유하게 되므로 심리적으로 느끼는 만족감을 채워줄 수 있다. 그러나 단점 또한 상당한 문제점이 아닐 수 없다. 가치개념의 혼란과 함께 정해진 기한 안에 신권으로 교환하지 못한 구화폐의 무용론도 고심해 볼 수 있겠지만, 민주주의 욕구가 어느 나라보다 큰 우리 입장에서 이 부분은 현실성이 없다고 보는 게 옳다. 많은 현금을 갖고 있는 사람들은 신권을 교환함으로써 자본취득에 대한 세금 문제로 불안해할 수 있을 것이고 기득권 세력들의 큰 저항을 예상할 수 있다. 고소득자들은 소득을 신고하지 않고 막대한 현금을 보관하고 있다고 알고 있어서다.

무엇보다 큰 문제는 모든 금융권의 시스템 교체와 함께 현금지급기의 교체비용과 기업들의 회계는 물론 외환 부분에서도 혼란을 줄 수 있다는 점을 들고 있다. 화폐개혁을 반대하는 사람들이 주장하는 비용증가는 단점보다는 오히려 우리 경제에 큰 도움을 줄 수 있다는 점도 따져봐야 한다. ATM을 바꾸고 모든 거래시스템과 가격표시를 새로 제작해야 하는데 막대한 자금이 소요된다. 하지만 이 자금이 지출하는 주체가 있으면 그만큼 받는 주체가 있을 것이다. 이 자금들이 순전히 해외로 빠져나가지 않고 국내에서 소비되고 지출된다면 내수경제에 큰 활력소가 될 수 있다. ATM을 제조하는 회사들과 시스템을 개발하는 기업들은 물론, 광고제작을 하는 업체들도 모처럼 늘어나는 물량으로 매출이 늘고 생산가동률이 높아지면 노동력이 필요해 고용을 늘릴 것이고 늘어난 매출만큼 소비도 촉진시킬 수 있기 때문이다.

무조건 비용이 지출될 것이라고만 생각하고 큰 단점으로 생각하는 것은 기본의 경제논리와 돈이 유통되는 과정을 잘 모르는 사람들의 목소리일 뿐이다. 무조건 반대를 위한 반대를 하고 보는 정치적 입장에서 주장하는 일이 아닐 수 없다.

어느 분야든 개혁이 따르고 시스템의 변화가 이뤄지면 그에 편승한 기업이나 개인은 새로운 기회를 잡는다. 또한 투자자들이 가장 궁금해하는 가장 큰 주제는 화폐개혁이 이뤄지면 돈들이 어디로 흘러가고 가장 큰 영향을 받을 수 있는 곳은 어디일까 하는 생각이다.

앞서 화폐개혁을 실시한 국가들의 사례를 보면 부동산이 한 단계 상승했고 가장 큰 수혜는 주식시장이었다. 그중 대표적인 굴뚝주들(가치주)과 업종 대표주들이 고르게 상승한 것을 볼 수 있다. 또한 금, 고가 미술품 등도 상승할 것이라고 공통된 의견을 보였다. 언젠가 화폐개혁이 실시된다면 단순한 화폐단위를 변경하는 것으로 이해할 수 있겠으나 분명 새로운 패러다임이 시작될 것은 분명하다. 특히 새로운 부자들의 탄생에는 사회적·경제적인 혼란이 있었고 이때 기회를 잡은 이들이 새로운 트렌드를 선도하며 산업 흐름에 동참했기에 가능했다.

제2장

지금은 머리로
돈을 버는 시대

머리를 써야
부자가 될 수 있다

투자자들에게 누구나 전설로 기억되는 워런 버핏과의 점심식사를 같이할 수 있는 경매가 해마다 열리는데 경매에서 가장 높은 금액을 써넣었을 때만 가능하다. 세 시간 정도 점심을 먹으며 여러 조언을 구하거나 또 워런 버핏의 얘기를 들을 수 있다. 다만 워런 버핏이 구상하고 있는 투자전략에 대해서는 대화의 제약을 받는다. 낙찰자는 최대 7명까지 초대할 수 있고 주로 뉴욕의 유명한 스테이크 하우스에서 만남이 이루어진다. 지난해(2018년)에도 35억 원에 최종 낙찰되었다. 점심 한 끼를 같이 하는 것에 수십억 원이 든다고 하면 대부분 사람들은 쉽게 믿지 못할 것이다. 자신들은 평생 만져보지도 못한 거금인데 하며 의아해 하는 사람들이 대부분이다. 이 돈은 한 자선단체에 그대로 기부되며 해마다 한 번씩 이뤄지고 있다. 미국 금융위기로 세계 경제가 휘청거리던 2008년 24억이라는 거금을 써낸 중국인이 워런 버핏과 점심식사 최종낙찰자로 발표되었다.

낙찰자는 보통 익명을 요구하기도 하지만 일부는 자신의 신분을 드러내기도 한다. 낙찰자 대부분은 금융기관에 종사하거나 미국과 유럽의 경영자들이 주로 낙찰되었다. 그런 전통을 깨고 낙찰된 사람이 한 중소기업의 동양인이라는 소식은 흥미를 느끼기에 충분했다. 그는 홍콩에 상장된 슈퍼마켓체인 대주주였다. 그리고 워런 버핏과의 식사 후 한 방송과 인터뷰를 했는데 투자계의 전설적인 인물과 점심을 하며 많은 조언을 받을 수 있어 의미 있는 시간이었다고 말했다. 워런 버핏을 잘 모르던 일반인들에게도 아파트 몇 채나 되는 가격의 비싼 점심을 먹었다는 이유만으로 그는 단번에 유명인사가 되었다. 또한, 그의 회사는 수백억 광고효과보다 더 큰 홍보 효과를 얻을 수 있었다. 방송 말미에 "워런 버핏의 조언과 그의 투자철학에 영감을 받아 회사 경영에도 적극적으로 활용할 것"이라는 그의 한마디에 주식은 급등했다. 주식시장에서 별 관심을 받지 못한 주식이 급등하자 그는 주식 일부를 팔아 1,450억의 차액을 얻을 수 있었다. 24억을 지출했지만, 수백억 원의 광고효과를 누렸고 주식을 일부 매도하여 1,450억이라는 현금을 확보할 수 있었다. 그 회사가 매년 영업을 잘해 세금을 내고 벌어들이는 금액을 고려하면 10년 이상 장사하는 것보다 훨씬 더 큰 시가총액을 워런 버핏과의 점심 한 끼로 벌어들인 것이다.

열심히 일하고 저축하는 시대는 지났다

한때 우리나라에서 종업원 몇백 명도 안 되는 중견 게임회사가 그 회사의 주식을 팔면 계열사 수십 군데를 지배하고 종업원 수만 명을 거느린 재벌그룹 전체를 사고도 남을 정도로 시가총액이 더 높았던 적이 있었다. SNS가 세상을 지배하는 지금의 경쟁력은 막대한 시설이나 엄청난 규모가 아닌 시대 흐름에 맞는 아이디어를 가진 기업만이 승패를 좌우한다. 열심히 일하고 몸으로 때우는 시대는 지났다. 남보다 덜 자고 더 일을 많이 하면 삶의 질은 떨어지고 돈과의 거리는 점점 멀어진다. 그렇다고 돈이 모이지도 않는다.

갑자기 세상을 떠난 사람들의 장례식장에 가보면 망자에 대해 안타까워하며 하는 말들이 있다. "평생 고생만 하다 이제 살만하니 일찍 가버렸다."라고 말한다. 여행 한 번 제대로 가보지 못하고 일에 매달리다 보니 건강에 이상 신호가 와도 예사롭게 넘겼기 때문이다. 누구든지 주어진 일에 최선을 다하고 그 수입으로 즐겁게 생활하며 삶을 즐기되 자산증식은 머리로 돈을 늘려가야 한다는 생각이다.

위의 사례에서 보듯 24억이란 돈은 일반인들에게는 쉽게 만져볼 수 없는 거금이다. 그러나 점심 한 끼에 그 정도의 돈을 지출할 줄 아는 사람이야말로 돈을 버는 방법을 아는 사람이다. 즉, 머리를 써서 부자가 되는 사람들의 특징이다. 경제성장이 멈춰버린 지금 세상은 변화의 트렌드에 발맞춰 머리로 돈을 버는 신흥재벌들이 탄생해 새로운 부의 역사를 써 갈 것이다. 어쩌면 일생에 찾아온다는 세 번의 기회가 적어도 한두 번은 향후 10년 안에 찾을 수 있다. 아무리 좋은 기회가 많이 찾아와도 그것을 잡을 수 있도록 꾸준히 준비하고 기다리지 않는 사람들에게는 그냥 스쳐 갈 뿐이다. 앞으로 10년은 우리에게 중대한 시기이며 경제적, 사회적 시스템에도 대변혁이 올 것이다. 또한 정책적인 면에서도 크게 바뀔 것이며 세계질서도 개편될 중대한 시간이다.

직장에 부는 새로운 변화

우리는 유리지갑의 대명사로 월급쟁이들을 떠올린다. 아무리 급여를 많이 받아도 특별한 경우를 제외하곤 대부분 경력과 직급에 따라 평균적인 월급을 받고 있으며 전형적인 중산층으로 불린다. 그러나 최근 일반 직원이 사장보다 훨씬 많은 급여를 수령하고 수많은 직장으로부터 프러포즈를 받는 경우가 있다.

지난해에도 우리나라 대표적인 H금융그룹의 한 증권사 중간직급(차장)의 직원이 20억이 넘는 급여를 상반기에만 수령했다. 회장보다 더 많은 돈을 받아간 그 직원은 새롭게 변화하는 돈의 흐름을 정확하게 파악해 그에 맞는 투자상품을 개발하고 흥행에 성공해 급여 외에 성과급을 받았다. 그 정도의 급여를 타 갈 금융인이라면 우리나라 금융회사들의 대부분이 본사를 두고 있는 여의도에서 익히 알려졌을 사람이지만 생소한 이름에 모두들 궁금해하였고 언론에서도 앞다투어 취재했다.

20여 년의 경력을 쌓고 큰 탈 없이 나름대로의 성과를 내는 금융인들이 은행이나 증권사 지점장에 오르면 대략 1억이 넘는 연봉을 받는다. 그러나 지점장들의 10년 연봉보다 6개월 동안 가져간 차장급 직원의 급여가 더 많은 데서 금융시스템의 트렌드를 엿볼 수 있다. 지점장을 목표로 인생의 황금기를 보낸 금융인들의 근무수명이 점점 짧아지고 경쟁은 갈수록 더 치열해지고 있지만 그들이 가져가는 급여는 점점 줄어드는 추세다. 각 지점마다 별도의 회계결산을 하고 그 이익에 따라 인센티브를 받는 구조에서 살아남기란 결코, 쉽지 않기 때문이다. 지점장이나 금융의 꽃이라고 부르는 임원을 목표로 두지 않고 자기만의 길을 개척해 가는 직원들이 늘고 있다.

어느 지점에 가보면 차장이 지점장보다 나이가 훨씬 많고 근무연수도 오래되었지만 만년 차장으로 근무하기를 고집하고 있다. 스스로 자기만의 근무방식을 알고 있기 때문이다. 이들은 특정 고객을 상대로 오직 영업에 매진하며 또 급여보다는 성과급으로 대가를 받길 원한다. 회사 입장에서도 정식 직원이 아닌 성과급으로 직원을 채용하니 고정급여에 대한 부담이 적어 대환영이다. 금융권의 꽃이라 불리는 지점장이나 임원이 되기를 거부하는 이들의 공통점은 빠르게 변화하는 금융시스템을 잘 알고 있다는 점이다. 지점장에 올라봐야 책임감만 커지고 경쟁에서 밀리면 조기 은퇴를 당할 가능성이 빨라진다는 것을 잘 알고 있어 직급이나 명성보다는 실리를 택한 것이다.

또한 그들은 돈이 어떻게 흐르고 어디로 쫓아가는지를 정확히 파악한 다음 앞서가는 정보를 내세워 돈을 굴리는 사람들에게 접근한다. 아직도 고액자산가들은 위험자산이나 새로운 금융상품에 투자하는 것을 꺼리고 이익이 적더라도 안전한 상품을 선호한다. 그런 투자자들을 대상으로 투자의 관점을 바꾸게 하고 설득하여 더 높은 수익과 안전성을 보장해 주는 전략을 세우고 큰손들의 자본을 자신의 관리영역으로 들어오도록 심혈을 기울인다.

상품을 개발하는 직원들은 발 빠르게 특화된 상품을 내놓아 틈새시장을 노리거나 수익률이 높은 곳에 집중한다. 급속도로 커지고 있는 사모헤지펀드들을 대상으로 특정상품들을 내놓아 흥행에 성공한 케이스도 그중 한 예다. 그들이 내놓은 파생상품 등 신(新)금융상품들은 따지고 보면 대부분 선진국의 금융상품에서 모티브를 찾은 것들이다. 다만 아직 후진국 수준의 금융시장을 벗어나지 못하고 있는 한국에서 그 적용 시점을 정확히 파악했고 기관투자가나 큰손들의 투자행태를 읽을 줄 알고 있었기에 가능했다. 모든 투자의 핵심은 변화에 대한 시점이고 트렌드다. 그들은 고정관념의 틀에 머물지 않았고 남들이 가지 않은 길을 스스로 자청해 자기만의 길을 개척했기에 월급쟁이들이 상상하지 못한 돈을 벌고 있는 것이다.

직장을 떠나는 사람들

오래 기억에 남아 있는 한 친구가 있다. 최고의 대학을 나와 자신이 회사를 역으로 면접해 가며 근무처를 골라 갈 정도로 유망한 청년이었다. 모두가 입사를 희망하는 그룹에 들어가 몇 년을 근무하면서 무척 무료해 하며 직장생활에 흥미를 잃고 있었다. 기획부서에서 마케팅 부서로 자원해 근무했지만 거기서 받은 월급으로는 도저히 가족들의 생계가 충분치 못하다는 점도 직장의 매력을 잃게 하는 요소였다. 무엇보다 획일화된 조직문화에서 창의성을 찾아볼 수 없었고 자기계발은 생각조차 할 수 없는 직장 생활에 한계를 느끼고 있었다.

결국 몇 년을 버티지 못하고 사표를 쓴 그는 사업을 하겠다며 사업 플랜을 들고 찾아왔다. 중국 관광객들이 밀려들어 오면서 숙박업소들은 대부분 단체손님들로 방을 채우지만, 예약취소도 많아 어려움을 겪고 있는 데서 착안했다고 한다. 단기간 남는 방들을 찾아 싼 가격에 판매하거나 패키지로 묶어 그날그날 빈방을 모바일에 띄우는 애플리케이션을 개발하여 호텔들과 직접 네트워크를 연결하는 앱을 만들어 영업한다는 단순한 기획안이었다.

나 역시도 그의 사업이 좋아 보여 투자에 참여하겠다고 했지만, 퇴직금과 그동안 부은 적금으로 사업자금이 충분하겠다고 하여 투자를 하지 못했다. 그는 다른 회사에서 사표를 쓰고 나온 친구와 사업을 시작해 빠른 시간에 자리를 잡았고 그 후 사업은 기존 호텔예약회사에 100억 조금 넘는 가격에 매각했다. 지금은 또 다른 스타트업에 매진하고 있으며 그의 사업능력을 인정받아 창업을 시작하기 전 벌써 수십억 원의 투자금액을 받아 진행 중이다.

지금은 사업을 시작하기 전에 투자자금(이자가 없고 갚을 의무가 없는 순수 투자금액)을 어떻게 확보하고 출발하느냐에 따라 사업의 승패가 갈린다. 그 어떤 신기술이나 기발한 아이디어를 갖고 사업을 시작해도 순수한 투자자금을 확보하지 못하면 성공을 보장받기 힘들다. 기술이전에 관계의 중요성과 직관을 통한 가치관을 키우는 내공이 필요하다는 의미다.

세계적인 온라인 쇼핑몰 알리바바도 수년간 적자를 냈으면서도 버틸 수 있었던 것은 직접 자금을 충분히 지원받아 사업을 확장하고 변화에 따라갔기에 세계적인 기업이 될 수 있었다. 지금 신흥재벌들의 특징은 모두 머리로 돈을 벌었고 세계적인 기업으로 키웠다는 것이다. 앞으로 10년은 대변혁기를 통해 머리로 돈을 버는 사람들이 새로운 부의 지도를 그려갈 것이 불을 보듯 뻔하다.

현장에서 배운 교훈

내가 현직에서 나온 후 2년의 공백 기간이 있었다. 그동안 수많은 기업인들과 투자자들을 만나고 선진국 금융기관에 근무하는 사람들과 교류하고 또 그들이 직접 쓴 책을 통해 절실하게 느낀 것이 하나 있다.

돈은 머리로 벌어야 한다는 점이다. 우리는 흔히 말하기를 아끼고 절약하며 열심히 살아야 한다고 듣고 배워왔다. 분명 맞는 말이다. 월급생활이나 개인사업자들은 반드시 그렇게 생활해야만 한다. 나 역시 천직으로 여겼던 투자활동을 떠나 새로운 사업을 시작하면서 일요일도 없이 일에 매달렸고 최선을 다하면서 시간을 보냈다. 은퇴 후를 계산해서 시작한 사업이기에 그 사업장이 안정권에 들어서기까지 사업에만 매달렸다. 밤낮없이 일하고 개선하며 노력한 결과는 반드시 보상이 따라왔다. 5년 적자기업을 인수한 첫해부터 흑자를 내기 시작했고 꾸준히 경영성과는 좋아졌다. 그런데도 이 사업을 통해 저축하고 자산을 크게 불려간다는 것은 절대 쉽지 않다는 것을 느꼈다. 이 사회시스템이 그렇게 쉽게 돈을 벌 수 있도록 만들어져 있지 않았기 때문이다. 회사가 많이 번 만큼 세금을 더 내야 하고 직원들도 더 많이 채용해야 한다.

한국사회도 이제는 보다 투명한 시스템으로 진행되고 있고 앞으로 더욱더 눈먼 돈을 개인의 소득으로 잡을 기회는 줄어들 것이다. 장사해서 돈을 번 사람들은 그런 사회적 시스템이 허술할 때다. 국가재정은 갈수록 빠듯하고 그 곳간을 채울 수 있는 국민들은 수입이 더 많은 계층이다. 장사가 잘 된 만큼 제대로 세금을 내고 합당한 인건비를 주고 높은 임대료에 좋은 재료를 썼다면 과연 그렇게 많은 돈을 벌 수 있었을까? 냉정히 따져보면 그런 사람들이 재산을 축적한 이면에는 악착같이 모은 종잣돈과 빚내서 묻어둔 부동산으로 모은 돈보다 훨씬 빠르게 상승했기에 가능했다. 즉, 돈 가치 하락에 따른 실물자산 가치가 올라간 것이다.

월급쟁이나 장사를 하는 사람들이 덜 쓰고 지독하게 절약하면서 살아가면 분명 사는 데는 문제가 없다. 그러나 삶의 질은 떨어지고 가족과 남에게 인색해지고 마음의 여유가 없어진다. 그리고 분명한 것은 절대 큰 부자는 되지 못한다. 내가 평생 근무하다시피 한 투자세계를 떠나 일반 사업을 해 보면서 절실하게 느낀 점이다. 남들이 놀고 있을 때 일하고 대충 먹고 소비를 안 하다 보니 지갑에 돈은 항상 그대로 있다. 그러나 일에 매달리고 사람들과 소통이 단절되다 보니 새롭게 변화하는 세상을 알 수 없고 자산을 불려가는 데는 더더욱 생각할 겨를도 여유도 없어졌다. 그렇게 살아간다면 일생에 최소한 세 번 온다는 기회를 어떻게 알 수 있으며 또 잡을 수 있겠는가? 행운은 그것을 잡을 준비가 되어 있는 사람들에게만 해당하는 말이라는 것을 실감할 수 있었다.

그러함에도 분명 절약과 검소한 삶은 분명 필요하다. 종잣돈을 모아야 하기 때문이다. 저축을 통해서만 자산을 불려간다고 생각한다면 재산은 늘 제자리일 것이 분명하다. 모아가는 만큼 돈 가치는 떨어지고(인플레이션 때문에) 20년 후나 지금이나 똑같은 경제적 여건에서 벗어나지 못한다. 왜냐하면 인플레이션의 상승만큼 저축한 돈이 불어나지 않기 때문이다. 지금 우리는 제로금리 시대에 살고 있다. 성장이 멈춘 대한민국에서 자산을 불릴 수 있는 방법은 보다 빨리 정보를 얻고 신산업 트렌드를 읽을 줄 아는 능력을 키우는 것이다. 돈은 트렌드를 따라 흐르는 특성이 있다. 그 변화에 커플링 해야 한다는 얘기다.

내가 인수한 사업장이 안정권에 들어서자 원래의 직장인 투자세계로 복귀했다. 그리고 다시 한 번 절실히 와 닿는 한 가지는 종잣돈은 열심히 모아가되 보다 나은 미래를 위한 자산증식은 머리를 써서 불려가야 한다는 점이다. 낫 놓고 기역 자도 모르는 사람도 무조건 사 놓으면 부동산 가치가 올라가는 시대는 이미 지났다. 땅이 가장 안전하고 최고라고 신봉하는 사람들의 투자방식도 맞을 수 있겠지만, 옛날같이 좋은 시대는 지났다는 얘기다. 부동산 가치가 올라도 오른 만큼 세금을 내야 하고 공시지가도 훨씬 올랐다. 부동산을 보유하고 있는 동안 납부한 세금, 대출금의 이자와 인플레이션을 면밀히 계산해 보면 예전과 전혀 다른 투자의 결과가 나올 수 있다. 지금은 돈의 방향을 따라 머리를 써서 돈을 버는 방법이 최선의 길이다.

미친 자들이
세상을 바꾼다

.

    몇 년 전 유럽의 유명한 경매에서 모자 하나가 27억에 팔렸다. 프랑스의 영웅 나폴레옹이 쓰던 모자였기에 가격이 높을 줄 알았지만, 예상가인 6억보다 훨씬 높은 가격에 낙찰된 것이다. 그 모자를 산 사람은 경매업계를 경악하게 했고 그 소식은 국내에서도 큰 관심을 끌었다. 그 모자를 낙찰받은 사람이 바로 하림그룹의 김홍국 회장이었기 때문이다.

    모자 구입을 계기로 하림그룹은 NS홈쇼핑 본사에 나폴레옹 갤러리를 열면서 학생들에게 더 유명해졌고 유치원생부터 고등학생들에게까지 관람 코스로 자리를 잡았다. 개관 기념식에서 김 회장은 "나폴레옹은 어렸을 때부터 작은 키 때문에 놀림을 받았지만 책 속에서 영웅을 만나며 꿈을 키워 35세 때 황제가 됐다"며 "불가능은 없다는 긍정적 사고와 도전 정신을 알리고 싶어 나폴레옹 갤러리를 개관했다"고 설명했다. 27억의 모자 하나로 하림은 수천억의 광고 효과를 이미 누린 셈이다.

    이 뉴스는 투자관계자들 사이에서도 회자되었는데, 회사도 어려운 시기에 미친 사람이라는 부류가 있었고 역시 김홍국 회장답다는 얘기들이 분분했다. 그는 청년 시절 이 동네 저 동네를 돌아다니며 닭 장사를 했다. 그러던 그가 창업투자계의 대부라고 할 수 있는 최고의 창업전문투자기관의 회장을 찾아가 자기에게 투자를 해달라고 했는데 그의 그릇을 알아본 회장은 그에게 100억이라는 거금을 투자했고 이는 오늘날 농축산 분야에서 최고의 그룹으로 성장하는 발판이 되었다. 농고 출신으로 크게 내세울 학력이나 배경 하나 없이 거금을 투자해 달라고 찾아다니는 그를 대부분 미친놈이라고 했을 것이다. 그의 야망과 사업기획, 경영능력을 한눈에 알아본 한국기술투자 서갑수 회장 또한 혜안이 훌륭하지만, 자신만의 분명한 색깔과 비범함으로 상대에게 자신의 신념과 열정을 전달할 수 있었던 김홍국 회장의 능력 또한 보기 드문 사례가 아닐 수 없다. 회사가 커지면 보통 지방을 이탈해 본사를 서울로 옮겨가는 기업들의 일상적인 형태를 벗어나 지방에 본사를 둔 하림그룹의 경영방침 또한 남다른 행보가 아닐 수 없다.

얼마 전 새벽 시간 한국에 있는 지인으로부터 전화가 걸려왔다. 아들 문제로 너무 화가 나고 도저히 이해할 수 없어 속병이 나 전화를 했다고 하소연부터 늘어놓았다. 어려운 형편에 빚내서 대학을 마치고 최고의 그룹에 입사해서 잘 다니는가 싶던 아들이 2년을 못 채우고 사표를 쓰고 하루 종일 방에만 틀어박혀 있다는 하소연이었다. 아들이 최고의 회사에 취직하자 자랑 한 번 더 하고 싶어 안달이던 그때와는 달리 완전히 기가 죽은 그 선배는 아들이 진짜 미친놈이 아닌가 싶다고 했다. 그때 나는 "아들이 최고 일류대학에 들어갔을 때 부모에게 선사한 그 기쁨만으로도 이미 선배에게 진 빚을 다 갚은 셈이다"라고 말해주었다. 또한 그 친구는 우리보다 훨씬 더 깊은 생각으로 세상을 더 넓게 보고 있으니 그 친구의 판단이 더 옳을 것이라고 위로해 주었다. 어쩌면 그는 우리가 예상치 못한 큰 꿈이 있었기에 그런 결정을 한 것이니 지켜보라고도 했다. 남들이 보기에는 도저히 이해할 수 없는 생각을 하거나 상식 밖의 전혀 다른 길을 가는 돈키호테를 닮은 사람들을 우리는 미친 사람이라고 한다. 그러나 분명한 것은 그런 사람들이 세상을 바꾸어 왔고 우리의 삶을 진화시켜 놓지 않았던가.

세상을 바꾼 사람들의 남다른 사고와 기행

세상을 100년은 앞당겨 놓았다고 하는 스마트폰, 그리고 이를 만든 애플의 스티브 잡스는 모르는 사람이 없을 것이다. 그 또한 기행과 남다른 삶의 행보로 주위에서 정상적인 사람으로 대접을 못 받고 미친 놈 취급을 받은 적이 많았다. IT산업 부문에서 혁명을 일으킨 창조적 기업가이자 기술과의 소통 방식을 바꾼 미디어 혁명가, 디자인의 개념을 새로 정립한 아티스트, 기이한 행동의 망상가 등 그가 사망한 후 다양하게 지칭하는 내용에서도 알 수 있듯 그는 보통사람들처럼 생각하고 행동하지 않았고 그만의 독창적인 색채를 지니고 있었다.

잡스는 초등학교 시절부터 비행 청소년이자 사고뭉치로 소문났다. 툭하면 학교를 빼먹기 일쑤였고 늘 말썽꾸러기였다. 초등학교 시절 친구와 함께 담임선생님의 의자 밑에 폭음탄을 설치해 놓는 등 그의 기행은 멈추지 않았다. 대학을 가지 않겠다는 그가 양부모의 간곡한 설득으로 들어가 선택한 전공도 컴퓨터와 거리가 먼 철학이었다. 대학 1학년 1학기를 다니다 결국 학교를 포기한 이유도 필수과목을 반드시 이수해야 한다는 규정 때문이었다. 결국 자퇴한 그는 기숙사 주임을 설득하여 당분간 기숙사에 머물며 다양한 학과의 수업을 몰래 청강하게 된다. 그중 가장 흥미롭게 들었던 캘리그래피(글자를 다루는 시각디자인)에 큰 애착을 가졌다. 미국 포틀랜드에 있는 리드대학교 철학과를 한 학기만 다니고 중퇴한 후 학교를 떠나 그가 찾아간 곳은 오리건주에 있는 사과농장 히피들의 공동체 생활터였다. 그곳에서 기거하던 일본 승려인 오토가와 고분 치노(乙川弘文)를 만나 불교에 입문한다. 그후 세계 최초의 비디오 게임 회사인 아타리에 입사했는데 얼마 지나지 않아 인도 히말라야로 여행을 떠난다. 잡스는 그때가 생애 참 행복한 시간이었다고 회고했다. 그리고 불교에 심취하며 명상과 함께 불교사상에 대한 이해와 다양한 체험을 하며 많은 시간을 보내기도 했다.

지금의 애플이란 회사명과 제품의 단순명료한 디자인을 늘 추구했던 잡스의 아이디어에는 히피 농장에서의 고뇌와 묵상의 시간들이 영감을 주었다고 회고했다. 불교적인 묵상의 사고가 애플 기업과 그가 창조한 다양한 제품들에 그대로 녹아 있다고 볼 수 있다고도 했다. 언뜻 보면 그가 전공한 학과공부나 인생의 황금기라고 할 수 있는 청년시절의 방황과 고민은 공학기술이나 IT가 아닌 오히려 인문학이나 철학적 사고에 가까운 시간들이었다.

페이스북의 창업자 마크 저커버그는 그가 다니던 하버드대를 그만두고 실리콘밸리 근처로 이사하면서 인생의 전환기를 맞게 된다. 주변의 만류를 의식하지 않고 뜻있는 동료와 대학 동아리 수준의 그룹을 만들어 사업하겠다고 했을 때 다들 미친 짓이라고 했다. 미친 사람들의 사고방식을 지녔기에 돈키호테 같은 걸출한 인물을 알아보고 그를 놓치지 않았다.

당시 미국 IT 업계에서 일약 스타가 된 숀 파커를 만났기 때문이다.

숀 파커는 고작 19세 나이에 음악 공유 서비스인 냅스터를 만들어 수십만 명의 가입자를 확보해 음악 산업계를 혁명하여 관련 업계를 떠들썩하게 만든 장본인이다. 우리나라를 비롯하여 여러 나라의 IT 창업자들이 음원서비스 등 유사한 앱을 개발할 때 대부분 숀 파커가 만든 음원 관련 기술에서 모티브를 찾았거나 모방한 것이다. 그러나 숀 파커는 회사에서 쫓겨나 한순간 나락으로 떨어지는 경험을 하게 된다. 이유는 간단했다. 수많은 투자자들로부터 자금을 끌어모아 회사를 경영하면서 그의 자유분방하고 기이한 행동으로 결국 주주들로부터 축출당했기 때문이다.

어찌 보면 스티브 잡스가 자신이 설립한 회사 애플에서 쫓겨난 것과 같이 유사한 점이 많은 인물이기도 하다. 회사에서 쫓겨나 새로운 일거리를 고민하고 있던 그를 마크 저커버그는 자신들의 사업에 동참해 줄 것을 간곡히 설득하여 영입하게 된다. 작은 스타트업에 불과했던 페이스북이 오늘날 세계적 기업으로 성장한 데는 미친놈으로 소문나 있던 숀 파커를 만남으로써 가능했던 것이다. 페이스북의 초대 사장을 맡기도 했던 그는 실리콘밸리에서 미친놈 소리를 들었던 대표적인 사람이었고 몇 가지 원칙을 정해놓고 자신의 소신을 굽히지 않기로도 유명하다. 많은 스타트업체들이 회사를 키우는 동안 큰 자금을 투자한 대주주들의 요구와 경영간섭을 피할 수 없었는데, 숀 파커는 그점을 분명히 했다. 어떤 경우라도 투자자들은 순수한 투자자로 남고 경영에 절대 간섭하지 않는다는 조건을 원칙으로 내세우고 투자자를 선발하여 돈을 받았다. 이를 계기로 실리콘밸리에서 투자자와 창업자 간의 새로운 룰이 정착되었다는 평을 듣기도 했다.

그런 이유로 페이스북도 한동안 투자자들을 찾지 못해 어려움에 처해 고전을 거듭했었다. 그러함에도 두 사람의 의기투합과 그들의 원칙은 회사의 성장에 원동력이 되었고 당시 실리콘밸리에서는 독특한 경영방식으로 우뚝 설 수 있었다.

일류 대학을 다니다 자퇴하거나 최고의 전문직을 그만두고 보통 사람들이 추구하는 사회생활의 일반적인 틀을 벗어나 기이한 행동이나 뜬구름 잡는 식의 아이디어로 창업하거나 연구하는 사람들을 우리는 미친놈이라고 쉽게 폄하해왔다. 그러나 지금은 그런 사람들이 세상을 바꾸었고 그들의 목표지점에 도달해 세계 최고의 갑부 대열에 서 있다. 또한 그들의 공통점은 다 머리로 돈을 벌었다는 점이다. 화려한 학벌과 이력이나 스펙을 갖추지도 않았고 대학을 제대로 마친 사람들도 아니었다. 현재 우리나라를 비롯하여 세계 최고의 젊은 부자들도 대부분 IT 서비스업 부문에서 새로운 발상과 아이디어로 사업을 성공시켰고 큰 부자가 되었다.

수많은 IT 창업자의 롤모델이자 세계 최고 부자인 마이크로소프트 회장 빌 게이츠도 최고의 학부를 마치지 못했다. 대학을 중퇴하고 작은 창고에서 시작해 최고의 IT 기업의 역사를 쓰고 세계 최고의 부자가 된 스토리는 금세기에서는 전설로 남을 것이다.

미친놈 소리를 들었던 우리나라의 창업자들

우리나라도 예외는 아니다. 현재 최상위 부자대열의 명단에 올라 있는 젊은 부자들의 대부분은 스스로 창업하여 순전히 머리로 돈을 번 사람들이다. 그들은 수만 명을 고용하고 노동분쟁과 수출경쟁에서 살아남기 위해 치열하게 분투하는 우리나라의 전형적인 기업형태와는 전혀 다른 산업부문에 속해 있다. 대부분 IT를 이용한 서비스 업종이 대부분이다.

인터넷이 활성화되기 전 갓 외국 유학을 마치고 돌아온 한 젊은 청년은 한 강연에서 이렇게 말했다. '앞으로 세상을 지배할 것은 WWW 이 세 글자가 될 것이다.'라고. 청바지 차림으로 강연을 한 그를 보고 강의 중간에 강의실을 빠져나가면서 하는 말도 "별 미친놈 다 보네"였다. 당시 IT 기업의 간부들이 대부분이었고 더러는 우리나라를 대표하는 전문가들이 그 강의에 참석했는데, 끝까지 그 강의를 들은 사람은 절반도 안 되었다. 젊은 청년은 인터넷 포털 '다음'을 창업한 이재웅이다.

그런가 하면 평생 공직에 있다가 은퇴 후 반도체 장비를 만드는 사업을 창업한 이가 있었다. 당시 반도체라는 용어조차 일반인들에겐 생소한 시절이었고 대부분 반도체 장비나 소재들을 외국에서 수입해 오던 때다. 반도체의 반 자도 모르는 지천명에 들어선 그가 최고의 기술을 요하는 반도체 장비를, 그것도 공고 출신들과 개발한다고 했을 때 우리는 미친 짓이라고 했다. 그가 바로 미래산업 정문술 전 회장이다. 부를 대물림하는 것은 부끄러운 짓이라며 청렴하게 회사를 경영했던 분이고 회사의 지분을 단 한 주도 자녀들에게 물려주지 않았다. 그때도 많은 사람들은 고개를 갸우뚱했다. 이제는 교회까지도 세습하는 우리나라에서 찾아보기 힘든 선지자라고 할 수 있다.

한국에서 돈키호테들이 설 자리는 없다

투자업계에서 일하다 보면 별의별 사람들을 다 만나게 된다. 꽃 화병에 물 한 방울 떨어뜨리면 일주일 내내 시들지 않고 싱싱하게 살아 있는 신물질을 개발해 창업에 뛰어든 젊은 사업가, 해파리, 불나방 등에서 추출한 독을 신물질 신약으로 개발한다는 발상이 있는가 하면 전혀 다른 4차원적 영상을 구현한 작품 시현, 신재생에너지의 혁신이라고 자청하며 밤낮없이 연구에 전력하는 사람들이 투자해줄 것을 요청하며 자신들의 아이디어와 신기술을 들고 찾아온다. 그들 대부분은 고등학교만 졸업했거나 대학을 중퇴하고 휴학한 젊은 친구들이다. 남다른 생각을 가진 그들은 가족들과 심한 갈등을 겪다가 결국 집을 나와 그들만의 세상을 살아가고 있다.

나는 그런 일에 미쳐 있는 사람들에게 투자를 단행했고 또 그들과 오랜 기간 교류하며 많은 것을 배우고 있는 중이다. 수많은 창업자들이 꼭 성공한 것은 아니었지만, 그들이 시도하고자 했던 열정과 남다른 발상은 기술의 진보를 이루었고 창업의 발판이 되어 주었다.

요즘도 신문기사에서 특정한 사람들의 기사를 보면 꼭 그의 이력을 살펴보는 습관이 있다. 얼마 전, 〈복면가왕〉이란 프로그램에서 9연승을 한 가수의 기사를 보고 그의 발자취를 따라가 보니 역시 그 또한 가족들에게는 미친놈이었다. 대학을 중퇴하고 공사장이나 아르바이트를 전전하며 꿈꿨던 노래를 포기하지 않았기에 오늘 그가 있었던 것이다. 남다른 열정과 자신만의 신념을 갖고 남들이 가지 않는 길을 묵묵히 걸어갔기에 세상은 더 진보하는 것이다.

오늘날 우리나라의 가장 큰 이슈는 청년실업 문제를 꼽을 수 있다. 정치권은 물론 온 사회가 이 문제를 해결하기 위해 막대한 자금과 지원을 아끼지 않고 있지만 좀처럼 청년실업 문제는 나아지지 않고 있다. 그에 대한 대안으로 스타트업 창업을 독려하고 다양한 지원 프로그램을 시행하고 있다. 그러함에도 아직은 스타트업의 창업과 성장에 여러 가지 규제와 사회적 인식은 선진화되어 있지 않다. 청년 창업이 성숙하지 않은 환경에서 남다른 사고와 창의력을 가진 사람들이 정착하기란 결코 쉽지 않다. 더구나 미친 짓으로 치부해 버리는 그들의 기행과 아이디어를 과연 얼마나 포용하고 받아들일 수 있을까? 지원에 앞서 진지한 고민이 필요한 시점이고 인식의 전환이 절실히 필요하다.

최근 어느 한 리서치 센터에서 초등학생들을 대상으로 장래희망을 조사한 적이 있었다. 부자가 되는 것이 1순위였다고 한다. 초등학교에서부터 대학을 졸업할 때까지 오직 시험성적을 위해 밤늦도록 공부에만 매달리는 외우기식 학습으로 졸업하고 사회에 나왔을 때 과연 그들은 부자가 될 수 있을지… 아니 어느 조직이나 창업에서 살아남을 수 있을지 의문이다. 세상은 급변하고 있으며 좋은 대학을 나와 화려한 스펙을 쌓고 어학연수를 다녀오는 것이 결코 큰 장점이 아닌 시대로 바뀌고 있다. 지금도 자기만의 길을 가고자 하는 미친놈들의 이야기를 듣거나 그들을 만나게 되면 가슴이 뛰고 설렌다. 그리고 나는 알고 있다. 그들의 고뇌와 외로움을….

스타트업에서
부자가 나온다

정부나 대기업 또는 공공단체에서 최근 가장 큰 이슈는 우리나라 경제의 새로운 활로를 개척하기 위해서 스타트업(Start-up)이 활성화되어야 한다는 것이다. 이 성공적인 정착과 함께 고용창출은 물론 새로운 경제 질서가 확립될 수 있다는 데 뜻을 같이하고 있다. 특히 사회적으로 가장 큰 문제로 대두되고 있는 청년실업 문제를 해결할 수 있는 핵심적인 부분이 바로 스타트업 창업이라고 보기 때문이다.

스타트업 컴퍼니 또는 스타트업이란 설립한 지 오래되지 않은 신생 벤처기업을 뜻한다. 미국 실리콘밸리에서 태동한 용어로서 혁신적 기술과 아이디어를 보유한 신생 소기업을 지칭한다. 벤처기업과 흡사하지만, 요즘은 벤처기업보다는 스타트업으로 더 널리 불리고 있고 일반인들에도 더 잘 알려졌다. 벤처기업이나 스타트업의 의미는 크게 다르지 않지만 2000년 밀레니엄 시대의 IT 버블이 꺼지고 난 뒤 엔젤투자자들로부터 부정적인 의미가 묻어나고 투자가 급감하면서부터 스타트업 종사자들은 벤처기업이라는 말보다는 스타트업이라는 말을 사용하기 시작했고 지금은 스타트업이 청년창업의 대명사가 되었다. 이와 달리 한국에서는 정부가 벤처기업으로 용어를 통일했고 관련 법령도 전부 벤처기업으로 되어 있으나 신설 창업한 회사들에게는 스타트업이 더욱더 익숙한 용어가 되었다. 이 스타트업의 특징은 대학생이나 대학을 갓 졸업한 청년 창업자들이 주류를 이루고 있다. 자체적인 비즈니스모델을 가지고 있는 작은 그룹이나 하나의 프로젝트의 성공을 위해 젊은 인재들이 모여 있는 회사라고 보면 이해가 빠를 것이다.

미국에서 본격적으로 태동하여 대표적인 성공의 모델로 이스라엘을 꼽고 있다. 대부분 1인 창업자의 소규모로 출발해 남들이 도전하지 않은 신기술이나 새로운 패러다임에서 모티브를 찾아 빠르게 성장해 왔고 지금도 대부분 같은 목적지를 향해 가고 있다. 면밀히 따지고 보면 오늘의 스마트폰 성공 신화를 이룬 구글의 안드로이드, 공유경제의 대명사인 우버(Uber)와 아마존(Amazon), 너무나도 익숙한 사진 공유업체인 페이스북(Facebook), 스마트폰 결제의 시작을 알린 페이팔(Paypal) 등 각 분야에서 세계적으로 앞서가는 이 신생 업체들이 바로 스타트업으로 시작한 기업들이다.

스타트업의 성장배경

예전의 스타트업은 집에 있는 창고나 작은 공동사무실에서 사업을 시작하여 엔젤투자자를 만나 승승장구하는 것이 성장스토리였다. 지금은 각국이 경쟁적으로 스타트업 기업들이 정착하도록 사무공간과 연구 장소 등을 지원하는 추세다. 특이하게 아직도 한국은 벤처와 스타트업의 차이를 구분하고 있는데, 해당 기업이 한국의 벤처기업육성에 관한 특별조치법(약칭 벤처특별법)에서 정해진 조건을 만족시켜야 공식 정책지원 대상인 '벤처기업'으로 인증받고 지원을 받는 형태다. 순수한 스타트업체들은 벤처특별법에서 정하는 기준을 만족시키지 못해 정부의 어떤 지원도 받지 못한 상태에서 출발하기에 우리나라에서 창업은 더 어려운 환경이 아닐 수 없다. 첨단기술이나 참신한 아이디어를 바탕으로 설립되어 벤처캐피탈(벤처, 스타트업체에 집중투자하는 펀드)이나 엔젤투자자를 직접 찾아 자금을 조달하는 방법으로 성장의 기틀을 찾아야 하지만 하늘에 별 따기만큼 어렵다는 게 현재 창업을 이어가는 사람들의 하소연이다. 더구나 정부의 합법적인 자금지원이나 연구 장소 또는 실험장비들을 지원받는데 제외되고 있어 엄격히 따지면 스타트업과 벤처기업은 한국에서는 확연히 다르다고 할 수 있다. 지금까지 수많은 스타트업체들이 창업하여 성장을 목표로 전력을 다했지만 3~5년을 버티지 못하고 아주 소규모의 업체만이 살아남을 수 있었다. 그 배경에는 한국적인 특유의 벤처문화가 뿌리내리고 있다는 점을 먼저 알아야 한다.

 미국은 새로운 모델로 창업해 성장하면 그 신생기업의 기술이나 아이디어를 높이 평가해 대기업들이 인수한다. 대기업은 이 신생 기업의 기술이나 아이디어 모델을 한 단계 업그레이드해 기존 사업과 수직화하고 미래의 새로운 먹거리로 키우는 것이 일반적이다. 구글 또한 한참 성장기 때 인수한 스타트업 기업들로 인해 세계적인 기업이 되었다. 구글이 인수한 대표적인 스타트업으로 스마트폰 운용체계를 담당하는 안드로이드를 2005년 5,000만 달러에 인수하여 오늘날 스마트폰의 신화를 이루었고 애플과 함께 양대 축을 이어가고 있다. 재미있는 사실은 안드로이드가 맨 먼저 자신들의 기술을 팔고 싶어 한 곳은 삼성전자였다. 그러나 삼성전자 임원들은 청바지를 입고 찾아온 젊은 창업자들을 보며 너털웃음을 짓고 돌려보냈다. 당시 구글은 소위 말하는 껌값도 안 되는 가격에 인수했다. 안드로이드가 지금까지 벌어들인 돈은 수조 원을 넘기 때문이다. 삼성전자가 아무리 좋은 스마트폰을 만들어도 이 안드로이드가 탑재되지 않으면 무용지물이 되듯 그 의미는 크다고 할 수 있다. 구글이 인수한 스타트업 중 대표적인 것 중 또 하나는 유튜브라 할 수 있다. 안드로이드에 비해 큰돈을 지불했지만(16억 5천만 달러) 성공적인 인수라는 것이 전문가들이 보는 시각이다. 선진국의 스타트업 업체들은 대기업에 팔리면 대부분 스타트업 인력들이 그대로 흡수되어 새로운 사업부서로 기존 팀원들과 협업하며 최대한의 사업 성과를 낸다. 반면 회사만 넘긴 스타트업 창업자들은 대기업에 매각한 자금으로 다시 회사를 설립하게 되고 새로운 인력들이 창업에 동참하는 순환의 성장 고리를 이어가는 구조다. 스타트업이 성장할 수밖에 없는 환경인 것이다.

한국 스타트업의 현실

이와 달리 한국의 대기업들은 스타업체들을 인수하고자 할 때 회사의 신기술이나 사업모델에만 가치를 두고 싼 가격에 인수를 제안하기 때문에 스타트업이 대기업과 협업하지 못하거나 인수합병이 성사되지 못한다. 이것이 우리나라에서 스타트업이 성장하지 못한 이유이다. 또 대기업이 스타트업을 인수한다 해도 단순한 기술만 응용할 뿐이지 스타트업의 인력을 채용하거나 독립된 사업부서로 키우지 않는 점도 선진국과 크게 다르다. 심지어 일부 대기업은 스타트업을 인수하겠다면서 각종 자료를 요구하고 설명회를 몇 번 가진 다음 그 회사의 기술이나 사업모델을 카피한 후 인수를 하지 않는 짓도 서슴지 않았다는 뉴스를 접할 수 있었다. 뒤늦게 자신들의 기술을 도둑맞은 것을 알고 소송을 제기했지만, 한국에서 어떻게 소기업이 대기업을 이길 수 있겠는가?

스타트업체들이 성공하기까지는 스스로 투자자를 찾아 사업모델을 키워 주식시장에 상장하는 길이 대표적인 성공케이스라고 할 수 있으나 갈수록 이 꿈은 실현될 가능성이 낮아지고 있다. 한국에서는 아직 전문적으로 투자하는 엔젤투자자가 전무할 정도다. 최근 들어 사모펀드를 통해 일부 자금유치를 하는 사례가 없지 않지만 미국이나 선진국들처럼 엔젤투자자(캐피탈리스트)도 하나의 전문직업군으로 분리하여 세금혜택 등 스타트업체들을 위한 정책적 지원도 절실한 실정이다. 스타트업체가 성공하려면 신기술이나 새로운 사업모델을 바탕으로 원활한 자금공급이 이뤄졌을 때 성공할 수 있다. 신기술이나 산업의 트렌드는 빠르게 다가와 일정한 기간을 두고 진화한다. 새로운 변화에 대한 시스템이나 정책들은 시행착오와 경험을 바탕으로 진보하기 때문이다. 그러나 아무리 좋은 아이디어와 신기술을 지녔다 해도 자금이 스타트업에 공급되지 못하면 그 기술은 사양되거나 뒤처지고 만다.

각 나라들은 심각한 경제적 위기를 경험하면서 경제 질서가 바뀌고 그 나라의 주력산업은 전환의 계기를 맞는다. 향후 우리나라도 산업의 패러다임에 따라 새로운 모델의 스타트업체들이 생겨나고 새로운 기업구조의 연결고리를 만들어 갈 것이다. 한국경제가 안고 있는 문제점을 미·중 무역전쟁과 일본 정부의 한국을 상대로 한 수출규제에서 새롭게 인식한 계기가 되었기 때문이다.

정부와 민간기업들이 협력하여 기업구조의 경제시스템을 바꾸자는 의지가 그 어느 때보다 높기에 지금이야말로 스타트업체들이 태동할 최고의 적기다. 우리나라의 대표 산업인 반도체가 제2의 성장기를 위해 막대한 투자를 준비하고 있어 연관된 기업들이나 스타트업체들도 그 산업변화에 동참해야 한다. 지금까지 반도체산업이 대량생산과 생산 효율화를 통해 경쟁에서 우위를 지켜 왔다고 한다면 향후에는 설계, 디자인 등 소프트화된 분야로 크게 확장될 가능성이 매우 크다. 즉, 팹리스와 디자인 하우스, 테스트 위주의 연구센터, 특수소재를 개발하는 업체들이 상호 유기적으로 융합되어 새로운 기업 카테고리를 만들어 갈 것이다. 이 부분에서도 힌트를 얻고 사업모델을 구상해야 한다. 가장 빠르고 폭넓은 분야라고 할 수 있다.

앞으로 10년은 스타트업의 전성기

향후 10년은 대변혁의 시기다. IT의 완성을 가져올 5G 시대가 실현됨으로써 연관된 산업인 인공지능, 자율주행, 의료혁명 등이 비로소 빛을 보는 시간이며 관련 산업들은 성장기를 맞을 것이다. 또한, 스타트업체들은 그만큼 기회가 많다는 얘기다. 기존 사업을 영위하거나 새로운 먹거리를 찾는 기업들에게도 매주 중요한 시기다.

가장 빠르고 쉽게 다가갈 스타트업의 산업부문은 공유경제와 E-커머스에서 찾아야 한다. 공유경제는 아직도 우리나라에서 일상화되지 않은 비즈니스다. 1인가구 시대가 본격적으로 시작되면서 이 공유경제는 새로운 사업모델로 성장할 것으로 보고 있다. 스타트업체들 중 많은 사람들이 온라인쇼핑몰을 꿈꾼다. 이 부문에서도 새롭게 진화하는 E-커머스 분야를 눈여겨볼 필요가 있다. 또한 향후 다가올 10년은 바이오산업이 빛을 보는 기간이다. 바이오산업이 본격적인 연구를 시작한 지 20년이 지났고 숱한 시행착오와 함께 국민적 공감대를 형성하는 데도 분분한 의견들이 많았다.

아직도 미국이나 중국보다 훨씬 뒤처진 규제들이 사회적 공감대를 얻지 못하고 있어 연구개발에 제약을 받는 게 우리나라 바이오산업의 현실이다. 그러나 우리도 세계적인 흐름에 동참할 것이다.

그런가 하면 세상을 크게 바꿀 전기자동차 시대가 현실화되면서 급속히 사라질 산업과 새로 태동될 신산업이 부각될 것이다. 이 새로운 산업의 패러다임에 따라 수많은 기업들이 사라질 것이고 그 자리를 스타트업체들이 메워야 경제가 지속될 수 있다.

스타트업체의 성장에서 가장 중요한 요소는 엔젤투자자의 활동이다. 밴처캐피탈리스트라고 불리는 미국에서는 이 엔젤투자자들이 있었기에 오늘날 세계적 기업들이 탄생할 수 있었다.

미국은 지금도 사모펀드형식으로 또는 개별적으로 스타트업과 연결되어 투자를 단행하는 개인들이 전문직업군으로 자리하여 스타트업체를 발굴하고 지원한다. 그러나 우리나라의 투자 형태는 질적으로 다르다. 정부에서 특별법으로 정해 설립을 촉진했던 창업투자회사는 본연의 임무와는 거리가 먼 곳에 관심을 두고 있다. 창업회사들과 사모펀드들은 어느 정도 성과가 보이는 기업들만 골라 투자를 해 오고 있다. 이런 환경에서 개인 창업자들이 투자자를 찾는다는 것은 하늘에서 별을 따는 것처럼 어려운 일이다. 스타트업체들이 버티지 못하고 중도에 포기하는 원인으로 볼 수 있다. 정부와 대기업에서도 이 부분을 간파하고 변화된 정책과 지원이 뒤따를 것으로 보고 있다.

우리나라도 본격적인 헤지펀드 시대로 들어서면서 사모펀드들도 이 신생기업의 사업모델만 보고도 투자가 늘어나고 활성화될 것이다. 개별적인 투자자들보다 사모펀드를 통한 자금 확보가 한결 수월하며 정책당국에서도 이 부분을 활성화하기 위해 다양한 인센티브를 제공하고 세제혜택 등을 내세워 스타트업체들의 부흥을 촉진할 것으로 예상해 볼 수 있다. 이 변화의 물결에 발맞춰 나가야 스타트업체들이 원하는 목표에 도달할 수 있다. 향후 10년 동안 새로운 부자들은 이 새로운 환경에 동승한 스타업계에서 나올 확률이 매우 높다.

A학점을 받고 최고 대학을 나오면
성공한다는 착각

『부자 아빠 시리즈』로 유명한 일본의 작가 로버트 기요사키가 펴낸 책 중에는 『왜 A학생은 C학생 밑에서 일하게 되는가. 그리고 왜 B학생은 공무원이 되는가』란 책이 있다. 학점의 등급과도 상당한 연관성이 깊은 의미를 부여한 책 제목에서 보듯 저자가 얘기하고 싶은 것은 오늘날 교육의 맹목적인 부분을 지적한 것이다. 일본도 우리와 크게 다르지 않은, 교육에 대한 부모들의 인식이 뿌리 깊게 박혀 있다. 저자가 책에서 강조하는 것은 C학생이 되는 것이고 사업가, 투자가, 자본주의를 리드하는 사람이 되라고 말하고 있다. 오직 좋은 취직자리를 얻기 위해 온실 속에서 점수를 따는 A, B학생이 되지 말라는 것이다. 그러나 우리나라의 학생들이나 부모들은 좋은 대학을 나와서 안전하고 정년이 보장된 좋은 직장을 갖는데 공부의 목적을 두고 있다. 그리고 돈을 많이 벌어 부자가 되고 싶다는 것이다. 그러나 안타깝게도 이들은 금융은 물론 경제구조와 돈에 대해 기본적인 상식조차 모른 체 사회에 나와 뒤늦게 현실을 깨닫고 방황한다.

우리나라 정규교육은 누구도 금융교육이나 돈에 대해 가르치지 않는다. 선생님들이 돈이나 금융에 대한 전문지식이 없는 탓도 있겠지만 신성한(?) 교단에서 돈 얘기를 꺼낸다는 자체가 부담스럽기 때문이다. 가정에서도 돈 얘기를 학생들에게 꺼내는 걸 금기시하고 있다. 어쩌다 자녀들이 돈 얘기를 꺼내면 "너는 돈은 신경 쓰지 말고 공부나 잘해"라고 잘라 말한다. 실물경제나 돈 얘기를 전혀 듣지 못한 환경에서 성장한 자녀들이 돈에 대한 귀중함과 돈을 모으는 그 어려운 과정을 이해할 수 있을까. 급변하는 세계질서와 경제의 불확실성 속에서 점점 더 A학점 학생들의 설 자리가 좁아지는 현실에서 이 책이 주는 교훈은 크다고 할 수 있다.

우리는 주변에서 자녀가 일류대학에 들어갔다고 자랑하는 걸 가끔 본다. 자신은 비록 시장에서 장사하거나 평범한 직장을 다니지만, 자식을 이렇게 훌륭하게 키웠다는 자기 위안을 내비치고 싶은 욕심에서다. 그런가 하면 자식들이 대기업에 취직했다고 좋아하는 모습들을 자주 보게 된다. 당연한 일이 아닐 수 없다.

기업들이 인재를 채용할 때 학력이나 스펙을 기준으로 하지 않는다고 하더라도 A학점 점수를 딴 청년들이 취직할 확률이 높다. 문제는 그렇게 들어간 사람들이 인생의 황금기라고 할 수 있는 40대 또는 50대 전후로 그 직장을 떠난다는 것이다. 그때는 조기 은퇴한 사람들의 자녀도 한참 공부하고 성장하는 시기다. 경제적으로도 매우 중요한 때에 일자리를 떠난다는 것은 심각한 문제가 아닐 수 없다. 그렇다고 그들이 직장에서 근무하는 동안 특별히 돈을 저축해 놓거나 조기 은퇴 후를 위한 어떤 준비를 해 놓은 것도 아니다. 사회적 경험과 업무에서 가장 숙련도가 높고 경험이 많아 그 결실을 걷어야 할 시기에 실업자가 된다는 점은 자신은 물론 사회가치로도 큰 손실이 아닐 수 없다. 회사를 떠나기까지 살아남기에 급급하므로 미래에 대한 준비는 소홀할 수밖에 없었다. 이런 현상들은 우리 주변에서 흔하게 보는 A, B학생들이 걸어가게 되는 미래의 모습이다.

Academics 학자형의 A학생, Bureaucrats 관료형의 B학생, Capitalists 자본가형의 C학생. 절묘한 이 표현은 우리나라의 젊은이들이 이 길을 그대로 답습하며 미래를 지향하고 있는 모습을 보는 것 같아 씁쓸한 기분을 지울 수가 없다. 물론 공부하지 않아도 된다는 것은 절대 아니다. 각자의 개성과 소질을 개개인의 능력을 키우지 못하고 획일화된 방향으로 나아가는 것을 안타까워 말하는 것이다.

지금 각 산업분야에서 세계를 지배하는 경제적 해자의 기업으로 군림하는 대표적인 회사들을 창업한 사람들의 공통점은 A학점을 추구하지도 않았고 또 대학을 끝까지 나오지 않았다는 공통점이 있다. 물론 다 그런 것은 아니지만 대부분의 성공한 사람들이 뛰어난 점수를 받아 일류대학을 나오고 공부에만 몰두하지 않았다는 얘기다. 그렇다면 왜 A학점을 받은 학생들이 C학점을 받은 학생들 밑에서 일하게 되는 것일까? 또 왜 C학점을 받은 학생들은 학교생활에서 크게 관심을 끌지도 못했고 일부는 비행청소년 소리를 들었거나 공부에는 관심이 없었고 노는 데 집중한 학생에 불과했는데도 사회에 나와 A학생들을 고용하고 먹여 살리는 것일까. 내가 생각한 것도 비슷하지만 자유기고가 겸 IT전문가로 유명한 미국의 파울라 톰슨이 쓴 칼럼을 읽어보면 수긍이 간다. 그의 칼럼을 번역해 머니투데이 권성희 부장이 쓴 글에서 발췌한 내용은 다섯 가지로 C학점 학생들의 특징을 인용해 보면 이렇다.

다섯 유형에서 본 A학점과 C학점의 차이

첫째, C학생은 남들보다 자신이 원하는 것을 더 일찍 파악하며 자신에게 불필요하다고 생각되는 공부엔 많은 시간을 들이지 않는다. 모범적인 A학생은 두루두루 모든 과목을 잘하면서 모든 교사들의 칭찬을 받으며 부모에겐 자랑거리가 된다. 이는 다시 말해 사회시스템과 교사, 부모가 원하는 것에 자신을 잘 맞춰갈 수 있다는 의미다. 남들에게 잘 맞춰가는 만큼 월급쟁이로선 최고다. 하지만 새로운 기업을 세우고 시스템을 창출하고 변화를 만들어가는 데는 부족할 수밖에 없다. 틀에 따르기보다 자신의 욕구를 따르는 C학생이 혁신에선 더 앞서나갈 수 있기 때문이다.

둘째, C학생은 직접 경험이 많다. A학생은 학교 다닐 때 점수를 위한 공부에 집중했지만, C학생은 친구들과 어울려 놀고 아르바이트도 해보고 춤이나 게임, 영화, 노래, 아이돌 등 공부에 방해되는 취미에도 빠져본다. 공부 외에 실생활 경험이 많기에 사회에 빨리 적응할 수 있다. A학생은 추상적인 지식이 많아 이론에 강했지만, C학생은 순발력과 상식, 경험을 통해 실전에 강하다고 할 수 있다.

셋째, C학생은 네트워크를 구축한다. 어른들이 좋아하는 말 중 '공부는 엉덩이로 하는 것'이란 게 있다. A학생은 책상 앞에 엉덩이를 붙이고 앉아 학교와 교육 시스템이 요구하는 온갖 쓸데없는 지식까지 달달 외운다. 인터넷을 찾으면 금세 나올 지식도 오로지 좋은 점수를 받기 위해 시간을 들여 외운다. 반면 C학생은 그 시간에 사람들과 만나고 자신이 좋아하는 일을 찾아 한다. 남들 눈엔 노는 것처럼 보이지만 그 놀이 속에서 자신의 길을 스스로 찾고 있는 것이다.

넷째, C학생은 인생을 즐길 줄 안다. 행복한 사람이 그렇지 않은 사람보다 성공할 확률이 높다. 사람들은 밝고 긍정적이고 즐거운 사람과 함께 있기를 원하기 때문이다. C학생은 자신이 좋아하는 일을 하면서 놀아본 경험이 많아 모범적인 A학생보다 함께 있으면 재미있는 경향이 있다.

다섯째, C학생은 가장 단순하고 쉬운 해법을 찾아낸다. 발명왕 에디슨이 박사 출신의 연구실 직원에게 전구를 하나 주면서 부피를 재달라고 했다. 이 직원은 온갖 수식을 동원해 부피를 계산하기 시작했다. 잠시 후 에디슨이 "아직 안 됐나"라고 물어봤는데 직원이 써놓은 수식을 보고는 깜짝 놀랐다. "비커에 물을 따라 전구에 물을 부어보면 금세 부피가 나올 텐데 왜 이런 고생을 하고 있나." 에디슨은 초등학교 중퇴자다. 세계 최고 부자인 빌 게이츠는 이렇게 말했다. "나는 언제나 어려운 일을 맡길 때 가장 게으른 사람을 선택한다. 그 사람이 가장 쉬운 방법을 찾아내기 때문이다."

투자업계에서 오랫동안 일을 해오면서 많은 부자들을 만났다. 지금도 그들의 자산을 관리하고 또 자문해주며 그들과 함께 가는 중이다. 그들은 대부분 자수성가형 부자들이었고 공통점도 C학점이었거나 아예 대학 근처를 가보지 못한 부류들이 많다. 그 사람들을 통해 파울라 톰슨이 말한 것과 똑같은 점들을 발견했다. C학점 출신들은 자신이 좋아하는 분야는 무엇이든 배우고 싶어 하고 큰 관심을 갖는다. 그리고 성장하면서 공부를 잘한다고 누구에게도 관심을 받지 못했기에 우월감이나 특별한 의식이 없다. 그래서 누구와도 잘 어울리고 겸손하며 사교적이다. 궂은일이나 좋은 행사가 있을 때 사람을 가리지 않고 참석하며 관계를 중시한다. 사람을 사귀는데 계산을 하지 않는다는 얘기다. 단순하고 모험적이며 매사 긍정적인 마인드를 갖고 있다는 점도 공통분모다.

　나도 강의를 하거나 사람들과 대화를 하다 보면 자녀들의 진학문제로 고민하는 부모들을 자주 만난다. 가만히 들어보면 공부와 전혀 맞지 않는 적성과 성격이라는 것을 말로만 들어도 금방에 알 수 있다. 그런데도 부모들은 무조건 좋은 대학에 가야 한다며 자녀들과 갈등을 겪으며 자정이 넘은 시간까지 과외로 내몰고 있다. 문제는 다른 데에 있다. 설령 그 학생이 부모의 바람처럼 A나 B 학점을 받아 직장에 들어간다 해도 과연 그 조직에서 얼마나 살아남을 수 있을까. 또 자기가 받아가는 월급만큼을 몸담은 회사에 이바지할 수 있을지 의문스럽다.

　사람마다 달란트가 다르고 각자의 능력에 맞는 소질을 타고난다. 무엇을 만들거나 행동으로 하는 것에 자질이 있는가 하면 연구하고 책과 시간을 보내는 것을 재미있게 할 수 있는 능력이 다르다. 각자 학생들의 적성과 재능에 맞는 일에 시간을 투자하고 공부하는 게 현대를 살아가는 올바른 방법이다. 위에서 말한 C학생들의 장점은 실패를 자주 경험했고 그 실패가 성공의 밑거름이 되었다는 점이 A학점 학생들과 크게 다르다. A학점 학생은 그토록 원하는 A학점을 받아 좋은 직장에 들어갔지만, 그 직장을 떠나면 사회에 적응하기가 쉽지 않다. 또한, 사무실에서의 이론적 경험이나 중도에 하차한 실패는 앞으로 세상을 살아갈 제2의 인생을 위한 밑거름이 되지 못한다.

　반복에 지치지 않는 자가 성취한다는 말이 있다. 실패는 하는 일에 지치지 않되 다시 그 실패를 되풀이되지 않는 경험일 때 그것은 자산이 된다. C학생이 걸어가는 공통된 길이자 성공의 요인이다. 오늘도 많은 청년들과 중도에 직장을 나온 사람들은 스타트업이나 자영업에 뛰어들기 위해 고민하고 있을 것이다. 실패를 두려워하지 말고 스스로

C학생이 된다는 각오가 서 있다면 도전을 멈추지 말아야 한다. 그들이 세상을 바꾸고 또 큰 부자가 될 확률이 매우 높기 때문이다.

성공의 길,
미디어 신산업에서 찾아라

새로운 직업의 탄생

2018년 1월 개정된 통계청의 한국표준직업분류에 '미디어 콘텐츠창작자'라는 항목이 새로 등장했다. 유튜브와 같은 동영상 플랫폼에서 활동하는 크리에이터(영상창작자)를 정식 직업으로 인정한 것이다. 유튜버 또는 아프리카 TV에서 활동하는, 1인 방송진행자 BJ(Broadcasting Jocke)는 요즘 '초등학생 장래희망' 상위권에 오를 정도로 주목받는 미래의 유망 직업이 됐다. 한 미디어전문 조사기관에서도 발표한 청소년들이 가장 오랜 시간 사용하는 SNS의 앱을 보면 1위가 유튜브이고 그 다음이 카카오톡으로 조사되었다. 이제는 누구나 개인 미디어(PC 또는 스마트폰)를 통해 언제 어디서나 쉽게 영상을 제작하고 업로드하여 국경과 관계없이 누구와도 소통할 수 있는 1인 방송시대의 전성기를 맞고 있다.

방송국 코미디언이 되기 위해 또는 탤런트로 나서기 위해 학원에 다니고 개인 교습을 받아가며 그 치열한 경쟁을 뚫어야 하는 관문을 통과하지 않고도 얼마든지 유명한 연예인 못지않게 인기를 누리고 큰돈도 벌 수 있는 전문직업군으로 자리 잡은 셈이다. 국경을 초월한 1인 방송의 주역인 유튜브는 경제, 문화, 전문지식정보, 오락 등 사회 전반에서 엄청난 변화를 가져왔다. 가수나 탤런트를 전문적으로 양성하고 체계적으로 기획 관리하는 연예기획사처럼 1인 방송의 크리에이터를 관리하는 멀티채널네트워크(MCN) 전문업체들이 새로운 사업으로 탄생하여 하나의 신산업으로 자리 잡았다. 2018년 기준 2,000억 이상 웃도는 시장을 형성한 것으로 파악되고 있고 매년 두 자릿수의 성장률을 보이고 있다는 발표가 있었다. 우리나라의 K팝이 세계무대로 나가는 데 절대적인 역할을 했듯 유튜브는 단시간에 '강남스타일'을 세계적인 스타로 만들었는가 하면 방탄소년단도 유튜브를 적극적으로 활용했기에 성공했던 것이다.

유튜브 코리아㈜는 2014년부터 유튜브의 유명한 크리에이터와 팬들을 오프라인에서 만나 소통하고 교류할 수 있도록 '유튜브 팬페스트 코리아' 페스티벌을 해마다 개최해 오고 있다. 지난해에도 최대의 행사를 기획하고 잠실 올림픽공원에서 역대 최대규모로 열렸다. 사전에 치밀한 준비와 함께 홍보를 한 결과 수천 장의 입장권은 채 20분도 지나지 않아 매진되었다. 이 표를 구하지 못한 아이들은 경쟁적으로 표 구하기에 혈안이 되었고 부모들을 졸라 웃돈을 주고 암표를 구할 수밖에 없었다는 기사를 볼 수 있었다. 이 행사에 참가한 초등학생을 둔 엄마도 아이들의 성화를 이기지 못해 결국 암표를 사서 행사장에 가보고 깜짝 놀랐다고 한다. 단순히 아이들의 놀이문화를 보는 거겠지 하는 생각으로 행사장에 갔다가 대부분의 부모는 깜짝 놀랐다는 반응이었다.

아이돌이나 유명한 스포츠 스타를 만나는 자리보다 열기가 더 뜨거웠고 아이들의 환호로 가득 찬 광경들은 도저히 믿어지지 않아 참석

내내 놀라움 그 자체였다고 한다.

나도 유튜브를 통해 흥미롭게 요즘 청소년들의 문화를 엿볼 수 있었다. 이미 그들은 기존 미디어와 전혀 다른 세상을 스스로 만들어 가고 그들만의 문화를 즐기고 있었다. 그리고 향후 미디어의 대변화와 함께 더욱더 SNS의 위력이 사회 전반에 걸쳐 크게 영향을 끼칠 것을 쉽게 예측해 볼 수 있어 1인 방송시대의 위력을 새삼 느낄 수 있는 계기가 되었다.

한국 크리에이터들의 현주소

팬페스트 코리아는 지난해 4회째를 맞아 주로 유치원생들과 저학년 초등학생들을 대상으로 개최되었다. 아이들을 위한 '유튜브 페스티벌, 유튜브가 마련한 아이들 나라'를 부제로 진행된 이 단독 행사는 전 세계 최초로 개최되었다. 이날 행사의 핵심은 아이들의 우상이랄 수 있는 게임 크리에이터들이 어린이 팬들과 직접 만나는 시간을 갖도록 짜여졌다. 그리고 평소 유튜브를 통해 봐 왔던 오픈 스튜디오나 게임, 실험 등 크리에이터와 함께 교감을 나눌 수 있도록 했다. 아이들은 자신들의 우상으로 생각했던 주인공들을 직접 보고 또 그들이 활동했던 무대와 장치들을 직접 본다는 그 자체에서도 만족감을 드러냈다.

첫날 행사에 참가한 주류는 유치원에서부터 초등학생들이 대부분이었고 중학생들도 더러 있었다. 지금 우리 아이들은 아직 우리말을 먼저 배우기도 전에 유튜브에 더 익숙하고, 읽고 쓰는 문화에서 영상을 보는 시대를 살고 있다. 어린이 방송을 보는 시간보다 스스로 스마트폰을 통해 개인들이 진행하는 방송을 더 많이 보는 어린이들을 보면 미래에 어떤 변화가 올 것인지 쉽게 상상해 볼 수 있다. 창업을 꿈꾸는 청년들이나 현재 기업을 경영하고 있는 사업가들도 이 부분을 결코 소홀히 넘겨서는 안 될 것이다. 미래를 담보할 수 있는 많은 해답들을 여기에서도 찾을 수 있기 때문이다.

이 페스티벌의 하이라이트는 둘째 날이라 할 수 있다. 둘째 날은 중고등학생들을 대상으로 기획되었다. 독특하고 남다른 콘텐츠로 무장한 크리에이트들은 탄탄한 청소년들의 팬덤을 구축하고 있어 그 인기는 우리가 생각하는 것보다 몇 배는 더 있었고 열기가 대단했다. 인기 크리에이터들의 '라이브 쇼'를 보기 위해 청소년들이 올림픽홀을 가득 메웠다.

게임을 기본으로 마술, 더빙 등 다양한 소재를 재치있게 풀어내는 크리에이터의 대장이라 불리는 니키, 1인 영상시대를 개척했다고 평가받는 대도서관이 이 행사에 나온다는 건 몇 달 전부터 아이들에게는 설렘 그 자체였다. 검은색 유성매직으로 화장한 두꺼운 눈썹과 유달리 큰 얼굴에 긴 턱을 가진 대한건아턱형은 철구의 컨셉을 모방하다 본인 특유의 개성을 살려 다양한 시도로 유명해졌다. 그 밖에도 아이들의 우상인 억섭호, 엔조이커플, 장삐쭈 등이 총출동한 이 행사는 청소년들에게는 연중 최고의 이벤트라고 할 수 있었다.

관심을 갖는 분야와 취미가 아주 다양하기에 주최 측에서도 이 점을 염두에 두고 다양한 크레에이터들을 등장시켰다. 초등학생들은 물론 중학생들의 화장품 붐을 일으켰던 뷰티 크리에이터 씬님의 등장은 어느 화장품 모델과는 비교할 수 없었다. 남다른 가창력과 동영상을 꽉 채우는 화려함과 악기연주로 대중들을 단숨에 사로잡아 버리는 뮤직 크리에이터 라온과 버블디아 그리고 정성하 등이 라이브 무대로 등장할 때마다 아이들은 열광했다. 지금까지 아이들 자신들이 주관객이 되어 환호하고 끼리끼리 어울리는 공연이나 퍼포먼스가 없었다는 점을 감안하면 분명 그들만의 세계이자 진정한 이벤트라고 할 수 있다. 초등학교 때부터 이미 공부에 대한 사슬에 얽매여 방과 후 이 학원, 저 학원으로 내몰리는 아이들에게 함성과 함께 열광하고 좋아하는 그 자체가 스트레스를 없애는 수단이자 동질감을 가진 이들이 모여 스스로 느끼는 카타르시스라고도 할 수 있을 것이다.

팬클럽이 형성되어 자기들만의 세계를 그룹별로 만들어가는 것도 자연스런 현상이었다. 또 예전과 달라진 점은 이 유명 크리에이터들이 공연 전 행사장 앞에서 유명 영화제에서나 보았던 '레드카펫'을 통해 등장하는 시간을 가져 크리에이터들의 위상을 알렸고 우상화를 키우는 데 일조했다.

어느 리서치 기관에서 초등학생들을 대상으로 장래희망을 조사했는데, 1위가 유명한 유튜버가 되는 것과 성인이 되어서는 개인방송을 진행하는 BJ가 장래희망이라고 대답했다는 것이 전혀 어색하지 않은 현장이었다. 유튜브나 페이스북, 아프리카TV 같은 플랫폼에 채널을 만들고 직접 촬영한 1인 위주의 영상을 올려 대중들과 공유하고 소통하는 이들이 기존 방송에서 나오는 연예인들보다 더 유명하고 익숙하다는 것도 조사를 통해 밝혀졌다. 1인 방송이 시작되던 초기에는 개인들의 취미와 장기자랑 등을 올리는 단순한 영상물이었다. 시간이 지나면서 자신들과 같은 환경과 각본 없이 즉석에서 보여주는 방송이 점점 대중화되면서 하나의 미디어 문화로 자리 잡았고 전문직업으로 급성장한 것이다. 지금의 청소년들이 고등학생, 대학생이 되면 현재 방송사들의 고정프로그램도 상당한 변화를 가져올 것이며 연예인들의 위상도 크게 달라질 것은 분명하다.

청소년들의 문화를 보면 미래가 보인다

현재 20대 이하 연령층은 기존 TV 시청보다 유튜브 크리에이터들이 업로드 하는 콘텐츠를 보는 것이 훨씬 익숙한 환경이 되었다. 가수가 되기 위해서는 최소한 몇 년은 피나는 훈련과 엄격한 테스트를 통과해야 한다. 그 과정까지 들어오기에도 여러 관문을 통과해야 하며 대부분은 그 단계에서 탈락의 쓴맛을 봐야 한다. 그런 험난한 과정을 거쳐 가수로 나선다 해도 인기를 보장받을 수 없다는 것을 익히 알고 있는 청소년들이 단기간에 스타가 될 수 있는 1인 방송 크리에이터를 꿈꾸는 것은 너무나 당연하다. 유튜브는 이미 그들의 세계에서는 소통의 수단이자 자기들만의 사회이고 커뮤니티로 단단한 공감대가 형성되어 있는 세상이다. 어느 연령층에 상관없이 자신을 드러내 놓고 그 존재감을 인정받고 싶은 곳이 바로 자신들이 속한 공동체다. 그것은 세대와 관계없이 우선 자기를 알아주는 조직과 그룹에서 자신의 정체성을 인정받고 싶은 인간의 욕구다.

누구나 스타가 될 수 있는 1인 방송의 가장 큰 장점은 그 어떤 경계도 제약도 없다는 점이다. 특별히 정해진 것 없이 오직 자신만의 독창적인 아이디어나 몸짓으로 장르를 뛰어넘어 음악, 마술, 게임, 요리, 춤, 성교육, 평론, 미용, 외국어, 각종 실험, 연주, 컬렉션 등 자신이 즐기는 모든 것들이 다 주제가 된다. 또 그것을 시청하는 대상도 유치원에서부터 장년층까지 점점 연령의 경계가 없어지고 확산되는 추세다.

유튜브에는 하루에도 수없이 많은 콘텐츠가 올라오고 있다. 대략 시간당 400~500여 개의 동영상이 올라온다는 통계가 있다. 현재까지 이용자들이 주로 많이 보는 장르는 게임이나 뷰티, 엔터테인먼트, 스포츠, 요리, 여행, 어린이와 관련된 것들이다. 최근 들어 자신만의 색깔을 지닌 특화된 소재로 출시되고 있어 보다 더 세밀하고 전문화된 영역으로 진화할 것이다. 최근에는 전문가들이 1인 방송에 뛰어들었다는 점도 큰 변화로 볼 수 있다. 의사, 교수, 약사, 변호사, 회계사들이 바로 그들이다. 어려운 전문분야를 쉽게 설명하고 단계별로 시리즈로 묶어 올리는 것은 자신의 전문성을 알림과 동시에 수입도 보장받을 수 있어 빠르게 확산되는 것을 쉽게 찾아볼 수 있다.

1인 방송의 주요 시청자들이라고 할 수 있는 현재의 초등학생들이 중·고등학생으로 성장하는 5~6년 후는 기존미디어 시스템을 완전히 바꿔 놓을 것이며 이 1인 방송의 크리에이터 신산업은 엄청난 큰 시장으로 성장해갈 것으로 예측이 가능하다.

앞으로 10년은 미디어 산업에서도 엄청난 변화가 이뤄지고 새로운 사회질서와 경제구도를 바꿔 놓을 시기다. 읽고 쓰는 문화는 사라지는가 하면 고정된 프로그램을 시청하는 기존의 방송프로그램도 절반은 없어지거나 경쟁력을 잃을 것은 뻔하다. 프로그램에 고정된 화면 영상은 급속히 줄어들고, 그때그때 참여하는 각본 없는 영상들이 확대되고 새로운 미디어 문화로 자리 잡아갈 것을 쉽게 예상해 볼 수 있다. 이 부분에서 신산업의 아이템들이 나와야 하며 스타트업을 꿈꾸는 사람들에게는 그 어느 분야보다 꿈을 이룰 수 있는 현주소라고 할 수 있다.

현재의 유치원생들이 맞이할 앞으로 10년은 스크린 없이 보는 영상은 물론 가상공간을 활용한 VR을 비롯하여 인공지능시대가 본격화되는 때다. 우리가 상상치 못한 세상이 그들에게는 펼쳐질 것이다. 스마트폰이 완전히 보급되고 생활화되기까지 채 10년이 걸리지 않았다. 유튜브의 본격적인 활동도 불과 몇 년 지나지 않았음을 상기해 보면 지금 아이들의 향후 10년의 변화를 대충 짐작할 수 있을 것이다. 이 속에 답이 있음을 잊지 말아야 한다.

크리에이터도 전문 직업인

　1인 방송이 콘텐츠창작자라는 공식 직업으로 국가기관으로부터 인
정받은 데는 근무환경과 수익이 보장된 직업이라는 의미다. 오늘날 크
리에이터들이 큰 인기를 얻게 된 점도 인기와 함께 큰돈을 벌 수 있다
는 것이 가장 큰 이유다. 1인 방송을 양분하고 있는 유튜브와 아프리
카TV는 1인 방송시스템이 조금 다르다. 아프리카의 경우에는, 아프리
카 스튜디오라는 프로그램을 통해서 방송을 진행하고 직접 레이아웃
을 배치하는 것도 가능하고 분야별 전문성으로 구성되어 있다. 인기
있는 진행자들이 대부분 전문성을 갖춘(촬영, 편집, 진행 등) 시스템으로
활동하고 있기 때문이다.

　유튜브의 경우에는, 방송진행을 위한 XSplit이나 OBS Studio 프로
그램을 사용해서 방송하는 방식이다. 지금은 스마트폰에서도 직접 영
상을 만들 수 있도록 스마트폰 자체가 그렇게 시스템화되어 출시되고
있다.

　1인 방송을 양분하고 있는 유튜브와 아프리카방송 진행이나 제작은
크게 보면 별반 다르지 않다고 볼 수 있다. 그러나 가장 큰 차이점은
개인방송에 따른 수익구조와 매출방식과 송출시간의 차이와 소통채널
에서 다른 점을 찾아볼 수 있다.

　크리에이터들의 인기는 수익과 직결된다. 유튜브의 경우 조회 수에
따른 광고수익이 기본이지만 유명세가 높아지면 간접광고와 기업체의
협찬 등 다양한 수익 창출의 기회가 생겨난다. 예를 들어 자신의 인기
에 힘입어 관련 상품을 자신의 이름을 따 출시하거나 자신만의 캐릭터
를 상표등록을 해서 사업화하는 길도 있다. 향후 이 부분에서 대박의
신화를 이어갈 신흥부자들이 나올 확률도 매우 높다.

관련 업계에서는 구독자가 10만 명 이상이면 전업 직업인으로서 활동이 가능한 것으로 보고 있다. 구독자 수 100만 명 이상을 보유한 크리에이터들의 월평균 수입은 수천만 원대에 이른다. 거기에다 광고 출연료를 계산하면 고액연봉자 상위권에 올라설 수 있다. 초창기만 해도 자신의 취미나 사람들과의 소통을 목적으로 시작한 1인 방송은 이제 유망 직업군으로 자리 잡았고 고소득 전문직업으로 성장한 이유이기도 하다. 새로운 미디어 질서는 청소년들의 미래희망직업 상위권으로 올라선 것이 너무나 자연스러우며 새로운 산업으로 정착해 성장해 가는 중이다. 갈수록 커지는 1인 영상시대는 이제 초입기라고 볼 때 성장과 성숙기를 맞이하기까지 최소한 10년이란 기간이 필요하다. 지금 보는 스마트폰의 스크린 방식과 미디어 기술이 바뀔지 모르지만, 현재의 1인방송시대의 콘텐츠는 크게 바뀌지 않을 것이다.

1인 방송인들의 수익 구조

크리에이터들의 수익구조를 보면 유튜브 광고수익이 가장 높다. 전 세계인이 사용하는 플랫폼이라 단가가 높은 광고들이 잘 배치되기 때문이다. 또한 각 나라와 시청지역에 맞는 광고들이 빅데이터들에 의해 자동으로 생성되는 시스템이라 조회 수가 많으면 많을수록 그만큼 수입도 늘어난다. 자신이 올린 동영상에 광고가 올라가면 시청자가 클릭할 때마다 일정한 수익이 쌓이는 방식이다. 그 수익금에서 45%를 유튜브가 가져가고 55%를 크리에이터가 수입으로 잡는 구조다. 유튜브는 전 세계에 지역별로 사업본부를 두고 관리하고 있으며 정확히 크리에이트들이 등록한 계좌로 입금해 주고 있다. 유튜브 시청자 후원제도인 슈퍼챗도 최근 도입되었으나 사용은 미미하고 50만 원까지 한도가 정해졌다.

이와 달리 아프리카TV는 등급에 따라 별풍선 수익의 수수료를 차등 설정하고 있다. 시청자가 개당 110원에 구매한 별풍선을 크리에이터에게 후원하는 식으로 진행하는 구조다. 여기서 발생하는 매출에서 일반 BJ에게는 40%를, 베스트 BJ에게는 30%의 수수료를 회사가 각각 떼어가는 방식이다. 과거 3,000만 원의 일일 결제 한도가 적잖은 논란을 야기한 탓에 현재는 1일 100만 원으로 낮춰졌다. 아프리카TV 역시 광고 수익이 발생하지만, 유튜브에 비해 수익의 정도는 미미하고 광고 수익 중 40%를 회사에서 가져가는 방식이다.

뉴스에 따르면 유튜브에서 활동하는 베스트 크리에이터들의 1년 수익은 10억을 넘는 것으로 알려졌다. 한국 인터넷 개인방송 시장에서 유튜브 등으로 1인 방송을 개척하고 발전시킨 1인 미디어계의 선구자로 불리고 있는 '대도서관'은 게임방송을 전문으로 하는 최고의 크리에이터로 청소년들에게는 너무나 잘 알려진 인물이다. 현재 200만 명 가까운 구독자를 보유하고 있고 2018년 한 해 17억 정도를 벌어들인 것으로 알려졌다. 여성 뷰티 크리에이터로 유명한 '씬님'은 연 매출 12억을 올렸고 밴쯔 등 상위 1%의 유명 크리에이터들은 웬만한 대기업의 사장보다 더 높은 수익을 올리고 있다. 요즘 초등학생들이 색조화장품 하나 정도는 가지고 다니는 것도 뷰티 동영상이 큰 영향을 주었다고 볼 수 있다.

어느 리서치센터와 신문사의 공동 조사에서는 중급 실력의 크리에이터들의 수입은 500~600만 원으로 집계되고 있어 향후 더 치열한 경쟁이 펼쳐질 것으로 보고 있다.

이 새로운 신산업을 급속도로 성장시킨 장본인들은 10대 시청자들이었다. 이들은 어려서부터 스마트폰을 손에 달고 살았으며 만화를 비롯하여 자신들이 원하는 영상문화를 접하며 성장해 왔다. SNS를 통해 새로운 문화를 친구들과 빠르게 공유하며 다양한 콘텐츠를 찾아내고 만드는 일에 익숙해졌다. 기성세대들은 모든 정보를 찾는데 포털 사이트를 떠올리지만 10대는 유튜브로 먼저 손가락이 간다는 점이 다르다. 텍스트나 사진으로 정보를 흡수하는 것보다 영상을 통해 직관적으로 받아들이는 것이 훨씬 자연스럽고 현실감이 있어서다. 10대들로부터 시작된 1인 방송이 급성장한 배경에는 다양한 연령층이 크리에이터로 뛰어들었고, 그 세대에 맞는 시청자들이 적극적으로 참여함으로써 시장이 거듭 확대된 데 있다.

남녀노소 구분 없이 스타가 될 수 있는 곳

한 가족들이 뭉쳐 회사를 설립하여 아이 전문 유튜브 프로그램을 방송하고 있는 어린이 크리에이터는 밀려드는 광고료에 힘입어 강남에 90억이 넘는 빌딩을 매입해 화제가 되고 있다. 이웃집 아줌마의 재치 있는 말솜씨와 독특한 메이크업을 뽐내며 일약 스타가 된 박막례 씨는 유튜브를 하면서 광고모델까지 발탁되었다. 그분은 일흔이 넘은 나이에 방송을 시작했다. 우리가 흔히 보는 할머니의 모습으로 방송을 시작한 김영원 씨는 84세다. 간장게장, 닭요리, 간식에서부터 먹거리를 통달한 영원 씨는 이미 유명한 스타가 되었다. 1인 방송의 위력을 잘 보여주는 사례가 아닐 수 없다. 남녀노소를 뛰어넘는 변화와 함께, 1

인 방송시대는 자연스럽게 진화하는 환경이 조성된 것이다. 이 부분에서 누구나 한번쯤은 창업을 꿈꾸어 볼 수 있고 제2의 인생을 찾는데 가장 쉽고 빠른 길이라는 것을 염두에 둘 필요가 있다. 변화의 흐름을 따르고 유심히 관찰하면 반드시 길이 보인다. 그 어떤 사업이나 홍보도 이 시대적 흐름에 편승해야만 목표지점에 도달할 가능성이 크다.

1인 방송의 크리에이터로 활동하는 가장 큰 장점은 자신이 원하는 장소에서 시간과 상관없이 활동할 수 있고 좋아하는 일을 하면서 돈도 벌 수 있다는 점이다. 물론 다른 직업을 갖고 활동하다 본격적으로 전업하는 사람들도 많은 것을 보면 본래의 직업을 갖고 활동을 시작할 수 있다는 것도 큰 장점이 아닐 수 없다. 좋은 예로 어느 약사는 현재의 불황을 타개하기 위해 방송을 시작했는데, 영양의 섭취 남용과 약학의 본래 기능 등은 물론, 약의 유통기한 등 우리가 쉽게 넘기는 내용을 알리는 데 주력했다. 매월 입금되는 수입은 수십 명의 처방전 수입보다 훨씬 높다고 했다.

최근의 큰 변화는 유명 연예인들도 본래의 방송활동을 접고 1인 방송에 뛰어들어 훨씬 더 높은 수익을 올리고 있는 추세다. 요즘 아프리카TV에서 한참 주가를 올리고 있는 BJ 강은비는 원래 배우였다. 지인들과 전문가들의 권유로 지난해 연말부터 개인방송을 시작했는데 최근 "부모님께 매달 1,000만 원 넘는 용돈을 드린다"면서 연예인 활동할 때보다 수익이 훨씬 늘어났음을 공개석상에서 말하기도 했다. 또 보이그룹 엠블랙 출신의 지오도 아프리카TV에 출격했다. 개인방송 시작 10일 만에 3,000만 원을 벌었다고 방송에서 밝혀 눈길을 끌기도 했다. 이처럼 빠르게 변하고 있는 새로운 패러다임의 미디어 신산업은 머지않아 기존 방송 관련 산업을 급속도로 위축시킬 것이다. 일부 지방 민영방송들은 현재 직원들의 급여를 주지 못해 사옥을 매각하거나 사업부를 크게 축소해 연명해 가고 있는 실정이 현재의 상황을 잘 대변해 주고 있다.

몇 년 전까지만 해도 신문광고 시장이 방송시장보다 더 컸다. 그러나 그 균형은 깨졌고 지금은 방송전문채널을 포함한 개인방송 관련 광고시장이 더 큰 상황이다. 이러한 변화는 더욱더 심화될 것이고 현재의 아이들이 성인이 되었을 때는 미디어 산업구조 자체가 바뀔 것으로 전망하고 있다. 그렇다고 모든 크리에이터들이 직장생활을 하지 않아도 될 만큼의 수익이 보장된 것은 아니다. 유튜브를 기준으로 50만 명의 구독자를 확보했다고 가정했을 때 계산해 보면 대략 월 1,200만 원 선이다. 물론 유튜브의 전체 3~5% 안에 든 크리에이터들의 얘기다. 이제는 엄연한 한 직업군으로 자리매김한 이 분야도 그 어느 비즈니스보다 더 치열한 경쟁을 아닐 수 없다. 유독 쏠림현상이 심한 우리나라에서 1인 방송인들이 살아남기란 결코 쉽지 않음을 예상해 볼 때 이로 인한 고통도 감수하고 뛰어들어야 한다. 이러한 경쟁구도는 이미 시작되었고 크리에이터들도 현재의 위치를 지키고 살아남기 위해 방송진행을 시스템화하고 조직적으로 움직인다고 한다.

아프리카TV가 한국 시청자를 주 타깃으로 운영되는 반면 유튜브는 전 세계 이용자를 대상으로 하기 때문에 조회 수와 스트리밍에서 다른 플랫폼보다 훨씬 큰 효과를 가져올 수 있다. 이에 맞춰 전 세계를 무대로 나아가기 위한 1인 방송의 성장이 새로운 사업모델로 자리 잡아갈 것으로 보고 있다. 잘 만든 동영상 하나가 크게 성공을 거두면 말 그대로 대박을 낼 수 있어서다. 새로운 비즈니스를 구상하거나 스타트업을 기획하는 사람이라면 이 새로운 변화에 주목해야 한다. 크리에이터를 전문으로 양성하고 지원하는 기업을 만들 수 있고 MD 상품을 제작하고 유명 크리에이터들과의 협업을 통해 다양한 캐릭터 또는 오프라인에서의 이벤트를 연출하는 비즈니스 등 새로운 미디어 산업의 패러다임 속에서 기회를 찾을 수 있을 것이다. 신산업의 성장 뒤에는 반드시 수반되는 시스템과 아이템들이 요구되기 때문이다.

O━━━━┳

작은 감동이
혁신을 지배한다

모든 기업들이 보다 높은 조직의 효율화와 경쟁력 제고를 위해 혁신이라는 용어를 많이 사용한다. 기존의 틀을 완전히 뜯어고치고 획기적인 발상이나 새로운 시스템을 바꿔 대전환을 꾀하는 전략을 혁신으로 생각하는 사람들이 대부분이다. 분명 맞는 말이다. 그러나 수많은 기업들이 비싼 수업료를 내고 강사를 초빙해 세미나를 하고 토의를 하는 등 투자를 아끼지 않았지만 큰 성과를 보지 못했다고 하소연하는 걸 자주 듣는다. 지금도 많은 기업들과 공공기관에서 연례행사처럼 워크숍을 갖거나 단체 또는 개별적으로 해외연수를 보낸다. 그러함에도 많은 투자에 비해 효과를 보지 못했다고 말하는 그 원인은 간단하다. 그건 눈에 보이는 가치로 이어지지 않았기 때문이다. 아무리 좋은 발상이나 획기적인 시스템이라도 그것이 생산적 가치로 이어지지 못한다면 그건 실패다. 유명한 강사를 초빙해 강의를 듣고 나온 참석자들에게 물어보면 아주 유익한 시간이었다고 대부분 대답하지만 세미나를 통해 얻은 지식이나 경험사례를 현장에서 적용하지 못하고 있다. 또한 혁신을 기존의 조직이나 시스템 안에서 찾지 않고 무조건 바꿔야 한다는 고정관념을 갖다 보니 한계를 느낄 수밖에 없다. 대부분의 경영진이나 참여자들은 물리적인 기존 시스템을 바꾸지 않고선 혁신이 불가능하다는 인식도 변화를 가로막는 가장 큰 요소다.

그런가 하면 막대한 투자비를 들여 새로운 시스템으로 바꾸고 자동화를 실현했음에도 실질적인 이익으로 이어지지 못해 회사가 위험에 빠지거나 파산으로 이어지는 것도 자주 보았다. 혁신이란 거창한 것이 아닌 아주 작은 발상 하나에서도 엄청난 큰 효과를 발휘할 수 있고 이익창출의 결과를 낳는다. 경영진들이 그 작은 발상 하나를 어떻게 평가하고 시도하도록 장려하는가는 혁신의 가치를 창출하는 열쇠다.

새 술은 새 부대에 담아야만 한다는 그릇된 사고도 문제가 아닐 수 없다. 내가 M&A를 주관하면서 심혈을 기울여 기업을 인수합병시킨 뒤 가장 놀란 것도 바로 이 점이었다. 인수한 기업 오너는 그 회사의 책임자들을 가급적 다 내보내려는 경향이 매우 강하다. 자기 사람을 심어야 자기방식대로 경영할 수 있고, 통제가 가능하다는 생각에서다. 인수한 기업의 시스템이나 생산제품에 대한 지식이 없는 상황에서 무조건 새로운 사람을 심어 놓고 혁신을 통해 성장하겠다는 발상이 위험하지 않을 수 없다. 새 경영진은 어느 정도 그 시스템과 조직을 이해하고 장악할 때까지는 그 틀을 유지해야 한다. 자신의 경영방식이 유기적으로 조직에 스며들도록 해야 함에도 처음부터 무조건 혁신이란 이름으로 시작하는 경영진들을 자주 보아왔다. 새로운 사람들이 그 조직을 장악하면 경영이 수월하고 완만하게 돌아가는 듯싶으나 기업의 생명인 가치창출이 급격히 줄어들거나 성장이 멈춰버린다는 단점을 감수해야 한다.

개인사업자들은 인테리어에 큰돈을 지출한다. 그동안 영업의 중단이나 생산라인이 멈추는 것 등은 염두에 두지 않는다. 개인사업장에서도 마찬가지다. 일반 장사를 하는 가게에서도 종종 볼 수 있다. 사용하기에도 멀쩡한 시설들을 뜯어내고 깨끗한 인테리어를 바꾸느라 많은 돈을 투자한다. 모든 것을 새롭게 바꾸고 자신만의 혁신적 아이디어로 승부하겠다는 계산이지만 진정한 내부의 혁신은 내버려두고 보여주는 데 더 큰 무게를 두고 있다.

혁신은 발상의 전환이다

내가 혁신이란 용어를 생각할 때 맨 먼저 떠오르는 기업이 바로 일본의 100엔(1,000원)숍 다이소다. 모든 상품을 동일가격인 100엔으로 통일하여 소매점포의 최강자로 우뚝 선 다이소의 혁신이야말로 단순한 아이디어에서 최고의 가치를 만들어 낸 사례가 아닐까 싶다. 다이소 그룹을 창업한 야노 히로타게는 처음 사업실패를 겪고 나서 영업사원, 화장지 교환원, 아르바이트, 망한 회사들의 제품을 모아 트럭에 싣고 행상을 하는 등 밑바닥 생활을 오랫동안 했다고 어느 인터뷰에서 고백했다. 아홉 번의 직업을 전전하는 동안 지친 아내가 자리에 눕자 아이들을 양육하는 몫도 자신이었다. 마지막 사업이라고 할 수 있는 잡화 이동판매는 폐업하거나 부도난 회사들의 상품을 덤핑으로 사서 여기저기를 돌아다니며 장사하는 것이었다. 수많은 값싼 제품들을 새로 매입하면 모든 상품 하나하나에 가격표를 붙여야 하는데, 아이를 데리고 그 많은 상품에 가격표를 붙인다는 게 보통 일이 아니었다. 자정이 넘도록 가격표 붙이기도 부족한 시간이었다. 이에 한계를 느낀 그는 모든 제품 가격을 동일하게 하자는 생각을 하게 되고 더 이상 가격표를 붙이지 않고 가격 단일화를 실행한다. 예전에도 몇몇 가게들이 가격 단일화를 시행한 곳이 있었지만 창업자가 고민 끝에 결정한 것은 파격적인 가격 단일화였다. 가격을 통일하되 소비자들이 믿지 못할 정도로 싼 가격을 제시한다는 아이디어였고 가격은 100엔으로 결정된 것이다. 100엔에 팔면 손해가 가는 상품들이 많았지만, 신경을 쓰지 않았다. 다른 아이템에서 이익을 내 손해나는 물품을 메워줄 것이고 매출이 많아지면 전체 이익으로 봤을 때 손해는 없다는 판단이었다. 그리고 이익보다는 싼 만큼 품질도 좋지 않다는 고정관념을 없애야 한다는 것을 사업 승패로 삼았다. 가격을 통일하기 전까지 통상 제품들은 30%의 마진율이 있었다. 그러나 그 이익을 포기하고 품질을 높이기 위해 마진율을 2~5% 선까지 낮췄고 이익보다는 품질상승에 초점을 맞췄다. 혁신의 포인트를 중심에 두고 부수적인 부분들을 연계하여 유기적으로 가치 창출에 편승시켜 혁신의 완성을 이뤄낸 좋은 사례가 아닐 수 없다.

생산시스템이나 조직에서 최대의 효율화와 가치를 얻으려면 그 공동체의 모든 곳에 혁신의 변화가 스며들어 상호유기적으로 움직여야 최대의 가치로 이어진다. 교통체증이 심각한 사거리에 신호등을 없애고 지하도를 건설했지만, 다음 신호등에서 병목현상이 생기면 그 효과가 미미해지거나 투자가치가 상실되는 것과 마찬가지라고 할 수 있다.

누구나 창업을 계획하고 있을 때 그 모델과 상품에 대한 인지도와 사업성과를 먼저 기준 삼는 경향이 많다. 세계적인 일류 프렌차이즈나 어디서나 문만 열면 돈을 벌 것 같은 새로운 사업도 누구는 성공하고 어떤 이는 쉽게 망하는 것을 주변에서 쉽게 본다. 똑같은 사업을 하는 것 같지만, 자세히 보면 분명 다르다. 가치창출이 유기적으로 작동하지 않았기 때문이다. 혁신이 지속경영을 하는데 핵심적인 요소는 분명 맞다. 그러나 그에 따른 노력과 희생, 비용이 들어간다. 그렇다고 다 좋은 결과를 얻는다고 볼 수 없다. 오히려 혁신을 시도하다 조직이 와해되거나 비용만 발생하고 아무런 가치를 얻지 못한 혁신들도 부지기수다.

작은 감동이 혁신을 이끈다

우리는 가끔 감동 스토리를 언론을 통해 들으며 이 세상은 이런 사람들로 인해 아름다워지고 있음을 느낀다. 이런 이야기는 어떤 목적을 두고 행해지는 혁신과는 전혀 다르다. 평소 근무지에서 또는 일상생활에서 일어나는 일들이다. 직장에서 일어나는 감동 스토리는 그 기업에 절대적인 영향을 끼치고 막대한 비용을 들여가며 추진했던 혁신의 효과보다 훨씬 큰 가치창출로 이어지기도 한다.

1970년대 초여름 어느 날 뉴욕에 있는 피어슨 백화점으로 할머니 한 분이 타이어 하나를 들고 힘들게 고객센터로 들어오는데 이를 본 점원은 그 타이어를 받아들고 할머니의 땀을 닦아주며 영수증을 건네 달라고 말했다. 그리고 금액을 확인한 직원은 타이어를 환불해 주었다. 할머니가 돌아가자 직원은 서둘러 타이어를 들고 근처에 있는 다른 유통업체로 찾아가 할머니가 들고 온 타이어를 환불받아 왔다. 사실, 피어슨 백화점에서는 타이어를 취급하지 않았기 때문이다. 그리고 얼마 뒤 그 할머니가 헐레벌떡 백화점 고객센터로 들어선다. 집에 돌아가 생각해 보니 이 백화점에서 타이어를 산 것이 아닌 것을 알고 달려온 것이다. "할머니가 너무 힘들 것 같아 대신 자기가 환불을 받아온 것"이라고 자초지종을 설명한 직원의 말을 들은 할머니는 눈물을 글썽이며 그 직원을 안아주며 몇 번이고 감사하다는 말을 남기고 돌아갔다.

　그 며칠 후 이 이야기는 신문에 실렸고 미국 전역으로 소문은 퍼져나 갔다. 곧이어 서비스센터 직원에게 인터뷰 요청이 쇄도했고 격려 전화 로 백화점 통신수단은 마비되고 말았다. 당시 3류 백화점에 불과했던 피어슨 백화점은 몰려든 고객들로 장사진을 이루었다. 1년 후 피어슨 백화점은 최고 백화점으로 급상승했고 빠르게 성장할 수 있었다.

　1971년 8월 당시 리처드 닉슨 미국 대통령이 금과 달러의 교환을 정 지하는 조치를 발표하자 미국을 시작으로 국제경제 질서는 대혼란에 빠진 닉슨쇼크를 겪으며 국민들은 높은 실업률과 경제적 어려움으로 정신은 피폐해졌고 지쳐있었다. 이때 이 미담은 신선한 감동으로 미국 전역을 적셨고 이때를 기점으로 서비스기업은 물론 제조업 대기업들도 고객감동 경영을 도입하기 시작한다. 우리나라의 백화점들이나 서비스 업체들이 몇 년 전부터 강조하는 고객감동 경영도 이 스토리에서 전파 되었음을 알지 못한 채 주입식으로 교육하고 있다. 90도로 숙여 인사 하고 고객에게 무조건 예스를 강조하는 보여주기식 서비스 형태가 오 히려 고객들에게 부담을 주기도 한다. 감동 스토리는 교육이나 지식으 로 절대 나오지 않는다는 걸 경영진들은 알고 있을까.

　그런가 하면 지난해 미국을 또 한 번 감동케 한 흑인 청년의 이야기 가 전 세계 언론들을 통하여 알려졌다. 미국의 한 이삿짐센터에 어렵 게 직장을 구한 20대 청년 월터는 첫 출근을 앞두고 오래된 자신의 차 가 고장 나는 바람에 밤새 30㎞가 넘는 길을 걸어가기로 작정하고 집 을 나섰다. 회사와의 출근 약속을 지키고 싶었기 때문이다. 7시간을 밤새 걸어야 하는 그가 4시간쯤 걸었을 때 이를 수상히 여긴 경찰이 그를 검문하게 되었다. 이른 새벽 혼자 길을 걷는 건 분명 정상적이지 않았기 때문이다. 청년의 사연을 들은 경찰은 그를 이사하는 집까지 태워주고 집주인으로부터 아침에 이사할 예정이라는 사실을 확인하였다. 경찰도 청년을 데리고 가는 사이 식사를 하지 못한 것을 눈치채고 아침을 사 주기도 하였다. 집주인은 경찰관으로부터 자초지종을 전해 듣고 큰 감동을 받았다. 월터는 뒤에 도착한 이삿짐센터 직원들과 합류해 무사히 이삿짐을 운반했다. 이사를 마친 집주인은 이 사연을 SNS에 올렸고 청년의 차 수리비 모금을 제안했다. 당초 청년의 중고차 수리비를 3,000(350만 원)불로 예상하고 모금을 시작했는데, 3일 만에 30배가 넘는 7만 불(8천만 원)이 모금되었고 이 이야기는 미국 전역은 물론 전 세계로 퍼져나갔다. 이삿짐센터 사장은 자신이 타던 새 차를 이 청년에게 물려주었다. 그리고 회사는 몰려드는 이사 요청에 직원을 몇 배로 늘렸으나 감당하지 못해 주문을 사양할 수밖에 없는 상황이 그해 말까지 이어졌다고 한다.

스타트업을 준비하거나 현재의 비즈니스를 혁신하고자 하는 기업들은 거창한 계획을 세우거나 유명하다는 컨설팅업체를 고용하기 전에 그것을 실행할 주체들의 공감대를 먼저 얻은 다음 진행해야 큰 효과를 볼 수 있다. 회사의 방침이 이렇게 정해졌으니 조직원들은 합심해서 팀별로 또는 각자 따라오라는 전근대적인 방법으로는 모두의 공감대를 형성하지 못한다. 아무리 신개념의 시스템으로 무장하고 자동화를 이뤄도 그것을 생산하는 제품에 혁신적 정신의 혼과 발상의 전환이 없다면 가시적인 성과를 보지 못할 수도 있다.

혁신은 여러 개를 한 곳으로 모으는 중심이지만 그 중심을 받치는 것은 유기적인 소수들이 있기에 가능하다. 옛날 말에 "한 사람의 천재보다 세 사람의 바보가 더 낫다"라는 격언이 있다. 이는 공유경제와 융합의 시대를 앞두고 절실하게 와 닿는 혁신의 격언이다.

Blueprint of Hidden Wealth

빚 때문에 가난해지고
빚으로 부자가 된다

보통 사람들이 자산을 늘리는 길

내가 직장을 다닐 때 평소 가까이 지내오던 학교 선배로부터 집들이를 한다고 연락이 왔다. 평범한 회사원인 그 형이 어떻게 집을 살 수 있었을까 궁금해하며 새로 샀다는 아파트에 갔었다. 그 형은 아이들 셋을 키우며 서울 중심가에 32평형 아파트를 장만했다. 그동안 꾸준히 넣은 주택청약저축이 1순위가 되어 다행히 분양을 받을 수 있었다. 부족한 잔금은 부모님의 도움과 은행에서 최대한 대출을 받아 겨우 아파트 잔금을 맞출 수 있었다고 집을 산 배경을 설명해 주었다. 그 후 몇 년이 지난 후 직장을 옮긴 그 형은 직장 근처인 수원으로 이사하게 되면서 그 집을 팔아야 했다. 그사이 그 아파트는 두 배 이상 올랐고 형은 은행 빚을 다 상환하고도 배 이상의 순수익을 남겨 목돈을 쥔 셈이다. 만약 그 선배가 은행을 이용해 자기가 받을 수 있는 최대한의 빚을 끌어다 쓰지 않았다면 불가능한 일이다. 우리나라 대부분의 사람들이 빚을 이용하여 자산을 늘려가는 전형적인 방법이다. 좋은 빚이라고 할 수 있다. 이처럼 좋은 빚은 삶을 활기차게 하고 건전

120 | 숨겨진
부의 설계도

한 경제활동의 원동력이 된다. 자신이 충분히 감당할 수 있는 건전한 빚은 자산을 불려가는 지름길이고 돈에 대한 가치를 새롭게 한다. 빚이라면 무조건 겁을 내고 인생을 망치게 한다는 잘못된 생각을 하는 이들도 분명 있다. 맞는 말이지만 어떻게 접근하고 수용하느냐에 따라 명암이 극명하게 달라진다.

예전의 우리 부모 세대들이 자산을 불려가는 방법은 크게 달랐다. 월세를 얻어 생활하며 악착같이 일하고 허리띠를 졸라매며 저축을 하거나 계를 모아 돈이 마련되면 전세로 옮기고 내 집 장만을 하는 것이 일반적이었다. 그때만 해도 은행에서 일반인들에게 대출을 해주는 시스템이 잘 갖추어져 있지 않았고 은행금리도 사채나 다름없이 비쌌다. 많은 사람들은 은행 돈을 쓸 수 있는 부류는 특별한 위치에 있거나 사업을 하는 사람들만 이용하는 것으로 알고 있었던 시절이었기 때문이다. 아이러니하게도 당시엔 한국이 전 세계적으로 저축률이 가장 높았던 시절이었음에도 일반인들은 돈을 갖다 맡길 줄만 알았지 은행 돈으로 집을 산다는 생각을 하지 못했다.

국민들이 한 푼 두 푼 저축한 돈들은 수출기업들에 우선 대출이 이뤄졌고 그 돈의 생리를 아는 일부의 사람들이 은행 돈을 이용해 땅을 사놓거나 빌딩을 사 큰 부를 이루었다. 사 놓으면 돈이 되는 시절이었다. 이때부터 우리나라의 빈부격차를 만드는 구조적인 원인이 싹트게 된 것이다. 서민들이 한 푼 두 푼 저축한 돈들이 모여 대기업들이나 은행과 밀착관계에 있는 사람들에게 대출되었고 결국 부자들은 은행 빚으로 더 큰 부를 키웠기 때문이다.

아파트 보급이 본격적으로 시작되던 90년대에 들어 집값이 크게 오른 배경에는 한국 정부의 주택정책이 크게 영향을 미쳤다. 내 집 마련의 숙원을 위해 은행들이 적극적으로 주택담보대출을 해주도록 법을 만들었고 예전보다 낮은 금리로 돈을 빌릴 수 있으면서 시중에 돈이 많이 풀렸고, 집값을 올리는 역할을 한 것이다. 이 돈의 흐름에 따라 일찍 변화를 따라간 사람일수록 자산이 불어나는 속도와 돈의 크기도 달랐다.

또 한 친구가 있었다. 그는 직장 동료들은 물론 친척들도 집을 사 큰돈을 벌었다는 소릴 듣자 뒤늦게 아파트를 장만했다. 모두 다 부자의 대열에 서 있는데 자신만 소외된 것 같아 서둘러 빚을 끌어모아 집을 산 것이다. 그가 산 아파트는 10년 넘은 것으로 처음 가격에 비해 크게 오른 뒤였다. 공기업에 근무했던 그는 안정된 직장 덕분에 대출을 많이 받을 수 있었지만, 자신의 급여로는 감당하기 쉽지 않은 금액이었다. 더구나 2순위로 대출받은 저축은행 이자는 10%가 넘어 부담이 가중되었다. 부인이 대출금 이자를 벌어보겠다고 작은 가게를 열었고 부족한 자금은 사채를 끌어다 쓸 수밖에 없었다. 그런가 하면 자신은 물론 아내의 차량까지 할부로 사는 바람에 생활비도 마련하기 급급했다. 그러나 부부가 좋은 차를 굴린 데다 남편은 정년이 보장된 공기업에 다니고 부인은 사업을 하는 사모님으로 소문나 주위의 부러움을 사기에 충분했다. 그런 생활은 오래가지 못했다. 집을 사고 얼마 뒤 예기치 않은 미국금융위기가 닥쳤고 한국의 집값도 곤두박질쳤다. 그를 더 견딜 수 없게 만든 것은 아내의 장사가 잘되지 않아 결국 빚만 지고 가게 문을 닫게 되었다. 똑같은 빚을 썼지만, 누구에게는 기회가 될 수 있었고 다른 사람에게는 삶을 나락으로 떨어지게 하는 빚의 두 얼굴이다. 이는 대표적인 나쁜 빚이라고 할 수 있다. 자신의 능력 범주를 벗어난 빚은 부메랑처럼 결국 자신의 경제능력을 상실케 하고 삶의 질을 크게 떨어뜨린다. 빚도 시기와 용도에 따라 그 가치가 극명하게 나타나는 요술방망이와 같다.

우리나라도 산업화의 성장과 함께 은행 못지 않게 커진 곳이 사채시장이었다. 장사를 하거나 담보가 없는 서민들은 대부분 사채를 이용했다. 규모가 커지고 사회적 문제로 번지자 지하자금을 활성화한다는 취지로 허가해 준 것이 현재의 저축은행(구 상호신용금고)이다. 지금도 소상공인들과 일반 서민들이 주로 이용하는 제2금융권이다. 물론 제2금융권이라고 불리는 곳은 저축은행 외에도 보험, 캐피탈, 카드사 등이 그 범주에 들어간다. 우리가 할부로 차를 살 때 대부분 이 기관들이 차를 담보로 잡고 돈을 빌려준다. 기업은 물론 개인들도 은행에서 돈을 빌릴수 없게 되면 마지막으로 찾는 최후의 보루가 금융기관이다. 우리나라 경제 규모가 세계 10위 안에 들어서 있고 GDP도 상위권에 들어서 있지만, 여전히 많은 이들이 사채를 이용하거나 개인들 간의 돈거래를 하고 있다. 전형적인 가난한 사람들이 이용하는 금융방식이다.

보통 부자는 싼 이자를 빌려와 사업을 키운다

위에서 언급했듯 우리나라 보통 부자들은 자신이 충분히 감당할 수 있는 범위 안에서 적절히 은행 빚을 잘 이용해 부를 축적했다. 전형적인 중상류층 사람들은 아파트 등 주거시설의 부동산을 이용해 첫 번째 자산을 불리는 방법을 터득했고 부동산 투자에 눈을 뜨게 된 공통점을 갖고 있다.

부자들이 돈을 빌리는 곳은 주로 은행이다. 이자가 제2금융권보다 싸고 또 큰돈을 빌릴 수 있기 때문이다. 내가 아는 부자도 작은 건물을 샀는데, 그때도 은행에서 대출을 받았다. 전세를 놓고 월세를 받으니 은행 이자를 충분히 감당하고도 저축을 할 수 있었다. 몇 년이 흐르자 공시지가도 오르고 어느 정도 대출도 상환하게 되자 다시 대출여력이 생겼고 추가 대출을 받아 다른데 투자를 하게 되었다. 처음 빚을 낸 물건이 새끼치기를 한 것이다. 돈의 신용창출을 여실히 보여주는 실례라 할 수 있다.

우리나라 경기가 좋을 때는 은행에서 10~13%의 높은 이자를 주고 돈을 빌려도 월세가 높아 수익이 발생했다. 예를 들어 은행에서 빌린 10%의 이자로 15%에 해당하는 월세를 받아 이자를 내게 되니 5%는 은행에서 벌어 준 셈이다. 물론 여기에는 전세금으로 받은 목돈의 이자 가치는 포함하지 않았다. 부자들이 빚을 이용해 돈을 버는 방식이다. 누구든지 부자가 되기 위해서는 은행 돈을 이용하지 않고는 거의 불가능했다. 물론 경기가 한참 좋고 부동산이 쌀 때 사채 등을 끌어다 사놓은 부동산으로 부를 일군 일부도 있지만, 대부분의 부자들은 은행을 적절히 잘 이용했기에 부를 이뤘다. 집도 건물도 모두 현금으로 빚 없이 살 수 있는 사람들이 과연 몇 명이나 되겠는가.

사업도 마찬가지다. 어느 국가보다 우리나라는 중소기업을 위한 정책자금이 잘 발달되어 있고 기업들은 돈을 빌릴 수 있었기에 성장의 발판을 마련할 수 있었다. 예전엔 기업이나 개인들도 담보가 없으면 은행 빚을 쓰지 못한다는 것이 정설이었다. 지금은 담보 없이 기술이나 무형자산가치만으로도 큰돈을 빌릴 수 있다. 40세 이하의 젊은 창업자가 사업을 시작하거나 사업 중 운전자금을 빌릴 때도 이 청년창업자금을 이용하면 특별우대금리와 함께 간소한 절차를 통해 돈을 빌릴 수 있다. 담보가 없는 사업자들을 위해 신용보증기금에서도 일정 금액을 보증해 주는 정책은 어느 나라에서도 찾아보기 힘든 우리나라만의 창업지원제도라고 할 수 있다. 비록 이자를 갚아야 하는 빚이긴 해도 그 대출의 이자 이상을 사업을 통해 벌 수 있으니 이자 이상의 수익은 바로 빚이 벌어 준 셈이다.

오랜 기간 유명한 식당 주방에서 일해 온 사람이 자신의 레스토랑을 개업하고자 할 때 부족한 자금을 채워주는 빚은 구세주와 같은 존재다. 좋은 기술을 개발해 회사를 만들 때도 마찬가지다. 이렇게 건전한 빚을 이용해 사업을 키운 사람들은 다시 주식시장에 자신의 기업을 상장시켜 큰 부자로 거듭난다. 큰 부자가 되면 담보 없이도 자금을 조달할 수 있고 이자 없는 돈을 끌어와 사업할 수 있다. 그리고 큰 부자가 된다. 좋은 빚을 원천으로 삼았기 때문이다.

큰 부자들은 이자 없는 돈으로 사업을 한다

일주일이 멀다고 내게는 금융상품 정보가 증권사는 물론 헤지펀드 등에서 날아온다. 이번에 헤지펀드에서 보내온 금융상품은 전환사채였다. 회사는 신생기업이라 생소했지만, 그 대표는 익히 알고 있는 분이었다. 화장품을 제조하는 중소기업을 오래 경영하다 몇 년 전 우리나라 공기업에 600억 원에 달하는 금액에 자신의 사업체를 매각하고 업계를 떠난 것으로 알았는데, 다시 사업을 시작한 것이다. 작은 화장품원료를 만드는 회사를 인수한 그는 사업자금으로 수십억을 조달하고자 전환사채를 발행한 것이다. 전환사채는 대부분 주식으로 전환되므로 이자가 없는 자금조달 방식이라고 할 수 있다. 전에 매각한 회사 자금(600억 원)으로도 충분히 회사를 운영할 수 있었지만 새로운 사업자금은 이자가 없는 투자금액을 유치해 사업을 하려고 한 것이다. 그 돈은 새로운 회사와 연관시키지 않은 것이다. 부자들의 돈을 이용하는 전형적인 방법이다. 부자가 더 큰 부자가 될 수밖에 없는 이유다.

그런가 하면 대표적인 콘텐츠 및 게임 제작업체에서 경영진으로 근무하던 한 친구도 자신이 근무하는 동안 옵션으로 받은 주식을 다 정리하고 회사를 떠났다. 그가 정리한 주식은 수백억 원에 달했다. 그러함에도 얼마 후 그가 새로 창업한 AI(인공지능) 스타트업을 시작하면서 투자자들을 끌어모았다. 수십억을 단숨에 조달한 그는 이자 없는 돈으로 사업을 하고 있다. 똑같은 사업을 시작하면서 어떤 이는 있는 돈 없는 돈 다 끌어다 쓰고 그것도 모자라 부모는 물론 친인척에게 손을 빌리면서 어렵게 사업을 하고 있다. 개인들에게 자금을 조달하려고 했다는 것은 은행은 물론 제2금융권에서도 돈을 빌릴 수 없다는 상황일 것이다. 우리가 생각하는 일반적인 부자들은 적절하게 은행 돈을 잘 이용해서 자신의 능력으로 불가능한 사업체나 부동산 등을 인수하였다. 그러나 진짜 큰 부자들은 위의 두 사례에서 보듯 은행 등을 통하지 않고 직접 자금조달을 한다는 점이 다르다. 직접 자금 조달의 특징은 이자가 매우 낮거나 대부분 이자가 없는 순수한 투자자금이다. 사업을 하다 망해도 그 돈을 갚을 의무가 없다. 투자자들로부터 조달한 투자자금이기 때문이다. 부자가 더 큰 부자가 되고 돈이 필요 없을 때 일수록 돈이 몰려오는 특성이 있다. 부자와 돈의 관계다.

자산을 불려주는 좋은 빚

미용치료제의 대표적인 보톡스는 치명적인 독을 지니고 있다. 통조

림과 같은 오래되고 밀폐된 음식에서 흔히 발견되는 '클로스트리디움 보툴리눔'은 치명적인 독을 가지고 있어 군사용 생화학 무기로 사용됐었다. 바이오 연구가 본격화되면서 이 신물질은 근육을 마비시켜 미간이나 이마 등 주름을 개선하는 이른바 '보톡스'로 개발된 것이다. 이처럼 우리에게 치명적인 독소도 어떻게 잘 사용하느냐에 따라 독이 되고 약이 된다. 우리가 경제활동을 하면서 또는 자산을 증식해 가면서 이 빚은 독이 되기도 하고 약이 되기도 한다. 많은 사람들은 이 빚으로 인해 인생을 망치고 극단적인 선택을 하는가 하면 가정이 파산되는 경우를 주변에서 자주 보게 된다. 나도 결혼 초기 빚보증으로 감당하기 어려운 힘든 시기를 보내야 했다. 그런 과정을 통해 빚에 대한 경각심과 가치를 새롭게 인식하게 되었다. 무엇이든 어느 한쪽으로만 보면 그쪽 면만 보이게 되고 양면을 무의미하게 바라보면 양쪽을 다 보지 못한다.

앞글에서 설명한 것처럼 좋은 빚은 그 빚이 지닌 무게 이상으로 가지치기를 잘하고 있을 때 건전하고 좋은 빚이라고 할 수 있다. 20% 이자로 빌린 사채라도 그 돈을 이용해 25% 이익을 얻는다면 이자를 갚고도 5%의 이익을 빚으로 인해 얻기 때문이다. 당장 눈에 보이지 않는 이익창출이라도 그 이자를 스스로 감당할 수 있는 수준의 빚이라면 또 다른 가치를 얻을 수 있다. 집을 사게 됨으로써 얻게 되는 안정감과 살아 있는 자산의 가치 속에 빚이 포함되어 있기 때문이다. 소비가 아닌 생산성에 포함된 곳에 빚이 들어가 있다면 좋은 빚이라 할 수 있다. 또한, 충분히 갚고도 남을 이자를 감당할 수 있는 수준에서 삶의 질의 향상을 위해 소비하는 빚도 결코, 나쁘지 않을 것이다. 한 마디로 좋은 빚은 내가 잠을 자거나 여행을 하는 동안이나 일을 할 때도 스스로 새끼를 치고 내 자산을 불려준다.

세계적으로 가장 현금을 많이 보유하고 있는 애플이나 아마존, 삼성전자도 채권을 발행하고 이자를 지급하면서도 꾸준히 빚을 내고 있다. 거기에는 경영방식에 따른 전략일 수도 있고 유비무환인 자금운영으로 볼 수도 있다. 이처럼 우수한 기업들도 일정한 빚을 지고 기업활동을 하고 있음을 볼 때 빚은 양면성을 지니고 있다.

우리가 투자를 결정할 때 자기 자본이 100이라고 볼 때 빚도 100%라고 하는 기업을 그다지 나쁜 재무구조라고 하지 않는다. 작은 자본으로 빚을 이용해 시설투자를 하고 거대한 공장을 돌리는 원천은 빚의 힘을 빌렸기 때문이다. 기업이나 개인에게 빚은 정작 필요할 때는 조달하기가 어렵고 이자가 높아진다. 반대로 당장 돈이 필요 없는데 빚을 얻고자 하면 이자는 낮아지고 돈을 빌려주려는 사람들도 늘어난다. 돈의 가장 정직한 속성이다.

재산도 축내고 사람도 망치게 하는 나쁜 빚

한때 재야에서 투자활동을 하며 이름을 날리던 개인투자자가 있었다. 적은 돈으로 레버리지(차입금)를 이용해 수백억 원을 벌어 개인투자자들에게 잘 알려진 사람이다. 주식과 선물투자를 병행하며 크게 성공한 그가 얼마 전 구속되었다는 뉴스를 접하며 놀라지 않을 수 없었다. 구속 사유는 큰 이익을 남겨 주겠다는 약속으로 여기저기서 돈을 빌려 갚지 않았기 때문이다. 수백억 원의 현금을 지녔던 그가 여러 사람들에게 몇백만 원, 수천만 원의 빚을 갚지 못해 구속되었다는 사실은 충격이었다.

사람의 욕심은 끝이 없다고 한다. 돈에 대한 더 큰 욕구는 열정을 갖게 하고 삶을 더 알차게 하는 꿈이기도 하지만 자신의 능력을 벗어나거나 한계에 도달하면 독이 되고 만다. 욕심이 큰 만큼 일정한 간격을 두고 자신의 능력과 한계를 극복할 수 있는 실력을 키워야 하며 끊임없는 노력이 따라야 한다.

특히 투자활동을 하다 보면 자신도 모르게 욕심이 커지게 된다. 운 좋게 어느 기간 수익을 크게 내게 되면 자신감이 커지고 모든 것들이 자신의 능력으로 인해 얻은 결과로 착각하게 된다. 돈은 일정 기간을 두고 방향을 달리하며 흐른다. 그 흐름을 잠시만 역행하면 엄청난 결과를 초래한다. 이 투자자도 선물에서 얻은 막대한 수익을 선물을 통해 손실을 보게 되자 자신이 일궈놓은 그 자산 이상을 되찾으려고 더 많은 돈을 투자하게 되고 손실의 악순환이 계속되자 레버리지를 늘려가기 시작했던 것이다. 우리나라에서 선물투자가 시행되고 자리 잡기까지 개인투자자들도 그 분야에서 큰돈을 벌 수 있었다. 그러나 기관투자가는 물론 외국인들이 본격적으로 선물투자에 나서면서 개인들이 그들을 이기기엔 한계가 있었다. 막대한 자금력과 정확한 정보력, 시스템화된 투자기법을 개인투자가들이 이길 수 없는 환경이었기 때문이다. 선물투자는 50억 자본으로 1,000억까지 투자를 할 수도 있다. 5%만 남아도 50억을 순식간에 벌 수 있지만 반면에 4~5%만 하락하면 한순간에 원금을 날릴 수 있다는 계산이다. 거기에다 돈을 빌린 이자와 수수료를 감안하면 손실은 훨씬 더 커진다. 빚을 내서 투자를 한 사람들의 특징은 손실이 커졌을 때 대체로 빚을 더 늘려 투자를 하는 습관이 있다.

우리나라 주식시장의 2018년 기준 일반투자자(개미투자자)들이 돈을 빌려 투자한 금액이 8조 원 가까이 불어났다. 돈을 빌려 투자한 종목들을 살펴보면 대부분 20% 이상 주가가 떨어진 것은 기본이고 훨씬 더 큰 손실을 보고 있었다. 문제는 약정한 기간이 지나거나 신용으로 산 주식이 일정 금액 이하까지 떨어지면 그 주식을 팔아서 빌린 돈을 갚거나 부족한 만큼 돈을 채워 넣어야 한다. 빌린 돈의 상환 기일이 되면 할 수 없이 주식을 팔아야 하는 악순환이 지속되고 있다. 이처럼 불확실성에 대한 빚의 활용은 투기나 다름없다. 많은 사람들이 이 신용투자로 인해 큰 손실을 입고 대부분의 소득을 이곳에서 낭비한다. 주변에서 가장 흔하게 보는 나쁜 빚의 유형이다. 이런 빚의 경우 심각한 심리적 압박과 함께 집중력이 떨어지고 스트레스의 고통을 견뎌야 하는 최악의 빚이라고 할 수 있다.

또 하나 나쁜 빚은 순전히 소비를 위해 빚을 쓴 경우다. 비록 원룸에 살더라도 할부로 비싼 자동차를 사는 경우 등은 나쁜 빚 중에서도 상위권이다. 남에게 보여주기 위한 허영에 찬 낭비가 아닐 수 없다. 우리가 가장 쉽게 쓰는 것은 빚으로 인식하지 못하고 습관처럼 계획 없이 백화점이나 인터넷 쇼핑몰을 검색하다 카드로 결제하는 해로운 빚이다. 남들이 해외여행을 가니 나도 떠나야 왠지 뒤처지지 않을 것 같아 생각 없이 할부로 여행을 떠나는 것도 따지고 보면 빚이다. 생각 없이 다녀온 여행은 늘 허전하고 또 떠나야만 하는 중독성 같다고 말한다. 여행을 통해 충만감이 없었고 진정 채워짐이 없어 허전하고 일정 기간이 지나면 습관처럼 떠나려고 하는 것이라고 말한 어느 심리학 교수의 말도 공감이 간다. 싼 패키지를 개발하여 저질의 여행문화를 양산하는 여행사도 문제지만 우르르 몰려다니는 여행 소비문화도 대표적인 나쁜 빚의 소비다. 투자한 만큼 얻어지는 감동이나 삶의 질로 연결되지 못하기 때문이다. 그리고 재미있는 사실은 그런 싼 패키지를 다녀온 사람들은 늘 여행사의 서비스에 불만이다. 이코노미석 항공권을 받고 1등석 대우를 바라고 있었기 때문이다. 이 세상에 제일 싸면서도 가장 좋은 물건이나 서비스가 어디에 있을까.

특히 카드빚은 빚으로 인식하지 않는 데서 큰 문제라고 할 수 있다. 어쨌든 외상은 기간에 상관없이 빚이기 때문이다. 옛 속담에 "외상으로는 소도 잡아먹는다"는 말이 있다. 오늘날 카드빚이 가장 잘 어울리는 용어가 아닐까 싶다. 전형적으로 가난한 사람들이 빠져나오지 못한 빚의 유형이다. 물론 오프라인에서 구매보다 인터넷 구매가 훨씬 싸기에 온라인 쇼핑을 하게 된다고 하지만 문제는 불필요한 물건을 산다는 점이다. 그 빚은 오로지 소비를 위한 돈으로 어떤 식으로도 자산을 불려주는 생산활동을 하지 않는다. 시간이 갈수록 자산가치는 줄어들고 빚은 더 금액을 키우고 소멸되는 아주 나쁜 빚이라고 할 수 있다.

또 흔히 보게 되는 좋지 못한 한 가지는 신혼부부들이 빚을 내 높은 전세를 살거나 무리하게 집을 구입한다는 점이다. 자신들의 수입 대부분을 대출이자로 들어간다면 부자로 갈 수 있는 종잣돈을 모으기 힘들고 부자의 꿈은 점점 멀어진다. 그리고 늘 생활은 쪼들리고 빚을 위해 살다 보니 삶의 질은 크게 떨어진다. 능력을 벗어난 큰 빚을 위해 인생의 황금기를 포기해야 한다. 신혼부부는 그 자체가 행복이고 꿈을 설계할 때인데 빚으로 인해 그 꿈의 절정기를 보내지 못한다. 반면 참 아름다운 부부들도 주위에서 종종 보게 된다. 비록 좁은 방 한 칸의 공간에 살지만 하나씩 모아가는 재미와 미래의 집 장만에 대한 꿈을 함께 키우면서 살아가는 부부들이다. 큰 집을 얻을 돈을 절반으로 줄여 저축하고 종잣돈을 마련한다면 훨씬 더 크고 빠른 자산증식의 효과를 얻을 수 있는데 말이다. 돈이 없는 사람들에게 빚은 구원이기도 하지만 악마와 같은 양면을 지니고 있다.

사업과 장사는 다르다

장사와 사업가의 차이점

우리나라는 최근 몇 년 사이 자영업자 수가 급속도로 증가하고 있어 큰 사회적 문제로 떠오르고 있다. 자영업자 수가 늘어나는 만큼 조기 폐업도 늘어나고 빚쟁이로 전락해 개인 파산은 물론 가정파탄으로 이어지기 때문이다. 여러 가지 이유가 있겠지만, 직장고용과 관련이 깊고 무엇보다 기존의 일자리를 떠난 사람들이 크게 증가한 데서 그 원인을 찾을 수 있다. 세계경제협력개발기구(OECD)의 '2017 기업가정신 한 눈에 보기' 보고서에 따르면 우리나라의 자영업자 수는 556만 3천 명으로 미국, 멕시코에 이어 OECD 회원국을 비롯한 주요 38개국 가운데 세 번째로 많았다. 한국의 인구수가 약 5천만 명으로 세계 27위에 그치는 것을 고려하면 자영업자의 비중은 상대적으로 높다. 연합뉴스 정책팀이 조사한 결과에서도 한국의 전체 취업자 중 자영업자 비중은 21% 수준으로 꾸준히 줄어드는 추세지만 10% 내외 수준인 선진국과 비교하면 여전히 높다고 밝히고 있다. 대부분의 직장인들은 자신의 원하는 은퇴보다 최소한 10년은 일찍 직장을 떠난다는 신문 기사를 읽은 적이 있다. 그리고 그 후의 대책으로 가장 많이 진출하는 분야가 자영업이라고 한다. 조기 은퇴한 사람들의 공통점은 사무직에 종사한 사람들이 대부분이라는 점이다. 그런 그들이 자영업(장사)을 한다는 것이 처음엔 언뜻 이해가 가질 않았다. 사회에 진출해 줄곧 사무실에서만 근무했던 화이트칼라들이 장사에 뛰어든다는 것이 결코, 쉽지 않을 것이라는 생각이 들어서다. 가정적으로도 가장 민감한 시기에 갑자기 회사를 떠난 그들이 조급해하고 실직의 공백을 최소화하려는 것을 백번 이해가 가고도 남는다. 그들이 재취업을 고려하지만, 기술직이나 연구직을 제외하곤 하늘의 별 따기만큼이나 어렵다. 그런 충분한 준비나 특기 없이 장사에 뛰어들다 보니 3년을 못 버티고 실패하고 만다. 현재 우리나라 자영업자들이 겪는 흔한 모습이다.

　나름대로 좋은 대학을 나오고 오랜 직장생활에서 얻은 지식과 경험이 있음에도 왜 그들은 쉽게 망하는 것일까. 내 생각에 그들은 근본적으로 출발을 잘못했기 때문이다. 그들이 가야 할 길은 장사가 아닌 사업을 선택했어야 옳았다는 게 내 생각이다. 아니면 그들은 장사할 수 있는 최소한의 준비와 장사의 요건을 갖춰야 했다.

　많은 사람들이 장사와 사업을 크게 혼동하는 경우를 종종 본다. 한마디로 말하면 장사는 본인이 한 가지 특기를 가지고 자신의 노동력을 제공해 어떤 물건이나 메뉴를 만들어 그 가치를 창출하는 것이다. 사업은 자신의 특기나 타인의 노하우를 자신의 아이디어로 발전시켜 다른 사람이 그것을 더 잘 만들고 판매가 극대화되도록 시스템화하는 것이 다르다. 아이디어나 특기는 같다고 해도 누가 그것을 만들고 판매하느냐에 따라 그 차이는 극명하게 나타나기 때문이다. 예를 들어 식당을 하려면 자신이 직접 요리하고 남다른 노하우를 가지고 있어야 한다. 프렌차이즈 가맹점을 오픈하고 자신이 직접 요리를 담당하는 것은 자기의 노하우가 아닌 단순한 노동이다. 남이 개발한 노하우를 가지고 아무리 노동을 해 봐야 그 기술적 가치를 지불하고 나면 남는 게 없다. 자신이 개발한 독특한 요리법으로 장사가 잘 되어 성공한 사업장이라도 자신이 직접 일하지 않으면 그 영업장은 지속되지 못한다는 문제점을 안고 있다. 또한, 아무리 더 많은 매출을 올리고 싶어도 자신의 노동력은 한계가 있고 충분한 전수 없이 다른 사람에게 맡겼다간 주인의 맛과 차별화되어 고객들은 금방 떠나고 만다. 이것이 장사를 한 마디로 잘 설명해 주고 있다.

그런 노하우 하나 없이 장사하려면 장사가 아닌 사업 기준으로 계획을 세우고 시작해야 한다는 것이 내 생각이다. 자신이 하고자 하는 분야의 최고 기술자나 노하우를 지닌 사람을 찾던지 동업을 해야 한다. 문제는 동업하면 결국 원수가 되어 헤어진다는 생각이 깊이 뿌리박혀 있어 동업을 포기하고 혼자 장사를 시작한다.

사업의 첫째 요소는 사람과의 관계를 잘하는 것처럼 뛰어난 사업수단은 없다. 관계란 고객과의 인연일 수 있고 종업원과의 사이일 수도 있다. 우선 좋은 관계를 만들고 지속해야 할 대상은 가장 가까운 데 있는 직원과의 사이라고 단연코 말하고 싶다. 직원이 일하는 데 재미를 느끼고 밝은 에너지를 갖고 있을 때 그 기운은 손님들에게 전달되고 사업장은 활기가 돌기 때문이다. 혼자서는 아무리 잘해도 장사의 한계를 극복하지 못한다. 관계를 성공적으로 지켜가지 못하는 사람이라면 사업에 대한 성공확률이 낮을 수밖에 없다. 나보다 뛰어난 사람을 쓰고 동업하면 얼마 가지 못해 문제가 생길 것이라고 미리 고민하는 사람이 어떤 사업을 한들 성공할 수 있을까. 장사는 내가 몸으로 때우는 일이지만 사업은 머리로 하는 일이다. 지금은 융합과 공유경제의 시대다. 시대적 흐름을 거스르고 뭔가를 시도한다면 그건 무모한

도전이 아닐 수 없다.

우리나라가 산업화를 배경으로 급성장해 오던 몇십 년 동안은 누구든지 어떤 장사나 먹는 사업을 해도 생활하는 데 문제가 없었고 어느 정도 부를 이룰 수 있었다. 두 자릿수 성장 속에 모든 물자는 부족하여 만들기만 하면 팔렸는가 하면 김밥 장사를 해도 밥을 먹고 사는 데 문제가 없었다. 우리나라 인구의 절정을 이루는 시기였기에 소비 인구도 꾸준히 늘어나 그야말로 개인사업자들의 전성기였다. 하지만 성장이 멈춰버린 지금은 자신의 특기나 특별한 노하우 없이 장사를 시작한다는 것은 자신의 인건비를 가져가기도 쉽지 않다. 물가는 몇 배 올랐지만, 가격은 따라가지 못했고 천정으로 치솟은 임대료는 투자금액에 대한 보상은 둘째치고 자신의 노동 대가조차 보장받지 못하는 것이 자영업자의 환경이다. 조기 은퇴자들이 창업 후 3년을 버티지 못하고 무너지는 근본적인 이유다. 짜장면 하나라도 뛰어난 맛으로 승부를 걸어 직접 주방에서 자리를 차지하고 있었다면 최소한의 생활은 보장받을 수 있었을 것이다. 그러나 누구나 할 수 있는 경쟁력 없는 프랜차이즈나 돈이 적게 든다는 이유로 뛰어든 아이템으로 살아남는다는 것은 기적이 아니면 불가능하다.

미국을 대표하는 브랜드도 단순한 장사였다

미국을 대표하는 브랜드들을 키운 건 창업자들이 아니었다. 처음 시작한 오너들이 성공시킨 브랜드는 거의 찾아볼 수가 없다. 코카콜라를 비롯하여 스타벅스, 맥도날드 등은 전형적인 장사를 하는 사람들이 시작하였다. 그 장사를 하고 있던 가게를 인수한 사람들은 사업적 시각으로 접근해 그 기업들을 세계적인 브랜드로 키운 것이다. 사업가와 장사의 차이를 가장 잘 설명해 주는 사례들이라고 말할 수 있을 것이다.

미국 하면 상징적으로 떠오르는 브랜드는 맥도날드가 아닐까 싶다. 브랜드 이름에서 알 수 있듯 맥도날드의 창업자는 마크 맥도날드와 딕 맥도날드 형제였다. 캘리포니아 작은 도시에서 형제는 햄버거 가게를 차렸고 값싸고 맛있는 햄버거를 제공했다. 그 가게는 순식간에 소문나 사람들이 몰려들기 시작했고 늘 가게는 긴 줄을 서야 했다. 그러던 어느 날 그 작은 햄버거 가게에서 여러 대의 밀크셰이크 기계를 주문한 것을 이상하게 여긴 식품 기구 납품업자 레이 크록(Ray Kroc)은 그 가게에 직접 가보게 되었다. 평소 가게의 규모를 대충 알고 있었던 그는 갑자기 식품 기구들을 많이 주문한 것에 호기심이 생긴 것이다. 현장을 가 본 레이 크록은 놀라운 현장을 발견했다. 햄버거 가게 형제는 조립라인을 만들어 신속하게 더 많은 양의 햄버거를 파는 것이었다. 그러함에도 싸고 맛있을 뿐 아니라 주문하면 바로 나오는 햄버거를 사기 위해 긴 줄이 끊임없이 이어지고 있었다.

당시 일일이 손으로 하나씩 만들어 팔던 햄버거 가게들만 봐 오던 그는 신선한 충격을 받고 그 가게를 인수하기로 작정한다. 그리고 어떻게 하면 사업으로 확장할 수 있을지 구상할 수 있었다. 결국, 레이 크록은 맥도날드 형제를 설득해 그들이 원하는 값을 주고 그 가게를 인수하게 된다. 형제들 또한 몇 년 동안 쉴 틈도 없이 매일같이 일만 해오던 터라 많이 지쳐있었고, 크록이 제시한 금액은 상당했기에 쉽게 매각하기로 했다. 크록은 가게를 인수하면서 이름을 그대로 사용하기로 하고 형제의 이름과 사업아이디어를 무기한 권리를 갖는다는 라이센스 계약을 체결했다. 인수를 끝낸 크록은 곧이어 햄버거와 연관된 아이템들을 만들 수 있는 방법을 매뉴얼화하고 작업 동선을 최적화하도록 레이아웃을 설계했다. 그때 구상했던 맥도날드의 작업 동선은 지금까지 큰 변화 없이 사용되고 있고 오늘날 맥도날드가 다시 태어나게 된 동기가 되었다. 처음 창업한 형제들이 줄곧 장사만 해왔던 반면, 크록은 똑같은 방법과 노하우를 업그레이드하고 작업환경을 시스템화시킨 것이다. 장사와 사업의 극명한 차이라고 할 수 있다. 지금도 수많은 프렌차이즈나 개인사업장들에서 찾아볼 수 있는 요소라 할 수 있다.

그뿐 아니다. 미국을 대표하는 스타벅스도 종합식료품 회사의 영업 담당이었던 현재의 스타벅스 회장 슐츠가 스타벅스를 인수하면서 재탄생한 것이다. 스타벅스는 원래 커피숍이 아닌 가정용 커피를 만들어 파는 것이 주 매출이었고 커피 서비스는 본업이 아니었다. 작은 드립용 커피를 만들어 팔면서 주된 매출은 커피와 재료를 파는 작은 가게에 불과했다.

슐츠가 이탈리아 식품 쇼에 참가하여 에스프레소의 맛과 시스템을 발견하고 돌아와 새로운 이름의 커피점을 차리게 된다. 드립 커피가 일상이었던 당시 본격적인 에스프레소 커피가 선보이며 미국인들의 입맛을 바꿔놓기 시작하였다. 그 후 슐츠는 스타벅스를 인수하면서 경영마인드를 접목한 시스템화 작업을 본격화했다. 단순히 커피를 마시는 공간에서 사람들이 휴식을 취하며 대화를 나누는 쾌적한 장소로 분위기를 바꾸었고 고급 사랑방 역할을 하도록 유도했다. 당시까지만 해도 미국은 제조업 중심으로 모든 산업 분야에서 세계 최고의 위치를 차지하고 있었으며 근로자들이 휴식시간이나 쉬는 날 그들만의 쉼터가 절실했다. 이러한 사회적인 분위기에 편승해 사람들이 모이는 구심점 역할을 한 것은 시대적 상황을 접목한 혁신적 발상이 아닐 수 없다.

그리고 슐츠가 가장 신경을 쓴 부분은 종업원 우선주의였다. 손님들이 첫째가 아닌 종업원들이 첫째가 되어야 한다는 경영방침을 세웠다. 그들을 아끼고 존중하므로 그 기업의 철학과 가치가 손님들에게 전달되도록 한다는 취지였다. 미국을 비롯하여 전 세계 1만 5천 개의 체인점을 직접 관리하는 핵심적인 노하우가 거기에 있었다.

투자할 때 기준 삼는 장사와 사업의 차이

지금도 여러 곳의 컨퍼런스나 미팅에 초대받아 참석한다. 그리고 창업을 원하거나 이미 사업하고 있는 사람들로부터 직접투자를 권유받거나 신디케이트 방식 등으로 투자 참여를 소개받아 관련자들을 만나는 기회를 자주 갖는다. 오래전부터 벤처기업에 자금을 지원하거나 제삼자로부터 지분을 넘겨받아 다양한 기업들과 인연을 이어오고 있다. 그리고 새로운 투자처(스타트업체)를 발굴하기 위해 수많은 박람회나 프레젠테이션 현장들을 찾아가 새로운 아이템을 설명 듣고 직접 확인하기도 한다. 잘 알지 못하는 기업에 투자한다는 것은 모험일 수 있고 반면 새로운 영역을 알아간다는 데서 보람을 느낄 때도 있다. 아무리 뛰어난 신기술과 좋은 영업이익을 내는 기업이라도 투자를 결정한다는 것은 결코 쉬운 일은 아니다. 내가 가장 중시하는 것은 그 경영진의 인품과 사업가적 자질을 눈여겨본다. 융합과 공유경제 시대를 살아갈 사고방식과 세상의 흐름을 직시하며 회사의 기술과 신모델을 적용할 수 있는지 등을 보기 위해 가능한 많은 시간을 경영진들과 대화하는 편이다. 그런 시간을 가지면서 다양한 사업가들을 볼 수 있었다.

기억에 남는 한 경영자는 한 시간 앉아 있는 동안 자주 걸려오는 전화를 받는다고 자리를 떴다. 간간이 들려오는 내용은 회사에서 온 전화로 사소한 것까지 일일이 지시하는 것이었다. 그가 지닌 화려한 학력이나 전 직장의 경력에 맞지 않은 행동이었다. 이런 점을 눈여겨본 나는 서명 직전에 투자 결정을 취소했다. 직원은 50여 명이 되어 사업의 형식은 갖추었지만, 장사꾼에 불과하다는 나름대로 판단이었기 때문이다.

장사와 사업의 차이를 사전적 정의에서 찾아보면 '장사'는 이익을 얻기 위해 물건을 만들거나 구매하여 파는 일이라고 정의하고 있다. 그리고 '사업'은 일정한 목적과 계획을 세우고 지속하는 경영활동으로 명확히 구분하고 있다. 사업은 물건을 만들어 팔 수도 있고 업종에 따라 서비스를 개발하여 제공할 수도 있다. 우리가 흔히 생각하기에 장사는 개인 또는 한두 명의 직원을 두고 본인이 직접 현장에서 일하는 것을 장사로 생각한다. 반면 사업은 별도의 사무실을 두거나 장사보다 많은 종업원을 두고 영업하는 행위를 사업으로 크게 구분한다. 분명 맞는 말이다.

하지만 내가 판단하는 기준은 조금 다르다. 아무리 시스템을 구축하고 많은 종업원을 둔 사업장이라도 그 경영자가 사업가적 자질이나 현시대에 맞는 감각(아이디어)을 갖추지 못했다면 나는 장사 쪽에 더 무게를 두는 편이다. 장사는 본인이 그 사업장에 없으면 안 되는 상황이고 사업은 경영자가 있든 없든 시스템화되어 돌아가야 하는 것이 다르다. 많은 직원을 두고도 작은 것 하나에도 사장의 허가를 득하여 일을 추진하려는 경영자들을 자주 만난다. 회사를 떠나서도 끊임없이 전화기를 들고 있는 회사의 오너들은 분명 문제가 많다. 이런 경영자는 투자하고자 할 때 신중해야 한다. 내가 투자를 해오면서 직접 확인해 본

통계이기도 하다. 장사는 10년에 10억을 벌 수 있지만, 사업은 10년에 1,000억을 벌 수 있다. 하지만 장사는 밥을 먹고 살지만, 사업은 밥을 먹기도 어려운 양면을 가지고 있다는 점도 기억해야 할 함수 관계다.

제3장

IT산업의
새로운 패러다임

50년을 앞당길
5G 시대의 서막

앞으로 10년 동안 모든 산업은 물론 우리들의 생활을 크게 바꿔놓을 5G의 시대가 2019년 4월 세계 최초로 우리나라에서 시작되었다. 세계 각국은 치열하게 물밑 경쟁을 하면서 세계최초 상용화를 제일 먼저 시작하여 IT산업의 새로운 강자로 앞장서겠다는 전략이 있었다. 우리나라가 5G 서비스를 세계 최초로 시작하자 반쪽짜리 상태에서 서둘러 스타트를 했다는 비난의 목소리도 적지 않았다. 당초 계획과는 달리 5G 스마트폰 출시는 물론, 요금책정에 대한 정부 당국의 인가가 늦어지면서 당초 3월 말로 예정됐던 대한민국 5G 상용화가 늦어지자 미국의 대형 통신사 중 하나인 버라이즌은 2019년 4월 11일 세계 최초로 5G 상용화 서비스를 시작하겠다고 발표하게 된다. 허를 찔린 과학기술정보통신부와 이동통신 3사, 5G폰 제조사 삼성전자 등은 이때부터 긴밀히 협의하고 소통한 끝에 상용화를 앞당긴 것이라고 그 배경을 통신 3사는 각 언론들을 통해 설명하였다.

미국의 버라이즌은 2019년 4월 11일 미국 시카고와 미니애폴리스에서 5G 서비스를 개시할 예정이었다가 허를 찔린 셈이다. 게다가 모토 Z 안드로이드 운영체제(OS)업데이트를 하면서 5G를 지원하는 모드가 추가됐다는 사실이 알려지자 미국 이동통신업계에서는 버라이즌이 당장이라도 5G를 시작할 수 있다고 언론은 물론 관계자들 사이에서 들떠 있었다. 미국의 이동통신사 관계자들은 "버라이즌도 세계 최초 5G라는 타이틀에 욕심을 갖고 모토로라 폰에 5G 모뎀을 장착하는 '변칙적' 방법을 써서라도 5G 서비스를 강행하려고 했었다. 이런 상황에서 국내는 이미 5G를 개통할 준비가 됐는데 굳이 기다릴 필요가 있느냐"는 공감대가 형성됐고 긴급하게 밤 시간을 택해 개통하게 되므로 세계 최초 5G 선두권에 선 것이다. 이 선점을 기회로 짧은 시간임에도 우리나라 5G의 위상은 시간이 갈수록 높아지고 있고 각국의 관계자들이 연이어 한국을 방문하여 이 신기술을 벤치마킹하기 위해 찾고 있다. 일부 통신사들과 삼성전자는 일본의 대표적인 통신사에 장비 및 기기 납품 계약을 성사했고 그 금액은 수조 원에 이르고 있다. 모든 국가들은 필수적으로 5G를 할 수밖에 없는 상황임을 감안하면 블루오션으로 자리 잡아갈 확률이 매우 높다고 하겠다.

앞으로 10년은 50년을 앞당기는 대변혁의 시기 그 중심에 바로 5G가 있다. 지금까지 LTE(Long Term Evolution) 즉, 4세대 통신서비스는 개인과 기기 간의 연결고리에 중점을 둔 휴대전화의 무선기술이라고 한다면 5G는 사람과 기기 그리고 사물과 기기 간의 연결고리를 갖는 차세대 통신기술이다. 향후 새로운 산업의 패러다임을 주도할 4차 산업혁명산업의 주도권을 누가 잡고 앞서가느냐 하는 주요 핵심은 인공지능(AI), 클라우드, 사물인터넷(IoT), VR · AR(가상현실·증강현실) 등 4차 산업혁명을 견인하는 핵심기술을 얼마나 발전시키느냐에 달렸다. 이러한 신산업기술이 발전하려면 초고속 통신기술 즉 신개념의 5G 데이터 환경이 구축되지 못한다면 다 무용지물이 되고 만다. 5G 신기술의 가장 큰 특징은 세 가지로 요약해 볼 수 있는데, '초고속·초저지연·초연결성'이라고 할 수 있다. 이 신기술의 특성은 초고화질 영상 서비스와 자율주행 서비스, AI 발전을 견인하는 가장 큰 요소라 할 수 있다.

5G를 상징하는 초고속성은 현재의 4세대 기술인 LTE와 비교해 보면 가장 큰 차별화를 보이는 장점이라 할 수 있다. 5G는 현재 LTE보다 최소 20에서 100배 빠른 데이터 전송속도를 유지함과 동시에 100배 많은 데이터전송량을 주고받을 수 있게 해준다. 현재 우리가 사용하는 LTE 속도만으로도 충분히 빠르게 영화나 동영상 등을 쉽게 다운로드 받을 수 있어 큰 불편함이 없다. 이를 두고 혹자는 지금 이 서비스로도 전혀 불편함을 느끼지 못하는데 더 빠른 데이터가 왜 필요하느냐 라고 반문한다. 하지만 각국들이 사활을 걸고 이 사업에 전력하는 이유는 지금의 4세대 LTE 속도로는 앞으로 나올 VR·AR(가상현실·증강현실)·홀로그램이 갖고 있는 신기술의 특성인 초고해상도와 현실감 있는 정보를 빠르게 받아 볼 수 없다. 차세대의 먹거리라고 할 수 있는 AI나 자율주행차 등 신기술들이 이미 개발되어 있고 상용화 단계를 앞두고 있지만, 상업화로 나가지 못하고 있는 이유도 5G의 신기술인 초고속데이터 서비스시스템이 아직 구축되지 않았기 때문이다.

5G의 초고속 서비스 못지않게 중요한 특징은 바로 초저지연성이다. 각국이 5G 신기술 실행에 가장 큰 중점을 두고 있는 또 하나의 핵심이 바로 초저지연성 신기술이다. 이 기술이 매우 중요한 것은 자율자동차의 주행시스템에 있어 가장 핵심이 되는 요건이기 때문이다. 이 신기술은 끊어지는 현상이 전혀 없는 통신서비스를 말한다. LTE 단말기에서 기지국까지 0.02초 정도 걸리는 시간을 5G 시대가 되면 50분의 1로 단축할 수 있다. 예를 들면 자율주행 자동차가 주행하다 적색신호로 바뀌면 바로 정지를 해야 하는데, 4G 속도에서는 신호의 바뀜과 동시 차량에 전달하지 못한다. 자율주행 자동차가 시속 20㎞ 속도

로 주행한다고 가정했을 때, 신호가 바뀌거나 장애물이 나타나 급제동을 걸면 차량은 5m 이상 진행하다 멈춘다는 계산이 나온다. 하지만 5G가 현실화되면 차량은 4~5cm 거리에서 정지할 수 있을 정도로 확연히 다르다.

많은 기업들이 이미 자율주행차를 개발해 놓고도 본격적인 실험이나 상용화에 나아가지 못하는 있는 중요한 이유도 현재 4G의 데이터서비스에서는 자율주행차가 달릴 수 없다는 문제점에 봉착해 있기 때문이다. 또한, 이 기술서비스가 현실화되면 원격으로 외과수술을 현실처럼 실행할 수 있고 로봇을 통해 사람과 사람이 동시에 작업은 물론 긴박한 상황에 대처할 수 있고 가상현실 적용이 현실적으로 가능해진다. 초고속서비스에 이어 절대적으로 중요한 5G의 핵심 요소라고 할 수 있다.

지금까지 1세대부터 4G 세대로 오기까지 통신의 주된 서비스의 목적은 사람과 기기 간을 연결하는 통신수단이었다. 하지만 5G의 초연결 시대가 상용화되면 인공지능을 탑재한 기기나 장비, 시스템들이 자유롭게 연결되고 어우러져 사람을 대신한다. 사람이 전혀 개입하지 않아도 대화를 주고받고 주어진 임무를 수행하며 심지어 배우자 또는 개인 비서 같은 역할은 물론 초인공지능을 이용한 융합의 시대가 열리게 된다.

초연결성이란, 동시에 대규모로 접속이 가능하다는 점이다. 예를 들면 10㎞ 반경에 10만 명이 동시에 접속할 수 있었다면 5G는 100만 명 이상 동시접속이 가능하고, 모든 IT기기와 가전, 스마트폰, 사물들이 동시에 연결되어 소통할 수 있기에 초연결성은 5G의 필연적이다.

지금까지 진화해온 IT산업은 5G가 완성됨으로 비로소 IT의 제3세계가 열릴 것이다. 이는 여타 통신 신기술과 달리 최소 10년 이상 지속될 수 있는 블루오션이 될 것으로 보고 있다. 5G 서비스가 정착되면 우리들의 삶과 사회시스템을 완전히 바꿔놓을 것이다. 크게 나눠보면 이 신산업의 트렌드는 세 가지 부문으로 크게 나눠볼 수 있다. 첫째 전기자동차와 자율주행의 대중화 시대이고 둘째는 인공지능산업과 연관된 IoT. 의료 부분이 될 것이다. 셋째는 4차 산업혁명을 통한 생산시스템의 큰 변화를 예상해 볼 수 있다. 5G가 완전히 서비스를 개시하기까지 향후 2~3년은 5G 통신 관련 산업에 속해 있는 통신장비 업체와 기기, 부품 관련 기업들이 직접적인 수혜를 입을 것이고 성숙기를 맞이할 것이다. 하지만 본격적으로 5G 연관된 후속 산업은 서비스가 본격적으로 시행한 후부터 성장과도기와 함께 1세대 전성기를 맞을 것이다. 인공지능 관련 사업이 본격적으로 상용화되기 시작할 것으로 보이며 자율주행은 물론 원격 의료서비스의 실행과 4차 혁명산업 시대도 현실화될 것으로 보인다. 얼마 전 일본의 최고 부자 중 한 사람인 손정의가 문 대통령을 예방하고 나눈 대화 중 대부분이 미래의 산업으로 AI 부분에 할애했다고 한다. 인공지능 분야는 전 산업은 물론 우리들의 일상 속에서도 접목하고 상용화할 수 있는 무진무궁한 잠재력을 갖고 있다. 5G 데이터 서비스가 본격적으로 실시되면 연달아 가장 활발하게 발전하고 빛을 볼 수 있는 산업분야라고 할 수 있다.

인공지능에 이어 자율주행 연관 산업들이 활발하게 전개될 것으로 예측해 볼 수 있다. 성숙기를 지난 우리나라의 대표적인 자동차산업에 새로운 붐을 열 수 있는 기회이자 도전이라고 하는 이유다. 또한 이론적 상황에 머물러 더 이상 진전하지 못하고 있었던 원격진료를 비롯하여 의료시스템의 변화도 쉽게 예측해 볼 수 있다.

5G 서비스의 핵심이라고 할 수 있는 IoT 관련 산업은 그 어느 분야보다 더 활발하고 전 산업 분야는 물론, 가정으로도 확산될 것이다. 기업과 스타트업체들도 이 부분에서 새로운 사업모델을 찾아야 한다. 가상세계에서나 볼만한 일들이 어느 순간 일상화될 날들이 멀지 않았다.

○━━━ㅋ

제2의 전성기를 맞을
시스템반도체

　2019년 2월 삼성전자는 2030년까지 시스템반도체 분야 연구개발 및 생산시설 확충에 133조 원을 투자하고, 전문 인력 1만 5천 명을 신규 채용한다고 발표했다 이는 삼성전자가 2030년까지 메모리반도체뿐만 아니라 시스템반도체 분야에서도 세계 1위를 달성하겠다는 '반도체 비전 2030'을 발표한 것이다. 또한, 시스템반도체 인프라와 기술력을 공유해 팹리스(Fabless, 반도체 설계전문업체), 디자인하우스(Design House, 설계 서비스기업) 등 국내 시스템반도체 생태계를 바꾸고 경쟁력을 동시에 강화하겠다는 계획이다.

　우리나라가 IT강국이라고 말해 왔지만, 자세히 따지고 보면 하드 부분 즉, 메모리반도체 부분에서 하이닉스와 함께 1위를 해 왔다. 진정한 IT의 블루오션이라고 할 수 있는 소프트분야와 시스템분야에선 세계시장의 3%의 매출규모밖에 되지 않는다. 또 한 가지 중요한 것은 우리가 1위를 지키고 있는 메모리반도체 분야도 얼마 있지 않아 상당한 어려움에 봉착될 수 있다는 점이다. 중국의 반도체 관련 업체들은 중국 정부의 막대한 자금지원을 바탕으로 수년 전부터 천문학적인 투자를 지속적으로 실시해 왔고 늦어도 내년부터 신제품을 시장에 내놓을 예정이다. 현재까지 삼성전자가 생산하는 반도체의 30% 이상이 중국으로 수출되었다는 점을 감안해 보면 상당한 변화가 아닐 수 없다. 이는 곧 생산과잉으로 가격에 큰 영향을 미칠 것이며 세계 메모리반도체 시장에 지각변동을 가져올 것이다. 미국 금융위기를 겪으며 세계경기가 급감하자 우리나라에서 생산한 메모리반도체의 평균가격이 500% 이상 폭락한 적이 있었다. 반도체의 성격상 재고가 10%만 쌓여도 가격은 훨씬 더 큰 하락으로 이어지는 경향이 있다. 중국의 반도체 기업들이 메모리반도체 부분에 집중적인 투자를 단행한 이유도 자국에서 소비하는 물량만 커버해도 반도체 굴기에서 성공할 수 있다는 전략에서다.

이러한 시점에서 때늦은 감이 없지 않지만, 삼성전자가 앞장서 과감한 투자와 함께 새로운 먹거리로 시스템반도체에서 경쟁우위를 확보하겠다는 의지는 큰 진전이 아닐 수 없다.

현재 세계 최고 반도체 기업들의 대부분은 이 시스템반도체와 소프트 분야를 기반으로 급성장했고 지금도 그 자리를 수성하기 위해 사활을 걸고 있다. 향후 본격적인 IoT 시대와 4차 산업혁명의 패러다임을 앞둔 상황에서 시스템반도체 분야는 빠르게 급성장할 것으로 예측된다. 메모리반도체는 말 그대로 정보를 기억하는 장치이며 우리 기업들이 세계 점유율 70% 이상을 차지하고 있는 삼성전자와 하이닉스의 주력 아이템이다. 큰 의미에서는 시스템반도체나 비메모리반도체는 같은 반도체에 속한 부분이지만 그 역할은 확연히 다르다. 대표적인 비메모리반도체인 시스템반도체는 쉽게 말해 사람으로 치면 두뇌 역할을 하고 사물을 인식하는 눈에 해당한다고 보면 이해가 빠를 것이다. 계산능력을 수행하며 외부환경에 대해 자극을 받아들이고 음성을 인식하는 등 다양한 정보를 받아들이고 스스로 처리하는 역할을 한다. 우리가 자주 들어본 인공지능 자율주행차 등 이러한 4차 신산업을 실행하는데 주도적 역할을 하는 것도 시스템반도체의 기술이 발전했기에 가능하다고 할 수 있다. 우리가 쓰는 스마트폰에 들어 있는 핵심적인 시스템반도체 대부분이 수입에 의존해 있고 사실 하드 부분이라 할 수 있는 메모리반도체가 우리나라 반도체 기업들의 주생산품이라야 맞을 것이다. 스마트폰에는 수십 개의 반도체가 탑재되어 있는데, 그중 70% 이상이 바로 시스템반도체이다. 즉, 애플리케이션 프로세서(AP)와 눈 역할을 하는 이미지센서(CIS), 동영상을 볼 수 있는 기능과 사진, 동영상을 담을 수 있는 모든 것이 시스템반도체가 있기에 가능하다. 세계적으로 최고의 IT회사들 대부분은 이 시스템반도체 기업들이며 시스템반도체와 함께 소프트 분야에서도 강자다. 특히 메모리반도체보다 훨씬 높은 마진율은 메모리반도체와 비교할 수 없다. 삼성이 향후 먹거리로 시스템반도체에 사활을 거는 이유이기도 하다.

세계적인 시스템반도체 기업들

시스템반도체의 상위를 줄곧 지켜온 세계적 기업으로는 컴퓨터의 중앙처리장치(CPU)를 만드는 미국의 인텔이 전통적인 시스템반도체의 강자로 꼽힌다. 스마트기기가 일반화되면서 여기에 들어가는 시스템반도체 칩을 만드는 미국의 퀄컴은 누구도 넘볼 수 없는 모바일 관련 시스템반도체업계의 1위를 굳건히 지켜가고 있다. 그 뒤를 이어 영국의 ARM이 모바일용 AP의 설계도를 만들어 시스템반도체의 강자 자리를 퀄컴과 양분하고 있다. 영국 ARM 역시 스마트기기의 두뇌라고 할 수 있는 애플리케이션프로세서(AP)에서도 가장 핵심인 코어를 개발한 회사이며 전 세계 스마트폰과 태블릿PC를 제조하는 95%에 해당하는 기업들이 바로 ARM의 기술을 쓰고 있다. 이처럼 새로운 기술의 표준을 선점하는 것이 미래 먹거리를 보장받을 수 있는 핵심적인 요소다.

이처럼 세계적인 시스템반도체의 유명한 회사들의 특징은 이들 회사 모두 생산 공장이 없다는 점이다. 예를 들면 ARM과 퀄컴의 직원들은 오로지 반도체설계만 하고 또 관련 회사들로부터 필요한 설계를 사거나 직접 개발해서 당초 원하는 성능이 나오면 대만이나 중국, 한국에 있는 반도체 공장에 제작을 의뢰하여 완제품을 공급받아 원하는 업체에 납품한다. 자기들이 설계한 반도체를 삼성에서 제작하여 완제품을 납품받아 다시 삼성전자에 파는 식이다. 삼성전자가 내놓은 모든 스마트폰은 이들이 설계한 시스템반도체가 들어가야 제 기능을 할 수 있기 때문이다. 경쟁 관계에 있는 기업들이면서도 유기적으로 연관되어 있는 먹이사슬의 고리라고 해도 과언이 아니다.

이렇게 생산 공장이 없는 반도체 기업들을 통틀어 '팹리스'라고 부른다. 이와 반대로 설계는 하지 않고 의뢰받은 제품을 생산만 하는 반도체 공장을 '파운드리' 반도체 기업이라고 한다. 삼성전자나 하이닉스도 파운드리 부분에서 상당한 매출을 올리고 있다. 기술력이 뛰어난 소수의 인력을 갖춘 시스템반도체 기업은 설계에만 집중하고 생산기반을 갖춘 회사는 의뢰받은 반도체를 생산하는데 전력하여 상호 원원하는 방식으로 공생하는 관계다.

삼성이 향후 집중투자하려는 부분도 이 시스템반도체 신규의 생산라인 확충과 동시 팹리스 관련 분야도 집중적으로 투자한다는 전략이다. 메모리반도체의 수성을 지켜가는 동시에 시스템반도체 분야에서도 앞서가겠다는 미래의 청사진이다. 이 사업계획에 따라 우리나라의 산업구조도 상당한 변화가 예측된다.

우리나라에도 팹리스 회사들이 더러 있지만, 중소기업 형태이며 핵심적인 설계능력을 갖추기엔 아직 미미하다. 바로 이 점에 착안하여 삼성전자가 시스템반도체 분야에 승부를 걸고 종합반도체로 도약하겠다는 야심 찬 계획을 세운 것이다. 정부를 비롯하여 관계기관들도 이 분야에 전격 지원하겠다며 발 벗고 나섰다.

현재 시스템반도체 시장에서 우리나라 기업들이 차지하는 비중은 아주 미미할 정도로 매우 낮으나 반대로 생각하면 그만큼 성장 가능성이 무진무궁하다는 얘기다. 5G가 본격적으로 시행되고 통신 IT분야에서 새로운 패러다임이 시작되면 시스템반도체 분야는 지금보다 몇 배 더 크게 성장할 것이다. 내년부터 시작될 이 프로젝트는 반도체 업계와 정부가 협업하여 추진될 것으로 보이며 반도체 관련 기업들에는 또 다른 기회가 될 것으로 보인다.

삼성전자는 시스템반도체 사업경쟁력 강화를 위해 앞으로 10년 동안 국내 R&D 분야에 73조 원, 최첨단 생산 인프라에 60조 원을 투자하는 대규모 프로젝트다. 삼성전자의 이 같은 계획이 실행되면 2030년까지 연평균 11조 원의 R&D 및 20조 가까운 시설투자가 집행되고 창업하는 기업은 물론 생산량이 증가함에 따라 40만 명 이상의 간접 고용창출의 유발효과가 발생할 것으로 예상된다. 지금까지 우리나라의 반도체 관련 기업들은 대부분 메모리반도체를 중심으로 성장해 왔으나 머지않아 시스템반도체를 전문으로 설계 디자인하는 팹리스 회사들이 새로 탄생할 것이다. 기존 반도체 관련 업체들도 신성장동력을 얻을 것은 불을 보듯 뻔하다. 영민한 투자자들은 벌써 연관되는 기업들은 어디이며 누가 경쟁력을 가졌는지 투자적인 관점에서 접근하고 있다. 현재 영업 활동을 하는 관련 기업들을 찾아보고 그 기업의 경쟁우위는 무엇인지 확인해 볼 필요가 있다. 그 부분은 다음 장에 이어서 설명하고자 한다.

한국 반도체산업 팹리스의
새로운 도약

팹리스(Fabless)는 Fabrication와 less의 합성어로 반도체 전문기업으로 불리고 있으며 제품을 직접 생산하지 않고 외부업체에 위탁하여 생산한다. 팹리스 회사들의 가장 큰 특징은 설계 디자인 및 연구개발에 전념하고 생산은 거의 100% 위탁 생산하여 제품을 의뢰하고 공급받아 판매한다. 아직까지 우리나라의 팹리스 기업들은 회로설계에 치중한 업체들이 대부분이었고 진정한 종합반도체(IDM: Integrated Device Manufacturer) 기업들은 전무하다. 그만큼 성장의 잠재력이 크다고 할 수 있다. 이런 반도체설계 전문업체가 주문한 제품을 생산만 하는 업체들을 '파운드리'라고 하며 쉽게 말해 주문자 부착 생산업체라고 생각하면 이해가 빠를 것이다.

팹리스 업체들은 시스템반도체 관련 기업들로 대표적으로 세계적인 기업은 미국의 퀄컴과 엔비디아를 꼽을 수 있고 아시아권에서는 대만의 Media Tek이 단연 앞선 선두주자라고 할 수 있다. 퀄컴은 1990년 초 코드분할다중접속 CDMA(Code Division Multiple Access)를 기반으로 한 첫 이동통신 기지국을 설계 디자인하기 시작했다. 미래의 통신은 모바일이 될 것이라는 확신을 갖고 특히 칩 개발에 전력하여 현재의 1

위 기업에 오를 수 있었다.

이때부터 이동통신 발전에서 대표적인 초기기술이 되었고 퀄컴은 이동통신의 표준 모델을 구축한 것이다. 그 후 퀄컴은 기지국 사업부를 에릭슨에 매각하고 무선네트워크 기술개발 및 휴대전화의 플랫폼으로 BREW(Binary Runtime Environment for Wireless)를 상용화함과 동시 라이센스와 CDMA용 주문형 반도체 개발에 집중하였다.

퀄컴이 제2의 성장을 할 수 있었던 것도 3G, 4G 시대의 표준을 선점했기 때문이다. 이어 통신기술의 표준특허를 등록했고 그 특허의 사용 대가로 스마트폰이 한 대씩 팔릴 때마다 2.5~5%의 기술사용료를 받아 간다. 어느 분야에서든 산업 트렌드가 바뀌는데 선점한 기술의 가치를 단적으로 보여주는 사례다. 현재 우리가 5G 기술을 선점하고 표준화를 앞세우려는 주된 이유이기도 하다. 이 표준화의 상용화에 따라 신산업의 경쟁력을 가질 수 있고 오랜 기간 경제적 해자의 위치를 지켜갈 수 있어서다.

삼성이 만든 스마트폰에는 반드시 이 퀄컴의 기술이 적용되고 퀄컴이 설계한 시스템반도체들이 들어가고 있다. 오늘날 스마트폰 시장이 성장해 오는데 결정적인 기여한 곳이 바로 세계 제1의 팹리스 기업 퀄컴을 꼽는데 이의가 없다는 것은 관련 업계에서는 인정하고 있다. 세계 유수의 스마트폰 제조사나 관련 기업들은 이 특허 사용료를 내고 있으며 최소한 몇 개의 제품을 이 회사로부터 공급받고 있다.

2등 기업이라고 할 수 있는 엔비디아(NVIDIA)는 미국 캘리포니아 산타클라라에 본사를 두고 있다. 주 아이템은 컴퓨터용 그래픽처리장치와 멀티미디어시스템을 개발 제조하는 회사다. 대부분 데스크톱 컴퓨터에 사용하는 지포스, 지포스 GO시리즈는 주로 노트북에 사용하고 있다. 이 회사는 몇 년 전부터 새로운 먹거리로 자율주행차와 전용반도체에 집중하기 시작했고 인공지능 관련 제품에 투자하고 있다. 이 두 회사의 상당 부분의 시스템반도체 제품들이 바로 삼성전자에서 생산되어 자신들의 브랜드로 세계 각국에 수출되고 있다. 이들 팹리스 회사들은 막대한 투자가 들어가는 생산시설에 투자하지 않음으로 특화된 연구개발에 전념할 수 있고 발 빠르게 신제품 개발에 나설 수 있다는 점이 큰 장점이라고 할 수 있다. 앞으로 5G 시대를 주도할 것 또한 누가 국제표준을 선점하느냐에 따라 시스템반도체 업계의 판도가 달라질 것이다. 유럽을 비롯하여 미국 등 많은 IT 기업들이 5G에 대한 막대한 투자를 단행하면서 선두 경쟁을 하는 이유다.

한국과 외국의 팹리스 기업들의 현재

우리나라가 반도체 강국, IT산업의 강자라고 하지만 팹리스를 비롯한 소프트화된 시스템 분야에선 한참 뒤떨어져 있다. 특히 팹리스 부분에서는 반도체 후발주자라고 할 수 있는 중국과 대만에 크게 밀려 있고 앞으로 넘어야 할 산이 많다고 할 수 있다.

중국 하면 아직도 노동집약적인 세계의 공장으로 먼저 떠오르게 되는데 이는 대단한 착각이 아닐 수 없다. 반도체의 꽃이라고 할 수 있는 시스템반도체 부분은 중국이 우리보다 훨씬 앞서 있고 AI 부분에서도 상당 부분 우위를 차지하고 있음을 알아야 한다.

현재 국내 시스템반도체산업의 기반이 취약해 스마트폰, 디지털 가전, 자동차 등 주력산업에 필수적으로 들어가는 대부분의 비메모리 반도체는 수입에 의존하고 있는 실정이다. 삼성전자와 하이닉스가 메모리 부분에서 벌어들이는 수입액 중 절반 이상을 시스템반도체 수입에 사용하므로 그만큼 이익을 까먹고 있는 셈이다. 현재 팹리스 기업 상위 15대 기업 중 미국 기업이 절반 이상을 차지하고 대만 기업이 5개가 포함되어 있어 팹리스의 절대 강자는 미국과 대만임을 실감할 수가 있다. 우리가 반도체산업의 후진국으로 알고 있었던 중국이 돈 되는 비메모리반도체 분야에서는 일찍이 앞서 있음을 알고 나서 의아해하는 사람들이 많은 것도 사실이다. 우리는 지금까지 대한민국이 IT 강국이라고 자부하며 후진국들이 빠르게 치고 올라오는 것을 모른 체 지내왔다. 실상은 진짜 돈 되는 부분은 외면해 온 셈이다.

현재 매출규모로 볼 때 연구개발과 반도체 설계만을 전문으로 하는 미국 기업들이 전 세계 팹리스 시장의 70%를 차지하고 있는 실정이다. 오래전부터 미국이나 대만은 막대한 설비투자가 들어가는 생산시설 파운드리 투자를 포기하고 소프트화에 가까운 비메모리 부분에 집중하면서 인력, 기술, 자본 등에서 앞서며 국제표준화를 주도하고 있다.

대만은 일찌감치 팹리스와 파운드리 업체와의 협업을 통해 독창적인 신제품 개발과 패키지에 이르기까지 분업화를 잘 갖춰 설계분야와 생산적인 부분을 협업하며 일관 체제를 구축하는 데 성공하였다. 그 결과 Media Tek, Novatek, Himax, Realtek 등 팹리스 업체와 TSMC, UMC와 같은 파운드리 업체들이 선순환을 이루며 꾸준한 성장세를 이어가는 중이다. 우리나라와 같이 대만의 주력산업인 반도체산업은 시스템과 메모리 부분에서 잘 조화를 이룬 성공적 사례라고 전문가들은 입을 모은다.

대만의 대표적인 팹리스 업체인 Media Tek의 한 회사의 매출이 우리나라 팹리스 상장사 대표기업들의 전체 매출과 거의 같은 수준으로 큰 격차를 두고 있는 데서 우리의 시스템반도체 수준을 한눈에 알 수 있다. 중국이나 대만의 팹리스 업체들이 크게 성장할 수 있었던 배경에는 팹리스 업체들이 주문한 제품을 만드는 생산 공장 파운드리 업체들이 같은 카테고리 안에 집중되어 있다는 것도 자연스럽게 성장할 수 있는 토대가 되었다.

반도체 시장조사업체 IC인사이츠에 따르면 지난해 글로벌 팹리스 시장에서 미국이 68%로 압도적인 점유율을 차지하고 있고 대만은 16%, 중국은 13%를 기록했다. 한국은 1% 미만의 미미한 점유율을 보이고 있을 뿐이다. 특히 중국이 빠르게 비메모리 산업 생태계를 구축하며 미국과 대만을 본격적으로 추격하고 있다는 게 업계의 분석이다. 머지않아 세계반도체시장의 지각변동을 예상해 볼 수 있다. 혹자는 중국이 한국과 경쟁하기에는 아직도 20년 이상의 기술적 차이가 있다고 공공연히 방송에서 말하는 것을 보았다. 그러나 두고 볼 일이지만 중국의 기술을 너무 폄하한 것이 아닌가 싶은 생각도 지울 수 없다.

지난해까지 반도체 슈퍼 호황기를 맞아 메모리반도체 기업인 삼성전자와 하이닉스가 사상 최대의 실적을 올렸음에도 국내의 팹리스 기업들은 제자리걸음이었거나 오히려 퇴보한 실적을 보여 주었다. 지난해 우리나라 팹리스 상장사 24개의 재무제표를 들여다보면 영업 손실을 낸 기업은 13곳으로 전체의 50%가 넘는다. 2016년은 적자를 낸 기업은 7개 업체에 불과했는데, 적자 기업은 갈수록 늘어 경쟁력을 잃어 가고 있음을 여실히 보여주고 있다. 반도체 슈퍼호황이란 말이 무색할 정도로 역성장을 하고 있다는 점은 시사하는 바가 크지 않을 수 없다. 이러한 문제점을 직시한 정부와 삼성전자도 뒤늦게 발 벗고 나섰지만, 메모리반도체 분야에서는 크게 나아질 기미는 없다는 것이 내 생각이다.

그러함에도 향후 반도체 분야에서 제2의 전성기를 맞이할 분야가 바로 팹리스 업체들이 될 것이므로 새로운 시각으로 관련 업체들을 봐야 한다는 생각이다. 그 근거로 삼성전자가 본격적으로 시스템반도체에 막대한 투자를 결정했고 팹리스 관련 기업들을 육성해 동반성장을 하겠다고 공언하며 이미 투자를 시작했다는데 첫 번째 이유를 들 수 있다.

향후 10년간 130조가 넘는 사상 최대의 시스템반도체 연관 부분에 투자를 결정한 배경에는 예전의 투자 성격과는 질적으로 다르다. 삼성전자가 지금까지는 메모리반도체의 경쟁력을 위한 기술개발과 생산시설에 투자가 집중되었다면 향후 시스템반도체 분야에서는 시스템반도체의 인프라와 연관된 기업들과 동반성장하는 전략을 택했다는 점이다. 즉, 팹리스와 파운드리의 카테고리 환경을 조성해 윈윈 하겠다는 계획이다. 이에 발맞춰 정부에서도 적극적으로 지원하며 과감하게 모든 규제를 풀 것이라고 공언하였다.

두 번째 성장동력을 찾을 것으로 보는 근거는 향후 빠르게 정착될 5G 서비스의 완성과 함께 본격적인 성장기를 맞이할 자율주행 자동차와 IoT 관련 산업, 인공지능 연관사업과 4차 산업혁명은 시스템반도체의 수요를 엄청나게 필요로 할 것이다. 현재의 공급물량과는 비교할 수 없을 정도로 생산량이 늘어날 것이며 그에 따른 관련 업체들의 주문량 또한 급등할 수 있다는 것을 쉽게 예상해 볼 수 있다. 향후 스타트업체들도 이 부분에서 크게 증가할 것으로 보고 있다. 관련 업계의 기업들이나 스타트업체들도 이 부분에서 특화된 아이디어로 공략한다면 분명 길이 있을 것이다. 향후 5G 데이터가 일상화되면 그것을 실행하기 위해서는 반드시 시스템반도체가 필수적으로 들어가기 때문이다. 자동차 분야와 인공지능을 비롯한 가전을 응용한 아이디어 또는 산업에서 접목할 수 있는 분야도 따지고 보면 시스템반도체가 핵심이 되어야 한다. 좀 더 이해를 얻기 위해 현재 한국에서 영업활동을 하는 팹리스 기업을 살펴보고자 한다.

한국 팹리스 기업들

▌1·2세대 팹리스 기업들

우리나라의 팹리스 기업들의 실태를 알기 위해서는 성장의 발자취를 돌아볼 필요가 있다. 오늘날 팹리스 업계가 제3세대로 오기까지 많은 관련 업체들이 심한 부침을 경험하며 각자의 독창적인 아이템으로 성장해 왔으나 최근엔 매출과 영업이익에서 역행하고 있는 실정이다. 상장된 국내 팹리스 업체들은 시간의 흐름에 따라 크게 3세대로 구분해 볼 수 있다. 지난 과거를 돌아봄으로써 현재를 알 수 있고 미래를 준비하는 데 도움이 될 수 있다는 판단 아래 팹리스 기업들의 발자취를 되돌아보는 이유다.

우선 90년대 중반 창업해 2000년 초반에 상장한 1세대 팹리스 업체들인 씨앤에스와 다윈텍 등은 주로 디자인 하우스, 즉 삼성전자 등의 파운드리 사업부와 외부 팹리스 업체를 조율하는 역할을 했던 회사들이다. 팹리스 업체라는 새로운 비즈니스모델에 대한 프리미엄과 함께 상장 직후 뜨거운 관심을 받았으나 새로운 사업모델을 창출하지 못해 실적 악화와 함께 경영 지속성을 상실해 버렸다.

휴대폰 산업이 급성장하면서 반도체 장비들의 창업 붐을 타고 제2세대라고 할 수 있는 업체들이 하나둘씩 생겨나기 시작했다. 휴대폰 연관업체로는 지금까지 상장기업을 유지해온 엠텍비젼(074000)으로 휴대폰에 탑재되는 카메라 칩과 멀티미디어 칩을 주로 설계해왔다. 그러나 한정된 고객사의 한계를 극복하지 못했고 특정 아이템에 편중된 매출구조는 성장의 한계가 있었다. 거기에다 납품사의 단가 인하 압력으로 경쟁력을 갖추지 못했다. 당시 엠텍비젼과 쌍두마차 역할을 했던 코아로직은 최고의 전성기를 누리던 2006년, 2천억 가까운 매출을 달성해 당시의 국내 팹리스 역사상 최고 실적을 기록했으나 미래 먹거리에 한계를 느낀 경영진은 STS반도체로 지분을 넘기면서 팹리스 사업부는 지속성을 상실해버렸다. 살아남은 엠텍비젼 역시 아직까지도 중국, 대만 업체의 저가공세에 밀려 겨우 이름만 남아 명맥을 유지하고 있는 실정이다. 이처럼 팹리스 업체들이 지속경영을 하지 못하고 심한 부침을 겪으며 현재 제3세대 팹리스 환경에 도달해 있다. 향후 동종업계에 진출하려는 기업이나 개인들도 똑같은 환경에 처할 수 있다는 점을 염두에 둬야 한다. 한두 개의 대기업 사슬에 묶인 종속된 중소기업들의 한계라고 할 수 있다.

▎현재의 3세대 팹리스 기업

팹리스의 1·2세대를 경험한 현재의 기업들은 다양한 분야에서 태동하기 시작했다. LCD 디스플레이의 성장을 배경으로 티엘아이(062860)와 실리콘웍스(108320)는 IC를 설계하는 업체들이 주식시장에 상장되기 시작하며 팹리스 시장을 키워왔다. 이외에도 DVR, CCTV의 핵심 칩을 설계하는 넥스트칩(092600), 휴대폰 DMB 칩을 독과점으로 공급하고 있는 아이앤씨(052860), 각종 전자기기의 제어용 반도체인 MCU(Micro Controller Unit)를 설계하는 어보브반도체(102120) 등이 2000년 후반부터 본격적으로 영업 활동하며 팹리스 시장에 합류했다. 이

기업들 또한 진정한 팹리스의 구조를 갖춘 기업이 아닌 국내의 한정된 한두 곳의 대기업에 종속된 기업임을 부인할 수 없는 실정이다.

요즘 다시 시장에서 관심을 받는 텔레칩스(054450)는 오디오 기술을 바탕으로 멀티미디어 칩을 개발, MP3를 거쳐 휴대폰, 그리고 자동차에도 적용하면서 대체로 선방해 오고 있다. 이 회사가 최근 몇 년 사이 꾸준히 영업이익을 내는 이유는 자동차 분야에만 집중했기 때문이다. 자동차가 점점 고급화되고 전자화되면서 예전에 차량에 장착되던 반도체 칩이 20개였다면 지금은 50개 정도로 숫자가 많이 늘어난 데 기인해 상대적으로 지속경영을 할 수 있었다. 기존의 주력 아이템에서 발 빠르게 전장사업 부분에 집중할 수 있다는 것은 시사하는 바가 크다. 향후 자율자동차 산업이 빠르게 발전하면서 이 회사도 새로운 성장의 기회를 맞이할 것으로 보고 있다.

이동통신 부분에 집중해 오던 팹리스 업체들이 몇 년 전부터 부쩍 자동차 쪽에 눈을 돌리고 있는 이유는 보다 놓은 마진율과 자동차산업이 전자화와 함께 자율주행 자동차 시대를 염두에 두고 있기 때문이다. 그러나 자동차의 제어용 반도체에 채택되기 위해서는 장시간의 테스트를 요구하고 엄격한 품질 기준이 필수적이다. 후발주자들이 차량용 반도체에서 매출이 발생하기까지는 상당한 시간에 투자해야 하며 기술의 한계를 극복해야 한다.

현재 우리나라 팹리스 업체들 중 독보적인 자리를 지키고 있는 실리콘웍스는 IC(패널구동 IC)와 대형 TV를 비롯하여 OLED 관련 아이템들이다. 관련 제품의 성장과 함께 꾸준히 상위 자리를 지키며 우리나라 팹리스 선두주자로 앞서고 있다. 최근 미래 성장동력으로 자동차 관련 아이템에 주력하고 있다. 향후 시스템반도체가 본격화될 경우 가장 경쟁력 있는 업체로 제2의 전성기를 맞이할 것이다.

아직은 중견 기업에 해당하는 업체로 가장 관심 있게 보는 업체는 어보브반도체(102120)다. 이 회사의 큰 장점은 어느 업체에서 찾아보기 어려운 Probe Test 및 Final Test 자체 생산시스템을 갖고 있다는 점이다. 그만큼 기술개발에 따른 테스트와 문제점을 바로 잡을 수 있어 남다른 경쟁력을 확보하고 있어 관심을 받고 있다. 미래의 성장동력으로 지난 4~5년 전부터 집중투자한 사물인터넷(IoT)의 핵심인 MCU 부분에도 집중적으로 개발하고 있어 성장의 기틀을 마련하고 있다는 점도 성장 가능성을 보여주고 있다.

현재 국내에 상장된 팹리스 업체 중 가장 저평가된 기업이라 할 수 있고 무엇보다 자본금 변동사항에서도 깨끗하다. 코스닥 상장기업이라면 대부분 전환사채나 CB(Convertible Bond)를 발행하여 오버행 물량이 잠재해 있는 게 보통이다. 또한, 주주들을 상대로 유상증자를 빈번하게 하는 코스닥 업체들에 비해 이 회사는 2011년 이후 단 한 차례도 주주들에게 손을 벌리지 않고 자체 유보금으로 시설투자 및 기술개발에 투자해 왔다는 점도 그 회사의 경영방침과 주주친화정책을 엿볼 수 있다. 재무제표를 살펴보면 낮은 부채비율 20%(2018년 기준)와 871%의 유보율을 유지하고 있다. 최근 5년간 꾸준히 배당을 실시해 왔고 2018년은 시가 배당률 2.14%를 주주들에게 현금 지급하여 건강한 경영활동을 해오고 있음을 알 수 있다. 현재 주거래 업체로는 삼성전자를 비롯하여 LG전자와 쿠쿠전자가 큰 매출처이다. 삼성전자가 국내 팹리스들과 동반성장을 하겠다고 약속한 만큼 투자가 실행되면 가장 큰 수혜를 볼 업체 중 하나다. 투자적인 관점에서도 지속적인 관심을 둬야 할 팹리스 업체 중 하나다.

성장기에 들어설
사물인터넷

남아프리카 작은 도시의 한 건설공사장에서 중장비 기술자가 한창 일하고 있는 사이 자신의 스마트폰에 긴급문자가 도착했다는 알람 신호가 계속 울려서 보니 지금 사용하고 있는 중장비의 메인밸브와 연결된 유압호스에서 기름이 흘러나오고 있으니 빨리 수리를 하라는 문자메시지였다. 이 중장비 기사는 중장비를 구입할 당시 자신의 전화번호를 알려주었을 뿐 그동안 별다른 정보를 주고받지 않았음에도 중장비고장을 어떻게 알아채고 긴급연락을 해 온 것인지 의아했다. 미심쩍었지만 작업을 중단하고 확인을 해보니 정말 메인밸브와 연결된 유압호스 연결부위에서 기름이 새고 있었다. 그런가 하면 뉴욕에서 한국으로 향하는 비행기가 이륙하여 비행하고 있는 도중 긴급 회항하라는 메시지를 받았다. 엔진결함이 발견되었으니 엔진 상태를 점검 후 다시 이륙하라는 긴급명령이었다. 그렇지 않아도 기장은 엔진결함이라는 경고등이 들어와 관제탑과 교신하려던 찰나였다. 특히 엔진 3번의 블레이드를 유심히 관찰하라는 추가메시지를 받고 조종사는 회항을 결정했다.

첫 번째 아프리카에 있는 중장비 기사에게 긴급연락을 한 곳은 한국의 현대중공업에서 최근 분사한 현대기계의 중장비 모니터링 상황실에서 중장비의 결함을 발견하고 아프리카에 있는 중장비 기사에게 연락한 것이다. 그런가 하면 항공기의 결함을 발견하고 긴급연락을 취한 곳은 영국에 있는 롤스로이스의 상황실이었다. 우리들에겐 자동차 제조업체로 더 잘 알려진 롤스로이스는 사실 항공기 엔진을 제작하는 전문기업이다. 이 회사가 제작한 엔진을 장착한 모든 항공기는 전 세계 어느 하늘에 떠 있는 동안이나 계류장에 있는 시간에도 엔진 상태를 상황실에서 모니터링을 하고 있다. 회사가 판매한 중장비 혹은 기계, 시스템은 물론 항공엔진과 선박 등, 전 세계 어느 지역에서나 다 파악할 수 있는 시스템은 바로 사물인터넷 기술이 있었기에 가능하다.

사물인터넷은 오래전부터 우리들의 생활 속에 깊이 뿌리내려져 있다. 우리가 버스 정류장이나 전철역에서 늘 보게 되는 전광판에 버스나 전철이 어느 역을 지났고 지금 어느 지점에 있다는 안내 문구나 방송을 들어봤을 것이다. 이런 서비스의 개념이 전형적인 사물인터넷 기술이다. 사물인터넷이란 세상의 모든 물건과 기기, 교통수단, 의료장비 등 어떤 사물이든지 통신기능(센서)을 장착할 수 있고 그 센서에 저장된 통신정보를 통해 상호 정보를 교환하며 인터넷을 기반으로 하는 인프라를 뜻한다. 지금까지 스마트폰이나 인터넷의 기술서비스는 주로 사람과 기기 간의 연결고리였다면 사물인터넷은 기기와 모든 사물 그리고 사람과 동시에 소통하는 시스템이다.

사물인터넷이란 용어를 처음 사용한 사람은 P&G(미국, 세재 등을 제조하는 회사)의 연구원이었던 케빈 애쉬톤이다. 그는 1999년 RFID(전자태그: 특정 대상을 인식하는 기술)와 센서들을 일상의 사물(Things)에 탑재하면 사람과 사람처럼 소통할 수 있고 사물들끼리도 상호 정보를 교환하며 인간의 개입 없이도 소통될 것이라는 확신이 들었다. 즉 사물인터넷이 구축될 것으로 믿고 다양한 실험을 통해 사물인터넷의 가능성을 입증하여 상용화하는데 기여했다.

  앞으로 상용화될 사물인터넷은 제3차원적인 신기술을 기반으로 하는 예전의 인터넷 기술보다 몇 단계 진화된 신개념의 시스템이다. 사람의 개입 없이 정보들을 기기가 스스로 알아서 처리하고 상호소통한다는 점에서는 현재와 비슷하다. 그러나 새롭게 선보일 서비스 유비쿼터스(Ubiquitous) 즉, 언제 어디서든 어떤 기기를 통해서도 컴퓨팅할 수 있다는 점이 다르다. 이 기술은 지금까지 통신장비와 사람과의 연결하는 통신수단을 주목적으로 하는 유비쿼터스에서 진화하여 무선인터넷 중심으로 확장되어 사물은 물론 가상세계와도 상호작용하는 새로운 개념이다. 앞으로 대중화로 성큼 다가설 자율주행 자동차와 AI시스템, 4차 산업혁명의 핵심이 바로 사물인터넷이라고 보면 이해가 쉽다. 사물인터넷이 일상화되면 우리들의 일상이 완전히 달라지는 것을 경험하게 될 것이다. 직장에 출근하고 사람이 집에 없는 것을 자동으로 인지한 센서들은 집안의 전기를 차단하고 가스 밸브가 열려있으면 스스로 차단하고 또 미세먼지가 들어오면 자동으로 공기정화기를 가동시키고 있는 현재의 모습을 몇 단계 뛰어넘은 새로운 개념의 커뮤니케이션을 선보일 것이다. 우리들의 일상생활에서 직접 피부로 느끼는 변화를 느낄 수 있어서다.

4차 산업혁명 시대의 생산시스템

  얼마 전 스포츠용품으로 유명한 아디다스가 아시아 지역에 있는 OEM 업체에서 생산한 물량을 직접 생산하기로 결정하고 독일 본사

근처에 공장을 건설했다. 위탁한 공장의 종업원은 대략 3,000명 정도였고 주로 신발을 생산하는 곳이었다. 독일 본사에서 직접 생산하기로 한 공장은 3,000명이 생산하는 수량 정도의 제품을 만들기로 설계되었다. 아디다스 독일 공장이 완공되어 본격적인 생산에 들어갔는데, 근무하는 총 직원은 30여 명에 불과했다. 그러함에도 생산량은 더 많았고 특히 불량률이 제로에 가까웠다. 지난 생산 공장과 특이한 점은 고객이 원하는 독특한 디자인과 사이즈, 색상을 지정해 주면 개별적으로 제품을 만들어 준다는 것이 다르다.

또 다른 독일의 한 기업은 주방기구를 전문으로 생산하는 업체다. 손님이 집수리를 하면서 주방 인테리어를 모두 바꾸겠다고 연락하자 담당 직원은 노트북 하나 들고 고객의 집을 방문했다. 주방의 위치와 사이즈를 잰 직원은 집주인이 원하는 스타일과 색상 등을 듣고 얼마 있지 않아 완성된 주방의 모습을 3차원적인 시뮬레이션으로 집주인에게 보여 주었다. 그리고 늦어도 3일 후면 제품이 완성되어 배달될 것이라고 말해 주었다. 직원이 주방의 사이즈와 색상, 주인이 원하는 스타일 등 정보를 입력하고 본사의 설계팀으로 보내자 본사는 고객의 니즈에 맞는 제품을 자동으로 설계하고 완성된 시뮬레이션을 현장에 나가 있는 직원에게 전달한 것이다. 고객이 몇 가지를 수정하고 주문을 완료하자 본사 설계, 제작팀은 그 정보를 자동생산처리 시스템의 메인서브로 보내자 바로 생산이 시작되었다. 물론 모든 생산은 자동으로 진행되었다.

예전의 제조업체 대부분은 회사에서 자체개발한 생산모델을 사이즈 별로 정해놓고 대량생산하여 재고를 확보한 다음 소비자에게 공급하는 방식이었다. 그러나 지금 이 시스템은 개별적인 제품생산이 가능하고 아예 재고를 만들어 놓지 않는다는 것이 특히 다르다. 물론 예전처럼 인기 있는 제품을 대량생산하여 재고를 쌓아놓고 영업하는 것도 다를 바 없지만, 생산은 모두 자동시스템으로 한다는 것이다. 재고 정리는 물론 상품을 포장하고 보관하고 출고하는 것 또한 모두 자동시스템이다. 앞으로 크게 바뀔 생산방식이고 전형적인 4차 산업혁명시대의 생산모델이라고 할 수 있다. 이 시스템이 작동하는데 사물인터넷 기술이 있었기에 가능한 것이다.

따지고 보면 인공지능, 자율주행 자동차, 가상현실, 3차원적 원격의료시스템을 비롯하여 4차 산업혁명의 중심에는 사물인터넷이 있고 이 기술을 응용하고 융합하는 기술이 4차 산업혁명의 완성이라고 할 수 있다. 5G의 서비스가 본격적으로 시작됨과 동시 사물인터넷 관련 산업도 커플링을 이뤄 크게 발전해 나갈 것이다.

우리나라의 사물인터넷 분야도 삼성전자를 비롯하여 대형 반도체 기업들과 그룹 차원에서 반도체 관련 업체들이 주력하고 있지만 다양한 통신기기와 부품, 보안 관련 분야에서 영업활동을 하는 중소기업들도 수없이 많다. 사물인터넷 시장을 주도하고 있는 기업들의 대부분은 그룹집단에 속해 있다. 대기업에 속해 있는 관련 기업들은 제외하고 여기서는 중소기업을 대상으로 어떤 기업들이 어느 분야에서 영업하고 있는지 알아보고자 한다.

한국의 IoT 전문기업

사물인터넷은 광범위한 분야에 적용되는 시스템이다. 우리나라의 관련기업들은 어떤 분야에 진출해 있는지 좀 더 구체적으로 알아 볼 필요가 있다.

에스넷(0386801)은 1999년 삼성 네트워크사업부문에서 분리하여 독립한 회사다. 독립한 지 얼마 되지 않아 2000년 4월 25일 코스닥시장에 상장하였다. 이 회사의 주요 사업은 네트워크통합시스템 구축 및 컨설팅을 비롯하여 유지보수가 주 영업이다. 2002년 세계적 네트워크 기업인 미국의 CISCO社로부터 Gold 파트너 자격을 취득하여 국내외에서 CISCO社의 다양한 제품들을 독점적으로 판매하며 꾸준히 지속경영을 해 오고 있다. 이 회사의 주력 아이템은 네트워크통합 NI(Network Integration) 관련 아이템으로 여러 곳에 흩어져 있는 네트워크를 하나의 단위로 통합하여 고객의 환경에 맞는 최적화된 네트워크 서비스를 제공하는 것을 말한다. 몇 년 전부터 5G 시대를 앞두고 가상화 신기술을 기반으로 한 5G 통신이 가능한 이동통신 솔루션 확보에 주력해 왔고 통신환경에 맞는 IoT 사물인터넷 시대를 대비해 왔다.

이 회사가 가장 큰 장점으로 내세우고 있는 자체 개발한 솔루션인 Cloud Native Micro Service는 기존의 무선통신 규격에 독립적으로 액세스할 수 있고 유·무선인터넷 기술의 접목을 통해 1,000배 더 많은 전송 용량과 사물인터넷의 초저지연 서비스를 제공하고 있다. 그동안 꾸준한 기술개발과 사물인터넷 시장에 대한 준비로 영업적자를 기록해 오다 지난해 하반기부터 눈에 띄게 매출과 영업이익이 좋아지고 있다.

오픈베이스(049480). 사물인터넷이 활성화되므로 더욱 중요해진 분야가 바로 보안 관련 산업이다. 최근 몇 년간 발생한 국내외 랜섬웨어(Ransom ware-컴퓨터 시스템을 감염시켜 접근을 제한하고 일종의 몸값을 요구하는 악성 소프트웨어)의 피해와 디도스(여러 대의 공격자를 분산하는 방식으로 서비스를 방해) 공격 등으로 인하여 최근 들어 보안에 관한 관심과 투자가 늘어가고 있다. 이 분야에서 인정받고 있는 오픈베이스는 보안솔루션은 물론 사물인터넷 분야에서도 꾸준한 기술개발과 성장하고 있는 업체다. SSL 암복화솔루션 등 다양한 보안솔루션을 보유하고 있으며, Fireeye 맨디언트 인증 파트너쉽을 체결하여 높은 수준의 보안 컨설팅 서비스를 제공하는 IT전문기업이다.

이 회사는 신성장동력으로 4차 산업혁명의 핵심기술이라 할 수 있는 클라우드 분야에 집중적으로 투자해왔고 2018년부터 본격적으로 영업활동을 하고 있다. 전 세계의 퍼블릭 클라우드 1, 2위 업체인 아마존 웹서비스(AWS)를 비롯하여 마이크로소프트 Azure와 파트너쉽을 체결하여 국내외서 제품 및 서비스를 하고 있다. 또한 프라이빗 클라우드 선두업체인 VMware와 Cisco와도 파트너쉽을 체결하여 퍼블릭과 프라이빗을 아우르는 하이브리드 클라우드 전문기업임을 입증한 중소기업에서 보기가 드문 경영활동을 해오고 있어 관심 있게 모니터링을 하는 중이다.

현대통신(039010)은 우리들의 생활 속에서 가장 밀접하게 사물인터넷의 서비스를 경험할 수 있는 스마트홈 전문기업이다. 스마트홈 서비스가 사물인터넷을 통해 설치되면 출근 전에 집 CCTV 화면을 통해 실시간 전송되어 오는 도로 상황을 한눈에 파악할 수 있고 깜박 잊고 나온 텔레비전을 퇴근길에서 끌 수 있는가 하면 누군가 집 초인종을 누르면 스마트폰에서 방문자를 바로 확인할 수 있는 서비스다. 이 회사는 IMF 직후인 1998년 4월 하이닉스반도체에서 분사하여 설립된 회사다.

스마트홈 시장은 단순 네트워크를 강조하던 홈네트워크 시대에서 사물인터넷의 서비스 개시와 함께 여타 산업군과 상호 연동하여 무한한 시너지 효과를 낼 수 있는 솔루션이 속속 개발되어 적극적으로 반영되는 추세다. 급속히 빠르게 고령화되고 있는 전 세계적인 인구 구조와 1인 가구가 급증하고 있는 작금의 변화를 감안할 때 스마트홈 시장은 새로운 성장기를 맞이할 것으로 보고 있다. 손가락 하나로 모든 것들이 제어되고 소통되는 사물인터넷과 연결된 스마트폰을 활용해 가정 내 모든 가전제품과 보안장치, 헬스케어, 에너지, 빅데이터, 가상의 파트너 등으로 새로운 개념의 스마트홈 시대를 열어갈 시대가 바로 눈앞에 다가와 있다.

에스트래픽(234300)은 상호만 봐도 금방 알 수 있듯 교통 관련(도로, 철도) 서비스를 전문으로 하는 기업이다. 사물인터넷에서 빼놓을 수 없는 분야가 바로 모든 교통 부분에서 꽃 피울 중요한 분야다. 대중교통의 버스, 철도는 물론 육상의 모든 교통수단과 특히 고속도로의 교통 통제시스템은 사물인터넷 시대에서 가장 크게 바뀔 한 분야이며 매우 중요한 국가적 시설이 아닐 수 없다. 에스트래픽은 삼성그룹 삼성SDS의 교통인프라사업부에서 분사하여 삼성에서 근무하던 직원들이 중심이 되어 2013년에 설립된 교통 관련 종합서비스를 제공하는 기업이다. 우리가 고속도로를 운전할 때 대부분 이용하는 자동요금체계인 하이패스를 만든 회사가 바로 이 회사다. 현재 고속도로의 요금소가 아예 없는 시스템을 최근 천안~논산 간 4개소를 포함해 3개 고속도로 등 12개소에 구축했다. 이 서비스가 전국의 고속도로로 확대되면 고속도로의 모든 요금소가 없어지고 차량은 시속 160km를 달리는 상황에서도 자동으로 요금징수가 이뤄지는 시스템이다.

최근에는 까다롭기로 유명한 미국의 철도시스템사업에 진출하여 계약을 체결했다. 미국 수도인 워싱턴 D.C. 지역 91개 역사에 3,928만 달러(약 459억 원 규모)의 권역에 1,151대의 개찰구와 역내 집계시스템, 역무원용 휴대시스템과 중앙관제센터 등을 공급한다. 2019년 6월부터 구축을 시작해 2021년 12월까지 완료할 예정이며, 구축 완료 후 5년간 소프트웨어 및 하드웨어의 유지보수를 담당한다. 현재 체결한 계약은 1차적인 규모이며 향후 최소한 1,000억 원이 넘는 규모로 확대될 것으로 보고 있다. 이 사업이 성공적으로 진행되면 전 세계를 상대로 영업활동이 한결 수월하게 전개될 것으로 보이며 에스트래픽의 성장동력이 될 것이다. 어떤 사업이든 미국에서 성공적으로 납품하거나 시험을 통과했고 설비를 완성했다면 그 자체가 하나의 보증수표 역할을 해주기 때문이다.

이 회사가 또 다른 경쟁력으로 삼고 있는 전기자동차 완속충전기 구축사업은 전기차 보급을 위한 정부정책으로 공용충전기 구축에 대한 비용 일부를 환경부가 지원한다. 서울시에서도 충전기 시설업체로 지정되어 현재 공사를 진행 중이다. 에스트래픽은 사물인터넷 시대에서 가장 눈에 띄는 업체 중 하나로 우리들의 일상생활에서 자주 마주치게 될 교통서비스의 대표적인 기업으로 도약하고 있다.

반도체 장비,
소재업체들의 새로운 모색

2019년 7월 최근 일본 정부는 예고 없이 무역전쟁을 선포했다. 한국 대법원의 강제징용 배상 판결에 대한 보복성 조치로 기정사실화 하며 한국 정부와 해당 기업들은 머리를 마주하며 대응책을 고심하고 있다. 일본 정부가 반도체 핵심소재의 한국 수출을 규제하려는 움직임을 보이자 삼성전자와 SK하이닉스 등 국내 반도체 대기업이 대응책을 마련하기 위해 발 빠르게 움직이고 있다. 급기야 삼성전자와 SK하이닉스 구매팀 관계자는 일본으로 날아가 재료 공급업체를 방문해 수출규제가 시행되기 전까지 최대한 물량을 앞당겨서 수출해 달라고 당부하고 왔다. 그 후로도 일본 기업들로부터 이렇다 할 대답을 듣지 못하자 위급함을 느낀 삼성전자 이재용 부회장이 직접 일본으로 날아갔지만 일본은 고집을 꺾지 않았다. 한일 양국 간의 무역 갈등이 심해지자 그 여파는 금융시장에 직격탄을 날려 주식시장이 근래 보기 힘들게 큰 폭의 하락으로 장을 마감하는가 하면 한국이 금방이라도 망할 것처럼 허둥댔다. 일부 투자자들은 주식이나 채권을 매각해 달러를 사들이기에 분주했고 금방이라도 우리나라의 주력산업인 반도체공장들이 가동을 멈춘다고 생각했다.

그만큼 반도체 소재의 중요성과 파급 효과가 크고 관련 기업들의 상황이 절박하다는 것을 알 수 있다. 우리나라의 대표적 주력산업인 반도체 기업들이 가동하는데, 얼마나 중요한 소재이기에 이토록 난리를 피우고 긴장하는 것일까 많은 국민들이 이구동성으로 궁금해하였다. 또한, 세계 최고 IT강국이라는 한국에서 이 정도의 반도체 소재를 생산하지 못하는지 의아해하는 사람들도 많았다. 사실 우리의 주력산업인 메모리반도체와 스마트폰, 자동차 등을 생산하기 위해서는 시스템반도체는 물론 소재와 많은 장비들을 수입에 의존하고 있는 실정이다. 그리고 대부분의 핵심적인 소재나 부품들의 상당 부분을 일본으로부터 공급받고 있다. 세계 메모리반도체의 70% 가까이 생산하는 우리나라를 대표하는 반도체 생산설비에서 단 몇 개의 소재만 수입이 중단되어도 거대한 반도체 시설이 가동을 멈추게 되는 것이 우리나라가 자랑하는 반도체 강국의 현실이다. IT 강국이라고 자부하던 수많은 사람들이 허탈해하는 것은 당연한 사실이다.

한국으로 수출하는 핵심 반도체 소재 일부 품목들을 규제할 것이라는 사실을 최초로 보도한 산케이신문에 따르면 일본은 첨단재료 수출허가신청이 면제되는 화이트(백색) 국가 대상에서 한국을 제외하기로 했다. 이렇게 되면 재료를 생산하는 업체들은 해당 품목을 한국에 수출할 때마다 건별로 일본 당국의 허가를 받아야 한다. 일본은 한국을 우호국으로 인정해 2004년 백색 국가로 지정했고 현재 미국과 영국 등 27개국이 지정되어 있는데 이 신문 보도가 나간 뒤 바로 다음 날 일본은 2019년 7월 1일부터 한 달 동안 각계 의견을 수렴한 뒤 8월 1일부터 새 제도를 운용할 방침이라고 공식 발표를 했다. 이에 앞서 반도체, 유기발광다이오드(OLED)의 디스플레이에 쓰이는 플루오린 폴리이

미드, 포토레지스트(감광액), 식각원료(고순도 불화수소) 등 한국 반도체 디스플레이 산업에 꼭 필요한 3개 품목에 대해서는 7월부터 즉각 새로운 규제가 시행된다고 발표했다.

몇 년 전 중국과 일본이 해상 영토문제로 감정이 격해지고 급기야 해상에서 물리적으로 부닥친 사건이 발발하고 일본정부가 중국인을 인질로 잡는 행위를 하자 중국정부가 꺼낸 것도 일본의 전자, 자동차, 반도체 생산기업들에 필수적인 희토류 수출을 막아 버렸다. 결국, 일본은 일주일 만에 백기를 들고 투항했다. 이때의 경험을 답습하며 우리에게 보복한 것이다.

수출규제를 선포한 일부 품목들은 한국의 중소기업들이 생산하고 있지만, 그 원료를 일본에서 가져오기 때문에 우리가 개발한 제품이라고 보기 어렵다. 이처럼 우리 주력산업인 반도체산업은 외부환경에 크게 영향을 받는 구조로 연결되어 있다. 단 한 품목의 소재만 공급받지 못해도 거대한 반도체 공장의 가동이 멈출 수도 있다는 것을 국민들은 비로소 알게 된 것이다. 이번 사태로 국민들은 반도체 강국이라는 이미지와 달리 허술한 현실을 알게 되었고 반면 그만큼 새로운 기회가 열리는 계기로 삼을 수도 있다는 얘기다.

반도체 공정라인

반도체 공장을 가동하고 완제품을 생산하기까지 수많은 장비와 공정을 거쳐 다양한 소재, 재료가 들어간다. 반도체 초기는 시설부터 장비 재료 모든 부분을 수입에 의존했으나 지금은 상당 부분의 장비와 소재들이 국산화를 이루어 국내에서 공급되고 있다. 전문가들의 분석대로라면 대충 30% 정도가 국산장비로 수입대체를 하고 있다고 한다. 하지만 대체로 기술 부분이 한 단계 낮은 장비와 소재들이며 아직도 핵심적인 기술을 요구하는 반도체 장비들과 소재들은 대부분 수입에 의존한다.

반도체를 생산하기 위해서 크게 나눠보면 장비산업과 소재산업으로 나눠볼 수 있다. 장비산업은 전공정 장비, 후공정 장비 및 검사 장비로 분류할 수 있다. 이 중에서도 특히 전 공정 장비는 첨단기술 집약산업으로 투자비중이 반도체 장비의 절반 이상인 54%를 차지하는 분야로 미국, 일본이 중심이 되어 세계시장을 주도해 오고 있다. 최근 들어 국내 업체들이 후발주자로서의 뛰어들어 장비와 소재 부분에서 개발에 성공하여 납품하는 등 점진적으로 성장해 가고 있다. 아무리 좋은 장비를 만들어도 대기업에서는 기존 사용하는 장비들을 선호하며 모험이랄 수 있는 신규 장비를 쓰려고 하지 않는 것도 우리나라의 반도체장비 업체들이 성장할 수 없는 구조적인 문제점을 안고 있었다. 특히 현장에서 생산을 담당하는 임직원들이 그 책임이 자신들에게 돌아올까 봐 새로운 것을 시도하지 않는다는 자기보호 중심적인 안일한 생각에서 비롯됐다고 업계관계자들은 입을 모으고 있다.

반도체 장비 부분을 요약해 보면 메인장비 CVD(화학증착장비), Asher, 식각장비, Track장비에 이어 주변장비로 연결되는데, 세정장비, 개스캐비넷, Chiller, Scrubber 클린룸설비, 반도체 배관설비 등으로 구성되어 있는 전공정의 시스템이다.

후공정 장비의 구성은 검사장비(Test Handler, Chip Mounter, Burn-in System 등)가 연결되어 있고, 기타 장비라 할 수 있는 패키징 장비(몰딩, 트리밍, 포밍장비), 레이저마킹장비 등으로 조합된 제조라인이다. 이토록 수많은 장비들이 생산라인에 들어가야 비로소 반도체생산의 전초적인 라인이 이뤄진다. 전 공정 중에서도 핵심적인 부분을 들여다보면 '포토 공정'이다. 웨이퍼 위에 반도체 회로를 만들기 위해 기본 패턴을 사진 찍듯 인화하는 과정이다. 하지만 한국 업체 중 회로패턴을 인화하는 '스캐너' 장비 개발사는 없다. 특히 고도의 기술을 요하는 장비를 아무리 잘 만들어봐야 시험까지 버틸 수 있는 기업들이 과연 몇이나 되겠느냐고 현재의 장비 업체 대표들은 말하고 있다.

전 공정의 핵심이랄 수 있는 미세공정용 포토스캐너 장비 분야는 ASML(네덜란드)사가 세계 1위 기업으로 거의 독점하고 있다. 나머지 15% 정도를 일본의 후발업체들이 차지하고 있다. 전 공정에서 두 번째로 중요하다고 할 수 있는 장비는 패턴에 따라 화학물질을 바르는 증착, 다시 깎는 식각(Etching·에칭)공정이다. 3D낸드플래시를 생산하면서 화학물질을 여러 겹으로 쌓아야 하기 때문에 패턴 과정은 훨씬 더 복잡하고 미세해진 공정이다. 그만큼 안정성과 정확성이 더 요구되는 장비다. 3D낸드플래시 생산라인에 필요한 이 증착 장비는 어플라이드 머티리얼즈의 미국 기업과 일본의 도쿄일렉트론에서 절대적 우위를 차지하고 있다. 우리나라의 기업 중에서도 이 부분에서 기술개발을 끝내고 시험 중이라고 하여 기대감을 갖고 있다.

그리고 식각장비는 미국의 램리서치와 ASML가 독점적인 자리를 지켜가고 있다. 수많은 장비 부분에서 한국 업체들은 한 단계 기술이 낮은 주로 후공정에서 기술개발이 이뤄져 양산 중이나 현재 시장점유율은 30% 정도에 그치고 있다. 우리나라의 반도체 장비 업체들이 주로 후공정 부분에 진출해 있다는 것은 고도의 기술이 요구하는 전공정 장비 부분에도 도전할 수 있고 그만큼 성장 잠재력이 있다는 얘기다. 이 부분은 한국 반도체 장비 업체들의 현황에서 다시 짚어보고자 한다.

반도체 소재

이번에 일본 정부가 수출 규제로 우리 반도체 기업들을 위협하고 있는 분야는 반도체 소재 부분이다. 반도체 제조과정에서 필수적인 재료라 할 수 있다. 물론 재료 부분에서도 전공정과 후공정 재료로 크게 나눠 볼 수 있다. 전공정 재료로는 기능성 재료, 반도체의 기판이 되는 웨이퍼와 웨이퍼를 가공하여 칩을 제조하는 데 사용되는 소재로 포토마스크, 포토레지스트, 반도체용 고순도 화공약품 및 가스류, 페리클, 배선재료 등으로 구분되어 있다. 대표적인 후공정 재료에는 리드프레임, 본딩와이어, 봉지재 등이 있다. 이 외에도 수많은 미세공정에 필요한 재료들이 있다. 자주 사용되는 반도체 소재들의 대표적인 용어들을 업계의 홍보자료나 사업내용에서 찾아볼 수 있다.

수많은 재료 중 화학증착(CVD-Chemical Vapor Deposition)이 있다. 이 화학증착이란 반도체 제조공정 중 반응기 안에 화학기체들을 주입하여 화학반응에 의해 생성된 화합물을 웨이퍼에 증기 착상시키는 것을 말하며 이 과정에 사용되는 고순도 약액 또는 특수가스를 화학기상증착재료라 한다. 포괄적으로 특수가스 분야라고 보면 된다. 이 소재는 우리 기업들이 생산하여 주요 반도체기업들에 납품을 하고 있지만 30% 선에 그치고 있다.

그다음이 식각재료(Etchants)와 세정재료(Cleaning Chemicals)라고 할 수 있다. 식각재료는 반도체 제조공정 및 웨이퍼 제조공정은 물론 평판디스플레이 제조공정에서도 광범위하게 사용되는 재료이다. 우선 식각이라 함은 웨이퍼 표면이나 평판디스플레이 기판에 반도체 집적회로를 형성시키기거나 필요한 부위를 얻기 위하여 화학약품 및 특수가스의 화학반응을 이용하여 얻고자 하는 패턴을 만드는 작업을 식각이라 부른다. 이러한 공정에 사용되는 약품이나 특수가스 및 기타재료를 식각재료라고 한다.

이번에 일본이 일방적으로 수출규제를 하는 품목들이 이 부분에 해당하는 제품군이다.

식각재료에 이어 연결된 공정에 사용되는 세정 관련 재료이다. 세정이란 웨이퍼나 평판디스플레이 표면에 반도체 패턴이나 도선 패턴 등을 형성시킬 때 금속오염물이나 입자들을 각각의 제조공정을 수행하기 전·후에 고순도의 약품을 사용하여 제거시켜주는 작업을 세정이라 하며 반도체 공정에서 30% 이상을 세정공정이 차지함으로 세정재료의 중요성은 지대하다 할 수 있다. 이번 일본정부가 수출규제로 우리 반도체 기업들에게 충격을 주려고 하는 분야도 바로 이 반도체 소재 분야 에칭가스(고순도 불화수소)와 감광액(포토레지스트) 등을 무기로 삼아 우리나라의 핵심산업의 목을 조르고 있다. 이번 사태로 정부와 관련 업계는 반도체 장비는 물론 소재 분야에서 국산화의 필요성을 실감했고 관련 기업들은 제2의 성장을 위해 새로운 길을 모색해야 할 것으로 보인다.

현재 반도체 슈퍼 호황기가 끝나기 전부터 한국의 반도체 장비, 소재 기업들은 심각한 매출 정체와 마이너스 성장을 겪고 있다. 삼성전자가 130조가 넘는 막대한 자금을 시스템반도체에 투자함과 동시에 메모리반도체 부분도 꾸준히 설비투자를 하겠다고 공언하였지만, 관련 장비 소재 업체는 새로운 과제가 안겨진 셈이다. 정부도 반도체 장비, 소재 분야에 매년 1조 원을 지원하겠다고 공식 발표하여 미래의 성장동력을 이어가겠다는 전략을 내놓았다. 항상 위기 속에서 기회가 있고 많은 기업들은 그 위기 속에서 성장의 기틀을 마련해 왔다.

반도체 장비의 특성상 신규 또는 증설 시 최소 1년 이상의 기간을 두고 발주가 이뤄진다는 점을 감안하면 반도체 경기를 미리 짐작해 볼 수 있다. 2018년부터 수주가 급격히 줄어든 이유는 주 거래처인 삼성전자나 하이닉스가 메모리반도체 설비투자를 대폭 축소했고 중국 경쟁사들의 추격으로 중국시장의 매출이 급감했기 때문이다. 당분간 침체기를 이어갈 수 있다는 전문가들의 예상처럼 우리나라 반도체 장비와 소재전문기업들은 새로운 길을 모색해야 할 시점에 있다. 또한, 한국 반도체 장비 업체들의 오랜 숙원이던 장비테스트 연구소를 설립해야 한다는 것도 큰 과제다. 우리나라가 반도체 강국이라고 하면서도 장비테스트를 할 수 있는 연구소 하나 없다는 것은 반도체 강국을 말하기에 부끄러움을 느끼지 않을 수 없다. 반도체 장비 업체들이 신제품을 개발하면 생산라인에서 하자와 생산 능력이 검증되는 시험테스트를 해야 납품할 수 있다. 그러함에도 우리나라는 시험테스트를 할 수 있는 기관이 하나도 없어 룩셈부르크 등으로 신제품들을 가져가 시험을 해야 하는 것이 우리나라의 반도체 인프라의 수준이다. 관계자들이나 학자를 비롯하여 수많은 전문가들이 공공연하게 대한민국 IT 강국이라고 떠들어왔던 실상이 얼마나 허구였는지 단적으로 볼 수 있는 부분이다. 지금까지 관계 당국이나 대기업들은 이 부분에 대해선 소홀히 하고 있다가 이번 사태가 불거지자 반도체 강국의 현실을 직시하게 된 것이다.

우리나라 반도체 장비·소재 기업들

반도체 장비 업계 제1세대라고 할 수 있는 기업으로 미래산업을 꼽을 수 있다. 미래산업은 반도체 완제품을 최종 검사하는 후공정 장비를 개발한다는 목표로 1983년 행정직 공무원이었던 정문술에 의해 창업되었다. 설립 당시 주변의 만류를 뿌리치고 공고 출신의 직원들과 반도체 장비개발에 뛰어들어 6년여 개발기간을 거쳐 내놓은 장비가 테스트 핸들러(Test Handler)다. 벤처 1세대로 불리는 기업으로 판매가 시작된 1990년 초까지도 매출의 80% 가까이 연구 개발비를 투자했다. IC 테스트 핸들러 검사장비는 거의 수입에 의존해 왔으나 이 개발로 인하여 한때 국내 반도체 장비시장에서 60% 이상 시장을 점유했었다. 또한, 세계적인 반도체 회사인 미국의 텍사스인스트루먼트사에도 공급해 그 기술력을 인정받았다. 전공과도 전혀 관계가 없고 현장 경험도 없는 그가 나이 50을 넘어 새로운 도전을 해 성공신화를 쓴 일화는 오래도록 반도체 장비 업계의 전설로 남아 있다. 또한, 회사가 한참 전성기를 누릴 때인 2001년 "회사를 대물림하지 않겠다"며 회사 경영권을 직원에게 물려주고 스스로 은퇴했다. 이어 2012년 자신과 부인에게 남은 회사 주식을 모두 처분해 기부했다. 이런 그의 행위는 많은 기업은 물론 벤처기업가들에게 큰 감명을 주어 본보기가 되고 있다.

주성엔지니어링

미래산업이 태동할 당시보다 조금 늦게 출발했지만 역시 대표적인 벤처기업 1세대라고 할 수 있는 주성엔지니어링(036930)이 있다. 1993년에 설립되었으며 1999년 12월 코스닥시장에 상장되었다. 주성엔지니어링이 앞장서면서 많은 벤처기업들의 본보기가 되었고 선진국 수준의 반도체 장비들을 연이어 개발한 기업이다. 현재도 전 공정 장비 부분에서 높은 시장 점유율을 보인 ALD(Atomic Layer Deposition)를 비롯하여 디스플레이, 태양전지, LED 및 OLED 제조장비 사업을 영위하고 있다. 우리나라 벤처기업들이 이 주성엔지니어링을 롤모델로 창업 붐이 일었고 코스닥의 대표적인 기술주가 되었고 시가총액 최상위권을 차지했었다. 2018년, Display 업계는 중화권의 LCD패널 과잉공급과 스마트폰의 판매 부진과 중화권 업체들의 신규 OLED Fab 투자 지연 등으로 어려움에 봉착해 있다. 이 회사는 미래 먹거리로 개발한 OLED 및 10.5세대 양산라인을 목표로 신규 증착장비를 개발하여 새로운 매출증대를 이어가고 있다.

▌솔브레인

반도체 소재 전문기업으로는 솔브레인(036830)을 꼽을 수 있다. 반도체 및 전자 관련 화학재료를 주력사업으로 1986년 5월 설립되었으며, 반도체소재 기업의 1세대라고 할 수 있다. 현재 영업 아이템은 크게 반도체 공정용 식각재료, 디스플레이 공정용 화학재료, 2차전지 소재 등을 생산하고 있다. 일본이 수출규제한 반도체 소재 부분 일부 품목을 생산하고 있어 대처할 수 있었다. 주 거래처로는 삼성전자, 삼성디스플레이, SK하이닉스, LG디스플레이 등 국내 반도체 및 디스플레이 제조사에 공정용 화학재료 등을 안정적으로 공급하고 있다. 또한, 삼성SDI, SK이노베이션 등의 국내 2차전지 제조사에 관련 제품을 공급하고 있다. 수출에서 차지하는 매출은 전체 매출의 10% 선에 불과해 해외시장 개척이 향후 성장동력이 될 것으로 보인다. 이번 일본의 반도체 소재 수출 규제조치로 국산 토종업체들에게는 더욱더 국산화 개발이 독려될 것으로 보이며 오히려 소재업체들에는 긍정적인 측면이 더 많다.

당사는 해외시장 진출을 위하여 2012년 12월 중국과 말레이시아에 각각 반도체 공정재료 생산을 위한 현지법인 솔브레인(시안)전자재료유한공사와 2차전지 재료 생산 현지법인 Soul brain E&I Malaysia SDN BHD를 설립하여 해외시장의 활로를 마련하였다. 재무적으로도 매우 안정적인 상태를 유지해 오고 있어 지속경영이 가능한 경쟁력을 갖추고 있다.

E-커머스,
전자상거래의 변화

    지난해(2018년)를 기점으로 미국은 중·대형 오프라인 판매점과 일반 가게들이 하루에 350개 가까이 문을 닫고 있다. 1년 전 미국 금융시장에서 충격적인 뉴스가 나왔는데, 세계 1위에 장난감 회사인 토이저러스가 미국 내 모든 가게의 문을 곧 닫을 예정이라는 것이었다. 우리나라에도 이미 영업을 하고 있어 대중들에게도 잘 알려진 회사다. 전 세계 1,600개나 넘는 대형매장을 운영하는 세계 최대의 장난감 회사다. 문을 닫는 이유는 너무나 잘 알고 있는 사실이긴 하지만 그 이유를 몇 가지로 요약하자면 첫째, 아이들이 유치원 때부터 스마트폰을 사용하기 시작해 게임이나 장난감 놀이도 스마트폰으로 하고 더 많은 게임이나 만화들이 하루가 멀다고 등장하기 때문에 더 이상 물리적으로 노는 장난감은 쳐다보지 않는다는 것이다. 그렇다고 전혀 아이들이 장난감을 갖고 놀지 않은 것은 아닌데, 그나마 필요한 장난감은 매장에서 확인한 다음 훨씬 싼 온라인에서 구매한다는 것이 문을 닫을 수밖에 없는 두 가지 가장 큰 이유라고 한다. 그뿐 아니다. 백화점은 물론 기업 간의 거래물품, 정부납품 물건에 이르기까지 소비 물품을 취급하는 모든 기업들이 빠르면 몇 년 안에 현재 운영되고 있는 판매점들의 50% 정도는 문을 닫을 것이라고 하며 이미 대책에 들어갔다고 한다. 이는 오늘의 문제가 아닌 이미 몇 년 전부터 변화가 시작되었고 급속도로 빠르게 변화하고 있다. 이에 반해 전자상거래(온라인)는 스마트폰을 중심으로 꾸준히 상승곡선을 그리고 있고 이익규모도 더욱더 커지고 있다.

그동안 일반적인 온라인상거래가 시장을 주도해왔지만 새로운 개념의 전자상거래시스템 도입으로 일반매장이나 백화점의 영업환경은 급격하게 줄어들 것이다. 새로운 개념의 온라인 시스템의 등장으로 대변혁을 이룰 것이 분명해 보인다. 그동안 시행착오와 함께 성장기의 발판을 거쳐 빠르게 선보이고 있는 새로운 개념의 전자상거래 E-커머스가 향후 온라인시장 판도를 크게 바꿔놓을 것이다. 지금의 전자상거래 온라인 거래가 폴더폰이라고 한다면 E-커머스는 스마트폰과 비교할 만큼 혁신적이다. 빠르게 성장하고 있는 E-커머스는 쇼핑몰 홈페이지 개설을 위한 서버·네트워크 구축부터 홈페이지 디자인 제작, 글로벌마켓에 입점은 물론 각 나라의 언어로 자동 번역되어 상거래를 지원한다. 온라인 비즈니스 관련 교육, 광고마케팅 대행까지 원스톱 서비스를 제공함은 물론 빅데이터와 인공지능을 통해 서비스를 제공한다. 대표적인 서비스를 예로 들면, 현재 고객들이 이런 품목에 관심이 집중되고 이런 스타일이 빠르게 유행되고 있으니 이 제품을 내놓으라고 판매자에게 알려주는가 하면 매장과 온라인 판매를 병행하는 사업자에게는 매장의 재고가 없으면 온라인의 재고상황을 실시간 알려주기도 한다. 또한, 기업 간 거래에서 판매가 예상보다 좋으면 미리 재고 확보를 알려주는 등 현재의 온라인상거래와는 전혀 다른 차원의 시스템이다.

즉, 내가 어떤 물건을 디자인했거나 새로운 아이템을 개발했을 때 E-커머스 회사에 연락만 하면 최대한 이른 시간에 홈페이지 개설은 물론 판매자가 원하는 국가(한국, 미국, 아시아, 유럽 등)에 동시에 온라인 판매를 할 수 있도록 해당 언어는 기본이고 택배와 결제시스템 등을 원스톱으로 서비스해 주는 방식이다. 최근에 선보인 카페24주식회사의 스마트 모드는 1~2개의 적은 상품이라도 판매하길 원하는 창업자들이 손쉽게 전자상거래시장에 진출할 수 있는 솔루션이다. 5분 만에 쇼핑몰 개설이 가능하고 상품 관리부터 결제, 배송, 프로모션까지 원스톱비즈니스 운영이 가능한 신개념의 서비스다. 최근 인플루언서 E-커머스 시장이 새롭게 형성되는 등 온라인 창업 열기가 거세지면서 스마트모드 기반 쇼핑몰 창업이 가파르게 상승할 것으로 전망되는 신모델이라 할 수 있다.

보통 개인이 온라인 판매를 하기까지 몇 개월이 소요되었다면 신개념의 E-커머스는 창업과 동시에 정상적인 거래가 이뤄지고 비용도 크게 절감할 수 있어 누구든지 빠르게 이 시장에 뛰어들 수 있을 것이다. 현재 우리나라의 대표적인 E-커머스 기업인 카페24주식회사의 특징은 여러 곳의 창업지원센터를 마련해 초보자를 위한 창업교육을 실시한다는 점이다. 제품의 선정과 매입에서부터 판매과정은 물론 시장에 접근하는 기술적인 부분과 관리까지 원스톱으로 창업을 지원하는 센터를 무료로 운영하고 있다는 점도 기존 온라인쇼핑 업체들과 큰 차이가 있는 새로운 방식이다. 즉 스마트폰 구매자를 위한 판매시스템의 혁신이라고 보면 이해가 빠를 것이다.

통계청에서 발표한 2018년 기준으로 전체 소매유통 거래액 약 464조 원 중 온라인쇼핑 거래액 비중은 24% 수준에 미치지 못하고 있다. 오프라인 소매유통 거래액이 전년 대비 5.5%의 성장에 그치고 있는 반면, 온라인쇼핑 거래액은 연간 20% 수준의 성장세를 보이고 있다. 현재 상황으로 볼 때 E-커머스 사업은 이제 성장기에 들어섰다고 볼 수 있다. 미국 등 선진국의 온라인 성장성을 비교해 봐도 온라인쇼핑의 성숙기를 기준으로 하면 전체 소매유통의 총 거래액 중 40% 가까이 근접했을 때 전체 온라인쇼핑 산업은 성숙기에 도달했다고 볼 수 있다. 현재 성장 추세로 본다면 향후 10년까지 온라인쇼핑 시장은 스마트 폰을 이용한 구매증가로 향후 지속적인 성장을 이어갈 것이다.

최근에 오프라인 매장을 얻어 인테리어를 하고 비싼 임대료를 지불하며 성공한 사례는 찾아보기 힘들지만, 온라인쇼핑몰에서 아이디어 하나로 성공하여 수천억 원에 온라인쇼핑몰을 넘긴 이야기는 한번쯤 들어봤을 것이다. 많은 창업자들이 온라인쇼핑몰 사업에 진출했다가 쓴맛을 보고 손을 들었다는 얘기도 수없이 봐 왔지만 그래도 향후 이 부문에서 성장스토리는 지속될 것이다. 그것이 세상의 흐름이고 현재 유통의 질서이기 때문이다.

우리나라에의 E-커머스 선두기업의 자리를 확고히 지켜가고 있는 카페24주식회사는 혁신적인 아이디어와 신개념의 기술로 시장을 개척해가고 있다. 우리나라의 테슬라법 상장 1호라고 불리고 있는 카페24주식회사(042000)는 상장요건에 미치지 못하지만, 미래의 성장성과 새로운 개념의 신기술 또는 특별한 아이디어를 심사위원에게 인정받아 특례법으로 2018년 2월 주식시장에 상장되었다. 이 회사는 고객이 글로벌마켓에 쉽게 입점할 수 있도록 미국 최대 온라인쇼핑몰인 아마존닷컴을 비롯해 일본 라쿠텐, 중국 알리바바 등과 파트너십을 맺고 있고 국내 오픈마켓 14곳과도 자동으로 연동해 사업하고 있다.

카페24의 솔루션 내에 등록한 모든 상품들은 이들 오픈마켓에서 동시에 판매되며 마켓별 다른 접속 없이도 상품 등록, 주문수집, 배송정보 등을 일괄 관리할 수 있는 신개념의 서비스다. 온라인쇼핑몰의 경우 대부분 1인 창업자로 시작하기 때문에 이 같은 일을 모두 혼자 하기는 어렵고 많은 비용과 시간이 소요된다. 카페24를 이용하면 혼자서도 글로벌 쇼핑몰을 쉽게 운용할 수 있다는 점도 큰 차이다. 현재 카페24를 통해 오픈된 쇼핑몰만 160만 개의 계정을 보유하며 관리하고 있다. 2018년 기준 거래액이 6조 원에 달한다. 카페24는 고객사의 해외진출을 돕기 위해 미국, 일본, 중국, 필리핀, 대만 등 전 세계 8곳에 거점을 마련했으며 베트남 지역으로도 사업을 확장하고 있다.

여성패션몰인 '임블리', '육육걸즈' 등이 모두 카페24를 이용하고 있으며 해외시장 공략에 나서고 있다. 특히 이 회사가 중점으로 신경을 쓰고 있는 부분은 국내 상품의 직구를 통한 해외 판매가 급속도로 커지고 있다는 점이다. 카페24를 이용한 온라인 사업자들의 매출 신장을 엿볼 수 있는 대목이다. 매년 두 자릿수 이상 급성장하고 있는 해외직구 판매는 2018년 카페24의 전자상거래 플랫폼을 통해 해외 소비자들과 국내의 해외직구 판매와 역직구를 이용해 거래되는 규모가 약 3조 5,777억 원 수준으로 2017년 대비 21.2% 성장하면서 새로운 수출 방식으로 부상하고 있다. 이러한 움직임은 한류문화가 확산되면서 한국 콘텐츠와 상품들이 큰 인기를 얻고 있고, K패션 및 K뷰티 등 한국문화와 상품에 대한 인지도가 전 세계적으로 높아지고 있기 때문이다.

올해 들어 스마트모드에 이어서 인플루언서를 위한 서비스도 시작했다. 특정 기간을 지정해서 이벤트를 진행하는 '기간판매관리 서비스'와 적은 품목도 전문업체에 배송업무를 맡기는 '위탁배송 서비스'를 위한 것이다. 이는 인플루언서들이 커머스를 하기 위해 꼭 필요한 기능들을 독자적으로 개발한 시스템이다. 기존의 온라인판매 업체들이 시도하지 않았던 서비스를 지속적으로 선보이며 전자상거래 신모델을 만들어 가고 있다. E커머스는 이제 정착단계로 볼 수 있으며 성숙기에 도달하기까지 상당한 시간이 소요될 것으로 판단되지만 기존 어느 유통산업과는 비교할 수 없을 정도로 빠른 성장을 이어갈 것은 의심할 여지가 없다. 스타트업이나 모든 사업에서 이 부분을 잘 활용하는 것도 사업을 안정시키는데 큰 기여를 할 것이다.

글로벌 전자상거래가 활성화됨에 따라 향후 해외 직접판매 시장은 크게 성장할 것으로 전망된다. 유통 관련 창업을 준비하는 사람이라면 새로운 전자상거래의 변화에 동참하여 자기만의 독창적인 색깔을 가져야 한다. 그것이 세상의 변화이고 관련 산업의 트렌드이기 때문이다.

한때 세계 필름시장을 석권했던 코닥이나 후지 같은 세계적인 1등 기업들이 시장의 흐름을 적시에 읽지 못하고 주춤하던 사이 순식간에 연기처럼 사라져버렸다. 스마트폰이 출시되기 이전까지만 해도 전 세계 핸드폰 시장의 60% 이상을 점유했던 노키아는 순식간에 없어져 버렸고 일부 전자통신기기를 만드는 회사로 전락하고 말았다. 애플이 스마트폰을 개발한다는 소식을 들은 노키아 경영진들은 그 작은 화면으로 누가 불편해서 컴퓨터처럼 사용하겠느냐며 새로운 변화를 무시해 버리고 폴더폰 개발에 집중했다. 세태의 흐름을 읽지 못하고 동참하지 않으면 어떤 결과가 나오는지를 단적으로 보여주는 사례다.

아직도 구시대적 사고방식으로 기업을 경영하거나 판매방식을 고집하며 오프라인에 투자를 지속한다면 그 기업은 어느 순간 흔적없이 사라져 버릴 것이며 그 속도는 더 빨라질 것이다.

어떤 기업이나 산업의 흐름을 알고자 할 때 상장된 주식들의 가격

추이만 봐도 어느 정도 가늠할 수 있다. 우리나라도 투명한 국제회계를 기준으로 재무제표를 작성하기 때문에 국제수준의 신용도에 올라서 있다. 주가는 그 기업의 성장과 영업이익의 바로미터의 잣대이기 때문에 주가만 봐도 그 회사의 성장을 대충 알 수가 있다. 카페24주식회사는 2018년 2월 상장 시 공모가 57,000원이었지만 거래 첫날 시작가격은 84,500원으로 상큼하게 출발했다. 그 후 몇 개월 만에 20만 원까지 지속 상승해 지금은 연중 최저점에서 거래되고 있다. 집중적인 신모델 개발에 따른 투자비용과 관리비 지출 등으로 일시적인 주가하락을 겪고 있지만 머지않아 성장가치를 따라잡을 것이다. 새로운 개념의 한국형 아마존이 될 수 있는 기업으로 평가받고 있다. 향후 빠르게 도태되는 오프라인 매장들에 비해 꾸준히 상승을 해 나갈 수 있는 독보적인 E-커머스 기업이기 때문이다. 투자자적 관점에서 지속적으로 관심을 두고 봐야 하며 투자를 늘려도 좋을 주식이라는데 주저하지 않는다.

제4장

한류문화의
블루오션

문화는
국가의 경쟁력이다

박물관도 프랜차이즈 시대

프랑스 파리를 대표하는 랜드마크 루브르박물관이 사막의 한가운
데에 들어서서 개관한 지 벌써 1년이 넘었다고 말하면 많은 사람들은
"중동 사막지대에 무슨 프랑스의 박물관이냐고 뜬금없는 소릴 한다"
며 핀잔을 준다. 박물관은 한 나라의 역사와 문화를 대표하는 전시공
간으로서 당연히 그 나라 안에 있어야 한다는 고정관념이 박혀 있는
터라 의아해하는 사람들이 대부분이다. 지금은 박물관도 은행이나 기
업들처럼 해외 지점(별관)을 두고 영업을 하는 시대가 되었다. 2007년
프랑스 정부와 아랍에미리트(UAE)는 루브르 아부다비 설립을 본격적
으로 협의하였고 10년만인 2017년 11월 첫 해외 별관인 '루브르 아부
다비'를 개관한 것이다. 특별한 자연의 풍광이나 역사적인 건축물 또
는 오락문화 하나 내세울 곳 없는 사막지대에 세계 최대의 박물관 중
하나인 프랑스를 대표하는 루브르박물관의 별관이 들어섰다는 그 뉴
스 하나만으로도 신선한 충격이다. 잘 지은 박물관이나 미술관 하나
가 생산 공장 수십 개를 짓는 것보다 훨씬 경제적 이득이 많고 친환경

적이다. 이런 변화들은 최근 들어 문화의 가치가 새삼 재조명받는 계기가 되고 있다.

'루브르 아부다비'는 아랍에미리트의 아부다비 도심 인근의 사디야트 섬 9만 7,000㎡ 규모의 부지에 55개의 건물로 구성돼 있다. 이 박물관을 찾는 관광객들은 루브르박물관 전시품들을 보기 전에 먼저 건축물의 예술성과 규모에 놀라게 된다. 개관한 지 얼마 되지 않았음에도 단기간에 사막지대의 이미지를 단숨에 바꿔놓은 관광명소로 자리 잡아가고 있다.

박물관 중심부를 덮고 있는 돔 모양의 지붕은 전통적인 아랍의 건축양식으로 설계되었고, 저마다 모양이 다른 7,850개의 구멍이 뚫려 있어 건물 내부로 들어오는 빛이 시시각각 변화하도록 건축되어 찾는 이들을 매료시키고 있다. 아부다비 정부는 오래전부터 세계적인 컨설팅업체들과 머리를 마주하며 국가의 미래설계에 집중해 왔다. 국가의 수입 대부분을 차지하는 원유의 고갈을 대비해 미래를 준비해 왔다. 풀 한 포기 자라지 않는 사막지대에 원유를 대체할 만한 산업이 쉽지 않은 환경에서 그들이 대대적으로 투자한 것은 세계교통의 중심도시를 만드는 것이 첫 번째 프로젝트였다. 그 계획은 성공하여 두바이는 현재 세계 제1의 허브공항으로 자리 잡았고 관광, 교역, 상업, 금융이 연계된 국제적 도시로 변화시켜 놓았다.

아부다비 정부는 그 두 번째 플랜으로 선진국 문화를 끌어들여 새로운 컨셉의 관광명소로 자리 잡아간다는 국가적 전략을 수립해 놓았다. 1차 계획에 이어 사디야트 섬에 루브르 박물관을 시작으로 뉴욕에 있는 구겐하임 미술관보다 7배 더 큰 '구겐하임 아부다비' 건설을 진행 중이다. 세계 유명한 문화시설을 유치해 사디야트 섬을 세계 최대, 최고의 문화관광단지로 조성한다는 야심 찬 계획으로 21조 원의 예산을 책정해 제2의 프로젝트를 진행 중이다. 이는 단순한 문화도시를 넘어 그것을 중심으로 신산업의 핵심적 인프라를 구축한다는 전략이라고 보는 게 맞을 것이다. 세계의 투자전문가들과 학자들도 이 프로젝트의 성공 가능성을 점치는 이유는 1차 사업성과를 이미 보고 있어서다. 그런가 하면 아부다비 정부가 발행한 채권은 영국 채권보다 이자가 낮음에도 불타나게 팔려나간 것만 봐도 아부다비 정부의 위상과 사업에 대한 성공 여부를 짐작해 볼 수 있는 대목이다.

아부다비 정부는 30년간 루브르 박물관의 브랜드 사용과 소장품 대여비와 프랑스 측 전문가들이 파견되어 관리 운영에 드는 비용 등을 조건으로 9억 7,400만 유로(1조2,584억 원)를 지불하기로 프랑스 측과 합의했다. 한 해 300억 원의 브랜드 로열티와 대여료를 지급하지만, 문화적 위상이 주는 국가의 이미지와 빠르게 늘어나는 관광객들의 수입과 연관된 파급효과를 계산하면 매년 수조 원의 이익을 가져다줄 것으로 보고 있다. 지금은 무형적인 자산가치가 그 어떤 생산시설에서 얻은 이익보다 무한한 가치를 창출하며 국가의 경쟁력이 되고 있다. 특히 가장 이익률이 높은 친환경 산업은 바로 문화산업이다. 가치로 따질 수 없는 문화산업의 가장 큰 특징은 국가의 위상과 함께 다양한 상품의 가치를 높여주는 무형의 자산이다.

우리 문화 세계화의 첫걸음

우리나라가 산업화를 걸으며 급속한 성장을 해 온 데는 노동집약적인 생산기반과 꾸준히 발전해 온 신기술을 앞세운 생산 효율화를 통한 집단적인 생산기반이 있었기에 가능했다. 그러나 후진국에 머물렀던 신흥국들이 빠르게 기술을 따라오고 있는가 하면 일부 아이템들은 이미 우리를 뛰어넘어 세계 1위 자리를 굳건히 지켜가고 있다. 사실 기술은 하루가 다르게 발전하고 모방되어 새롭게 진화하기 때문에 어쩌면 기술경쟁력은 쉽게 복사될 수 있고 빼앗길 수 있다. 그러나 어떤 물리적인 기술이나 창조적 아이디어로 따라오려고 해도 절대 카피할 수 없는 분야가 바로 문화다. 각 민족이나 나라마다 관습과 문화가 있으며 이는 수천 년이 흘러도 변하지 않는다. 몇 세대를 지나면서도 우리의 김치와 아리랑 가락과 섬세한 젓가락 문화는 다양한 제품을 만드는데 경쟁력을 키워왔고 우리만이 갖고 있는 전통적 가치관은 독창적인 색채를 지니고 있다. 젓가락질을 통해 얻은 예민한 감성과 손재주는 어느 누구도 흉내 낼 수 없는 정교함이 있어 오늘날 세계 일류 상품을 만들어 내고 있다.

우리는 신기술발전 산업화의 성공과 함께 주변 신흥국들의 발전모델이 되었다. 산업화의 팽창과 함께 외국 노동자들이 물밀 듯이 들어왔고, 때를 같이하여 우리의 드라마와 영화 등 미디어의 보급은 빠르게 퍼져나갔다. 아시아 지역을 필두로 방영되기 시작한 우리의 드라마로 의류, 화장품, 식품 등 일상생활에 필수적인 제품들이 외국인들에게 알려지기 시작한 것이다. 메이드인 코리아는 차별화된 디자인과 뛰어난 품질로 인정받기 시작했다. 그와 함께 K팝도 인기가 높아지면서 한류문화가 세계로 뻗어 나가는 계기를 마련했다.

그러함에도 우리나라가 수십 년 동안 문을 두드렸던 문화산업(영화, 음악, 패션 등) 분야는 지금껏 후진국이라는 이미지와 함께 늘 변방에서 맴돌았다. 예전에도 시도한 적이 없지 않았지만, 백인들의 전유물로 여겨졌던 영화나 대중음악이 그들의 문화 속으로 파고들어 일류가

숨겨진
부의 설계도

된다는 것은 결코 쉬운 일이 아니었다. 그러나 꿈은 실현되었고 세계적인 톱스타로 인정받아 지금 세계의 유명무대를 휩쓸고 있다. 본격적인 SNS시대가 열리면서 유튜브를 통해 등장한 '싸이'는 '강남스타일'로 단숨에 세계적인 스타로 떠올라 한류문화의 독창성을 알렸고 세계인들은 한국문화를 새롭게 인식하는 전환점이 되었다. 2013년 세계무대에 모습을 드러낸 '방탄소년단'은 날이 갈수록 빠르게 알려지기 시작하며 단숨에 세계적인 톱 가수 그룹 대열에 올랐다. 아시아 가수로서는 최초로 영국 런던 웸블리 스타디움에서 6만 관객을 사로잡은 방탄소년단은 세계 어느 국가에서도 최고로 인정받는 한국의 스타이자 전 세계를 아우르는 가수 그룹이 되었다. 그런가 하면 한국영화 사상 최초로 봉준호 감독이 만든 영화 〈기생충〉이 황금종려상을 받아 한류문화를 완성했다. 2019년 프랑스 칸 뤼미에르 대극장에서 열린 제72회 칸 국제영화제에 초청된 각국의 영화 21편의 기라성 같은 작품들을 제치고 한국영화 사상 최초로 황금종려상을 품에 안은 것이다. 이 영화는 전형적인 한국적 이야기를 주제로 꾸며진 내용이다. 가난한 가족과 부자 가족 간의 스토리를 통해 보편적 현상인 빈부격차와 사고방식 등을 블랙코미디 형식으로 우리들의 일상을 다뤘다는 점에서 더 큰 의미가 있다.

한국인들이 백인들의 전유물로만 여겨왔던 음악 부분 중 연주(피아노, 바이올린) 부분에서는 두각을 나타냈지만, 대중적인 팝을 통한 세계화는 길고 먼 여정이었다. 그러함에도 그 높은 벽을 넘은 배경에는 문화적 변화(SNS)의 흐름을 읽고 그에 발맞춰 치밀한 계획과 전략을 하나씩 완성해 나갔기에 가능했다. 가수들을 직접 작곡에도 참여시키고 안무 또한 함께 의논하고 중지(衆志)를 모아 새로운 시각으로 노력해 온 엔터테인먼트 제작진들의 프로모션이 있었는가 하면 그를 뒷받침하는 투자자들이 있었기에 완성될 수 있었다. 이제는 문화도 하나의 산업으로 인식되어 영화나 음악, 심지어 오페라 기획까지 제작과 투자가 공동으로 협업하여 한류문화 신산업의 트렌드를 창출해 낸 것이다. 딴따라 하면 돈이 안 되고 배고프다는 인식이 뿌리 깊은 우리의 가치관에서 새롭게 뿌리내린 블루오션이기에 그 의미가 크다. 이제는 문화산업도 성공하려면 반드시 기획과 마케팅 그리고 자금이 지원된 삼박자를 이뤘을 때 비로소 꽃을 피울 수 있는 시대다.

방탄소년단의 위대한 탄생

▌한류문화를 업그레이드하다

방탄소년단이 속한 빅히트엔터테인먼트 연예 기획사(대표 방시혁)는 방탄소년단 팀을 꾸릴 때부터 세계를 무대로 기획된 팀이었고 철저히 전문화된 분업화로 출발했다. 힙합을 중심으로 바닥부터 시작했던 보컬 라인보다는 래퍼로서 실력을 키우는 데 중점을 두었다. 팀워크를 이뤄가면서 머리를 마주하고 작사, 작곡에도 참여했던 멤버들은 음악적 재능을 키움과 동시 싱어송라이터로서의 실력도 인정받은 여느 그룹에서도 보기 드문 능력을 겸비해 온 것도 다르다. 독특한 노랫말도 우리의 시와 문학의 언어를 사용했고 영화에서 익숙한 대사를 삽입하여 대중성을 염두에 두었다. 그들의 음악성과 맞아 떨어져 관객을 사로잡은 데는 역시 퍼포먼스였다. 빅히트엔터테인먼트의 안무를 담당하고 있는 팀원들이 시도한 그 누구도 해보지 않았던 난이도 높은 안무와 큰 스케일은 단번에 대중을 사로잡았고 젊은이들의 우상이 되었다.

그들의 퍼포먼스를 방송이나 유튜브에서 한 번이라도 본 사람이라면 메인댄서 제이홉과 지민을 필두로 댄서라인이 각기 다른 스타일로 격하고 웅장한 무대를 소화하는 장면을 보았을 것이다. 흔히 래퍼나 힙합에서 놓치기 쉬운 흥을 살렸고 관객과 함께 무대를 이어가는 음악과 안무는 새로운 신선한 감동을 선사한다. 어느 가수들과 달리 그들은 객석의 관객과 호흡을 맞추려 하고 꾸밈없는 대화로 소통하는 점도 기존 그룹들과 다르다. 방탄소년단 7명의 팀원들이 음악의 선율에 따라 교대로 센터를 장악해 가는 안무의 뛰어남도 찬사를 아낄 수 없다.

방탄소년단을 지원하는 빅히트엔터테인먼트가 가장 중점을 두고 있는 가치도 여타 다른 경쟁사들과 차별화된 전략이었다. 창립부터 현재까지의 미션은 고객들에게 위안을 주는 음악과 아티스트의 화음이었다. 현재도 스탭진들이 머리를 맞대고 고심하는 부분도 팬들의 생각을 읽는 일이다. 팬들은 그들의 사회에서 무엇이 고민이고 또 어떤 점을 궁금해하고 갈망하는지를 파악해 노래에 접목하는 것이다. 자신들만의 색깔로 주관적인 음악을 만들어 팬들에게 알리는 것이 예전의 방식이었다면 방탄 팀은 철저히 고객들의 눈높이에 기준을 두고 진행한다는 점이 크게 다르다.

또한, 가장 큰 장점이자 성공의 열쇠가 되었던 점은 바로 콘텐츠였다. 시대적 흐름과 맞아 떨어진 기획력은 적중했다. 지금까지 대부분의 뮤직비디오는 사전에 계획된 시나리오를 바탕으로 만들어져 제공되었다면 방탄 팀은 실시간 라이브를 택했고 현장 그대로 영상을 내보내 팬들과 같이 현장을 공유했다는 것도 SNS시대를 살고 있는 젊은이들에게 훨씬 큰 공감대를 형성한 것이다. 스타를 꿈꾸는 사람들은 이 부분에서 힌트를 찾아야 한다. 진솔한 모습과 보는 이와 공감대를 형성하고 동질감에서 감정을 공유한다는 점이 현재를 사는 젊은이들의 공통분모다.

▎100만 명이 넘는 방탄의 지원군

현재 전 세계적으로 100만 명이 넘는 팬클럽 아미(Amy)는 전에는 볼 수 없는 탄탄한 지원군으로 자리를 잡았는데 SNS에서는 1500만 명을 이미 넘어 섰다. 그 이면에는 치밀한 관리계획과 자연스럽게 확산되도록 드러나지 않음 속에서 관리한 전략도 롱텀으로 갈 수 있는 토대를 마련하였다. 팬클럽 이름 또한 방탄소년단의 그룹 이름과 무관치 않다. 10대들은 외부의 간섭과 무한한 도전에 쉬 지치고 좌절할 수 있으나 이러한 한계를 스스로 극복하고 방어하자는 데서 이름이 결정되었다. 팬클럽 아미(Army) 또한 군대, 즉 육군이라는 뜻으로 방탄복과 군대는 항상 동반자로 동행하므로 팬클럽도 함께 간다는 의미이며 팬클럽의 이름도 공식적인 팬카페에서 회원들의 투표를 통해 2013년 7월 9일 확정된 것이다.

방탄소년단이 노랫말과 그들의 이상에서 강조하듯 청춘의 성장에서 겪는 아픔과 환희를 다루고 있는 만큼 팬들 또한 10대와 20대가 단연 높은 비율이었으나 점진적으로 중년층으로 세를 넓혀가고 있다. 현재는 10대에서 50대까지 남성 팬들은 물론 다국적 회원들이 앞다퉈 세를 넓혀가는 추세다. 특이한 점은 미국의 대표적인 팬클럽 팬덤의 회원 수가 한국의 팬덤 숫자보다 월등히 높다는 것은 세계적인 스타임을 증명해 준다.

지금껏 1세대 한류문화를 대표했던 가수들은 대부분 아시아권에서 활동해 왔으나 방탄소년단은 젊은 팝 문화의 본산이라고 할 수 있는 미국을 주무대로 삼았다는 점이 크게 다르다. 미국에서 인기를 얻어 아시아를 비롯하여 중남미 유럽으로 자연스럽게 확산해 하는 전략도 적중했다.

방탄소년단이 세계적 가수로 성장했던 요소 중 하나는 기존의 대뷔

방식과 달리 직접 팬들과 소통할 수 있는 유튜브를 이용했다는 점과 한국의 아이돌 가수 팬클럽이 발전시킨 문화를 그대로 미국에서도 흡수했기에 가능했다. 10~20대 팬들로 구성된 한국의 팬들은 자신들이 응원하는 가수의 노래가 뜨면 총공(총 공세 작전)을 개시한다. 우리 오빠 1등 만들기 작전에 돌입한다는 팬들의 전략이기도 하다. 음악 선정방식을 파악해 조직화된 팀별로 작전에 돌입하여 순위 올리기 방법에 올인하는가 하면 각종 시상식에 총동원되어 몰표를 던지고 환호하며 분위기를 사로잡는다. 각종 방송이나 언론에 노래 신청은 물론 댓글 달기 등으로 대중의 관심을 확산시킨다. 이런 기존의 팬클럽 문화를 한 단계 업그레이드시킨 것이 SNS를 활용한 시대적 흐름을 적절히 잘 활용했다.

미국의 아미 팬클럽이 한국적인 팬클럽 문화를 그대로 답습해 앞장서 실행함과 동시 스마트폰을 활용함으로써 방탄소년단이 부각되는 데 절대적인 역할을 했다. 문화산업 또한 여타 경쟁이 치열한 일반 기업과 같이 이제는 치밀한 전략과 마케팅 기획력으로 나서야 한다는 것을 여실히 보여준 새로운 문화산업의 트렌드다. 방탄소년단의 활동으로 인해 한국이란 국가 브랜드 가치와 문화적 위상을 감안해 보면 그 가치는 이루 말할 수 없다. 이와 연관된 사업들도 곰곰 생각해 보면 수없이 많다. 방탄과 연관된 캐릭터 상품이나 한국을 상징하는 액세서리와 소모품을 비롯하여 기념품들도 예상해 볼 수 있다. 문화 유행은 단순한 발상에서 나오고 또 빠르게 흡수되는 성질을 지니고 있다. 이미 게임이나 애니메이션 등에서 선보이고 있지만 더 넓은 의미에서도 충분히 찾아볼 수 있을 것이다.

한류문화로 파급된 우리 상품들의 가치

투자적인 관점에서 본 대표적인 K팝 한류문화(음악과 영화)는 곧 우리가 만들어 낸 다양한 상품들이 대한민국이라는 브랜드 가치에 직접적인 영향을 미치고 가격 경쟁력에서 절대적인 우위를 점할 수 있다. 한국브랜드 가치 상승에 따른 부가가치를 감안하면 방탄소년단이 벌어들이는 수익은 아주 미미한 수준에 불과하고 한국적 브랜드 가치로 따져봐야 한다.

방탄소년단의 활동은 그들이 속한 빅히트엔터테인먼트의 주 매출이고 2017년 1천억 원대에서 2018년은 2천억이 넘는 매출을 달성했고 수백억 원의 흑자를 냈다. 우리나라 중소기업들이 1년 벌어 은행이자를 내기도 버거운 현실을 감안하면 대단한 수입이 아닐 수 없다. 무엇보다 대부분 돈의 90% 이상을 해외에서 벌어와 국내 직원들의 월급을 주고 세금을 납부하고 소비한다는 점을 따져보면 문화산업의 가치를 짐작해 볼 수 있는 대목이다. 방탄소년단이 한 번 공연하는데 각 팀별로 많은 인원이 함께한다. 7인의 멤버를 비롯하여 댄서, 코디, 각 담당 부서의 팀원, 보완 교통, 음향, 방송지원 등 수십 명이 동원 되고 현지에서는 훨씬 더 많은 인력들을 필요로 하게 된다. 전 세계 각국의 대표적인 공연 장소는 물론 전설적인 가수들이 섰던 무대에서 월드투어를 하고 있고 몇 개월전에 판매되는 티켓은 공연날자가 다가올수록 값이 폭등해 수 십 배까지 치솟는다. 올해 싱가폴공연에서는 티켓 한장에 500만 원을 넘었고 미국에서는 800만 원에 판매되어 뉴스거리가 되었다. 2019년 현재 공연티켓만으로도 1000억 가까운 매출이 발생했다. 그러나 부수적인 데서 큰 수익을 올린다. 방탄소년단이 공연할 때마다 판매되는 캐릭터 상품과 음원 관련 아이템들을 비롯하여 의류, 잡화,

이미지 관련 액세서리 등의 제품들도 불티나게 팔려 나간다. 방탄소년단이 속한 소속사의 주 매출은 모델광고료지만 그 회사가 지닌 무형가치는 물질적 가치보다 훨씬 크다. 문화산업의 특징이라고 할 수 있다.

얼마 전 중국의 유명한 엔터테인먼트 기업에서 방탄소년단의 공연권을 따기 위해 다각도로 접촉했지만 향후 3년까지 모든 스케줄이 꽉 차 있어 결국 포기하고 말았다는 것만 봐도 그 위상을 짐작해 볼 수 있다. 먼저 공연권을 딴 업체에 프리미엄만 수십억 원을 주고도 콘서트를 유치할 수 없다고 한다. 향후 몇 년간은 한류문화의 위상에 힘입어 상당한 우리의 아이템들이 한류문화와 연관지어 잘 팔려 나갈 것이다. 이 부분에서도 많은 스타트업체들이 태동할 것이고 세계 유수의 기업들과도 협업하여 성장을 발판으로 삼을 것으로 보인다.

금세기 대중문화의 중심에 섰던 서구문화는 성숙기를 지나고 있다. 우리나라의 이 신문화산업은 이제 성장기에 들어섰다고 볼 수 있고, 성숙기를 지나 완숙기를 맞기까지 최소한 10년은 주도할 것이다. 그 성장 배경에는 전 세계의 인구 절반 가까이 살고 있는 젊은 신흥국가들이 아시아 권역에 있다는 점이다. 산업의 성장과 함께 문화산업도 궤를 같이한다고 볼 때 본격적인 성장기에 들어설 것으로 보는 이유다. 이 신문화산업과 함께 크게 성장할 부문 또한 화장품을 비롯하여 의류, 오락, 게임, 미디어 콘텐츠 등 일반생활용품에 이르기까지 한국 브랜드 자체만으로도 경쟁력을 가질 수 있다. 스타트업 창업자라면 이 부분에 초점을 맞춰야 한다. 문화산업은 단순히 해당 아이템 분야에 국한되는 것이 아닌 국가의 이미지 개선과 문화적 위상만으로도 브랜드 가치가 올라간다. 고급 화장품은 프랑스를 먼저 떠오르게 하고 오페라 하면 오스트리아가 생각나는가 하면 가죽제품이라면 이탈리아가 떠오르는 것과 같다.

한류 브랜드를 팔아라

한국의 대표적인 K뷰티산업으로 화장품을 단연코 첫 번째로 꼽을 수 있다. 화장품산업은 생물과학, 화학, 약학, 생리학 등 기초학과 응용기술이 복합적으로 적용되는 전형적인 정밀화학공업의 한 분야로 기술집약적인 미래유망산업이다. 하루가 다르게 진화하는 신기술과 산업의 변화 속에서도 큰 영향을 받지 않으며 부진한 경기침체 속에서도 꾸준히 성장하고 있고 이미지 추구와 브랜드 인지도에 따라 가치가 극대화되는 대표적인 문화산업이라 할 수 있다. 일반 소비제품과 달리 인간의 미와 신체에 관련한 소비자의 욕구를 충족시켜주는 특수한 소비산업이며 아름다움과 삶의 풍요로움을 제공하는 산업인 동시에 인체에 사용되므로 엄격한 규제를 받는 사업이기도 하다. 국가적 이미지나 문화적 수준이 낮은 나라(베트남, 중국 등)에서 아무리 큰돈을 투자하여 품질 좋은 화장품을 만들어도 팔리지 않고 시장에서 외면받는다. 아이템의 특성상 제품을 만드는 국가의 위상과 문화적 수준이 브랜드 가치를 결정짓고 유행에 민감한 대표적인 패션상품이기 때문이다. 그 나라의 문화 수준과 삶의 질에 따라 크게 좌우되는 산업이기에 단순한 생활소비품과 달리 특수한 산업군에 속해 있다. 화장품을 일반 아이템들과 달리 문화라는 표현을 쓰는데 자연스러운 것은 미를 추구하는 전형적인 뷰티문화 속에서 브랜드와 이미지 가치가 훨씬 더 크기 때문이다. 우리나라 문화의 대표적인 화장품산업이 급성장한 데는 전 세계인구의 40% 가까이가 살고 있는 아시아인들의 생활 수준이 빠르게 높아지면서 큰 영향을 받았다고 볼 수 있다. 대부분의 신흥국들은 그들의 생활에서 의식주가 해결되자 자연스레 미에 대한 관심과 자기계발에 눈뜨게 되고 화장품은 필수 소비품으로 자리 잡기 시작하면서 폭발적으로 성장하는 패턴을 보여 왔다. 최근 몇 년간 화장품 업계를 비롯하여 연관된 산업들이 어려움을 겪고 있는 것은 사드문제로 중국정부의 수입통관 규제와 단체여행 금지에 대한 영향을 크게 받고 있다. 세계적인 경기침체기를 맞아 관련 업계는 저성장의 어려운 시기를 보내고 있다는 점과 화장품산업이 이미 성숙기에 들어섰다는 것도 성장을 기대하기엔 우호적이지 않은 사업 환경이다. 이 부분에서도 새로운 성장 모델이 절실한 시점임을 깨닫고 관련 기업들은 제2의 성장을 향해 매진하고 있는 중이다.

중소기업의 전형적인 아이템인 화장품산업

전형적인 중소기업의 아이템이기도 한 이 산업은 작은 규모의 설비투자로도 생산이 가능하고 중소기업도 전문화를 추구할 수 있는 사업이기도 하다. 진입장벽이 높지 않아 많은 중소기업들이 이 사업에 뛰어들어 뷰티산업의 전성기를 맞고 있다. 최근 몇 년까지만 해도 화장품 시장은 아모레퍼시픽, LG생활건강 두 회사가 국내 시장을 장악하고 양분하며 과점체제를 유지해 왔다. 이 두 대형업체는 몇 년 전부터 해외로 눈을 돌려 뉴욕을 비롯하여 화장품의 본고장이라고 할 수 있는 유럽에도 진출해 해외시장에서의 경쟁력을 키워 가고 있다. 여행을 하다 보면 다양한 나라들의 항공기를 이용하는데, 기내 면세품목 속에 우리 화장품들이 들어 있어 그 위상을 한눈에 볼 수 있다. 우리나라 화장품업계들은 본격적으로 세계시장을 공략해 나가며 경쟁력을 갖추게 되자 후발주자들이 색조화장품과 기능성 화장품을 앞세워 특색 있는 아이템으로 성장해가는 추세다.

다른 업종에 비해 제품의 라이프사이클이 매우 짧고 소량 다품종인 특징을 갖고 있다. 또 다른 특이점은 소비자의 기호와 유행에 따라 빠르고 민감하게 변하는 특성이 있어 경쟁은 날로 치열해지고 있다. 그러함에도 한류문화와 빠른 유행 패턴에 따라 다른 분야보다 성공하는 사업가들이 많이 나오는 분야이기도 하다. 아직도 지속되고 있는 중국과의 사드문제와 경기침체의 영향으로 우리나라에 난립한 화장품산업도 구조조정과 함께 질적으로 나아가기 위한 구조조정을 거치는 중이다. 현재 가장 큰 변화는 OEM(Original Equipment Manufacturer)에 주력해 왔던 업체들은 ODM(Original Design Manufacturing)으로 변화를 꾀하며 사업영역을 넓혀 가는 추세다. ODM 업체들은 OEM 업체와 달리 제품설계와 디자인에서부터 생산까지 완제품을 만든다는 것이 다르지만, 생산전문 기업이라는 같은 시스템이다. OEM 업체들은 주문하는 기업의 설계, 디자인과 성분 등을 그대로 생산하여 납품하는 기업을 말한다.

세계적으로 유명한 화장품 그룹사들 대부분은 자체 생산하는 아이템은 지극히 일부이고 대부분은 OEM 업체에 위탁하여 원하는 물품을 공급받는다. 또는 ODM 업체들이 자체 기획하고 디자인한 완제품을 납품받아 상품을 판매하는 것이 늘고 있는 추세다. 아직도 유명한 화장품 업체들은 본사에서는 연구소를 운용하며 설계, 디자인, 상품 기획 등 소프트 부분에 집중하고 생산은 전문화된 업체에 제품생산을 위탁하므로 전문화에 집중할 수 있어 상호 원원 전략을 실행하고 있다. 화장품 업계에도 변화의 바람이 부는 트렌드에 따라 향후 ODM 업체들이 특화된 제품을 개발하여 전문화에 주력할 것이다. 이 트렌드에 편승하여 스타트업체들도 새로운 길을 모색해 볼 필요가 있다. 화장품산업은 완제품이 나오기까지 수많은 원자재와 용기, 포장 등 다양한 분야가 협업해야만 좋은 제품을 만들 수 있기 때문이다. 어느 분야든 해당 산업의 구조와 시스템 그 기본을 먼저 이해하고 접근해야 하며 변화의 흐름 즉 트렌드를 무엇보다 중시해야 한다. 유행과 트렌드는 분명 다르다는 점도 유념해야 한다. 유행은 한 계절이나 어떤 이슈, 이벤트 등에 따라 일시적인 패턴이라고 한다면 트렌드는 산업 자체가 바뀌는 과정으로 사이클이 길다는 특징이 있다.

한국 화장품산업의 현재 상황

금융감독원에 공시된 상장된 화장품 업체들의 2018년 재무제표를 들여다보면 완제품 화장품 업체들은 최근 적자를 기록하거나 마이너스 성장을 보인 반면 OEM, ODM 업체들은 꾸준한 매출상승과 함께 영업이익률도 양호하게 나타나고 있다. 우리나라의 화장품산업은 자체 브랜드를 앞세워 완제품 생산을 하는 업체들보다 전문화된 OEM 생산업체들의 성장이 더 클 것으로 내다보고 있다.

세계적인 브랜드를 가진 유통업체(백화점)와 의류업체, 시계, 가죽제품, 귀금속 등 유명업체들이 특화된 화장품을 OEM 업체에 의뢰해 판매를 확대하고 있고 향후 꾸준히 제품을 늘릴 가능성이 매우 높기 때문이다. 이에 발맞춰 자신들의 브랜드를 장점으로 특화된 아이템을 출시할 계획을 가지고 있거나 이미 새로운 제품을 선보이고 있어 OEM 업체들의 성장은 지속될 것으로 보고 있다.

신세계 그룹도 자체 브랜드를 앞세워 규모를 늘려가던 패션 의류 부분을 요즘은 급격히 줄이거나 브랜드 라이센스를 반납하고 화장품 부분에 투자를 크게 늘려가고 있다. 후발주자로서 시장을 선점하고 있는 대형 업체들의 주력제품인 기능성과 기초화장품 등은 경쟁에서 불리하다고 판단해 대체로 생산이 까다롭지 않은 색조화장품에 집중하고 있다. 현재 10개 가까운 브랜드를 내놓아 시장에서 좋은 반응을 보이고 있고 자체 매장을 운영하는 장점을 살려 면세점과 백화점은 물론 국내 대형 유통채널(이마트, 아울렛, 홀 세일 등)을 통해 판매를 확대해 가고 있는 중이다. 경기가 불황일수록 기능성이나 기초화장품은 매출이 주는 반면 색조화장품은 성장이 가파른 것도 화장품산업의 특징이라고 할 있다. 새롭게 이 시상에 뛰어들고 있는 업체들이 색조화장품 쪽에 무게를 두는 것은 유튜브 영향으로 초등학생들까지 색조화장품 사용 붐이 일면서 새로운 시장을 형성하고 있기 때문이다.

한국 화장품 기업들의 현황

우리나라에는 화장품 관련 업체들이 300여 개로 파악된다. 완제품을 제조 판매하는 LG생활건강과 아모레그룹을 제외하면 대부분 중소기업에 가까운 업체들이 경쟁하는 구조다. 그중 OEM 방식의 생산업체들이 대부분이며 자체 브랜드를 갖고 영업하는 업체들이 점점 증가하는 추세다. 이 두 업계를 대표하는 기업으로는 한국콜마그룹을 들 수 있다. 한국콜마는 화장품은 물론 제약원료 부분에서도 매출을 늘려가고 있고 세계적 패션그룹들과 거래처를 다변화하고 있다. 그 외에도 매출 1조 원을 올리는 한국콜마와 어깨를 나란히 하고 있는 코스맥스가 ODM 업계를 견인하고 있다. 후발주자라고 할 수 있는 수많은 업체들이 우리나라에도 있지만 짧은 업력에 비해 빠르게 성장하고 있는 OEM 업체로는 코스메카코리아주식회사다. 그 기업이 생산하는 제품들은 기초화장품에서부터 색조제품과 기능성 화장품에 이르기까지 새로운 원료를 바탕으로 신상품 개발에 주력하고 있다. 중소기업임에도 세계 유명한 브랜드 업체들이 이 회사에 생산을 의뢰하고 있어 지속적으로 사업을 확대해 가고 있는 중이다. 이 회사의 업력이 그다지 오래되지 않았음에도 꾸준히 성장하며 설비투자를 늘려가는 배경에는 국내 화장품 업체 중 매출기준으로 가장 많은 연구개발비를 지출하고 있기 때문이다. 전형적인 문화산업이라 할 수 있는 뷰티 부분에 막대한 연구개발비를 투자한다는 점도 경쟁력을 갖게 된 이유다. 이 회사는 세계 최초로 개발한 3중 기능성 비비크림, 톤 업 크림, DPF 기술 등을 바탕으로 국내외 화장품 업계를 놀라게 하였고 까다롭기로 유명한 해외 대형업체들과 거래를 트게 되었다.

현재 이 회사의 연구개발 인력은 전체 종업원의 3분의 1 정도를 차지하고 있다. 그런가 하면 매년 발생하는 이익 대부분을 신규설비 증설과 제품개발에 투자하고 있는 점도 기존 업체들과 다른 점이다. 내년까지 생산능력을 7.5억 개까지 증설하는 것을 목표로 하고 있고 중국에도 생산거점을 마련해 2019년 하반기에는 가동을 목표로 하고 있어 투자적인 관점에서도 지켜봐야 할 기업이다.

우리나라 화장품산업의 성장은 생산, 완제품을 만드는 대형회사들의 자체 브랜드 성장과 함께 급속도로 확산된 사업이라고 할 수 있다. 대부분의 산업 아이템들이 OEM 산업이 먼저 성장하고 규모가 커지면서 서서히 자체 브랜드를 내놓는 구조였다. 우리의 화장품 시장을 양분하고 있는 LG생활건강과 아모레퍼시픽은 수백 개의 중소기업과 공생의 관계를 유지하고 있다. 어느 산업 못지않게 중요한 사업카테고리를 갖고 있는 셈이다. 화장품에 필수적으로 들어가는 알코올을 전문으로 생산하는 기업과 이미지를 높여주는 용기 전문업체가 있는가 하면 포장지를 전문으로 제조하는 회사들도 있다. 우리나라가 자랑하는 기능성 화장품이 발전할 수 있었던 또 하나의 이유는 화장품 원료를 만드는 전문회사들이 있었기에 가능했다. 인삼추출물을 세계최초로 개발하여 이를 응용한 기능성 화장품에서부터 달팽이에서 착안해 신물질을 개발한 기초화장품 등 다양한 분야에서 기술개발이 향상되었기에 아시아권에서는 절대적 강자가 된 것이다.

최근 방탄소년단을 비롯하여 K팝의 한류가 전 세계적으로 최전성기를 맞고 있는 지금이 바로 한국 브랜드를 팔 수 있는 절호의 기회다. 누군가 창업을 계획하고 있다면 이 세태의 흐름을 따라야 한다. 한국에서 만들었다는 그 자체만으로도 하나의 경쟁력이 될 수 있어 남다른 아이디어로 도전해 본다면 분명 길을 찾을 수 있을 것이다. 지금은 모든 일들과 원하는 구매의 모든 것들이 다 손가락 하나로 이뤄지는 세상이다. SNS 시대 그 안에 답이 있다.

동대문 패션의 전설 화장품으로 승부하다

그 흔한 동대문 패션으로 성공신화를 쓴 한국 1위 여성의류 쇼핑몰 '스타일난다'를 누구나 한번쯤은 들어보았을 것이다. 22세의 젊은 나이에 창업하여 10여 년 만에 세계에서 손꼽히는 화장품 회사 프랑스 로레알그룹에 매각되었다. 스타일난다는 창업자가 회사 지분 100%를 보유하고 있는데, 그가 매각한 지분은 70% 정도다. 매각 가격은 4,000억 원 정도로 알려진 상태다. 22세 여성이 자신의 집 작은방에서 창업한 자그마한 인터넷 쇼핑몰이 14년 만에 6,000억 원의 가치를 보유한 기업으로 성공신화를 쓰게 된 것이다. 그 이전에도 수많은 인터넷 쇼핑몰들이 새로 영업을 시작했고 지금도 반복되고 있다. 스타일난다가 다른 인터넷 쇼핑몰과 차별화되어 남다르게 성장할 수 있었던 가장 큰 비결은 창업자인 김소희 대표 자신이 쇼핑몰의 주 고객층과 같은 세대로 고객들의 기호와 특유의 소녀틱한 감성의 디자인들이 먹혔기 때문이다. 전형적인 SNS의 문화를 적절히 잘 활용했고 중국 관광객들의 여행 붐이 막 불기 시작한 한류문화의 시기를 적시에 잡을 수 있었기에 성장의 발판을 마련한 케이스다.

그리고 성장 가도를 달리는 데 전환점을 갖게 된 것은 자체 브랜드로 내놓은 화장품이 있었기에 가능했다. 2009년 색조화장품 브랜드 '쓰리컨셉아이즈(3CE)'를 내놓았다. 화장품도 취급해 보는 게 좋겠다는 고객들의 목소리를 귀담아들은 김 대표는 한국 최대의 화장품 제조기업 한국콜마를 찾아가 립스틱을 주문했다. 독자 브랜드를 설립과 동시 자체브랜드를 판매한다는 야심 찬 사업계획을 들은 한국콜마 담당자는 10개가 넘는 수정 사항을 요구하는 김 대표를 눈여겨보며 기꺼이 생산하기로 결정했다. 초기주문량은 판매한 지 5일 만에 전량이 판매되어 스타일난다 직원들은 물론 제조회사 담당자들도 놀라게 하였다. 여기에서 자신감을 얻은 김 대표는 화장품 사업이 스타일난다의 제2의 창업이라는 생각으로 본격적인 화장품 사업에 뛰어들게 되었고 성장동력이 되었다. 지금은 어지간한 중견 회사의 화장품 브랜드보다 더 큰 500여 개의 라인업을 보유하고 있다. 현재 스타일난다의 전체 매출 중 절반 이상이 화장품 판매에서 나오고 영업이익 역시 마진율이 높은 화장품에서 이뤄지고 있다.

가장 익숙한 곳에 길이 있다

이 회사는 누구나 쉽게 창업하는 제품 제1위의 동대문 보세 옷으로 시작해 화장품을 전격 도입하여 새로운 길을 모색했고 때마침 불기 시작한 중국시장의 성장을 놓치지 않았다. 그러나 지금은 이 회사는 주력제품인 보세 의류 쇼핑몰이 아닌 화장품 전문업체로 탈바꿈해 있다. 세계 색조화장품 1위인 프랑스의 로레알그룹이 스타일난다의 인수전에 적극적으로 뛰어들어 인수하게 된 주된 배경도 회사가 보유한 중국시장과 아시아권에서의 높은 인지도와 수백만 명의 고정 고객층을 확보한 무형가치를 높게 평가한 것이라는 것이 전문가들이 보는 이유다. 스타일난다의 또 다른 점은 온라인을 넘어 오프라인 매장을 직접 운영한다는 계획을 갖고 차근차근 준비해 왔다는 점도 회사의 성장을 지속하게 한 요인이 되었다. 현재 국내에서 홍대를 비롯하여 명동, 가로수길 등 플래그십스토어 3곳과 백화점은 물론 면세점 등 다양한 유통 채널의 거점을 마련해 안정적으로 운영되고 있다. 해외에서는 호주, 일본, 중국, 태국 등 총 9개국에서 168개 매장을 운영 중이다. 단기간에 글로벌한 기업으로 성장한 '스타일난다'는 많은 것을 시사해 주고 있고 스타트업을 꿈꾸는 사람들이라면 이 회사의 성장스토리를 꼼꼼히 파악해 볼 필요가 있다. 똑같은 성장의 길을 가지 않더라도 새로운 힌트를 찾을 수 있을 것이기 때문이다.

최근 시장을 주도하고 있는 화장품 기업들의 영업전략이나 홍보 관련 기사를 보면 그들의 성장전략은 E-커머스를 중심으로 색조화장품과 밀레니얼 등 크게 세 가지에 중점을 두고 있다. 지금은 큰 비용을 들이지 않고도 얼마든지 틈새시장을 찾을 수 있고 자기만의 특색 있는 유행을 창조할 수 있다. 소비를 주도하고 있는 10대들은 이제 영상을 보는 세대다. 그들 스스로 유행을 만들고 확산시킨다. 이 부분에서도 얼마든지 새로운 사업모델을 찾을 수 있을 것이다.

지금도 수많은 젊은 창업자들이 온라인 쇼핑몰 사업에 관심을 갖고 있다. 너무 거창하게 생각하거나 자기만의 독창성을 찾으려 고심하기 전에 어떻게 영상문화의 컨셉이 흐르고 있는지 참여하고 살펴보면 힌트를 찾을 수도 있다.

모든 성공신화는 새로운 사업모델과 신기술을 바탕으로 출발할 수도 있지만, 성공의 단초는 우리 주변에 익숙하고 흔한 곳에서도 얼마든지 찾을 수 있다. 또한, 소비자들의 유행변화와 트렌드를 놓치지 않는 안목은 경쟁력의 필수 요소다. 현재 우리가 쓰고 있는 제품이나 일상생활의 시스템 등에서 발견하는 불편함을 개선할 수 있는 사소한 아이디어는 그 어떤 신기술이나 기발한 사업모델을 훨씬 더 능가할 수 있다. 소비자는 익숙한 것에 이미 길들어 있고 일상 속에서 늘 접하는 곳으로 제일 먼저 다가가는 습성을 갖고 있다. 익숙한 데서 발견하는 불편함의 개선과 새로운 스타일이 바로 융합의 기술이고 SNS 시대의 새로운 경쟁력이 될 수 있다. 사업의 모티브를 먼 곳에서 찾으려 하지 말고 가장 가까운 곳에서 찾는 것이 좋다.

아시아에 길이 있다

전 세계 인구의 절반이 모여 사는 아시아, 여기에 해답이 있다. 14억이 넘는 중국, 13억이 넘는 인도, 3억 명 가까운 인도네시아, 그리고 1억 가까운 베트남은 세계 어느 지역보다 강력한 경쟁력을 갖고 있는 나라들이다. 우리나라와 근접해 있어 지리적으로도 매우 유리한 조건을 갖추고 있다. 이 나라들은 유일하게 선진국들에 비해 두 배 이상의 경제성장을 꾸준히 유지해 오고 있다. 무엇보다 중요한 포인트는 이 나라들의 인구구조가 20, 30대의 젊은 층이 절반 이상을 차지한 아주 젊은 국가라는 점이다. 특히 베트남과 인도네시아 등은 인구 황금기에 들어서 있고 향후 20년은 이 인구구조의 황금기가 지속될 것으로 유엔본부의 인구기금 부서는 전망하고 있다.

인구의 황금기(golden population structure)란 만 16~59세의 노동인구 수가 비 노동 인구의 두 배 이상인 시기를 의미한다. 모든 소비의 주체는 10대에서 30대가 주도하듯 이 국가들의 평균 연령대가 30대라는 점은 강력한 구매의 잠재력이 있다는 얘기다. 전 세계 생산품목의 60% 이상이 이 국가들에서 만들어져 전 세계에 공급하는 생산국가라는 점도 경제가 꾸준히 상승할 수 있는 기반을 갖고 있다는 뜻이기에 성장이 멈춰버린 나라들과 확연히 다르다. 또한 이들 국가들의 특징은 신흥국이라는 점과 생산영역이 점점 확대되고 있다는 것을 들 수 있다. 생산기반을 발판으로 성장 가도를 달리고 있는 이 국가들은 수출 주도형 산업에 매진함과 동시에 탄탄한 내수 시장이 뒷받침되고 있어 어느 국가들보다 높은 경제발전을 지속하고 있다. 우리나라도 꾸준히 경상흑자를 내 오면서도 국내 경기는 갈수록 어려워지고 있는 것도 면밀히 따져보면 내수시장의 침체가 지속되고 있기 때문이다. 경제성장에서 어느 한쪽에 치우치면 균형을 잃고 긴 침체기에 들어선다는 것을 잘 보여주고 있다.

창업을 꿈꾸는 사람이라면 이 시장을 절대 외면해서는 안 된다. 아직도 많은 제품들이 메이드 인 코리아 자체만으로도 최고의 상품으로 인식되고 있는 지금이야말로 세계시장을 공략하기에 최적의 환경이다.

산업성장에 따른 소비패턴의 변화

각 국가들은 특히 아시아권의 중·선진국 또는 선진국 국가들이 성장해오면서 공통된 소비문화의 패턴을 유지해 왔는데, 그 나라의 경제발전속도와 같이 가는 구조를 갖고 있다. 국가별 1인당 명목 국내총생산 즉 GDP가 5,000불을 넘어서면 음식문화가 먼저 발달하고 양적, 질적으로 한 단계 높게 성장한다. 먹고 즐기는 문화산업이 확산되면서 개인들은 자신의 미에 대한 욕구와 취미생활을 할 수 있는 여유가 생기고 스포츠, 공연, 오락 등, 문화부문에 지출을 늘려가기 시작한다. 1만 불이 넘어서면 건강 관련 사업분야에서 붐이 일고 해외여행과 함께 유학 붐이 빠르게 확산되는 경향을 보인다.

중장년층들은 본격적인 여가생활과 함께 너도나도 단체여행을 즐기는 문화가 유행한다. 20, 30대 젊은 층은 보다 아름다워지고 싶은 강한 욕구와 함께 명품쇼핑이 늘고 성형 등 개인 뷰티에 더 많은 돈을 지출하는 공통점을 보이고 있다. 인구가 많은 아시아권 국가들의 평균 GDP를 보고 그 나라의 경제력을 판단하면 안 된다. 인구 3억의 인도네시아의 5%는 GDP 1만 불이 넘는 부자들이다. 바로 이 점을 염두에 두고 사업계획을 세워야 한다.

전 세계 명품의 40% 이상을 아시아가 소비하고 최고급 자동차는 전세계 판매량의 절반 이상을 중국시장에서 소비한다. 한 해 6천만 명이 의료관광을 떠나고 고급 와인 시장의 절반을 소비한다. 이는 인구 14억 중 10%에 해당한 상위 소득(GDP) 10,000불 이상의 중국인들이 현재 살아가는 소비 패턴이다. 그중 최상위 3~5% 5천만 명의 부자들이 쓰는 규모는 한국 부자들과는 비교가 되지 않는다. 캐나다, 호주, 미국의 일부 인기 있는 지역들의 최근 집값이 하늘 높은 줄 모르게 치솟은 데는 이 신흥부자들이 대거 몰려와 집들을 마구 사들이는 바람에 부동산 시장에 큰 영향을 주었기 때문이다. 미·중 무역전쟁에서 중국의 많은 수출 기업들이 어려움에 봉착하자 중국정부는 수출타격에서 오는 충격을 줄이려고 내수 시장으로 돈이 흐르도록 돈을 풀고 있다. 아무리 경기가 좋지 않아도 이들 국가는 내수시장에서 소비하는 규모가 크고 또 자국에서 만든 생산제품들이 내수시장으로 판매되고 있어 경상수지 부분에서도 큰 충격을 받지 않는다. 우리나라의 수출품 중 30% 가까이가 중국에 의존하고 있는데, 그중 대부분은 중화학 부분의 중간 소재로 중국기업들의 수출생산품에 들어가고 있다. 중국 경제가 내수시장으로 눈을 돌리고 있는 방향에 따라 우리의 사업전략도 바뀌어야 한다.

3년 전 사드배치 문제로 중국 정부가 보복성 조치로 한국행 단체관광객들의 여행을 막았고 게임을 비롯하여 K팝은 물론 드라마 영화 등의 수입을 제한하자 관련 산업에서 큰 피해를 봤고 지금도 그 여파는 지속되고 있다. 다만 단체관광객들이 소비를 주도했던 면세점 매출은 사드배치 보복이 시작되던 해 일시적으로 큰 타격을 받았지만 이내 예전 수준으로 돌아오고 있음은 물론 오히려 꾸준한 성장을 해 오고 있다. 화장품을 비롯해 뷰티 관련 상품들이 보따리 장사꾼들을 통해 대량 매수가 이뤄지면서 매출을 견인했기 때문이다. 한류 상품의 대표적인 화장품과 의류, 뷰티 관련 액세서리 즉, 한류를 대표하는 패션, 문화상품 등은 경기의 영향을 받지 않고 다양한 경로를 통해 팔린다는 것을 여실히 보여주고 있다. 특히 우리나라가 산업화 과정에서 성장 발판을 삼았던 아이템들을 이 국가들이 물려받아 생산거점을 마련해 성장 가도를 달리고 있는 중이다.

메이드 인 코리아가 일류 브랜드다

한류 문화의 성장으로 메이드인 코리아(made in korea) 자체가 고급 브랜드로 인식되고 유행을 앞서가는 문화가 아시아 권역을 벗어나 남미를 이어 아프리카까지 확산되고 있는 추세다. K팝의 인기와 함께 문화상품 또한 한류문화의 팬덤을 중심으로 꾸준한 성장세가 예상된다. 베트남과 중동 일부 지역에서는 2~3년 전부터 한국행 의료관광 붐이 시작되었고 쇼핑을 비롯한 테마성 단체관광 여행상품도 잘 팔리고 있다. 이에 발맞춰 일부 성형외과의 피부과 등 미용 전문병원들은 베트남을 비롯하여 일부 동남아 국가들에 영업활동을 목적으로 사무실을 열었고 에이전트를 통해 전문 부서를 마련했다. 인도네시아는 베트남과 다르게 무슬림의 종교적 영향이 있어 소비패턴이 조금 다르다. 최근 몇 년 사이 폭발적인 스마트폰 가입자의 증가와 함께 국민들의 대다수 70% 이상이 스마트폰을 사용하고 있다는 것을 감안해 보면 의류, 뷰티 관련 생활용품이 잘 팔리고 있는 추세다. 아시아의 진주로 불리는 미얀마도 크게 관심을 갖고 봐야 할 시장이다. 인구 6천만 명의 젊은 국가인 미얀마는 이제 스마트폰 인구가 서서히 늘어나고 있는 추세라는 점도 매력적으로 느껴지는 곳이다. 아직까지 스마트폰을 이용한 구매력이나 온라인 쇼핑몰은 성숙기에 도달해 있지 않았지만 그만큼 성장 가능성이 크다는 의미다. 세계에서 두 번째로 인구가 많은 인도도 흥미로운 나라가 아닐 수 없다. 국가는 하나로 볼 수 있지만 각기 다른 생활관습과 종교, 문화적 차이를 지닌 주들이 모여 하나의 나라를 구성하고 있는 모자이크형 구조라고 보는 것이 옳다. 아직도 성장 가능성이 무진무궁한 나라지만 그 나라의 특성상 쉽게 접근하기에는 무리가 따른다는 것도 사실이다. 그러나 앞으로 창업을 앞두고 있거나 이미 사업을 시작한 사람들이라면 결코 외면해서는 안 될 중요한 지역이다. 직접 사업모델을 찾기보다는 확장되고 있는 E-커머스를 잘 활용하면 길이 보일 것이다. 인도가 아직까지 전체 국민대비 소비 여력이 크지 않지만 젊은 층이 훨씬 많고 SNS 확산이 빠르게 늘고 있다는 점은 그만큼 기회가 많다고 볼 수 있다. 언어와 문화적 관습을 통일해 주는 것이 바로 스마트폰이며 E 커머스가 사업기반을 마련해 주기 때문이다.

남이 가지 않는 길을 먼저 개척하고 기존의 틀을 바꾸거나 뒤집어

보는 새로운 개념의 시각으로 접근한다면 이 나라 또한 잠재력이 무한대로 크다고 할 수 있다. 어느 통계에서 말해 주듯 인도의 청소년들의 60%가 이미 스마트폰을 사용하기 시작했다는 점은 시사하는 바가 크다. 바로 여기에서 사업의 모티브를 찾아야 한다. 인도 전체를 보지 말고 10%만 봐도 충분한 승산이 있다. 인도 13억의 2%(2천6백만)는 부자고 8%(1억)는 중산층이다.

　각 나라마다 소비패턴과 규모가 다르므로 각자 다르게 접근해야 한다는 것은 필수적 요건이다. 인도 또한 젊은 국가에 속해 있고 선진국에 비해 두 배 이상 성장하는 나라임을 기억하고 접근해야 한다. 선진국들이 저성장에 빠진 가장 큰 이유는 고령화 사회로 진입했거나 이미 늙은 국가가 되었기 때문이다. 아시아권으로 눈을 돌리라는 이유도 이 나라들이 아주 젊고 생산을 기반으로 성장하는 나라라는 점이다. 인구 팽창과 인구구조 즉 젊은 층의 비율이 얼마냐에 따라 소비문화는 크게 다르고 성장 폭도 차이가 있다. 어떤 비즈니스든지 이 점을 간과해서는 성공하기가 쉽지 않다. 지금은 해외직구, 직판 온라인쇼핑이 국내처럼 일상화되어 있다. 창업에서부터 판매, 결제, 배달까지 원스톱으로 서비스하는 E-커머스가 잘 발달되어 국가 간의 벽은 허물어진 지 오래다. 스타일난다의 동대문 신화가 국내를 기점으로 성공을 이루었다면 이젠 동남아 국가들에서 성공신화를 쓴 제2, 제3의 젊은 부자들이 나올 것으로 기대하고 있다.

한류문화의 엔진
미디어 플랫폼

지난해 캐나다 빅토리아에 머무는 동안 집 근처 산책길에서 한 백인 중년 여성과 우연히 대화를 나눈 적이 있었다. 내가 한국에서 왔다고 하자 반가워하며 악수를 청했다. 자기는 요즘 넷플릭스에서 방영하는 〈미스터 션샤인〉을 보고 있는데, 정말 감동적이라며 눈물을 글썽거렸다. 무엇보다 그 스토리가 너무 애절하고 순수한가 하면 요즘 영화나 드라마에서는 보기 힘든 감동적인 드라마라고 몇 번이고 감탄사를 연발했다. 특히 역사적인 배경화면과 영상의 아름다움에 매료되었다고 수없이 찬사를 아끼지 않았다. 자기는 한국에 대해 전혀 상식이 없었는데 그 드라마를 통해 한국을 조금 알게 되었고 관련 정보들을 찾아보았다고 한다. 머지않은 시간에 꼭 한국을 방문해 보고 싶다는 말도 잊지 않았다.

대화를 끝내고 걸으면서 내심 놀란 것은 백인들도 한국 드라마를 보고 감동했다는 점도 그렇지만 한국 드라마가 세계적인 미디어그룹 넷플릭스에 등장했다는 사실이다. 그동안 한국 영화는 넷플릭스에 꾸준히 올라오고 있었지만, 드라마는 잘 눈에 띄지 않았다.

넷플릭스는 전 세계에서 시가총액 기준 4위에 있는 미디어그룹으로 영화나 TV 프로그램과 같은 영상 콘텐츠를 맘껏 볼 수 있는 온라인 동영상 스트리밍 서비스 업체다. 1997년 미국 캘리포니아에서 설립되어 비디오를 녹화하여 빌려주던 작은 업체로 시작하여 DVD를 거쳐 오늘날 세계적 미디어그룹이 되었다. 현재 전 세계 190여 나라에 진출해 1억 5백만 명의 유료회원이 가입되어 있고 4천 200만여 장 이상의 영상물을 보유하고 있다. 이 세상에서 제작된 대부분의 영상물을 다 소유하고 있다는 얘기다.

넷플릭스 성공에 이어 너도나도 이 사업에 뛰어든 그룹사들이 빠르게 증가하고 있는 실정이다. 넷플릭스가 동종업계와 차별화된 점은 직접 콘텐츠를 제작하고 있다는 점이다. 고정회원 가입비로는 성장의 한계가 있고 광고에서도 성장을 담보하기엔 부족한 아이템상의 취약점을 안고 있다. 다양한 장르에 투자하고 콘텐츠개발에 심혈을 기울이는가 하면 빅데이터를 활용하는 기업으로 미래의 먹거리를 준비하고 있다는 점도 투자자들 사이에서는 긍정적으로 평가받고 있다. 그 회사의 막강한 지배력으로 급성장해 온 과정을 단적으로 보여주는 것은 넷플릭스의 주가를 보면 금방 알 수 있다. 2009년 불과 5.5달러(6천 원)에 불과했던 주가는 2019.7.11일 기준 375.25달러(400만 원)다. 상장된 기업의 주식가격은 그 회사의 성장과 이익을 기준으로 거래된다고 보면 9년 만에 가장 빠르게 성장한 대표적인 기업이다. 이런 세계적인 콘텐츠에 우리의 드라마가 등장해 좋은 반응을 보여줬다는 것은 향후 우리나라 영화나 드라마가 무한한 성장 가능성이 있다는 얘기다. 〈미스터 션샤인〉 제작에 넷플릭스가 참여한 것도 우리 미디어콘텐츠의 변화를 보여주는 좋은 사례라고 할 수 있다. 총 투자된 제작비는 430억 정도였고 그중 70%인 300억 원을 넷플릭스가 투자했다.

누구든지 좋은 콘텐츠가 될 수 있는 스토리와 참신한 기획력이 있다

면 큰 자금의 부담 없이 얼마든지 독창적인 콘텐츠를 만들 수 있고 성
공할 수 있다는 가능성을 보여준 셈이다. 한류문화를 처음 알리기 시
작한 것은 안방극장에서 반영되었던 드라마들이었다. 아시아 지역에
서 주로 방영되는 것이 중동 국가는 물론 남미로 넓혀가며 K팝의 가
세와 함께 빠르게 확산되며 한류문화가 자리 잡아갔다. 이 드라마의
확산과 함께 자연스럽게 성장한 것도 화장품을 비롯하여 의류, 생활
소비품에 이르기까지 고급이미지와 함께 질 좋은 제품으로 인식되었
다. 한국콘텐츠가 꾸준한 성장을 해 온 데는 전문화된 콘텐츠제작사
들과 그를 뒷받침하는 자금력(투자자들)이 동반되었기에 가능했다.

한국 미디어 플랫폼의 성장성

2010년 들어 우리나라의 종편방송 시대가 본격적으로 들어서면서
미디어 플랫폼의 경쟁은 치열한 경쟁구도로 심화 되었다. 그만큼 성장
과 질적 향상의 기회로 볼 수 있으며 콘텐츠의 경쟁력이 강화된 계기
가 되었다. 각 방송사의 다양한 장르의 드라마가 급속도로 늘어나고
경쟁하면서 국내 방영 드라마는 질적·양적 성장을 같이해 왔다. 해마
다 약 100편 이상의 드라마가 제작되고 있는 것으로 파악되고 있다.
현재 지상파 채널 외 종합편성채널 및 유료방송 채널(PP)에서도 드라마
를 앞다투어 꾸준히 편성하고 있는가 하면 드라마 방영 시간도 기존의
틀을 벗어나 나름대로 성공을 거두고 있다는 평이지만 갈수록 시청률
의 하락은 피할 수 없다는 것이 현실이다. 그러함에도 틈새를 노린 방
송 시간대는 물론 자기만의 특색을 살린 드라마를 선보이고 있어 드라

마 제작에 대한 수요는 확대될 것으로 파악된다. 또한, 넷플릭스와 같은 글로벌 OTT(Over The Top Service) 채널을 포함하여 기존방송 채널들의 드라마 수요가 요구되고 있어 꾸준한 성장을 예상해 볼 수 있다.

현재 우리나라의 드라마산업 시장규모에 대해 정확한 통계자료는 잡히지 않으나 국내 방송시장 규모를 통해 국내 드라마산업의 성장성을 간접적으로 판단해 볼 수 있다. 지상파방송과 케이블방송, IPTV 등 방송사업자들의 수익과 독립제작사들의 매출을 합한 우리나라 방송영상산업 총 매출규모는 2017년 기준 16조 5,122억 원으로 집계되었고 2013년 이후 연평균 증가율 4.2%로 지속적인 성장세를 보이고 있어 향후 지속적으로 상승이 예상되는 산업으로 보고 있다. 이익 측면에서 국내 시장은 심화된 경쟁력으로 성장률에 비해 영업이익은 크게 좋아질 것으로 기대할 수 없으나 한류문화에 힘입어 해외시장은 급속도로 커질 것이 예상되어 국내의 낮은 이익률을 커버해줄 것으로 보고 있다. 몇 년 전부터 꾸준히 한국 드라마의 해외 판매가 늘고 있고 공급단가 또한 원만한 상승을 이어가고 있는 추세를 감안하면 긍정적인 부분이 더 많다는 판단이다. 해외 방송업자나 OTT 관련 기업들은 꾸준히 한국 드라마와 다양한 콘텐츠를 늘려가고 있어 해외사장을 긍정적으로 보는 이유다.

일부 드라마나 다큐멘터리를 비롯한 영화들을 독점적으로 제공받기 위해 해외 관련 업체들은 상당한 프리미엄을 지급하고 있으며 제작사의 지위가 과거 대비 대폭 상승하고 있는 점도 미래를 밝게 전망하는 이유다. 이에 앞서 최근의 큰 변화는 한국 콘텐츠제작사들과의 협업이며 공동투자 제의가 부쩍 늘고 있다는 것이 관계사들의 전언이다. 이 분야에서도 우리의 문화산업이 한 단계 성장해 가는 자연스러운 현상이라고 볼 수 있다.

한국 문화콘텐츠 시스템

한류문화의 엔진이라고 할 수 있는 대표적인 문화콘텐츠산업은 게임, 음악, 드라마, 영화, 애니메이션 등 제작 및 보급까지 모든 서비스를 다루는 사업으로 고도의 기획능력과 예술성, 창의력이 갖춰져야 하는 산업이다. 각 콘텐츠가 다양하고 기획에 따라 제작비의 규모가 큰 차이가 있어 자금조달에 있어서도 여러 가지 기법이 요구되는 특성을 지니고 있다. 대부분 수출되는 드라마는 먼저 국내에서 방영되고 해외로 나간다는 점을 감안하면 국내 지상파 방송의 역할도 중요하다. 처음 외주제작 제도가 시행된 1991년부터 한국의 드라마 및 기타 영상물이 빠르게 발전하는 계기가 되었고 그 후부터 본격적으로 해외로 알려지기 시작한 것이다.

현재 국내를 대표하는 지상파 3사의 외주제작 의무 편성비율은 MBC와 SBS가 각각 35%, KBS1이 각각 40%를 적용받고 있다고 관련 기관에서 발표하고 있다. 드라마의 경우 70% 정도를 외주업체들이 제작하여 방송사에 공급하는 구조다. 드라마의 외주제작이 본격화되면서 다양성과 독창적인 콘텐츠가 제작되어 높은 기술력을 키웠고 치열한 경쟁을 통해 질적으로 크게 성장했다고 볼 수 있다. 한국적인 독특한 배경화면과 뛰어난 영상처리 기술이 접목한 애잔하고 감성적인 스토리는 다양한 인종의 시청자들을 웃기고 눈물샘을 자극하며 세계화로 가는 원동력이 되었다.

문화산업 특히 방송산업은 각 나라의 1인당 GDP의 성장과 같이 가는 동향을 보인다. 우리나라의 경우 2008년부터 지금까지 5% 내외로 성장해왔는데, 방송산업의 전체매출은 연간 기준 8%대의 성장률을 보이고 있다. 또한, 콘텐츠 업계의 큰손으로 꼽히는 월트디즈니의 OTT

한국의 진출 소식도 우리나라의 콘텐츠 업계에는 좋은 뉴스다. 2019년부터 영업을 시작하게 될 '디즈니 플러스'의 국내 상륙은 곧 넷플릭스와의 경쟁 구도가 될 것이다. 이는 그만큼 국내 콘텐츠 수요와 연관 기업들의 참여가 많아진다는 점도 긍정적이다.

산업은 항상 주기적으로 어떤 변화를 맞고 시스템도 바뀌는 경향이 있다. 문화소비도 경기의 영향을 받고 있는데, 우리나라 상장주식들의 실적을 들여다보면 현재의 영업 분위기를 대충 짐작해 볼 수 있다. 지난해부터 내리막길을 걷기 시작한 관련 업계들은 2019년 상반기에도 대부분 마이너스 성장을 했거나 적자를 기록한 기업들이 많았다. 현재 업계의 상황을 한눈에 볼 수 있는 대목이다.

향후 다가올 대변혁의 시대 10년을 대비해 콘텐츠산업은 해외로 눈을 돌려 먹거리를 찾아야 제2의 성장기를 맞을 수 있다. 전 세계 인구의 절반 가까운 나라들이 아시아지역에 자리 잡고 있는 점을 감안하면 한류문화는 성장 가능성이 무한한 시장이라고 할 수 있다. 문화산업의 주요 소비자들이 20~30대에서부터 중장년층까지 전 세대를 아우른다고 볼 때, 강력한 내수시장과 생산기반을 가지고 있는 나라들의 성장은 자연스럽게 우리 문화산업과 연관된 사업에 매우 긍정적이다. 미디어 산업의 성장에는 그와 연관된 다양한 제품들과 아이디어 상품들이 함께 커갈 수 있다는 점도 매력적이다. 비즈니스의 사업모델을 바꾸거나 창업을 고려하는 사람들에게도 문화콘텐츠, 특히 드라마와 애니메이션이 연관된 사업은 기회가 많을 것으로 보는 이유다. 우리나라의 강점 중 하나인 애니메이션 부분도 단순히 오락개념을 넘어 산업화와 광고 등 새로운 시각으로 접근해 볼 필요가 있다.

우리나라를 대표하는 콘텐츠 업체들

우리나라에도 크고 작은 콘텐츠 제작업체들이 수없이 많다. 그 중 대표적인 콘텐츠 업체를 꼽는다면 스튜디오드래곤(253450)을 생각해 볼 수 있다. 2016년 5월 CJ E&M 드라마 사업본부가 물적 분할되어 설립되었다.

주요 사업은 드라마 콘텐츠를 기획 및 제작하여 미디어 플랫폼에 배급하고 VOD(Video-On-Demand) 즉, 주문형 비디오와 각종 영상 관련 콘텐츠를 통한 유통 및 관련 부가사업을 영위하고 있다. 우리나라는 물론 해외에서 큰 인기를 끈 〈또 오해영〉, 〈알함브라 궁전의 추억〉, 〈왕이 된 남자〉, 〈도깨비〉, 〈비밀의 숲〉, 〈미스터 션샤인〉 등 완성도와 화제성 높은 드라마를 지속적으로 선보이며 사업영역을 넓혀 가고 있다. 이 회사의 강점은 우수한 작가, 연출, PD 등을 확보한 독자적인 스튜디오들의 허브 역할을 수행하고 있다는 점이라고 회사는 말하고 있다. 그 외에도 제이콘텐트리(036420), 초록뱀(47820), SMC&C(048550) 등 중소업체들이 콘텐츠 관련 사업을 해 오고 있으며 새로운 성장동력을 찾는 중이다. 지금까지 콘텐츠 해외매출은 아시아 지역에서 80% 이상의 매출이 일어났으나 남미를 비롯하여 중동, 북미로 그 영역을 넓혀 가고 있어 성장성은 유효하다는 판단이다.

우리나라에서 빛을 보지 못한 드라마가 해외에서 의외로 인기를 끄는 이유는 배우들의 인지도와 크게 상관이 없음을 볼 수 있다. 그 이유는 드라마 주제가 애틋한 사랑 이야기와 가난을 극복하고 스스로 성공에 도달하는 주인공들의 모습을 잘 결합하여 시청자들의 감성을 잡아두는데 그 요인이 있다. 지금까지 큰 인기를 얻은 국가들 대부분이 우리의 경제성장의 길을 걷고 있는 데서 공감대를 얻기 때문이다. 그러나 지난해 큰 인기를 끈 〈미스터 션샤인〉 같은 경우는 시대적 배경을 바탕으로 우리 현대사의 이야기를 그렸다는 데 큰 의미를 찾아볼 필요가 있다. 독특한 스토리와 한국적인 전통문화의 가치관, 아픈 역사를 새로운 각본으로 접근해 가는 것도 산업의 신기술이라고 할 수 있을 것이다. 우리가 단순한 오락 문화로 생각해 왔던 방송콘텐츠 분야의 시장은 생각보다 훨씬 크며 꾸준히 성장해 가고 있는 신산업이다.

한국 부의 지도를 바꾼
게임산업의 르네상스

2019년 초 한국의 게임산업계를 비롯하여 증권가에 충격적인 뉴스가 흘러나왔다. 세계 온라인 게임 선두주자이자 우리나라 최대의 게임그룹 넥슨이 현 대주주와 특수관계인이 보유 중인 넥슨 지주회사인 NXC 지분 전량(98.65%)을 매각한다는 내용이었다. 우리나라 M&A 역사상 가장 큰 매물로 기록될 사안이어서 국내외적으로 큰 관심을 끌었다.

넥슨은 한동안 매출정체와 함께 슬럼프를 지나면서 고전하긴 했지만 최근 다시 최고의 위치를 확고히 다지고 있었는데, 제2의 전성기를 보내던 넥슨이 갑자기 매각한다는 뉴스는 충격 그 자체였다. 한 신문을 통해 넥슨 매각소식이 공식화되자 회사도 매각 사실을 공개적으로 선언했다.

금융가에서는 당연히 인수자에 대한 온갖 추측이 나돌았고 매각 가격도 관심사였다. M&A 성격상 본계약이 체결되기까지는 정확한 가격을 알 수 없지만 일본 증시에 상장된 시가총액과 기타 계열사 지분을 포함하면 대략 12~13조를 예상하는 전문가들이 대부분이었다. 우리나라 M&A 역사상 가장 큰 딜이 될 수 있는 큰 규모였다. 한 달 뒤 인수 후보자들의 윤곽이 잡혔고 가능성이 큰 인수자는 카카오, 넷마블,

사모펀드들이 국내에서 유력한 인수후보자로 거론되었다. 해외에서는 중국을 대표하는 게임그룹 텐센트가 인수전에 참전할 것이라며 골드만삭스를 주관사로 선정했다. 이어 글로벌 헤지펀드인 KKR, TPG, 갈라일, MBK 등 주로 사모펀드를 중심으로 재무적 투자자들이 인수전에 뛰어들었다.

많은 사람들은 공장 하나 없는 게임회사가 12조 원이 넘는 가격이라는 것에 매우 놀랐다. 우리나라 기업들이 국내외에서 성사된 M&A의 가장 큰 금액은 삼성그룹이 3년 전 인수한 자동차 오디오 부문에서 강자로 군림하는 하만을 9조 원 조금 넘는 금액으로 인수한 것이 가장 큰 계약이었다. 당시에도 스피커를 만드는 기업을 삼성이 9조 원이라는 거금을 들여 인수하자 고개를 갸우뚱하는 이들도 많았다. 고급자동차에 주로 납품하는 하만의 아이템(스피커, 음향기기 전문)과 전자, 반도체가 전문인 삼성과는 연관이 없다고 보았기 때문이다.

넥슨 매각이 1차 연기되고 흥행이 예상보다 못하자 넥슨 창업자 겸 최대주주인 김정주 회장이 미국의 아마존과 디즈니랜드그룹을 직접 찾아가 인수 의향을 타진했으나 성사되지 못했다. 김 회장은 넥슨의 미래를 위해 충분한 자금력과 넥슨이 지향하는 지속경영을 해 줄 수 있는 인수자를 희망했었다. 자금력이 충분한 사모펀드에 매각할 경우 그들은 언제든지 더 높은 가격에 다시 회사를 팔아 투자자들에게 투자금액을 돌려줘야 하기 때문이다. 게임산업의 신화를 이룬 분신 같은 회사가 여기저기 매물로 떠돌아다니는 미래를 원하지 않았을 것이다. 결국, 넥슨이 매각을 발표한 6개월 뒤 스스로 취소를 결정했다. 매각 철회 이유로 인수자와 매도자의 가격 입장 차가 커 무산되었다는 설과 넥슨의 성장성을 보장할 인수기업을 찾지 못했다는 소리가 들렸다. 넥슨이 매각금액으로 생각한 가격은 15조 원 정도를 희망했지만,

인수자들은 11~12조 원을 예상했다고 한다. 만약 넥슨이 매각을 강행했다면 가장 높은 가격을 제시해 인수했을 주체는 사모펀드가 되었을 것이다. 이 점도 눈여겨볼 대목이 아닐 수 없다.

한국 신흥부자의 역사를 고쳐 쓴 게임산업의 선구자들

  밀레니엄의 시작과 함께 한국의 부의 지도를 새로 그린 신흥부자들을 배출한 곳이 게임산업이다. 우리나라 문화콘텐츠 수출의 대표적이라 할 수 있는 드라마, 영화, 음악, 연관된 상품들을 다 합쳐도 게임산업이 벌어들이는 규모의 절반도 못 미친다. 한국 문화콘텐츠 중 가장 대표적으로 성공한 분야가 바로 게임산업이고 세계 어느 나라에 견주어도 뒤처지지 않은 기술력과 기획력을 갖고 있다. 밀레니엄 시대 전만해도 일본에서 들여온 비디오 게임이나 이를 복사해서 판매하던 수준이 한국 게임산업의 현실이었다. 후진국 수준에 불과했던 이 사업은 불과 20여 년 만에 세계 게임산업의 선두권으로 자리 잡은 것이다. 게임산업의 성장과 함께 회사를 창업한 주역들은 우리나라 부의 지도를 새로 그렸다.

  밀레니엄 시대에 들어서 빠르게 보급된 PC 환경과 인터넷 데이터망의 질적 성장과 함께 젊은 신흥부자들이 대거 등장한 것이다. 이 젊은 부자들은 대부분 30대에서 40대에 이르기까지 모두 IT 분야에서 탄생했다는 공통점이 있다. 시대적 변화와 함께 산업 트렌드를 따라 아이디어 하나로 머리를 써서 부자가 된 이들은 작게는 몇천억 크게는 수조 원의 가치를 지닌 젊은 신흥부자들이다. 대기업이나 그룹의 후계자들이 물려받은 재산을 제외하면 우리나라 최고의 자수성가형 부자들은 대부분 IT 분야에서 나왔고 게임산업에서 유독 두드러지고 있다.

최근 사드배치를 기점으로 한국·중국 간의 정치적 갈등을 겪으며 게임산업에도 적잖은 영향을 미쳤다. 게임산업 전반적으로도 성숙기를 지나 질적 양적으로 적체현상을 보이며 제2의 도약을 모색하고 있는 어려운 환경에 처해 있다. 우리나라에서는 아직도 게임이라고 하면 중독성 있는 오락으로 인식하는 기성세대들이 대부분이다. 게임으로 인해 범죄가 늘고 청소년들에게 가장 나쁜 놀이문화라는 생각이 뿌리 깊게 자리 잡고 있다.

학교 성적이 우선인 한국의 부모들에게 한 번 손대면 몇 시간은 기본인 게임이 유로화로 확장되자 학부모들은 여러 모임을 통해 관련 기관에 항의하고 물리적 행동을 통해 게임규제를 강하게 요구해 왔다. 국민들의 표를 의식한 정치권도 외면할 수 없어 학부모들의 주장에 귀 기울였고 게임 규제에 앞장섰으며 정부 관련 기관들도 제도를 보완하기 시작했고 게임산업은 많은 규제를 받기 시작했다. 이런 사회적 분위기에 편승해 우리나라는 세계적으로 찾아보기 어려운 세 가지 게임 규제를 받고 있다. 강제적 셧다운제, 온라인 게임 결제 한도, 웹보드게임 규제다.

최근엔 일부 정치권에서조차 이러한 규제가 스타트업체들의 성장을 가로막고 실효성이 없다는 이유로 셧다운제를 완화하자는 움직임이 있었다. 그러나 학부모들의 강한 반발과 여성가족부와 여성단체들은 '강제적 셧다운제는 최소한의 장치로 청소년들의 일상 균형 유지에 필요하다'는 등의 이유를 내세워 현재의 입장을 고수하고 있다. 그런 와중에 2019년 5월 세계보건기구(WHO)가 게임중독을 질병으로 분류하기로 결정하자 어떤 영향을 받게 될지 촉각을 세우고 있다. 2022년부터 본격적으로 시행되어 게임중독이란 질병을 치료하도록 권고한다는 결정이 실행되면 '하루 대부분의 시간을 게임에 매진해야 하는 프로게이머들은 치료를 정기적으로 받아야 하나?' 등 게임산업에도 적잖은 논란이 있을 수 있다는 데 공감대를 같이 하고 있다. 이 발표가 나오자 주식시장에서도 부정적인 리포트들이 발표되어 주가에도 영향을 주었다. 이러한 부침 속에서도 게임 산업계는 구조조정을 거치며 과도기를 보내며 새로운 길을 모색 중이다.

게임문화 인식의 전환기

어떤 문화나 예술도 인류역사에서 새롭게 등장하여 한 문화의 축으로 자리할 때까지 기존보수층의 냉대와 경계 속에서 투쟁해야 했다. 대표적인 문화의 한 장르인 영화도 100여 년 기간의 우여곡절을 겪은 후 예술의 한 장르로 인정받았다. 그 후 어느 분야보다 사회적 공감대를 받으며 가장 빠른 문화산업으로 성장했고 유행을 선도하는 위치를 차지했다. 사진과 만화 역시 일반서민들의 취미쯤으로 한 단계 내려 보는 시각이었다. 신문의 문화면을 보면 문학, 음악, 패션, 방송, 영화 등의 주제를 다루는 장르로 구성되어 있고 정치, 경제, 사회 등의 영역과 구분해 놓았다. 문화는 사회와 무관한 순수한 것임에도 문화는 전문화된 예술적 분야로 고유의 배타적인 영역으로 존재한다는 것을 은유적으로 보여주고 있다. 그러나 이런 문화적 사고는 머지않아 인식 자체가 희미해지고 대중성의 지배적 힘에 의해 새롭게 정의될 것이다. 기존의 틀을 완전히 바꿀 주체는 바로 스마트폰 세대들이 될 것은 확실하다.

유치원을 다니면서부터 가장 익숙하게 접촉하는 것이 스마트폰인 어린이들을 보면 그들이 청소년이 되고 성인이 되면서 바뀌게 될 세상을 상상해 볼 필요가 있다. 지금도 청소년들이 가장 오랜 시간 여가를 보내는 것도 운동이나 친구들과 시간을 보내는 것이 아닌 SNS와 게임이라고 할 수 있다. 앞으로 10년은 새로운 놀이문화가 유행할 것이고 그들의 성장과 함께 대표적인 유희도 게임과 연관된 산업이 될 것은 분명해 보인다. 5G 시대가 열리면서 4차 산업혁명 시대가 본격적으로 열리면서 오락산업도 새로운 부흥의 시기를 맞게 될 것으로 보고 있다. 이는 부정적 시각으로 보면 사람의 일자리를 자동화된 융합의 기계와 인공지능이 차지하면서 노동의 해방을 의미하기 때문이다. 다른 한편으로 보면 노동시간으로부터 더 많은 자유를 갖게 되는 우리는 그 시간을 메워 줄 유희가 필요하게 되고 그 중요성을 새롭게 인식할 것이다. 게임산업이 꾸준히 성장할 수밖에 없는 이유다.

하나의 게임을 만들기 위해선 다양한 전문 인력들이 협업해야 한다. 한 작품이 완성되기까지 게임기획, 디자이너, 그래픽, 프로그래머, 코딩, 아티스트, 사운드 크리에이터 등 전문적 분야별로 세분화되어 있다. 뿐만 아니라 주제에 따라 역사적 고증과 함께 다양한 학문의 전문성도 요구된다. 창작된 스토리의 배경이 대부분이기도 하지만 대작 게임의 경우 역사소설이나 영웅들의 무용담에서 힌트를 찾기 때문이다. 단순한 게임을 제작하는데 무슨 심리학과 사회학이 필요한가라고 질문하는 사람들이 많지만 중요한 요소가 아닐 수 없다. 게임 속에 심리적인 반응과 그에 따른 게임 전개를 유도하는 기술적 부분이 게임의 연속성을 유발하는 감정의 절대적 요소이기 때문이다.

많은 사람들이 게임의 한계를 지적한 획일화된 게임의 틀을 벗어나 가상공간 속의 주인공들이 물리적, 사회적 규칙에 따라 계속 발전하

236

며 현실화에 접근한 인공생명 시스템을 도입하는 것도 인문학을 접목하는 이유다. 지금까지 게임의 피해는 공격성 게임에 중독된 게이머들이 현실에서 재현하는 등 정서적 피폐함을 크게 꼽는다.

이에 대해 게임업계도 큰 변화를 시도하고 있는데, 급격히 늘어나는 1인 가구 시대에 정서적 감흥을 일으키는 연속성 게임의 발전을 통해 정서적 안정을 줄 수 있는 사운드와 독특한 스토리는 새로운 장르를 만들어 내는 게임개발이다. 이러한 시도를 통해 슈팅 일변도의 게임 이미지 변신을 꾀할 수 있을 것이다. 게임산업은 다양한 인프라의 발전과 함께 진화해 성장기를 지나 제3세대라고 할 수 있는 성숙기에 들어서 있다. 본격적인 5G 시대를 맞아 가상세계를 구현함은 물론 전혀 다른 환경을 경험하게 될 것이다. 새로운 세대들이 본격적인 사회 구성원으로 들어서는 앞으로 10년을 게임산업의 르네상스로 정의하는 이유이기도 하다. 게임산업이 밀레니엄의 급속한 산업 트렌드와 커플링 하여 초고속으로 성장했다면 앞으로 10년은 제2의 르네상스를 맞는 기회로 삼아야 할 것이다. 게임도 새로운 감성으로 탈바꿈하는 스토리가 대박을 낼 수도 있음을 기억하고 접근해 보자.

한국 게임산업의 역사를 써온 대표 업체들

▌넥슨

1990년대는 개인용 컴퓨터가 본격적으로 보급되기 시작하면서 PC통신이 생겼고 용산과 청계천에서 보따리상들을 통해 들어온 게임들이 불법복제 되어 판매하던 시기였다. 1997년 국가부도 사태를 맞은

IMF를 기회로 한일문화 개방을 맞아 본격적으로 일본의 게임들이 들어오기 시작하면서 게임에 대한 인식 전환이 있었다. 1998년 일본을 방문한 벤처기업가 김정주 넥슨 사장(현 NXC 대표)은 전자제품 매장 앞에 사람들이 길게 줄지어 서 있는 장면을 보았다. 100□는 넘어 보이는 그 줄에 서 있는 사람들이 모두 닌텐도 게임기를 사기 위해 장시간 기다리고 있었다는 것을 알고 그는 충격에 빠졌다. 그날 밤 일본에 연수 중이던 최승우 씨(전 넥슨 일본법인 대표이사)를 만나 저녁을 함께하며 두 사람은 의기투합했다고 넥슨 사장은 성장스토리를 얘기하며 회고했다. 당시 넥슨은 게임사업도 병행했지만, 소프트웨어 개발용역에 더 큰 비중을 두고 영업을 했던 벤처기업이었다. 귀국한 김 대표는 여타 사업을 접고 본격적으로 게임사업을 시작했고 13년이 흐른 후 게임의 본고장 일본 주식시장에 상장하게 된다. 일본에서 사업의 모티브를 찾은 넥슨은 그 후 일본 증시에 입성한 것도 의미 있다고 하겠다. 당시 김정주가 보유한 재산은 단순한 주식가치만 따져도 3조 원에 달해 국내에서도 몇 번째 안가는 부자대열에 합류했다.

넥슨의 김 대표가 일본을 방문했을 당시 그의 회사는 '바람의 나라'와 '어둠의 전설'을 막 출시한 직후였다. 당시 온라인 게임을 즐기는 사람은 몇백 명 수준이었지만 온라인상에서 여러 명이 한꺼번에 접속해 게임을 즐긴다는 것은 획기적인 시도였다. 온라인 게임의 서막을 알린 것이다. 1998년 12월에 '일랜시아'라는 게임을 연이어 내놓았고, 해마다 신작을 발표했다. 그런가 하면 좋은 게임(서든어택 등)을 사들여 넥슨의 이름으로 국내 게임산업의 흐름을 바꿔놓기도 했다. 대표적인 게임으로 퀴즈퀴즈, 크레이지 아케이드, 메이플 스토리, 마비노기, 카트라이더 등 헤아리기 힘들 정도로 많은 게임들이 있다.

넥슨의 뒤를 이어 창업한 수많은 온라인 게임업체들도 여기서 모티브를 찾았고 온라인 게임의 전성기를 열었다. 게임이라는 단순한 오락성 산업으로 치부하기 전에 다른 면에서 생각해 볼 필요가 있다. 노동 집약적인 산업에서 기술발전을 해 온 우리나라는 당시만 해도 수출주도형 대기업과 연관된 생산기업들이 경제를 뒷받침하고 있었다. 공장 하나 없이도 수십 개의 공장을 짓는 것보다 훨씬 높은 부가가치 창출과 지식 기반으로 한 문화콘텐츠 산업을 부흥시킨 점도 인정해야 한다. 현재 직원 수만 명을 거느린 대기업들의 재무 상태를 면밀히 살펴보면 빚을 빼고 나면 순 자산은 깡통인 회사들이 수두룩하다. 일 년 장사해 은행 이자를 내기도 버거운 실상을 고려하면 게임회사 하나가 벌어들이는 외화는 수십 개의 공장을 돌리는 것보다 훨씬 수익이 높다는 것을 쉽게 알 수 있다.

▌엔씨소프트

우리나라 게임 업계에서 빼놓을 수 없는 1세대 게임회사로 엔씨소프트를 둘 수 있다. 넥슨과 비슷한 시기에 게임사업을 시작한 회사는 넥슨과 달리 코스닥시장에 일찍 상장(2000년 7월)을 한 바람에 대중들에게 널리 알려졌다. 엔씨소프트를 설립한 김택진은 한글 워드프로세스 업무용을 개발한 장본인이다. 1998년 설립 초기, 첫 번째 내놓은 '리니지'는 이 회사가 선보인 게임 중 가장 유명한 작품이며 회사의 성장을 주도한 대작이다. 1년 만에 국내 게임 최초로 100만 회원을 확보하며 돌풍을 일으켰다. 리니지는 한국의 PC방 사업을 주도하는 대표적인 콘텐츠였다. 리니지 게임 하나가 황금알을 낳는다는 PC방의 산업을 부흥시켰던 것이다. 이를 기점으로 많은 데스크톱 컴퓨터를 생산하는 업체들은 대호황을 맞았고 인터넷의 초고속화를 앞당긴 계기가 되었다. 잘 만든 회사 하나가 국가의 시스템을 바꾸고 신기술을 앞당길 수 있다는 것을 잘 설명해준 본보기가 아닐 수 없다.

리니지의 성장과 함께 해외로 눈을 돌린 이 회사는 미국 법인 설립과 동시 일본, 중국으로 진출했다. 이어 영국으로도 사업을 확장하여 유로존에서도 본격적인 영업을 시작하며 세계적인 게임회사로 성장 가도를 달려왔다. 우리나라를 대표하는 게임회사를 지칭하는 데 손색이 없으며 문화콘텐츠산업을 발전시킨 산 주역이다. 대표작들은 수없이 많으나 블레이드&소울, 길드워, 골든 포커 등 세계적인 게임을 선보였다. 현재는 모바일 게임의 매출이 절반을 차지할 정도로 모바일에도 집중하고 있다. 나도 오랫동안 이 회사의 주식을 소유했었고 펀드를 운용하면서 장기간 보유해온 주식이기에 친숙한 기업이며 수년간 지속적으로 분석 리포트를 써 오며 그의 성장을 가까이서 지켜보았다.

회사는 2011년 창원을 지역으로 하는 프로 야구단 NC 다이노스를 창단했다. 이어 창립 15주년을 맞아 비영리 공익재단 엔씨소프트문화재단을 설립했다. 이 재단은 사회적 약자에 대한 배려와 우리 사회의 삶에 대한 질적 향상과 가치창출에 주안점을 두고 지속적으로 활동을 해 오고 있다. 어느 기업이나 독특한 기업문화가 있는데, 이 회사는 직원들을 위한 복지를 잘하기로도 정평이 나 있다. 또한, 인재영입에 남다른 애정과 투자를 아끼고 있지 않다는 점도 여느 기업과 다르다.

▎넷마블

위에 설명한 1세대 게임회사라 할 수 있는 넥슨, 엔씨소프트보다 몇 년 늦게 창립하여 어느 기업보다 부침이 심한 길을 걸어온 모바일전문 게임업체다. 2000년 벤처 버블 붕괴 시점에 창립하여 투자자금이 없어 상당한 어려움을 딛고 후발주자로 걸어온 남다른 이력을 갖고 있다. 사업 초기 후발주자로서 자리를 잡기 위해 다양한 전략을 구사했고 온라인 게임업계 누구도 시도하지 않았던 퍼블리싱 사업을 시작했다. 이 사업모델은 지금은 당연히 여겨지는 수익모델이지만 당시만 해도 다른 회사의 게임을 위해 일을 한다는 것은 자존심이 걸린 일이었고 업계에서는 이해할 수 없었다.

첫 작품은 '라그하임'과 '그랜드 체이스'였고 이 두 작품을 크게 성공시킨 것이 회사를 안정시킨 계기가 되었다. 후발주자로서 살아남기 위한 전략이었다. 이어 퍼블리싱 부분 유료화를 도입했고, SSO, 통합플러그인을 적용시킴과 동시 접속자 수 10만 명을 넘어설 정도로 인기를 모은 테트리스의 학교대항전 등은 혁신에 가까운 모험이었다. 상당한 부침의 길을 걸어오는 동안 넷마블의 역사에서 가장 큰 변화는 회사를 CJ그룹에 넘기는 것이었다. 지금도 CJ E&M이 대주주로 있는 이유다. 2014년 CJ그룹은 CJ E&M의 게임사업 부문을 물적 분할해 방준혁 넷마블 의장이 최대 주주로 있던 CJ게임즈와 합병시켰다.

이 합병 법인이 현재의 넷마블게임즈가 되었고 방준혁은 10여 년만에 넷마블의 경영권을 다시 확보하게 된 것이다. 넷마블의 경영권을 되찾은 방 대표는 새로운 혁신을 꾀했는데, 바로 모바일 게임에 올인하는 전략이었다. 이것은 적중했다. '몬스터 길들이기', '모두의 마블' 등 모바일 게임은 대성공했다. 이 기회를 놓치지 않고 주식시장으로 직행해 회사 가치를 올리는 데 결정적인 영향을 미쳤다. 여기에서 방 대표는 사업 감각과 게임산업의 트렌드를 정확히 읽고 혁신을 시도했다는 점으로 인해 투자자들로부터 높은 점수를 받았다. 기업공개를 통해 충분한 자금을 확보하고 제2의 성장을 도모한다는 계획이었다. 모바일 게임의 한계를 느낀 넷마블은 분명 다른 콘텐츠를 찾아 비상할지 모른다.

　현재도 국내 모바일 부분 게임업계 1위를 달리고 있는 넷마블 방준혁 대표는 2017년 5월 주식시장 상장과 함께 우리나라 부자 상위권 대열에 합류하며 다크호스로 화려하게 등장했다. 상장 첫날 종가 기준 넷마블 시가총액은 13조7,263억 원이었다. 창업 17년 된 게임회사가 LG전자, 삼성SDI, 에쓰오일, 현대중공업, 현대제철, 삼성화재, 하나금융지주 등 수십 년의 역사를 가진 대형 제조업체와 금융사 시가총액을 단숨에 뛰어넘었다. 코스피와 코스닥을 합친 전체 거래 종목 3,000여 주식 중 시가총액 21위에 오르며 파란을 일으켰다.

　넷마블은 공장 하나 없고, 가진 자산이라고는 사무실과 개발에 필요한 IT 장비들과 개발인력이 전부라 할 수 있다. 더구나 후발주자가 선두 자리를 굳건히 지키고 있던 엔씨소프트를 크게 앞질렀다. 당시 엔씨소트프는 시가총액 7조 7천억 수준이었다. 그런가 하면 우리나라 온라인 게임의 원조라 할 수 있는 넥슨의 일본에 상장된 시가총액 9조 원보다 훨씬 높아 단연 게임업계 1위로 등극한 것이다. 이 기업이 걸어온 궤적을 살펴보면 기업가치가 어디에 있고 큰 부자가 되는 길은 어디에 있는지 쉽게 찾아볼 수 있다. 부의 지도를 단숨에 바꾸는 것도 산업의 변화이고 돈의 흐름도 궤를 같이한다는 것을 여실히 증명해 주고 있다. 지금도 스타트업을 꿈꾸고 있는 누구라도 제2의 넷마블이 나올 것으로 기대하고 있다.

숨겨진
부의 설계도

제5장

부자를 원하면
관계를 중시하라

부자들의 생각은 다르다
투자의 힌트도 관계에서 찾는다

어쩌다 한 번씩 만나 밥을 먹으며 이런 저런 얘기를 하며 가까이 지내던 오랜 친구로부터 뜬금없이 삼양식품 주식을 샀다고 연락이 왔다. 내가 여의도에서 현직에 있을 때 벌처펀드(부도 직전의 상장사나 관리종목에 있는 기업들을 상대로 투자하는 돈)를 관리하면서 유일하게 개인 투자자로 참여하여 인연을 맺은 사이였다. 한때는 부동산과 골동품 같은 데 유독 관심이 많다가 미국 금융위기가 우리나라의 주식시장을 패닉 상태로 만들어 놓자 나에게 급히 연락해 온, 좀 재미있는 친구다. 아직도 카톡이 뭔지 모르고 스마트폰을 사용한 지도 최근이다. 이제 지천명에 들어선 사람이 우리나라에서 카톡을 사용하지 못한다면 간첩이라고 할지 모른다고 몇 번이고 사용할 것을 권유했지만, 전화통화를 하면 되지 왜 그게 필요하냐고 핀잔을 주곤 했다. 바람처럼 사라졌다가 나타나며, 몇 달은 기본이고 몇 년 만에 연락할 때도 있는 철새 같은 친구다.

내가 삼양식품을 매수하기 시작한 2015년 상반기부터 그 회사에 대한 커버리지를 시작하면서 리포트(분석)를 본격적으로 쓰기 시작했다. 이 회사의 심도 있는 리포트를 준비하는 동안 회사는 물론 삼양식품이 보유한 강원도 삼양목장도 두 차례 다녀왔다. 그 회사가 소유한 강원도 땅에 대해서도 관계기관에 확인도 하며 나름대로 리포트를 쓰기 위해 다양한 방법으로 자료를 모으려고 동분서주했었다. 당시 우리나라에서는 그다지 관심을 끌지 못했지만, 삼양식품이 전략적으로 내놓은 불닭볶음면이 해외에서 더 반응이 좋다는 소리에 불닭볶음면을 몇 개 구입해 호텔방에 가져다 놓았다. 마침 그때 그 친구가 찾아온 것이다. 원래 매운 것을 잘 먹지 못하는 나를 기억하고 눈이 동그래진 그는 "웬 라면이냐"고 물었다. 이 회사에 집중투자를 할 목적으로 이 기업을 좀 더 깊이 알아보는 중이라고 자초지종을 얘기해 줬다. 당시 나는 해외에서의 투자를 줄이고 국내 투자 비중을 늘리기로 작정하고 투자종목들을 분석하고 있었다. 그는 호텔을 나가면서 리포트를 자기에게도 보내달라고 몇 번이고 부탁하여 그 후로 리포트를 쓸 때마다 보내 주었다.

투자의 원칙 몇 가지

난 어떤 주식이나 채권에 투자를 결정하기에 앞서 몇 가지 원칙을 정해두고 있다. 최소한 5년 치 그 회사의 재무제표를 꼼꼼히 확인하고 투자자가 잘 모르는 숨겨진 오버행 물량은 없는지 자본금 변동사항은 물론 현금흐름 등을 유심히 확인한다. 또한, 각 증권사 리서치센터에서 발표한 리포트들을 최대한 확보해 검토하며 증권사들끼리 분석한 자료를 비교하고 신문기사도 확인한다. 또 한 가지 중요하게 생각하고 놓치지 않는 것은 반드시 생산 현장과 본사를 가 본다는 원칙이다.

그리고 그 회사가 만든 제품을 판매하는 곳을 찾아가 상품을 직접 확인하고 그 물품이 우리나라 대표적인 유통업체 등에서 판매되고 있는지와 그 매장에서는 경쟁사들 제품과 비교해 유리한 위치에 놓여 있는지를 확인한다. 식품 관련 제품이라면 프로모션이나 시식행사를 하고 있을 때 그 직원은 어떤 태도로 홍보하는지 등을 유심히 지켜보며 고객들의 반응을 보고 온다. 될 성싶은 신제품은 그 현장만 봐도 어느 정도 감이 오기 때문이다. 그러나 당시 삼양식품이 내놓은 불닭볶음면은 어느 곳에서도 시식행사를 하지 않았다. 그리고 그다지 눈에 띄는 제품도 아니었다. 당시 삼양식품은 오랫동안 매출정체와 함께 투자자들로부터 주식시장에서 철저히 외면받아 온 상황이었다. 우리나라 최초의 라면 회사로 출발해 시장점유율 1위를 지켜오다 1989년 11월 공업용 우지파동 때 추락한 후 2위 자리를 한동안 지켜왔었다. 그후 치열한 경쟁에서 밀려 후발주자인 오뚜기 라면에 2위 자리를 빼앗기고 고전하던 시기였다. 그러함에도 내가 그 회사에 투자를 결심하기로 한 것은 우연히 유튜브를 보면서 관심을 갖게 된 것이다. 해외 여러 나라에서 불닭볶음면을 경쟁적으로 먹는 장면은 매우 흥미로웠고 이색적이었다. 또한, 내 눈길을 끈 것은 그 동영상들에 광고가 많이 실리는가 하면 조회 수도 상당했다. 싸이의 강남스타일이 유튜브를 뜨겁게 달궜고 유튜브 역사상 단기간에 최고의 조회 수를 기록하던 무렵이었다. 강남스타일과 함께 세계인들이 한국에 대해 관심을 크게 가질 때다. 그리고 주가를 확인한 나는 내심 놀라워하며 투자를 결심하고 분석을 시작한 것이다. 그 회사 주식이 너무 싼 가격으로 오랫동안 횡보한 것도 매력적으로 느껴졌다. 나는 어느 한 종목에 투자를 시작하면 그 주식을 다 정리할 때까지 매 분기마다 실적상황을 확인하고 리포트를 꼭 업데이트해 놓는다. 경쟁업체의 어떤 이슈가 있거나 그 회사가 공시를 하면 해당 내용에 대해 분석하고 꼼꼼히 확인한다. 물론 시시각각 그 회사의 동향을 모니터링하는 것은 기본이다.

큰손들이 중시하는 투자기준

그 친구를 만난 후 리포트만 보내주고 한동안 보지 못하고 있던 차에 불쑥 연락한 그는 삼양식품을 모으다 보니 너무 많은 수량을 사 모았다고 털어놓았다. 그가 삼양식품을 산 이유는 간단했다. 라면 회사의 역사가 오래되었고 먹는장사를 해 왔기 때문에 일차적으로 망하지는 않을 것 같고 땅값이 단돈 몇천 원 할 때 공장 짓고 물류시설을 만들어 영업해 왔던 땅들도 괜찮은 자리에 있는 등 기본적인 재산이 있어 부도나지는 않겠다는 생각이 들었다고 한다. 그리고 내가 쓴 리포트를 꼼꼼히 읽어보니 전혀 몰랐던 곳들이 눈에 들어오기 시작했단다. 그리고 결정적인 것은 내가 한 종목에 대해 리포트를 그렇게 많이 쓴 것을 보고 이것저것 생각할 필요가 없어 투자를 결정한 주된 이유라고 했다.

또 자기의 단순한 생각으로 삼양식품이 지금까지 장사해서 모아 놓은 돈과 몇십 년 동안 갖고 있는 땅 가치를 대략 계산해 보니 현재 주가 22,000원(액면가 5,000원)이 너무 싸다는 생각이 들었다고 한다. 이익을 크게 못 내더라도 망하지는 않을 것이라는 확신도 주식을 계속 사 모으게 된 이유라고 투자 배경을 설명해 주었다. 당시 삼양식품그룹이 갖고 있는 삼양목장 600만 평 중 개발 가능성이 있는 100만 평의 가치를 단순 계산해서 땅 한 평당 25,000원으로 생각하고 사놓으면 그

땅 가치만 해도 분명 은행이자는 나올 것이라는 자기 나름대로의 가치를 산정하기도 했다. 대한민국의 웬만한 곳은 이미 파헤쳐질 대로 다 파헤쳐지고 순수 자연 친화적인 환경요건을 보전하고 있는 곳이 강원도에도 몇 군데밖에 없어 앞으로 이런 곳이 새롭게 떠오를 것이라고 자기 나름대로 분석도 곁들여 설명해 주었다. 사실 그때는 평창올림픽을 앞두고 있던 터라 동계올림픽을 계기로 주변 땅들이 개발될 것이라는 기대감에 부풀어 있었다. 삼양식품도 평창올림픽 수혜주로 거론되던 시기였지만 나는 그런 부분은 전혀 고려하지 않고 지인들을 비롯하여 그 친구에게도 매수를 권유했었다.

내가 생각해도 한 종목에 너무 많은 돈을 투자해(투자 가능 금액 중 70%) 내심 걱정을 하고 있던 나를 찾아다니며 주식에 대해 의논하던 그가 갑자기 여행을 떠난다고 했다. 남미를 돌아 유럽을 거쳐 몇 달간 여행할 것이라며 바람처럼 사라졌다. 그 친구가 떠난 후 투자에 대한 그의 의견을 곰곰 생각해 보고 많이 허탈해진 마음을 숨길 수가 없었다. 단순한 그의 투자논리가 맞았다는 생각이 들었기 때문이다. 내가 그 회사의 리포트를 쓰면서 기본적으로 확인했던 부분은 미래의 본질가치와 회계내용은 물론 동종업계의 동향과 거래되는 주식가격의 비교 산정이었다. 그리고 라면을 만드는 데 원가가 가장 많이 차지하는 생산 원료인 곡물과 밀가루의 가격 흐름 등을 파악하는 것은 기본이다. 그런가 하면 경쟁업체의 시장 점유율 수치, 미래의 영업이익 등을 추정하는 리포트를 몇 주에 걸쳐 심도 있게 한 번 쓰고 나면 기진맥진했던 것들은 다 소용없는 시간 낭비라는 생각이 불현듯 들었다. 투자는 오직 결과로만 말을 해주기 때문에 그런 수고는 다 무효라는 생각도 없지 않았다.

투자의 세계는 냉엄하고 가혹하다. 누군가는 죽어야 내가 사는 철저한 약육강식의 자연법칙과 흡사한 세계다. 하버드대학을 나오고 회계사 시험을 통과하고 행정고시 사법고시를 다 패스한 최고의 엘리트 대접을 받는 사람이라도 투자세계에 발을 들여놓고 수익을 못 내면 초등학교 출신의 투자 수익을 잘 내는 투자자보다 대접 못 받고 관심 밖으로 쫓겨나는 게 이 세계이기 때문이다. 자본주의의 질서를 가장 잘 드러내 보이는 주식시장은 오직 투자결과로만 평가받는 세계라고 해야 옳을 것이다. 자산을 관리하는 펀드매니저나 관리자가 최고의 학부를 나오고 아무리 훌륭한 스펙을 지녔다 해도 재산을 까먹고 있다면 누가 그를 인정하고 돈을 맡길 수 있겠는가. 투자자들은 자기 자산을 늘려주는 사람이 최고이지 학력이나 인품 같은 것은 안중에도 없다. 투자의 목적은 오직 얼마의 이익을 얻느냐, 얼마나 내가 더 많은 돈을 차지하느냐가 관건이다.

가치주의 정석

정확히 18년 전 그가 처음 투자한 펀드의 좋은 성적을 내고 연락이 뜸하던 어느 날 내 강의를 한번 듣고 싶다고 부산까지 따라온 그가 내 투자세미나를 다 듣고 나서 한 가지 부탁했었다. 자녀들에게 증권계좌를 만들고 그들을 위해 상속한다는 생각으로 다른 자산 대신 주식으로 나눠 주고 싶은데 어떤 주식을 살지 추천을 부탁했었다. 당시 내가 강의를 하면서 늘 주장하던 것은 노후준비는 자녀들의 경제독립으로부터 시작하라고 말하며 돼지저금통에 동전을 모으듯 싼 주식을 한 주씩이라도 사 모으라고 강조했을 때다. 그 친구에게 내가 권유한 주식이 삼성화재와 롯데칠성 그리고 유한양행이었다. 그 친구는 두말없이 유한양행을 3만 원 밑에서 사기 시작해 16년이 지난 2년 전(2017년)에 25만 원 선에서 대부분 처분하고 일부는 보유 중이다. 그땐 우리나라 경제가 가장 암울한 때여서 누구도 미래를 확신하지 못하던 그런 시기였다. 그래서 그 친구도 자녀들의 계좌를 만들고 주식을 모으기 시작했다고 했는데, 유한양행을 3만 원 아래에서 산 이유도 경기가 좋든 나쁘든 약은 꼭 먹어야 하니 망하지는 않겠고 대한민국에서 가장 청렴한 회사라고 하니까 그냥 내 말을 믿고 샀다고 했다.

나는 평생을 돈과 연관된 일을 해오면서 다양한 직업에서 자수성가로 부를 이룬 사람들을 많이 만났다. 특히 주식투자로 큰돈을 번 사람들과 지금도 교류를 하고 있는데, 희한하게도 그분들은 투자에 대해서 공부를 하거나 관련 업종에 전혀 경력이 없는 분들이다. 그리고 그분들의 공통점은 다 단순하다는 점, 사람과의 관계를 목숨처럼 중시하고, 그리고 장기투자 목적으로 사 모으는 주식들은 세월아 네월아 개의치 않고 가격도 따지지 않으며 꾸준히 모아 갔다는 점이 같다. 물론 지속경영이 가능한 기업이라는 것을 전제로 했다는 말이다.

인내도 투자기술

그 친구가 여행을 떠나면서 내게 말했다. 리포트에서 내가 목표로 한 삼양식품 최종 주가 8만 원은 아무래도 보수적으로 잡은 것 같다고 하며 자신은 15만 원을 기대하고 있다고 했다. 귀신도 주식시세는 모른다는 속담이 있다. 우리 인간이 어찌 내일의 일을 알 수 있으며 정확한 주가를 진단할 수 있을까만 통상적인 기준의 잣대로 봤을 때 당시 삼양식품 주가는 향후 몇 년간 15만 원까지 가기에는 쉽지 않겠다는 것이 내 판단이었다. 경쟁사가 망하거나 신제품이 전체매출의 50%를 커버한다면 가능한 일이지만 당시 상황으로선 그 친구가 목표로 하는 주가는 무리라는 게 솔직한 내 생각이었다.

2016년 주식시장은 몇 년간 이어지던 개별종목 장세가 저물고 반도체 관련 종목들이 서서히 움직이기 시작했다. 반도체 역사상 슈퍼 장기 호황기에 들어선 것이다. 개별종목들이 하락을 거듭했고 시장에서 관심 밖인 상황에서 삼양식품은 거래량이 늘기 시작했다. 당시 삼양식품이 전략적으로 내놓은 불닭볶음면이 해외에서 뜨거운 반응을 보이며 수요가 폭발적으로 증가하자 주가가 꿈틀대기 시작했다. 가족 모든 계좌는 물론 지인들도 대부분 이 종목에 50% 넘는 비중으로 매수를 끝내고 리포트를 10회 이상 업데이트하며 수시로 신제품 판매를 모니터링하고 있었다. 유튜브를 타고 알려지기 시작한 불닭볶음면은 당시 출시된 라면 중에서 가장 매운 컵라면으로 소문나 외국인들 사이에서도 매운 것을 용기 있게 먹을 수 있다는 콘셉트로 홍보한 것이 적중했다. 여기서 중요한 점은 SNS를 적시에 잘 활용했다는 점이다. 지금은 어떤 사업이든 이 세태의 흐름을 놓쳐서는 안 된다. 유튜브도 유행을 타며 어떤 주제에 쏠림현상이 심하다. 그때도 마침 1인 방송의 크리에이터 먹방들이 어느 나라 구분 없이 유행하던 때다. 내가 주식을 매수한 지 1년이 지난 시점부터 서서히 주가는 반응하기 시작했다. 21,000~23,000원에서 오래 횡보하던 주가는 2016년 추석을 지나면서 본격적으로 움직이기 시작했다. 내가 쓴 리포트들이 여기저기 투자 관련 사이트에서 돌아다니기 시작한 것도 그 무렵이었다.

그러나 애석하게도 나는 그 주식을 그 친구보다 훨씬 먼저 대부분 처분했다. 이유는 한 가지였다. 회사의 중대한 사안을 발견했기 때문이었다. 삼양식품의 회계 부분에서 몇 가지 의문점을 발견하고 회사를 좀 더 깊이 파고들어 가 알아가던 중 회계장부를 열람해야겠다는 생각이 들었다. 주주는 자신이 보유하고 있는 회사의 회계장부를 좀 더 명확히 확인하고자 할 때 몇 가지 사항이 충족되면 회계자료를 볼 수 있다. 예를 들면 그 회사의 지분이 0.5%를 보유하고 보유한 지 6개월이 지나야 한다는 규정이다. 만약 회사가 이를 거부할 경우 법원에 열람신청 소송을 통해 강제적으로 회사의 회계장부를 복사할 수 있다. 회사의 전반적인 재무상태 등을 확인하기 위해 함께 투자한 멤버들에게 위임장을 받아 놓고 회사와 단판을 할 계획이었다.

투자를 하고 난 후 알게 된 삼양식품의 경영 상태는 매우 보수적이고 가족중심으로 전 근대적 경영방식을 유지해 오고 있었다. 그 회사의 경영 시스템을 못마땅한 시각으로 보고 있었기에 이 회사는 분명 내부적 부정거래나 불투명한 회계문제가 있을 것이라는 확신이 섰다. 하여 회계장부를 열람할 목적으로 같이 투자한 멤버들이나 지인들로부터 위임장을 받아 주주들의 대표로서 회사에 법적 대응을 하려던 무렵 주가는 이미 4만 원대를 넘어가고 있었다. 그리고 중대한 사실을 알게 되었다. 회사 경영진들의 부정행위가 누설되어 검찰에서 본격적인 수사를 하려고 내사가 진행되고 있다는 사실을 우연히 알게 된 것이다. 내가 투자를 하면서 정해 놓은 몇 가지 원칙 중 하나인 경영진들의 부정행위를 알았기 때문에 주식을 처분할 수밖에 없었다. 어떤 경우라도 투자한 회사의 경영진이 회사의 자금을 횡령하거나 경영과 무관한 데 수위를 넘는 돈을 지출한 사실 등을 발견할 땐 무조건 처분한다는 나름대로 원칙을 세워 놓고 있었기 때문이다. 회사의 대주주나 대표자가 여자 문제, 술, 도박문제로 구설수에 올라 있는 경우도 절대 그 회사의 주식을 보유하지 않는다는 것이 나의 투자원칙에 들어 있다.

머리로 버는 게 몇 배 더 낫다

내가 보유한 주식과 관리하고 있던 계좌는 물론 내 리포트를 보고 묻지마식으로 투자했던 지인들도 절반 이상을 차익실현하려던 무렵 그 친구가 여행에서 돌아왔다. 내가 주식을 처분하고 있다는 소릴 들은 그도 집에서 다시 한 번 생각해 보겠다고 하며 돌아갔다. 하지만 내가 알고 있었던 검찰수사 내용은 얘기해 줄 수가 없었다. 그 사실을 알려 준 사람과의 기밀유지 약속이 있었기 때문이다. 그래서인지 그 친구는 단순히 주가가 올랐다고 팔지 않겠다며 계속 보유를 했다. 결과적으로 그도 주식 대부분을 처분했는데, 최고점인 11만 원대에서 차익실현하지 못하고 9만 원대에서부터 정리를 한 것이다. 미·중 무역전쟁이 예상보다 더 확대될 것이라는 나의 의견에 동의했고 주가를 끌어올렸던 불닭볶음면의 매출도 유행에서 멀어졌다고 판단했기 때문이다. 무엇보다 삼양식품의 대주주이자 대표이사를 맡고 있었던 회장의 부인과 회장 자신의 부정행위가 검찰수사로 드러난 점도 주식을 계속 보유하기엔 부담이 갔다. 회장 부부가 10년간 빼돌린 횡령금액의 50억 원을 다시 변제했기 때문에 좀 더 보유할까도 고민했지만, 그 친구는 그가 목표한 주가 15만 원을 포기하고 차익실현을 한 것이다. 그 친구가 평균 26,000원 선에서 매집한 주식을 9만 원 전후로 처분했으니 좋은 투자결과였다. 주식을 모두 정리한 후 가만히 생각해 보면 진정한 투자의 고수는 그 친구가 아닐까 하는 생각이 들어 나를 돌아보는 계기가 되었다. 리포트를 10회 이상 업데이트하고 현장은 물론 다양한 전문가들을 만나 의견을 듣고 회사의 정보를 모으는 등 동분서주했음에도 결국 투자성과는 그보다 훨씬 못했다. 그 친구는 상당한 주식을 사 놓고도 주식은 안중에도 없다는 듯 몇 달씩 여행을 다니고 있었지 않았던가.

그는 아직도 아버지가 경영해 오던 작은 중소기업을 관리하고 있지만 직접 나서지 않고 직원들에게 위임해 두고 일주일에 서너 번 출근하고 있다. 자신이 출근을 매일 한다고 매출이 좋아지지 않을뿐더러 또 출근하면 잔소리를 하게 되고 직원들의 근무에 방해될 뿐이라고 했다. 직장을 잃지 않으려면 직원들이 알아서 더 열심히 일할 것이고 자신이 출근하여 열심히 뛴다고 해서 돈이 더 벌리지 않는다는 것이 그가 생각하는 경영방식이다. 그럴 시간에 차라리 투자전문가들과 만나 밥을 먹고 세상 돌아가는 얘길 듣고 조언을 들으면 자신이 경영하는 사업에도 큰 도움이 된다는 것이다. 물론 투자를 해서 얻는 이익이 사업해서 버는 돈보다 수십 배는 더 크기 때문에 왜 수입이 적은 곳에 몰두하느냐라는 것이 돈을 버는 그의 방식이다.

○━━┥

세 번의 기회를 잡은
어느 부자의 이야기

관계의 미학

투자세계에서 근무하는 동안 수많은 부자들을 만났고 또 그들의 재산을 관리하면서 그들이 어떤 방식으로 부를 이뤘고 또 어떻게 그들의 자산을 늘려가고 지켜가는지를 가까이서 보았다. 내가 알고 있는 대부분의 부자들은 자수성가한 사람들이었다. 유산을 통해 자연스레 부자 대열에 들어선 금수저들은 몇 안 된다. 나 자신이 가난했고 그들과는 정서적으로 맞지 않았기에 가까이 지낼 수 없었으나 직업상 그들과 교류를 한 것이다. 부모가 물려준 재산 하나 없이 누구나 다 꿈꾸는 부자가 되는 것은 정말 어렵고 5%만이 그 대열에 들어선다는 것을 그들을 통해 확인할 수 있었다. 그중 기억에 남는 한 부자의 이야기를 하고자 한다.

그는 남대문 시장에서 우산 장사를 하고 있었다. 그의 두 평 남짓한 가게에는 다른 품목은 없었고 오직 우산 한 종목뿐이었다. 그를 알게 된 계기도 고객으로 방문하면서였다. 근무하고 있던 회사가 창립기념일을 맞아 손님들에게 줄 선물로 결정한 것이 당시 유행했던 양산과 우산 세트였다. 회사에서 갑작스럽게 결정을 한 바람에 시간이 없어 부랴부랴 남대문 시장에서 찾아간 곳이 바로 그 가게였다. 급한 주문 내용을 들은 직원은 3일 안에는 그 많은 선물 세트를 만들 수 없으며 회사 로고 등을 인쇄하는데 시간이 너무 촉박하다며 난색을 보였다. 그때 마침 그 가게 사장이라는 사람이 들어왔다. 자초지종 우리의 사정을 듣더니 잠시만 기다리라고 하며 여기저기 전화를 하며 "돈은 얼마든지 들어도 좋으니 그 날짜까지만 맞춰 달라"는 취지로 거래처들과 통화를 하는 것이었다. 통화가 끝나자마자 "3일 안에 원하시는 주문대로 납품할 것이니 걱정하지 마시라"고 짧게 말하며 우리를 돌려보냈다. 약속대로 3일 만에 우산 세트 5,000개를 회사 로고는 물론 선물 포장도 남다르게 해 납기를 정확히 지켰고 가격도 추가로 요구하지도 않았다.

우산 장사에게 배우는 처세술

당시 마흔을 막 넘긴 Y사장은 매사에 긍정적이고 열정적인 소유자였다. 그렇게 인연이 된 나는 그때의 감사한 마음을 잊지 못하던 중 다른 회사에 그 사장을 소개해 주었다. 그리고 대량의 물량을 납품한 그는 감사의 뜻으로 나를 골프에 초대했다. 그런데 골프장에 나간 나는 깜짝 놀랐다. 대학원에서 함께 공부한 공기업의 임원이 그 자리에 와 있었기 때문이었다. 늦게 공부를 다시 시작한 공기업 임원인 그를 큰형님처럼 따르고 있던 터라 얼마나 반가웠는지 모른다. 나중에 알고 보니 그는 자기의 사업에 걸맞지 않게 다양한 회사와 공기업들의 고위층과 인맥을 맺고 있었다. 그 사람들을 알게 된 것도 다 남대문 그의 가게에서였고 그 사람들도 과장, 대리 때 인연을 맺은 것이라고 한다. 한 번 맺은 인연을 놓치지 않고 꾸준히 인맥관리를 해 온 그의 능력을 한눈에 볼 수 있었다. 남대문 우산장사치고 골프도 수준급이었고 무엇보다 매너가 남달랐다. 누구에게나 밝고 친절하며 궂은일을 도맡아 처리하는 스타일이었다. 그는 그에게 찾아온 첫 번째 기회인 사람과의 인연을 소홀히 하지 않았고 확실히 잡을 줄 알았다. 찾아온 인연을 놓치지 않고 온전한 자기 사람으로 만들어 간다는 것이 생각처럼 결코 쉽지 않은 일임에도 그는 누구보다 잘했다는 얘기다. 격언에 "인연은 하늘이 맺어주지만, 관계를 이어가는 것은 노력"이라는 문구가 떠오른다.

부자들이 놓치지 않은 인생역전의 기회

사실 나이는 나보다 위였지만 그는 나를 친구처럼 대해주며 골프는 물론 자원봉사활동에도 같이 참여하며 그와 자주 교류했다. 그러던 중 내가 투자부서로 복귀하면서부터 골프는 같이 하지 못하고 어쩌다 그가 우리 사무실로 찾아와 점심을 할 정도였다. 그러던 어느 날 그가 불쑥 찾아와 다짜고짜 모 섬유회사에 대해 묻는 것이었다. 이 회사가 청산이 될 가능성이 있겠는지에 대한 질문이었다. IMF 직후 나는 M&A 전문가로 그 분야에서 활동하며 국가기관의 의뢰를 받아 기업 인수합병 업무를 집중적으로 하고 있었다. 문 닫은 공장들을 경쟁사들과 합병하여 생산시설을 재가동할 수 있도록 자금을 지원하거나 인수자를 찾는 등 동분서주할 때다. 업무 특성상 회사의 정보를 얻는

데 쉬웠기에 조만간 조사해 알려주겠다고 했다. Y가 말한 그 회사는 도심 곳곳에 큰 부동산을 보유하고 있었고, 모 그룹이 인수를 진행하고 있어 당장 청산은 되지 않을 것이라는 확신이 있었다. 정부에서도 더 이상 근로자들이 직장을 잃고 거리로 내쫓기게 되는 상황을 최대한 막으려고 전력을 다했기에 부도는 피할 것이라는 확신이 섰다. 그를 만나 그동안 조사한 내용과 내 개인적인 견해를 얘기해 줬다. 얼마후 그는 320원에 거래되던 그 주식에 모든 재산을 다 털어 매수했고 몇 달 후 5,000원대에 그 주식을 매도했다. 그 주식거래로 100억 이상의 수익을 얻은 그는 두 번째 찾아온 기회를 놓치지 않고 확실히 잡았다. 그가 만약 첫 번째 기회를 잡지 못했다면 아무리 돈이 많아도 섣불리 위험자산에 투자하지 못했을 것이다. 그동안 그가 쌓아온 인맥을 통해 그는 돈의 흐름에 대해 읽는 방법을 배웠고 또 그 인맥들을 철저히 신뢰했기에 과감히 배팅할 줄 알았다. 그리고 그가 내게 보여준 것은 돈은 아끼고 안 먹고, 놀러 다니지 않고, 알뜰살뜰 저축해서 모으는 게 아니고 머리로 벌어야 한다는 것을 다시 한 번 확인시켜 준 셈이다. 내가 강의를 할 때나 후배들에게 강조하는 것도 머리로 돈을 벌어야 한다는 이유에서다.

진정한 부자로 거듭나기

그가 큰 부자가 되고부터 자주 연락을 하지 못했다. 내가 해외에 오래 머문 탓도 있지만, 현직에서 떠나 있었기 때문이다. 그런데 우연히 그를 다시 만났다. 그는 몰라보게 변신해 있었다. 그가 배우지 못한

한을 채우기 위해 남대문장사는 정리하고 검정고시에 합격하고 지금은 방송통신대에서 공부하고 있다는 것이다. 내심 얼마나 반가웠는지 모른다. 개인사업자들이 흔히 돈을 벌면 좋은 차를 사고 룸살롱을 다니고 젊은 애인을 만드는가 하면 명품을 두르고 무게 잡고 사는 것을 자주 봐왔던 터라 그의 행보는 여간 신선한 충격이 아닐 수 없었다. 그리고 가족과 여행도 자주 다니며 새로운 삶을 살고 있던 것이다. 또한, 그는 가끔씩 콘서트 표를 사서 지인의 부부를 초대한다는 것이다. 어떻게 그런 생각을 하게 되었느냐고 묻는 내게 은퇴한 지인(인맥)들이 갤러리를 운영하거나 자원봉사활동과 후학들을 위해 기부하는 모습을 보고 자신도 새로운 삶을 살아야겠다고 작심했다는 것이다. 나는 아무리 돈이 많아도 그 사람이 돈이 많은 그 무게만큼 인품이나 지성, 문화적 소양과 배려가 없다면 절대 부자로 생각하지 않고 천박하게 생각하며 마음을 열지 않는다. 사우디나 브루나이는 세계에서 가장 돈이 많은 나라인데도 우리가 선진국으로 생각하지 않는 것처럼… 그는 인생의 멋을 아는 사람이었고 부족한 것이 무엇인지를 스스로 성찰할 줄 아는 인품을 지녔다. 그는 진짜 부자로 살기 위해 세 번째 기회가 돈보다 더 위에 있다는 것을 알았고 그 찬스를 놓치지 않았다. 지금도 그가 소유한 강남 대로변 그의 빌딩을 지날 때면 덩달아 나도 부자가 된 느낌이고 그를 알게 된 나 자신이 자랑스럽다. 그는 내가 알고 있는 진짜 부자 중의 한 사람이다.

줄탁동시

줄탁동시(啐啄同時), 사자성어를 돌아보게 되는 요즘이다. 알 속에서 자란 병아리가 부리로 안쪽 껍질을 쪼아 세상 밖으로 나오려고 할 때 어미 닭은 그 소리를 알아채고 밖에서 알을 쪼아 병아리가 나올 수 있도록 도와줘야 비로소 한 생명이 태어난다는 의미다. 불가에서는 제자의 집요한 노력과 스승의 때맞춘 적절한 가르침이 하나가 되는 순간 깨달음으로 이어진다는 데서 더 널리 알려졌다. 병아리가 아무리 세상 밖으로 나오려고 해도 밖에서 그 신호를 깨닫지 못하고 내버려둔다면 그 생명은 소멸하고 만다. 마찬가지로 누군가가 청운의 꿈을 펼치고자 할 때 그 남다른 이상과 생각을 알아채고 조금만 도와준다면 청운의 꿈을 이룰 수 있는 발판을 마련할 것이다.

지난해 금융시장에는 흥미로운 뉴스가 있었다. 투자의 귀재로 알려진 일본 최고의 부자 중 하나인 손정의 소프트뱅크 회장이 다시 쿠팡에 2조 원이란 거금을 투자한다는 뉴스였다. 몇 년 전 남다른 아이디어와 신개념의 물류시스템으로 한국 유통산업에 혁신을 이루겠다는 쿠팡 김범석 대표의 사업구상을 듣고 조건 없이 1조 원을 투자했었다. 그러함에도 쿠팡은 해마다 적자가 눈덩이처럼 불고 지난해는 매출(2조 6천억)이 크게 올랐음에도 6천3백억 원이란 큰 손실을 냈다. 밑 빠진 독에 물을 채우듯 적자가 계속 늘어나는 회사에 또다시 거금을 쏟아부은 숨은 뜻은 무엇일까? 고개를 갸우뚱하지 않은 사람이 없었다. 그동안 우리나라 스타트업이나 수많은 기업들이 손 회장이 운용하는 펀드에 투자해줄 것을 요청하고 다양한 방법으로 프레젠테이션과 사업설명을 시도했지만, 손 회장은 거들떠보지 않았다. 수년 전부터 한국을 오가며 다양한 계층의 사업가들과 교류하고 정보를 나누었지만,

한국 기업들에게 투자한 것은 E-커머스 기업 쿠팡이 대표적이다.

손 회장은 세계 최고의 전자상거래 기업 알리바바가 자금난에 처해 어려움을 겪고 있을 때도 두말없이 거금을 투자한 적이 있다. 그의 투자는 알리바바 책임자 마윈 회장의 눈빛을 보고 결정했다고 한다. 손정의 회장은 우리나라 삼성그룹과의 재미있는 일화도 있다. 고 이병철 회장은 손 회장이 미국에서 대학을 다닐 때 그의 됨됨이를 알아보고 미국 법인에 있는 사장에게 그에 대해 알아보라고 지시했다. 삼성그룹이 세계의 인재들을 영입하기 위해 적극적으로 찾고 있었을 때다. 미국에 근무하는 사장은 평범한 학생일 뿐이라고 간략하게 보고했다. 손정의와 삼성의 인연은 거기까지였다. 삼성의 인재 욕심은 그 후로도 이어져 다양한 분야에서 슈퍼급 인재들을 무조건 영입했고 지금도 변함이 없다. 하지만 그 슈퍼급 인재란 전혀 예상치 못한 인물들에서 발견되고 그들의 작은 발상이 세상을 바꾸기도 한다.

스티브 잡스가 막 아이폰을 개발하고 막바지 출시를 앞두고 있을 때 안드로이드도 개발을 끝내고 인수자를 찾고 있었다. 지금은 스마트폰의 양대 축으로 경쟁하고 있는 구글의 안드로이드 운영체계, 스타트업으로 출발해 개발을 완성한 사람의 이름은 앤디 루빈이었다. 개발을 끝낸 그는 2004년 동료와 함께 일반석 비행기 표를 구해 삼성 본사로 향했다. 한국에 도착한 그는 청바지 차림으로 동료와 함께 거대한 삼성의 회의실로 들어선다. 경직된 표정으로 어두운 정장을 한 20여 명의 임직원들이 도열해 있다가 루빈 일행이 들어가고 마지막 삼성의 대표가 입장해 착석하는 모습은 참 이색적이었다고 회고했다. 안드로이드의 프레젠테이션을 들은 본부장은 너털웃음을 지으며 "당신들은 8명이 그 일을 하고 있구먼. 우리는 그 분야에 2,000명이나 움직이고 있는데…"라며 말끝을 흐렸다. 당연히 그 딜은 허무하게 깨지고 말 았다. 그 어떤 추가적인 대화나 그 개발품에 대한 연구 없이 허무하게 마무리되었다. 손정의 회장과의 인연이 거기까지였듯 삼성과 안드로이 드의 인연도 거기서 끝났다. 우리나라 메모리반도체 분야 세계 최고 그룹이 갖고 있었던 소프트웨어 분야의 수준을 단적으로 엿볼 수 있는 일화가 아닐 수 없다.

그다음 소문을 들은 구글은 루빈과의 미팅을 통하여 5,000만 달러에 스마트폰 운영체제 안드로이드를 단숨에 인수 하고 그다음해엔 유튜브를 16억 5천만 달러에 인수한다. 안드로이드는 유튜브 인수 금액에 비하면 그야말로 껌값도 안 되는 돈이다. 그 후 스마트폰이 본격적으로 세상을 바꾸면서 안드로이드는 아이폰과 함께 스마트폰 시장을 석권하며 구글은 이 부분에서만 해마다 엄청난 수익을 거둔다. 삼성이 스마트폰을 하나 생산할 때마다 안드로이드에게 일정 금액을 지불해야 비로소 스마트폰으로 제 기능을 할 수 있다. 삼성은 꾸준히 기술개발과 생산원가에 매달려 스마트폰을 생산해야만 부가가치가 생기지만 안드로이드는 개발 기술 하나의 콘텐츠로 돈이 들어오는 것이다. 공유경제와 스마트폰의 융합기술의 시대를 살고 있는 지금 어떤 것이 돈이 되는가를 단적으로 보여주는 사례가 아닐 수 없다.

누군가가 껍질을 깨고 나오려고 할 때 그 소릴 듣는 이도 있고 아예 듣지도 못하거나 구원의 소리를 듣고도 그냥 지나치거나 모른 채 외면한 사람들도 많다. 나는 지금도 가끔씩 프레젠테이션이나 다양한 컨퍼런스 미팅에서 스타트업 관계자들을 자주 만난다. 그들이 수년간 밤을 새워가며 개발한 아이템이나 신모델의 사업구상을 듣다 보면 정말 기발하고 대박을 칠 것 같은 느낌을 받을 때가 종종 있다. 그리고 지금껏 성장해 온 그 기업의 신기술은 획기적이고 기존 기술을 완전히 뒤바꿀 만큼 혁신적이었다. 그러함에도 돌아서 보면 어떤 감동이나 여운이 남지 않음도 발견한다. 경영진에 대한 어떤 신뢰나 경영철학, 기업의 가치관이 보이지 않았기 때문이다.

세계 투자계의 거장들이 투자를 결정할 때도 투자이익만을 얻기 위한 목적으로 판단하지 않았을 것이라는 생각이 든다. 줄탁동시 그 관계를 곰곰이 생각해 보면서 스스로 내린 결론이다. 그렇다면 서로 통하는 그 화음은 어느 때 듣고 응답하는 것일까? 그 어떤 샤머니즘적인 공감과 관심이 수반될 때 들을 수 있을까. 깨고 나오려는 자는 어느 때 부리로 그 껍질을 쪼아대는 것일까. 그것이 바로 인연이고 관계일지 모른다. 관계란 두 사람이 빚어내는 정서의 교감이며 상호작용하는 의존적 존재다. 깨고 나오려는 자와 그 껍질을 적절한 시기에 쪼아 주는 인연이야말로 진정한 관계가 아닐까 싶다.

큰 부자들은 투자를 결정하는 기준이 다르다

오랫동안 투자활동을 함께해 온 친구가 있다. 같이 사모펀드를 조성해 부동산에 투자하거나 채권을 인수하고 또 현물에 투자하기도 한다. 요즘은 한국의 위험자산(주식 등)에 투자를 늘려가는 중이다. 계좌를 관리하면서 한 종목에 비중을 높여 큰돈이 들어가는 투자를 할 때 꼭 그의 의사를 묻곤 하지만 그렇게 하자고 단 한마디만 한다. 내가 쓴 리포트를 보고 의견을 묻거나 왜 그 종목을 샀는가에 대해서도 일체 언급이 없다. 물론 결과에 대해서도 좋건 나쁘건 담담히 받아들인다. 하여 더 부담이 크고 중압감을 더 느끼게 되는지 모른다.

그도 전형적인 자수성가형 부자다. 미국으로 건너와 온갖 잡일을 하다 부동산개발회사에서 분양 업무를 배웠고 부동산 중개인도 하면서 집도 사고 자산을 조금씩 늘려나갔다. 마침 백인들이 시작하여 중단한 주택단지 땅을 사는 사업을 시작했고 그 프로젝트를 시작으로 대규모 개발단지를 완성하면서 부의 기틀을 마련하였다.

누구든지 자수성가한 사람들의 특징은 부를 키워오는 동안 한두 번의 위기를 겪는다는 점이다. 그도 자기 능력보다 훨씬 큰 프로젝트를 시행하면서 자금난에 빠져 위기를 맞게 되었는데 그 무렵 우연히 만난 것이다. 부동산업자 출신답지 않게 그는 다도(茶道)를 즐기는 사람이었다. 처음 사업관계로 만났지만 우린 서로 차를 좋아한다는 것에 공감대가 있었고 금방 가까워질 수 있었다. 처음 그의 집에서 몇 시간 동안 차를 마시면서도 사업 얘기는 한마디도 하지 않았던 기억이 생생하다. 사실 그를 만나기 전에 이미 나를 만나려는 의도를 익히 알고 있었기에 굳이 사업 얘기를 할 필요가 없었다.

지금도 나는 어느 상품이나 주식에 투자하고자 할 때 그것을 주관하는 펀드운용사 담당 매니저를 만나거나, 주식이라면 꼭 그 회사 경영진에 대해 먼저 확인하는 습관이 있다. 그 회사 대표자의 경력이나 경영스타일을 대충이라도 확인한 다음 투자를 결정한다. 아무리 사업성이 좋고 신기술이 뛰어나도 그것을 끌고 가는 리더의 경영철학과 가치관에 따라 사업성과가 크게 달라지기 때문이다. 현장을 보는 또 다른 이유는 그 회사의 화장실이나 화단을 봐도 대충 그 기업의 분위기를 파악할 수 있어서다. 회사가 잘 돌아가고 모든 직원들이 주어진 일에 매진하는 조직의 현장은 사소한 곳에도 손길이 가 있고 모든 것들이 생생하다. 화단의 화초가 시들어 가고 쓰레기가 놓여 있다면 그 회사 일원들은 그저 시간을 메우기 위해 출근하고 있음을 알 수 있다. 가끔씩 자정이 넘은 시간 회사를 찾아가기도 한다. 그 기업의 연구실은 항상 불이 켜져 있고 24시간 잠들어 있지 않고 연구한다는 소릴 들었기 때문이다. 정말 연구소는 불이 꺼지지 않고 연구에 매진하고 있는지를 확인하고 싶어서다. 아무리 사업계획서를 잘 꾸미고 뛰어난 기술력을 자랑해도 현장에 가 보면 대충 답이 나온다. 또 그 생산현장을 가보면 그 조직원들이 하나로 일사불란하게 움직이는지 한눈에 들어온다. 내가 현장을 중시하고 사람들을 직접 만나려는 나만의 방식이기도 하다.

대부분 부동산 개발을 하는 사람들은 활동영역이 넓고 사업의 성격상 많은 사람들을 만난다. 현장에서 힘든 일을 하는 사람들과 함께 지내는 시간이 많다 보니 술자리가 잦고 당연히 술을 좋아한다는 이미지를 먼저 떠올린다. 소위 '노가다'하는 사람들이기에 고정관념을 갖고 있는 데서 비롯된 잘못된 시선이 아닐 수 없다.

그런 그가 사업과는 어울리지 않게 다도를 하며 자기만의 시간을 갖고, 혼자 놀 줄 아는 사업가의 모습은 신선하고 맑아 보였다. 직접 내가 도움을 준 건 아니지만, 당시 유행하던 유동화채권을 발행하는 방식으로 자금을 조달하는 데 성공했다. 물론 자금조달에 필요한 모든 서류작성과 자료들은 내가 전적으로 맡아 진행하였다. 지금도 그렇지만 어느 기업이 자금을 조달하면 그것을 주관하는 금융기관에게 수수료를 지불하고 개인이 그것을 추진했다고 해도 주관사도 개인에게 수수료를 나눠 갖는 것이 하나의 룰이다. 그런 면에서 난 전혀 개입하지 않았다. 진정 그에게 작은 도움이 되고 싶었기 때문이다. 그와 자리를 갖고 이런저런 대화를 나누면서 내가 접하지 못했던 세상을 알게 되고 공부가 되었다. 그때 전해 들은 부동산 프로젝트에 대한 지식들은 뒤에 부동산 관련 현물이나 펀드를 투자하는 데 큰 도움이 되고 있다. 또한, 내가 운용하던 사모펀드나, 여러 곳의 투자상품들을 갖고 있었지만 단 한 번도 그에게 투자를 권유하지 않았다. 그와의 관계는 그어떤 것보다 더 중요하다고 생각해 왔기에 나의 일을 우리의 좋은 관계에 연관하고 싶지 않아서다.

몇 차례를 위기를 맞으면서도 그가 추진했던 부동산 프로젝트들은 무난히 성공하여 큰 부를 이루었다. 그와 교류하면서 배운 또 하나는 부동산은 어느 사업보다도 돈과 유기적인 관계를 유지했을 때 성공할 수 있다는 점도 알 수 있었다. 좀 더 가까워진 우리는 자산증식이나 가정문제 등도 의논하는 사이가 되었다. 그는 모든 자산을 부동산 개발을 통해 얻었고 그때까지도 모든 돈이 고정자산(땅, 건물, 부동산, 회사 지분 등)에 묻혀 있어 그의 포트폴리오에 문제가 있음을 알았다.

당시 미국에서는 어느 지역 할 것 없이 자기 돈이 조금만 있어도 집을 사도록 쉽게 돈을 빌려주는 금융기관들로 인해 부동산은 하늘 높은 줄 모르게 치솟고 있었다. 내가 가장 두려워했던 것은 원자재 시장이었다. 시카고 선물시장은 전에는 볼 수 없었던 기이한 현상이 일어났고 많은 언론들은 원윳값이 200달러에 도달할 것으로 전망하고 있었다. 구릿값이나 철광석 가격도 사상 최고가로 치솟아 비이성적으로 움직이고 있었다. 덩달아 투자분석가들도 현 상황으로 봐서 원자잿값은 지속될 것이라고 맞불을 놓았다. 이런 상황에서 그의 자산 대부분이 부동산에 묻혀 있다는 것은 심각한 문제가 아닐 수 없었다. 나는 한국의 어느 애널리스트가 쓴 부동산(건설) 관련 리포트를 그에게 보여주며 내 생각을 간접적으로 얘기해 주었다. 당시 나도 일주일이 멀다 하고 리포트를 쓰고 있었지만 내가 쓴 리포트는 한 달에 두세 번 건네주었다. 내가 쓴 리포트보다는 수많은 대화를 통해 나의 생각을 전했고 돈의 흐름에 대해서도 같이 머리를 맞대고 의논했었다.

투자와 관성의 법칙

누구나 투자를 하다 보면 관성의 법칙에 빠지기 쉽다. 특히 주식투자에 있어서도 이 점을 유의해야 한다. 하는 일에 익숙하고 늘 좋은 투자 성과를 내 왔기 때문에 습관처럼 쉽게 투자를 하게 된다. 왠지 현금을 갖고 있으면 큰 수익을 붙잡지 못할 것 같고 이익금이 불어나는 기쁨과 주가의 흐름에 따라 희열을 느끼는 그 긴장감을 누리지 못하는 허전함을 경험한다. 현금을 갖고 있다 보면 누구의 한마디에 또는 증권사 직원의 종목 추천에 솔깃해 전체 시장의 흐름을 망각한 채 쉽게 매수 주문을 하고 만다. 이미 수익을 냈기에 부담이 없고 자신감이 앞서 있기 때문이다. 계속 수익을 낼 것 같고 모든 것들이 긍정적으로 느껴지는 관성의 법칙에 빠지는 우를 누구든지 쉽게 범할 수 있다.

부동산도 마찬가지다. 땅이 보이면 어떻게 개발하고 진행하면 될 것 같은 구상이 머릿속에 그려지고 더 오르기 전에 잡아놓고 보자는 심리가 발동한다. 온갖 땅들이 다 눈에 들어오고 먼저 땅을 확보해 놓으려는 욕심이 어느 사업보다도 더 강하다고 개발업자들은 말한다.

부동산자산에 대해 많은 고민을 한 후, 그는 바쁜 와중에도 내가 건네준 다양한 리포트들을 틈나면 읽었고 의문점에 대해서 진지한 토론을 했다. 그러면서 자신의 모든 자산들이 부동산과 연관된 사업에 다 들어가 있다는 것을 염려하고 있었다.

미국의 금융위기가 닥치기 전에 이미 여러 곳곳에서 균열이 보이기 시작했다. 우리는 며칠 밤을 지새우며 여러 정황을 살펴보고 검토를 한 결과 처분할 수 있는 모든 부동산은 일단 정리하고 현금화를 해 놓자는데 합의를 보았다. 운 좋게도 그는 많은 부동산(집, 건물, 토지 등)과 개발된 땅 등을 처분했다. 그 후 1년도 안 되어 미국의 금융위기가 터진 것이다. 그의 남아 있는 리조트와 부동산 자산도 절반 이상 가격이 떨어졌고 일부 대출을 받은 부동산은 가치하락에 따라 상환압력에 시달렸다. 사전에 절반 이상은 처분을 해 놓았기에 상환에는 문제가 없었지만, 현금 유동성이 떨어진다는 점이 아쉬웠다.

일생에 세 번 찾아온다는 세 번의 기회

당시는 일생일대에 세 번 온다는 기회 중 두 번째 찬스였다. 한국의 IMF가 첫 번째 기회였다면 미국금융위기는 두 번째라고 보는 게 옳다. 한국의 젊은 신흥부자들이 이 첫 번째 기회에 대거 태동했기 때문이다.

세계기축통화의 주도국 미국이 부도가 난 상태였으니 모든 전문가는 비관적이었고 적어도 10년은 경기 침체가 지속될 것이라고 연일 떠들어댔다. 하지만 내 생각은 달랐다. 전 세계 공용화폐인 미 달러의 발행권을 쥐고 있는 미국이 절대 망하지 않고 빚으로 연명하더라도 경기침체는 오래가지 않을 것이라는 생각이 들었다. 머지않아 미국이 내놓은 정책은 더 많은 돈을 무한대로 풀고 금리도 제로 금리까지 낮춘다는 계획이었다. 기축통화(국제간 결제와 금융거래에서 대표적으로 거래되는 돈)인 돈을 찍어내는 권한을 갖고 있는 나라이기에 가능한 것이다. 돈이 시중에 무한대로 풀리고 금리마저 제로 상태라면 돈이 갈 곳은 뻔하다. 실물자산과 주식시장으로 유입될 것은 쉽게 짐작해 볼 수 있다. 수많은 서민들이 처음으로 산 집들의 가치가 대출금보다 훨씬 더 떨어진 상황에서 거리로 내 쫓겨나와 있었다.

당시 서민들이 처음 집을 살 때 금리는 7~8%였다. 그러나 미 연방준비위원회는 연이어 금리를 낮추고 채권을 무한대로 매입하는 프로그램을 시행하여 서민들의 주택담보 대출 금리를 서너 배 싼 2%로 낮추었으니 당연히 주택시장이 다시 살아날 것이라고 믿었던 것이다. 기업들 또한 싼 이자를 이용해 시스템 재정비와 함께 설비투자가 늘어날 것은 불 보듯이 뻔한 사실이었다. 투자업계에서 일해 왔거나 경제에 관심이 많은 사람들이라면 누구나 예상해 볼 수 있는 일이다. 그다음 눈에 띄는 것은 미국은 물론 한국의 주식시장이었다. 오랜 기간 투자활동을 해오며 직접 기업들에게 자금공급을 해 주고 인수합병을 주관하면서 회사들의 사정을 속속들이 알고 있던 나로서는 절호의 기회였다. 일부 우량한 주식은 PBR 0.3(주가 순 자산비율)까지 떨어져 그야말로 껌값도 안 되는 가격이었고 황금을 줍는 시기였다.

나름대로 확신이 서자 나는 그 친구에게 주식투자를 해 보자고 처음으로 간곡히 설득했다. 휴지 값도 안 되어 보이는 주식들이 널려 있었고 국가가 부도나지 않은 이상 그 회사들도 부도가 나지 않을 것이라고 설득했다. 그러나 그 친구의 생각이 좀 달랐다. 미국이 결국 망하고 그 여파로 세계적인 경기침체가 오래 지속되어 모든 자산가치는 다시 한 번 폭락한다는 일부 언론보도를 접한 그는 선뜻 투자하지 못하는 상황이었기 때문이다. 나는 이미 가까운 지인들은 물론 오랜 기간 계좌를 관리해 오던 고액자산가들의 계좌에 주식을 담고 있었다. 내가 직접 매수한 내역들을 보여주며 확신에 찬 어조로 몇 번이고 권유한 끝에 그는 한국으로 날아왔다. 2008년 말을 지나며 일부 주식들은 반등하고 있었지만, 한국은 2009년 3월 위기설로 다시 한 번 큰 조정을 받고 있을 때다. 환율도 1,600원을 넘어있었다. 미 달러를 주로 보유하고 있던 친구는 결과적으로 환율에서도 큰 차액을 거둘 수 있었다. 그야말로 주식투자의 황금 시기였다. 일생에 세 번은 찾아온다는 기회를 그는 놓치지 않았던 것이다. 몇 년 동안 그 친구와 교류를 해오면서 주식투자를 권유한 것은 그때가 처음이었다. 그 친구도 일생에서 처음 주식계좌를 만들었다. 그는 주식투자로도 큰돈을 벌 수 있다는 것을 직접 체험한 이후부터 자산을 한군데 넣는 것을 지양했다.

당시 미국을 대표하는 주식들 대부분은 반 토막은 기본이었고 70~90%까지 하락한 종목들도 수두룩했다. 한국도 마찬가지였다.

한국의 업종 대표주식들을 대거 매수한 친구는 적게는 50% 많게는 400% 이상의 수익을 내고 자산을 처분했다. 내심 조금 더 보유하고 싶은 욕심이 생겼으나 처음 위험자산 투자를 한 그의 의견을 존중하자는 마음에 그의 결정을 따랐다. 오랜 기간 가까이 사귀어 오면서도 한 번도 주식투자에 질문하지 않고 나를 지켜보기만 하던 그가 위험 자산에 적극 투자를 했다는 것 자체도 사실은 놀라운 일이었다. 그리고 큰 욕심을 부리지도 않았다. 그가 차익실현을 한 후에도 당시 껌값도 안 되는 대표주식들이 거래되고 있었다. 부동산을 처분한 여유 자금들이 있었기에 주식을 처분할 특별한 이유가 없었지만, 그는 큰 욕심을 내지 않았다.

적절한 이익추구도 올바른 투자다

그 주식을 매도한 대금으로 다시 투자한 곳은 미국 은행들이 보유하고 있는 부실자산이었다. 미국 은행들은 자기자본비율을 맞추기 위해 자기들이 담보로 잡은 집들이 깡통이 되자 대출자를 내쫓고 수천 채의 집들을 부실자산으로 갖고 있었다. 어쨌든 현금을 확보할 목적으로 동네별로 묶어 50채 100채씩 덤핑을 하던 시기였다. 통상 50만 불 하던 단독주택을 50채씩 묶어 사면 평균 23만 불에 살 수 있었다. 그 사모펀드에 관여했던 나는 그에게 투자를 권유했다. 남의 살던 집을 너무 많이 소유한다는 것은 자기의 생각과 맞지 않다며 생각보다 적은 금액을 투자했다. 그렇게 매입한 집들은 부동산관리회사에 일임하여 월세를 주고 그 임대료를 받아 투자자들에게 배당한다. 그리고 집값이 오르면 처분하여 원금과 이익을 함께 돌려주는 투자방식이었다. 미국 정부도 이민법을 일시 고쳐 해외자금을 불러 모으고 있었다. 외국인이 미국에 있는 부동산에 50만 불 이상 투자하면 영주권을 우선해서 주는 제도를 한시적으로 실시해 부동산 투자를 촉진시키고 있어 생각보다 빨리 집값은 안정되고 쉽게 팔려 나갔다. 누구보다 부동산에 지식이 많고 경험이 풍부한 그가 크게 돈 욕심을 부리지 않고 적절히 대처한 행동은 신선한 느낌이었다. 10년 넘도록 봐 온 그를 새롭게 느낀 계기가 되었다. 미국이나 캐나다에서 보통 사람들이 사는 집은 현금이나 다름없다. 그런 안전한 곳에 절반 가격도 못 미치는 조건으로 투자할 기회가 주어졌지만, 그는 일정 부분만 투자하고 현금을 은행에 넣어 두고 있었기 때문이다. 그 주된 이유는 서민들이 사는 집을 근거로 돈을 벌고 싶지 않다는 것이었다. 큰 부자들은 꾸준히 자산을 불려가는 게 곧 자산을 지키는 일이고 의무라고 생각한다. 그렇다고 막무가내식으로 돈을 따르지 않는다는 것을 보여준 셈이다. 내가 생각하는 부자다운 모습이다.

큰 부자들이 투자를 결정하는 포인트는 다르다

현재는 부동산보다는 위험자산 쪽과 채권에 대부분 투자하고 있는 그가 한동안 연락이 뜸했다. 미·중 무역 갈등과 세계적인 경기불황이 단기간에 그치지 않을 것이라는 이유로 위험자산에 투자하지 않던 그가 금년 초부터 집중적으로 주식투자에 나서서 나를 놀라게 했다. 물론 나는 지속적으로 그와 대화를 하며 한국에 투자 비중을 늘리고 있던 참이었다. 얼마 전부터 가치주투자에서 벗어나 트렌드에 따라 몇 종목에 집중투자하는 쪽으로 비중을 크게 두던 나를 묵묵히 지켜보던 그가 생각보다 큰 금액을 한 종목에 담았다는 것은 놀라움 그 자체였다. 더구나 그 종목은 내가 전략적(모험적)으로 집중투자종목에 넣었던 주식이다. 그리고 그 주식은 기관투자가들이나 큰 자금을 움직이는 투자자들은 쳐다보지 않은 부실종목이었다.

나는 바로 그 부분에 주목하고 1년여 전부터 그 회사를 모니터링을 해왔다. 그 친구는 월스트리트에서 근무하다 독립해 투자활동을 하는 아들에게 자신의 계좌를 맡겨 투자해 오고 있었기에 내가 직접 관리하는 금액은 예전에 비해 크게 줄어든 상황이었다. 내가 관리하는 그의 계좌에 처음으로 한 종목에 70%를 담았다. 물론 그에게 한마디의 사전 의논을 하지 않은 상황이었다. 내가 관리하는 계좌에 그 종목이 다인 줄 알고 있었다. 하지만 그는 아들을 통해 다른 계좌에 해당 종목을 집중 매수를 한 것이다. 지난해 하반기부터 집중투자를 하기로 작정하고 그와 몇 번 의논을 나눴기에 추가로 할 얘기가 필요치 않아 내가 맡은 계좌에 대해선 별다른 얘기를 하지 않았던 터에 그 소식은 놀라움 자체였고 엄청난 중압감으로 다가왔다.

내가 전례 없이 부실주식이나 다름없는 한 종목에 집중한 까닭은 한국에도 투자의 패턴이 크게 변화고 있다는 것을 느끼고 있었기 때문이다. 금년부터 한국주식시장은 짧게 치고 빠지는 투자가 성행했고 불확실성이 어느 때보다 높았다. 철저히 미래 먹거리 테마나 산업트렌드에 따라 짧게 움직이는 시장 분위기였다. 결과적으로 투자한 종목의 결과는 기대 이상이었다. 최근 들어 가장 좋은 투자성과이기도 했지만 내가 크게 보람을 느낀 것은 그 친구를 비롯하여 여러 파트너와 지인들이 나를 믿고 그 종목에 투자를 결행했다는 점이다. 투자활동을 오래 하다 보면 투자의 성과는 숫자에 불과하다는 것을 실감한다. 시장 예측이 맞았고 수백만 투자자들과의 게임에서 이겼다는 안도감과 나를 확인하는 정체성에서 더 큰 보람을 느낀다.

차익실현을 대부분 하고 난 다음 더욱더 나를 놀라게 한 것은 예전에는 찾아볼 수 없었던 그 친구의 투자기준이었다. 평소 자기 스스로 투자를 할 경우엔 적은 금액이라도 신중하고 몇 번이고 의논을 한 다음에야 결정하던 그와는 전혀 다른 모습을 보아서다. 그렇지 않아도 매우 궁금하여 한번은 여쭤봐야지 하고 있던 차에 자리가 마련된 것이다. 왜 한마디 의논도 없이 그 부실종목에 올인하다시피 살 수 있었던 것은 무엇이었는지 진지한 표정으로 이유를 물었다. 와인을 한잔하며 그가 입을 열었다. 10년 넘게 나를 지켜보며 투자활동을 하는 모습과 기업탐방 후기, 종목에 대한 리포트를 유심히 봐 왔다고 한다. 그런데 특이한 것은 한 종목에 리포트를 12번 이상 집중적으로 연이어 쓴 것은 처음이었고 그 종목으로 수많은 사람들을 만나고 다닌 것도 특별했다고 한다. 또 적극적으로 매수 가격을 제시하며 투자권유를 한 것도 이 종목이 처음이라고 한다. 사실, 리포트를 쓰면서 내 개인적인 생각을 리포트에 내비치기도 하지만 적극적으로 투자권유를 한 것은 극히 드문 건 사실이다. 나는 그 종목을 분석하기 위해 여러 사람들을 만났고 그 기업의 주요 제품에 대해 나름대로 공부하고 연구를 했었다. 그렇다고 세세하게 그런 내용들을 리포트에 담을 수는 없다. 하지만 그 친구는 그런 부분까지도 세밀하게 관찰하였던 것이다. 내 자산이 그 종목에 많이 투자되었고 가까운 지인들은 물론 사모펀드 멤버들 모두 다 투자를 해 놓은 상황이었기에 당연히 그 부분에 집중할 수밖에 없었다. 그러나 그 친구는 내가 전혀 예상치 못한 부분들을 지켜봐 왔던 것이다. 그리고 두말없이 투자를 결정하였다고 한다.

어찌 보면 소름끼칠 정도로 냉엄하고 무섭다는 생각도 들지만 큰 자산을 지켜가고 그 자산을 불려가는 사람들은 보통 범인들과는 다르다는 것을 절실하게 느꼈다. 그가 아직도 나를 의심의 눈초리로 봐 온 건 아닌가 하고 좁게 생각할 수도 있지만 내가 놓칠 수 있는 부분을 그 친구는 확인하고 싶었는지도 모른다. 너무나 당연한 일이지만 큰 부자들은 어떤 것을 판단하고 결정하기까지 분명 일반인들과는 다르다는 점을 알게 되는 계기가 되었다. 이 또한 새로운 공부가 되었고 부자들을 다른 시각으로 보게 되는 좋은 경험이었다.

O━━━

돈에도 감정이 있다

몇 년 전 우리나라 대표적인 한 언론에서 세계적인 리서치센터와 공동으로 행복여론 조사를 실시한 적이 있었다. 국내에서는 처음 시도한 조사로 새해를 맞아 한국인의 행복기준은 무엇이고 그 행복기준을 충족하기 위해 어떤 생각을 하고 있는지를 알고자 하는 연구였다. 한국인들은 행복의 기준으로 92%가 돈이 있어야 한다고 대답했으며 이번 조사에 참여한 10개국 중 물욕에 대한 집착도 1위를 보여줬다. 재미있는 사실은 돈에 대한 집착이 유독 강하면서도 부자들에 대한 감정은 적대적이었다. 부자들을 미워하는 이유는 부모의 재산을 물려받았다는 것과 권모술수를 동원한 부정적인 방법을 이용해 부자가 되었을 거라는 막연한 인식이 그 이유라고 꼽았다.

한국에 대해 오랫동안 연구해 온 미국 일리노이주립대 심리학과 에드 디너 교수는 "한국인은 사회 구성원과 자신을 끊임없이 비교해 남을 이기는 것이 행복해지는 길이라고 생각한다"라고 말했다. 그 경쟁에서 이기지 못하면 괜히 심기가 불편해지고 상대가 미워질 수밖에 없는 감정이 생겨 배알이 틀리고 당연히 부자들을 좋아할 리 없다는 것이다. 그러다 보니 스스로 가난하다고 생각한 부류들은 자신의 처지와 비슷한 사람들끼리 어울리게 된다. 끼리끼리 모여 술잔을 기울이며 자기보다 더 나아 보이거나 앞서 가는 사람들을 안줏거리로 떠올리며 은근한 시기와 미워하는 감정을 자연스럽게 갖게 되는 것이다. 자신들이 절대 부자가 될 수 없는 환경을 스스로 만들어 놓고 한계를 정해 놨기 때문에 자신을 위한 더 이상의 발전도 없고 부자의 길은 점점 멀어져 간다. 돈도 살아있는 생물처럼 자신을 어떻게 생각하고 대하는지에 따라 가까이 있고 싶어 하기도 하며 도망가기도 한다. 나는 돈을 존중하고 소중히 대할 줄 아는 생각과 자세는 그것을 소유할 수 있는 기본적 자세가 아닐까 평소 생각하며 돈을 대한다.

인생역전이라고 하는 로또 당첨은 하루아침에 부자의 꿈을 이룰 수 있는 가장 대표적인 사건이다. 재미있는 사실은 평범한 사람들이 그토록 원하는 돈을 한순간에 갖게 되었음에도 더 불행해지는 것을 수없이 들어왔다. 특별한 노력 없이 큰돈을 쥐게 된 사람들을 추적해 그들의 삶이 어떻게 변했는지를 연구한 논문이나 기사들은 누구나 한두 번쯤은 접했을 것이다. 미국의 경우를 들어보면 절반 이상이 로또 당첨을 받기 전보다 더 불행해졌으며 심지어 파산신청을 하고 보호기관을 전전하고 있다는 조사결과도 있었다. 당첨자 중 10% 정도가 경제적 안정은 물론 가정적으로도 행복한 생활을 유지하고 있었다. 똑같은 거금을 한순간에 쥔 그룹들 중 유독 10%만 더 행복한 삶을 누리고 있는 원인이 무엇일까 세심한 연구를 한 결과는 단순했다. 그 사람들 곁에는 좋은 친구들과 부자들이 있었다. 좋은 사람들과의 관계를 통해 돈을 관리하는 방법을 배웠다. 부자들은 그토록 많은 부를 지녔으면서도 돈을 함부로 대하지 않는다는 것을 가까이에서 지켜보며 돈의 생리를 터득한 것이다. 사람은 누굴 만나고 함께 보내느냐에 따라 삶이 달라지고 운명도 바꿀 수 있다. 많은 성공한 사람들은 어떤 계기로 인생의 터닝포인트를 찾는 것은 우연히 맺은 관계를 통해서였다고 공통적으로 대답했다.

많은 돈을 소유한 사람들은 단 10%도 그 돈을 만져보지 못하고 죽는다. 집을 살 때는 숫자가 적힌 작은 종이쪽지(수표)를 지급하고 여행을 가서도 플라스틱카드를 사용한다. 그러함에도 어딘가에서 잠자고 있는 돈에도 감정이 살아 있다고 그들은 믿고 있다. 자신을 함부로 대하거나 아무 생각 없이 내버려뒀다고 생각하면 여지없이 돈은 자신의 주인으로부터 도망가려고 한다. 자신을 아껴줄 다른 사람들 곁으로 가려고 호시탐탐 기회를 노리고 있다. 우리들이 쉽게 생각하기를 부자들은 호화로운 생활을 하고 자신들이 상상도 못 할 사치를 하며 폼 잡고 살 것으로 생각하지만, 실상은 그렇지 않다. 물론 여유가 있으니 쓰는 규모나 대상이 다를 수 있겠지만, 함부로 돈을 낭비하지 않는다는 얘기다. 내가 지켜본 큰 부자들 대부분도 그랬다. 명품을 산 이유는 누군가에게 보여주기 위해 산 것이 아닌 그만큼 편리하고 높은 품질과 실용적으로 확인되었을 때 그것을 주저 없이 소비한다는 점이 명품을 대하는 그들의 자세다.

우리나라에서 로또 발행을 시작한 지 얼마 되지 않아 한국 복권 역사상 가장 큰 금액인 407억 원에 당첨된 행운의 주인공이 있었다. 공직에 근무하던 사람으로 세금을 제외하고도 300억이 넘는 돈을 타 갔다. 대부분의 로또 당첨자들처럼 그도 별다르지 않고 불행한 삶을 살 것이라는 세간의 생각과 달리 꾸준히 경제활동을 하며 기부활동을 활발히 하고 있었다. 지금까지 그가 기부한 금액만 100억이 넘으며 여전히 큰 자산을 유지하고 있었다는 최근의 기사를 읽었다. 그를 잘 아는 주변 사람들의 말에 의하면 그는 선행을 하거나 건전한 경제활동을 하는 사람들과 관계를 유지하고 있었다. 또 다른 로또 당첨자들 일부는 수십억에서 적게는 십억이 넘는 당첨금을 받았으면서도 교도소에 수감 중이거나 예전보다 못한 생활을 영위하고 있다는 것이 확인되었다고 한다. 우리 속담에 '고기도 먹어 본 사람이 잘 먹는다'라는 말이 있고, '도적질도 해 본 사람이 잘하고 안 해본 사람은 흔적을 남긴다'는 말이 있다. 큰돈을 만져 본 사람만이 그 돈을 관리할 수 있고 돈을 사랑하게 된다. 돈의 생리를 알고 그 크기만큼 다룰 줄도 알았을 때 돈도 주인을 존중하고 따르며 같이 노력하며 자기의 위치를 지키려고 노력한다.

'로또' 하면 참 인상 깊게 읽었던 이옥자와 마르탱이라는 기사가 가장 먼저 떠오른다. 미국신문은 물론 방송에서도 다뤘던 내용이어서 돈에 대한 것을 다시 생각해 보는 계기를 주었다.

1993년 1,800만 달러(235억)의 복권에 당첨되었던 이옥자 씨는 8년 만에 거액을 탕진하고 파산선고를 받았다. 텔레비전을 보다 보면 미국의 유력정치인이나 대통령이 주관한 행사에 나이 든 한인 여성이 앞자리를 차지하고 있어 의아해한 적이 있었는데, 바로 그 장본인이었다는 것도 그 기사를 보고 알았다. 파산 원인은 무분별한 지출이었다고 한다. 당시 당첨금은 20년간 매년 62(약 7억)만 달러씩 지급되는 조건으로 당첨금을 수령했다. 일반인들이라면 그 돈으로도 상류층의 생활을 할 수 있었음에도 매년 나오는 당첨금을 담보로 연 14~20% 금리의 돈을 빌려 대저택과 고급차를 구입하는가 하면 도박에 빠져 1년도 안 된 기간에 4억 가까운 돈을 날렸다. 빚은 늘어나고 씀씀이를 줄이지 못한 그는 남은 당첨금을 일시에 받아 빚을 청산하고도 부족해 180만 달러짜리 집마저 경매에 넘어가고 친구 집을 떠도는 신세가 되었다는 신문

기사는 로또를 말할 때면 떠오르는 단골 메뉴가 되었다.

　그의 인생 또한 드라마를 보듯 기구했다. 한국의 가난한 농가에서 태어나 학교도 제대로 다니지 못하고 미군부대 주변에서 파란만장한 삶을 살다가 미군 하사관과 결혼하여 1973년에 미국으로 갔다. 무직의 주정뱅이 남편이 도망가 버리자 한인 목사의 소개로 재혼한 한국인 남편도 의붓딸과 아들을 남겨놓고 도망가 버렸다. 그런데 핫도그를 사고 남은 거스름돈으로 산 로또가 당첨되어 대박이 터진 것이다. 로또 당첨금은 매월 일정액을 수령하기로 하고, 의붓딸이 다니던 대학에 150만 달러를 기부해 도서관을 지어 주었다.
　미국 민주당에도 수십만 달러를 기부했다. 어느새 그녀의 집은 미국의 자존심 세기로 유명하다는 상하의원과 주지사가 들르는 명사의 집이 되었다. 클린턴 대통령이 그가 살고 있던 세인트루이스를 방문하면 만나고 갈 만큼 유명인사가 되었다. 그가 클린턴 대통령에게 지원한 돈이 300만(32억) 달러는 될 것이라고 말한다. 대통령 내외의 생일파티에는 반드시 초대되어 갔다. 그의 소문이 알려지면서 한국과 미국에서 촌수를 따지는 아저씨, 조카들의 연락이 쇄도했다. 미국에 있는 동안 연락은 물론 이름조차 생소한 사람들이 친척이랍시고 찾아온 것이다. 로또 당첨자들에게 단골인 자선단체 모금원들이 줄을 이은 건 당연했다. 5,000여 명의 한인들이 살면서 몇십 년이 지나도록 한인회관을 마련하지 못한 세인트루이스 한인회는 그를 한인회장으로 추대하고 한인회관을 마련했다. 한인회장이 되자 대우가 달라졌다. 사람들을 더 많이 만나게 되고 만나는 사람마다 거절하기 어려운 사정이 늘어갔다. 주변의 권유로 재단을 세웠지만, 재단에 헌납한 돈은 마음대로 쓸 수가 없음을 알고, 적은 돈만 재단에 기부하고 계속 융자를 받아 신나게 썼다. 돈을 얻어가지 못한 사람들은 이씨를 괴롭히기 시작했다. 그녀는 신경쇠약으로 병원에 입원해 한동안 병원 신세를 져야 했다. 그러는 동안 14~20%의 고금리 차입금은 이자에 이자가 붙어 파산선고를 받고 미국정부에서 주는 연금으로 생활하는 처지가 되었다.

내가 이 기사를 일부 그대로 인용하는 이유는 이 글을 읽는 독자들에게 돈의 생리를 생생하게 들려주고 싶은 심정에서다. 그리고 돈의 정체를 잘 알지 못하고 관리 능력이 없는 사람들이 분에 넘치는 돈을 손에 쥐었을 때 어떤 결과가 주어지는지 극명하게 말해 주는 산교육이라는 생각에서다. 그러함에도 우리는 막연히 부자가 되기를 원하고 어느 날 갑자기 그런 돈이 굴러 들어와 인생역전의 기회가 주어지기를 바란다.

돈을 모으는 방법도 목적도 사람마다 다르다. 또한, 쓰는 목적도 방식도 다를 수밖에 없다. 꿈에도 생각지 않은 거금을 손에 쥔 이씨가 그 돈을 후회 없이 썼다면 그 또한 나쁘다고 할 수 없을 것이다. 그건 순전히 그녀의 권한이자 그가 생각하는 돈의 가치이기 때문이다. 다행히 그의 자녀가 다닌 대학에 기부해 도서관을 지어 주었다는 것 하나만으로도 그는 최소한의 돈의 목적을 달성했다고 그는 생각할 수도 있기 때문이다. 만약 로또에 당첨되지 않았다면 생각조차 할 수 없는 일이다. 만약 그가 종교 활동을 하는 그 집단에서 또는 평소 가까이 지낸 지인들과 교류하면서 다른 시각으로 돈을 대하고 사용하는 것을 보고 배웠다면 지금의 모습과 다른 삶을 살지도 모른다. 그런가 하면 주위에서 보다 진지하고 진심 어린 심정으로 그와 같이 미래를 고민해 주는 사람들이 있었다면 어떠했을까, 새삼 인간관계의 중요성과 함께 많은 것을 떠오르게 하는 부질없는 생각들이다. 돈도 감정이 있어 돈이 많을 때 사람들과 관계가 좋아지기도 하고 또 원수처럼 나빠지기도 한다. 특히 평소 가까이 지낸 사람들과 그 간격이 크게 벌어지게 하는 것도 돈의 크기에 따라 극명하게 나타난다.

감정에 져 주고 실리에서 이겨라

캐나다에 살면서 백인들과 자주 접촉하며 느낀 것은 이들은 인간관계를 얇고 넓게 한다는 점이다. 비즈니스에서도 거래 그 자체에 기준을 두고 사소한 감정이나 오랜 관계에 대해 큰 비중을 두지 않는다. 물론 오랜 거래관계에서 오는 신뢰 같은 점은 큰 비중을 두지만 일과 비즈니스에서는 분명히 구분할 줄 안다는 얘기다. 그리고 아무리 오랜 관계라 해도 어떤 일을 시작할 때나 끝낼 때 그 시작과 끝이 분명하고 처음 약속한 그 내용을 기준으로 해결하고 어떤 감정도 드러내지 않는다. 비즈니스에서 견해가 달라 의견 일치를 보지 못할 때는 서로 인상을 쓰거나 언쟁하지 않고 자기들이 고용한 변호사나 전문가를 통해 해결하려고 한다. 결론이 나기까지 변함없이 만나고 대화하며 서로 웃고 지내는 모습을 보며 처음엔 좀 의아했었다. 인간들이 어째 정이 없고 너무 사무적으로만 대하는 것 같아 인정머리가 하나도 없어 보여서다.

그에 비해 우리나라 사람들은 깊고 좁게 사귀고 싶어 한다. 조금 더 친해지면 형제 같은 사이라는 말을 자주 한다. 나이가 한 살이라도 많으면 형님, 언니, 동생으로 우리는 혈연관계처럼 가깝다는 것으로 관계를 정의하고 싶은 심리가 깔렸다. 같은 모임에서도 자기편을 만들고 종교 집단이나 단체에서도 서로 통하는 사람들과 어울리기를 좋아하고 파벌을 만드는 경향이 짙은 것도 자기와 좀 더 깊고 좁게 사귀려는 '정' 문화 때문이다. 문제는 이렇게 가까워진 사람들끼리 모여 비즈니스를 하면서 그 관계는 원수지간으로 바뀌거나 예전에 볼 수 없었던 소원한 관계로 이어짐을 심심찮게 볼 수 있다. 서로 가깝다 보니 어떤 일을 하고자 할 때 쉽게 의기투합이 되고 일사천리로 진행된다. 그러나 그만큼 가깝다고 생각하기 때문에 아주 사소한 문제나 이해관계로 서운한 감정을 갖게 되고 자존심을 내세우다 금세 좋은 관계는 냉각되고 만다. 감정이 이성을 덮어버린 한국인 특유의 인간관계라 할 수 있다.

캐나다에 이민 온 많은 한국인들이 비즈니스를 할 때 동업으로 시작한다. 부족한 자금을 각자 부담해 위험을 줄이고 같이 일하며 인건비를 줄일 수 있고 주인들이 직접 경영하니 사업에 안정감도 있어 선호한다. 가까운 지인들도 뭐를 해 볼까 하는 소리를 엊그제 들었는데 얼마 있지 않아 사업을 시작했다고 한다. 평소 형제처럼 가까이 지내며 서로 왕래하고 지냈기에 비즈니스를 할 때도 쉽게 의견일치를 보아 신속하게 진행하게 되는 것이다. 그러나 얼마 지나지 않아 심한 갈등과 함께 동업하게 된 것을 크게 후회하는 모습을 본다. 그들이 너무 쉽게 생각한 점은 일과 정을 혼동했다는 점이다. 누구나 언니, 동생, 형님 하며 지낼 때는 다 좋다. 그토록 오랜 시간을 함께 보내다 헤어지면서 아쉬움이 남아 "이따 다시 전화해"라고 하며 아쉬워할 정도다. 특별한 이해관계 없이 같이 모여 놀 때는 간이라도 떼어줄 듯이 가깝고 좋았기 때문이다. 그러나 작은 것 하나라도 이해관계가 걸리면 상황은 달라진다. 내가 지금까지 지한데 어떻게 했는데, 이런 거 하나 갖고 저래라는 생각을 하게 된다. 일과 어떤 이해관계를 구분하지 못한 상황에서 감정이 우선 앞서기 때문이다.

감정이 앞선 경우는 직장생활을 하면서도 여러 번 경험했다. 회사의 막대한 이익이 걸린 문제임에도 지난번 거래에서 원활히 회사의 지시를 따르지 않았다는 이유로 차일피일 미루며 계약을 진행하지 않은 상관들의 모습을 보았다. 우리 회사가 창립기념일을 맞아 야유회 행사를 한 적이 있었다. 거래관계에 있는 회사는 협찬도 적었던 데다가 대표가 늦게 나타나 해당 부서 임원들은 괘씸하게 생각하고 있었다. 자신들을 우습게 보고 성의 없이 대했다고 생각한 것이다. 그 후 정작 회사에 어려운 일이 있어 그 회사에 도움을 요청할 상황이 생겼으나 임원진 누구도 나서지 않고 다른 회사에 알아보라고만 지시를 하였다. 쉽게 말해 괘씸죄로 그 회사를 생각하고 있었기 때문이다.

내가 몸담은 조직에 대한 믿음과 희망이 사라지는 가장 절망적인 순간이었다. 조직구성원, 특히 상관에 대한 신뢰가 무너진 사건이었다. 공적인 일보다 감정이 앞서 일 처리를 하는 대표적인 사례가 아닐 수 없다. 우리는 어떤 일을 성사하기 위해 협상을 하거나 결론을 내릴 때 이 감정이 앞선 경우를 종종 보게 된다. 감정에 절대 지지 않으려는 것을 자존심으로 생각하고 끝내 고집을 피우다 결국 상대방의 사과성 발언을 받아 내거나 이길 때가 많다. 그러나 마지막 서명을 끝낸 후에 보면 실리에서 큰 손해를 볼 때가 더 많다. 인간관계에서도 상대방의 자존심을 꺾고 사과를 받으면 그때는 후련하고 자존심을 지켰다고 생각할지 모르지만, 그 사람을 영원히 잃을지 모른다. 또 진정으로 자신을 존중하거나 맘속에 두지 않는다. 비즈니스에서도 마찬가지다. 감정 싸움에서도 이기고 실리에서도 이긴다면 더 이상 거래 관계는 지속될 수 없고 지속되어도 단순한 거래관계 이상 이하도 아닌 수동적이 되고 만다. 그리고 가장 중요한 점은 어떤 일을 처리하거나 개인적인 문제를 두고 상대와 이해관계가 걸렸을 때 이 감정이 앞서면 모든 것은 자기

합리화가 되고 만다. 상대의 입장을 생각하기에 앞서 모든 것은 내 주장이 우선이어야 하고 문제의 원인도 상대가 제공한 것이며 자기가 옳다는 합리적 관점을 스스로 정한다는 점이다.

백인들은 협상하면서 자신들이 설령 부족하고 잘못한 것이 있다고 해도 자기들이 원하는 목표를 위해 상대의 감정을 자극하지 않고 끝까지 설득하고 기다린다. 그러나 상대는 모멸적 언사도 서슴지 않고 지난번 잘못을 번복해 지적하며 상대방 기를 죽인다. 결국, 화풀이하고 상대방의 정중한 사과를 받아들인다. 뒤늦게 서명하고 나면 결국 실리는 얻은 것은 하나도 없다. 백인들은 상대방이 뚜껑이 열린 것을 익히 알고 있으면서도 자기들의 원칙을 양보하지 않고 결국 기다림 끝에 목표를 성사시키는 것이다.

감정에 이기고 실리를 놓친 사례들은 내가 많은 기업들의 인수합병을 하면서 수없이 지켜보았다. 충분한 서류 검토와 대화를 했음에도 막상 협상장에 나와 상대방의 의견 차이를 듣고 "내가 어떻게 키운 회사인데 함부로 자기 회사를 터무니없이 평가한다"고 방방 뛰는 오너들도 있었다. 당장 이 협상이 결렬되면 회사가 부도가 나던지 더 큰 비용을 지불해야 하는 상황임에도 자기의 자존심을 크게 상하게 했다는 이유로 협상장을 박차고 나간다.

개인들의 인간관계에서도 자주 보는 현상은 어떤 비즈니스를 하게 되면서 생긴 일들이다. 오랜 기간 형제 이상으로 잘 지내오던 관계가 동업하면서 원수가 되고 쉽게 갈라서는 경우를 주위에서 자주 보게 된다. 지금까지 잘해 줬다는 감정이 앞서 합의점을 찾기가 쉽지 않은 일들이 다반사였다. 내가 지켜본 한국인들의 가장 큰 문제는 어떤 사업을 시작할 때 명확한 확약 없이 동업한다는 점이다. 좋은 사업이 있어 그것을 검토하고 의견이 일치하면 사업을 시작하기 전에 세세한 사항을 문서상으로 남겨 공증해 놔야 한다. 주식회사라면 정관에 삽입할 수 있고 각자의 중지를 모아 서류로 남겨 놓으면 그 어떤 법보다 우선한다. 사업 시작과 운영에 따른 상호역할과 분배 그리고 분쟁이 생겼을 때 어떻게 해결한다는 내용을 문서화 하면 향후 어떤 이해관계가 발생했을 때 약정한 내용대로 대처하면 된다. 하지만 우선 마음이 앞서고 평소처럼 좋은 관계가 지속될 것으로 믿고 감정에 치우쳐 사업을 시작하다 보니 관계에서 큰 문제가 발생하게 된다. 그냥 어울리며 놀 때와 이해관계가 있는 관계는 분명히 다르다는 것을 소홀히 여김으로써 발생하는 흔한 일들이다. 외교관계나 정치적인 문제에서도 쉽게 볼 수 있는 한국인의 특유한 '정(情)' 문화는 공과 사에서 큰 혼동을 줄 때가 잦다. 특히 국민을 대표하는 국회는 그들의 당이 내세운 명분이나 자존심 싸움에서 스스로 실리를 잃고 명분도 잃는 경우를 자주 본다.

캐나다 브리티시 콜롬비아주 수도인 빅토리아에서 경영하는 RV(Recreational Vehicle) 리조트를 6년 전에 인수했다. 캐나다가 국가로 설립되기 훨씬 전에 자리 잡은 유서 깊고 천혜의 비경을 간직한 리조트다. 백인들은 화려하고 편리한 모던스타일의 장소보다 역사성과 전통성을 간직한 곳을 좋아하고 아낀다. 나는 오래전부터 은퇴 후를 위한 목적으로 내가 즐기면서 할 수 있는 사업체를 인수하기 위해 틈나면 연구하고 찾아다녔다. 노후에 가장 중요한 것은 소일거리라고 생각했기에 일정 시간 몸을 쓰는 비즈니스를 선호했다. 또 은퇴 준비는 가급적 빨리하는 게 좋겠다는 생각이었다. 평생을 책상에서 숫자를 보며 살아왔기에 은퇴 후에는 작은 노동을 하고 다양한 사람들과 소통하며 보낼 수 있는 비즈니스는 없을까 다각도로 생각한 끝에 지금의

RV리조트를 인수하게 된 것이다. 틈나면 정원에서 꽃을 가꾸고 청소를 하고 멀리에서 찾아온 손님들과 담소하며 시간을 보낸다. 손님들의 99%가 백인들이고 유럽과 미국에서 주로 찾아오지만, 캐나다인들이 대부분이다. 매일같이 만나는 손님들은 다양한 계층과 직업에 종사한 사람들이다. 동양인이 이런 사업을 하는 것을 처음엔 믿지 못하고 정원사로 근무하거나 관리자로 있는 줄 안다. 지금은 한국인들도 동종업계에서 비즈니스를 하고 있지만 대부분의 백인들은 동양인이 백인들을 상대로 하는 사업이 생소하게 느껴졌을 것이다.

그러나 인수과정이 순탄치 않았다. 본 계약을 진행하기 위해 필요한 서류들을 기본적으로 받아봐야 하는데 매도자 측에서는 중요한 서류들은 건네주지 않았다. 필요하면 우리가 직접 관공서들을 찾아다니며 떼서 확인하라는 식으로 비협조적이었다.

일단 계약을 해 놓고 다음 스텝을 진행하기로 하고 우리가 생각하는 가격에 오퍼를 넣었으나 이렇다 할 대답이 없었다. 통상 24시간 이내에 답을 주는 것이 부동산거래에서 상식이지만 파는 쪽에서는 아무런 답이 없어 애를 태웠다. 다행히 우리 중개인이 침착하고 인내심이 강한 분이어서 매도자 대리인을 설득하며 매도자의 의중을 알아보며 대처해 나갔다. 매도자 측은 세 사람이 지분을 나눠 갖고 있었는데, 두 분은 이미 80세 중반을 넘은 고령이어서 팔기를 원했지만, 지분 30%를 갖고 있는 딸은 파는 것을 원하지 않았다. 이 사실을 안 우리는 감정이나 조급함을 드러내지 않으면서 침착하게 대응키로 하고 일일이 관공서를 찾아다니며 필요한 서류들을 하나씩 확인해 나갔다. 모든 서류에서 큰 문제가 없는 것을 확인한 우리는 2차 오퍼를 넣었다. 그때도 아무런 반응이 없어 다시 가격을 올려 계약을 추진했다. 그런데도 매도자 측에서는 차일피일 미루며 가격이 낮다는 이유로 오퍼를 받아주지 않았다.

매도자 측의 무성의와 무시하는 듯해 보이는 태도에 가족들은 분노했었다. 백인들이 전통적으로 경영해 온 유서 깊은 사업장이나 역사적인 호텔 등은 백인들끼리 사고파는 관례가 있다는 것을 몇 번 들었던 터라 그 부분도 염려되었다. 주변 지인들과 가족들은 시간 낭비라며 인수를 포기하라고 몇 번이고 권유했다. 기다리며 찾다 보면 다른 사업장들도 얼마든지 나올 텐데 사는 쪽에서 뭐가 아쉬워 끌려다니며 인수를 강행하려고 하느냐고 적극적으로 반대했다. 캐나다에서 공부하고 자란 아이들의 사고방식으로서는 당연한 생각이었다. 매도자 측의 비신사적인 행동과 상식을 벗어난 거래 행위를 보고 누구든지 화를 낼 수 있는 상황이었다. 또한, 이곳에서 오래 사업을 해 온 선배 이민자들 또한 자초지종을 듣고 "이 협상은 성사될 수 없을 것 같으니 포기하라"고 몇 번이고 조언해 주었다.

그러함에도 포기하지 않은 이유는 두 가지였다. 첫째, 설령 인수가 성사되지 않더라도 인수 과정을 통해 많은 것을 경험할 수 있다는 점과 인수를 추진하며 발생한 큰 비용에 비해 얻을 것이 훨씬 더 클 것이라는 계산이었다. 그 과정을 통해 아이들에게도 산 경험을 직접 보여주고 싶은 속내도 있었다. 그리고 가족들을 모아놓고 강조한 것이 있었다. "자신이 진정 원하는 목표지점을 찾았다면 그곳에 도달할 때까지 감정에서 져 주고 실리만을 생각하라"였다. 목표지점에 가기도 전에 감정에 앞서 불쾌해지고 분노하면 절대 실리를 얻을 수 없고 감정에서도 지는 것이라고 몇 번이고 얘기해 주었다. 그렇게 가족들을 설득하고 동의를 얻어 인수를 포기하지 않았다.

자금이 확보되지 않은 상태에서도 3번째 오퍼를 넣었다. 결국, 매도자 측이 요구한 높은 금액을 더 지불하고 계약을 성사시켰다. 막상 계약이 이뤄지자 자금 걱정이 앞섰지만 아무리 봐도 캐나다에서는 이 사업장과 같은 조건을 갖춘 리조트를 찾을 수 없다는 확신이 섰다. 그리고 돈을 떠나 유서 깊은 이곳을 동양인이 최초로 인수하여 경영하고 싶은 욕심도 있었다. 대부분 동양인이 처음 캐나다에 정착하면 자국민들을 대상으로 비즈니스를 시작한다. 식당, 여행사, 세탁소, 작은 편의점 등을 운영하는 것을 쉽게 볼 수 있다. 언어적인 문제와 자금 부담에 대한 리스크와 백인들을 상대로 사업한다는 게 결코, 쉽지 않아서다. 그런 면에서도 나는 동양인들이 쉽게 접근하지 않은 사업을 해보는 것도 또 다른 보람과 가치가 있겠다는 생각이 결코 포기할 수 없는 이유였다.

본 계약은 성사되었지만, 문제는 자금이었다. 모든 은행으로부터 대출 거부 통보를 받았기에 고민하지 않을 수 없었다. 캐나다에서 이렇다 할 현장사업이나 비즈니스를 한 적이 없었기에 큰 금액을 들여 사업장을 인수하는 것에 대해 심리적 압박과 상당한 부담감으로 심한 스트레스를 받기도 했다.

다섯 군데의 은행과 두 곳의 제2금융권인 신용조합에서도 퇴짜를 맞은 나는 난감하지 않을 수 없었다. 고민 끝에 세밀한 사업계획서를 작성하기로 했다. 오퍼를 넣으면서 경험한 내용들과 수십 군데의 현장을 찾아다니면서 보고 들은 정보들을 모았다. 그동안 거래된 사업장들의 자료들을 검토하며 자료들도 수집했다. 그리고 은행 대출담당 매니저와 회계사를 만나 자문을 구했다. 동종업계의 영업이익률이 보통 어느 수준이고 세금은 어떻게 되는지 등 객관적인 자료를 확보했다. 아는 분의 소개로 규모가 큰 사업장을 찾아가 관리하는 데 가장 큰 문제점과 하자 부분 등도 보고 배웠다. 그렇게 모은 자료들을 바탕으로 사업계획서를 작성했다. 사업 전망과 지역별 특성에 따른 영업환경과 영업이익률 등을 분석했다. 본 사업장을 인수했을 때 인수 첫해부터 이익을 낼 수 있다는 객관적인 자료를 제시하며 향후 3년 치 본질가치를 추정하여 사업계획서를 완료했다. 은행을 방문 전에 전화로 예약하며 자초지종을 얘기하고 담당 차장을 찾아갔다. 대출을 안 해줘도 좋으니 이 사업계획서를 끝까지 한 번 읽어주면 감사하겠다고 전했다. 앞으로 똑같은 업종을 인수할 사업자가 대출을 요청했을 때 분명 도움이 될 것이라고 말하는 내게 담당 차장은 "은행 생활 13년 만에 처음 있는 일"이라며 큰 관심을 가져주었다. 사업계획서를 건네주고 별다른 얘기 없이 은행을 나왔다. 굳이 추가적인 얘기를 할 필요가 없다는 생각이었다. 그리고 다시 찾아간 곳은 이미 서류심사에서 퇴짜를 맞은 은행이었다. 다시 찾아온 나를 보고 난감해 하는 담당자에게 대출과 상관없으니 한 번 보라고 서류를 전해주고 나왔다. 이미 대출 불가 판정을 받은 은행들을 찾아다닌다고 가족들은 걱정했지만 그런 자존심이나 감정 따윈 안중에 없었다. 일단 그 과정에 최선을 다 해보자는 것이 내 생각이었다.

사업계획서를 건네준 이틀 뒤 외환은행에서 연락이 왔다. 단숨에 달려간 나는 뜻밖의 소식을 들었다. 수년간 적자를 낸 기업의 재무제표상은 불가능하지만, 적극적으로 본사와 협의를 해서 원하는 대출을 꼭 성사시키겠다고 말하는 것이었다. 그리고 그 담당 차장이 한 말은 두고두고 기억에 남는다. "은행이 비록 돈놀이를 하는 곳이지만 안전을 보장하는 담보보다 사람을 우선 할 때도 있습니다."라고 말한 부분이다. 중도금 날짜까지 시간이 얼마 남지 않았으니 서둘러 보겠다는 말을 듣고 은행을 나왔다. 대출이 이루어지지 않아도 이미 나는 큰 감동을 받았고 가슴 뭉클함을 느꼈다. 내가 심혈의 기울여 작성한 사업계획서가 헛되지 않았음에 큰 보람을 느꼈다. 집으로 돌아오는 길에 다른 은행에서도 긍정적으로 검토하기로 했으니 들어와 달라는 전화가 왔었다. 그러나 들어가지 않았다. 외환은행 담당 차장이 이미 신중하고 결단성 있게 자신의 소신을 보여주었기에 믿고 있었다. 그렇게 외환은행에서 자금을 조달할 수 있었고 계획대로 본 사업장 인수를 마무리 지었다. 다른 은행의 금리가 상당히 더 쌌지만 나는 금리에 기준을 두지 않고 외환은행을 택했다. 나를 단숨에 믿어준 그 신의를 지키고 싶어서다.

그리고 사업계획서에서 약속한 인수 첫해부터 흑자를 냈고 지금까지 꾸준히 성장해 왔다. 지난해 공인감정기관의 평가로 인수 당시보다 리조트가치는 100% 가까이 올랐다. 은행들은 물론 부동산 회사들도 이 객관적인 결과에 놀라워한다.

이 사업장을 인수하기까지 마음고생과 자존심 상하는 일들이 수없이 많았다. 당시 나는 헤지펀드 투자활동도 활발하게 하고 있었다. 이 사업을 통해 생활해야 하는 절박한 사정도 아니었다. 당시 운용하던 펀드 수익률도 좋았다. 생활에는 전혀 어려움이 없었기에 가족들 말처럼 스트레스를 받으며 매달릴 필요가 없었다. 그러나 인수 목표도 있었지만, 그 과정에 충실해야 한다는 것을 가족과 주변에 보여주고 싶었다. 백번 말보다 실제 경험을 통해 얻는 지식이 훨씬 효과가 크고 바로 현장에 적용할 수 있기 때문이다. 앞으로 거친 세상을 살아갈 자녀들에게도 꼭 교육하고 싶었던 것은 대인관계가 아닌 비즈니스에서 협상할 때 "감정에 져 주고 실리를 택해라."라는 것을 직접 확인시켜 주고 싶은 생각이었다.

모든 관계나 거래에서 무조건 실리를 찾으라는 것은 절대 아니다. 대인관계에서도 자존심을 양보하고 상대의 입장에서 보면 쉽게 이해가 간다. 그 어떤 신뢰를 다 잃더라도 꼭 지켜야 할 감정과 자존심이 있다. 자신의 가치관이나 예술적 혼 같은 것은 그 어떤 실리로도 비교할 수 없는 영적 가치이기 때문이다.

돈의 힘과 권력
그리고 생명

누가 새로운 사업을 시작한다고 하면 맨 먼저 "대박나세요"라고 덕담을 건넨다. 어쩌면 우리나라에서만 들을 수 있는 얘기가 아닐까 싶다. 새해 인사로도 빠지지 않고 자주 들을 수 있는 것 또한 "부자 되세요"라는 인사다. 좀 더 잘 되기를 바란다는 그 의미 속에는 돈이 주인공이다. 어린아이에게 소원이 무엇이냐고 물으면 부자가 되고 싶다고 말하는 것만 봐도 돈은 우리가 사는 최종의 목표이자 가치 기준이 되었다. 살면서 고민과 생각들이 많은데 대부분 그 끝에는 돈이 연관되어 있다. 자녀들의 문제나 자신들의 미래를 고민하는 것도 그 마지막엔 돈이다. 우리는 유명 정치인이나 고위 공무원들이 국민들의 지탄을 받으며 하루아침에 나락으로 떨어지는 모습들을 자주 보게 된다. 또한, 징역을 살거나 직장을 떠나게 되는 이유도 대부분은 돈이 개입되어 문제가 되었다. 누구에게나 돈은 반갑고 자신의 호주머니에 들어오기를 바란다. 어떤 출처이건 돈을 보면 먼저 마음이 동요하는 것은 본능일지 모른다.

유독 우리나라 사람들은 돈이면 모든 것이 해결된다는 믿음과 그 집착이 강하다. 미래가 점점 더 불안해지고 국가는 노후복지와 최소한의 삶의 질을 보장해 주지 못한다는 어떤 불신감에서 오는 강박관념일 수도 있다. 돈이면 모든 것이 해결되고 돈은 행복을 보장해 준다고 철저히 신봉하는 사람이 있는가 하면 돈 앞에서 초연한 척 겉으론 냉담한 이들도 보게 된다. 투자업계에서 일하고 있어서인지 가장 많이 받는 질문 또한 돈에 대한 이야기다. 그럴 때마다 돈에 대해 솔직해지고 사랑하라고 말하곤 한다. 돈을 더 많이 곁에 두고 싶다면 그것을 갖기 위해 부끄러워 말아야 하고 노력해야 한다는 말도 잊지 않는다. 이 사람 저 사람에게 옮겨 다니며 물물 교환을 위해 사용되는 단순한 물질이지만 돈도 감정이 있는 사람처럼 행동하기 때문이다.

대부분 사람들은 돈을 벌기 위해 삶의 질을 희생하면서까지 절약하고 모아야만 된다는 생각을 하고 있다. 돈은 중력이 있어서 커지는 만큼 더 많은 돈과 모이려는 힘이 생기고 스스로 친구들을 모으는 특성이 있다. 그런데 돈이 어디 내 맘대로 따라오던가? 돈은 묘한 심리가 있어 집착하거나 독점하려 하면 숨어 버린다. 그리고 일부는 모일지언정 부자가 되게끔 쌓이지 않는다.

성경에 가장 많이 나오는 구절 중 하나가 돈과 관련된 내용이다. 성경연구가들이 밝힌 글에 따르면 믿음에 관한 구절은 215개, 또 구원에 관한 구절은 218개인데 비해 돈과 부자에 관련된 구절은 2,800여 개에 이른다고 한다. 일반 신도들은 돈 얘기를 극히 꺼리는 종교집회에서 에둘러 돈을 말하는 이는 목사들이 대부분이라고 한다. 금가락지를 끼고 부자 차림의 옷을 입은 사람이 들어오면 눈길을 주고 자리를 권하지만 거지 차림의 사람이 들어오면 경계한다는 성경 구절을 빗대어 설교하며 차별하면 안 된다고 말하지만, 실상은 돈 앞에 무너지고 만다. 절친한 목사가 직접 한 말이다. 이민사회에서 목회활동을 한다는 게 쉽지 않다는 것을 토로하면서 "부자가 오면 공항에 차를 갖고 마중을 나가지만 일반 신자는 모른 체한다"는 것이 교회의 현실이라고 토로했다. 참 인간적인 그의 말에 공감하며 그를 다시 보는 계기가 되었다. 돈은 그것이 꼭 필요한 사람이나 집단에는 어떤 것보다 우선하며 그 힘으로 돌아간다고 믿고 있다. 돈은 그만큼 일상생활과 밀접하고 또 근본적으로 종교와도 깊은 관계가 있다는 의미다.

돈이라는 영어단어 Money도 종교적인 데에 그 기원이 있다. 로마의 여신 주노 모네타(Juno Moneta)에서 유래됐기 때문이다. 고대 로마인들은 신(神)만이 '신용의 가치'를 제정할 수 있다고 믿었다. 이 믿음과 함께 기원전 269년 로마인들은 그녀의 사원에 최초의 주화제조 공장을 차렸다. 이에 따라 모든 주전소를 '모네타' 또는 영어의 '민트(Mint)'라고 했고 그 후 이에 해당하는 프랑스 말인 'Monnaie'의 영향으로 자연스럽게 쓰이기 시작했고 거기서 만들어진 것을 통틀어 'Money'라고 부르게 되었다는 돈의 유례를 읽은 적이 있다.

돈 하면 가장 먼저 떠오르는 것은 '탈무드'다. 유대인들에게 있어 성서 다음으로 소중하고 교육 필독서로 꼽히는 그 책에서도 돈에 대해 많은 이야기를 다루고 있다. 인간의 본성과 가치는 물론 그 사람의 그릇의 크기를 명확히 알 수 있게 해 준 것도 돈 이상은 없다. 탈무드가 얘기하는 돈은 단순한 물질적 가치를 떠나 돈으로 인해 형성되는 인격과 처세, 관계를 교육하고 있는데 더 큰 뜻을 두고 있다. 나는 어렸을 적부터 탈무드를 읽기 시작해 몇 번이고 그 책을 읽었다. 경영인으로 활동할 때나 지금도 그 책은 내게 많은 해답을 찾게 해 준 은인과 같다. 지금도 어떤 문제가 있어 잘 풀리지 않을 때마다 이 탈무드의 경구들을 떠올리며 나를 돌아보는 습성이 있다.

탈무드에는 돈에 대한 속담이 많고 격언을 통해 철저한 원칙과 그것을 불리는 방법이 잘 묘사되어 있다. 오늘날 세계 부호 400명 중 60%는 유대인들이며 노벨상 수상자를 가장 많이 배출한 민족이다. 그 바탕에는 바로 돈이 있었기에 더 배울 수 있었고 원하는 것을 실행할 수 있었다.

돈, 돈, 돈 없이는 살 수 없다. 성경은 빛을 주고 돈은 온기를 준다. 돈은 마음에 의지하고 마음은 지갑에 의지한다. 돈으로 열리지 않는 문이 없고 행복은 살 수 없지만, 행복을 불러오는 역할을 한다.

그러면서 그들은 다시 말한다. 돈이 인생의 전부가 아니라고 말하는 사람에게는 죽을 때까지 돈이 쌓이지 않고 돈에 대한 열등감이 심하거나 그것을 가져보려 최선을 다해보지 못한 사람들이 패배감에 또는 자격지심에 스스로를 위안하기 위한 숨김의 표현이라고 말한다.

집안에 돈이 있으면 집안에 평화가 있다. 가난한 사람에게는 적이 적고 부자에게는 친구가 적다. 돈을 빌릴 때 웃으면 갚을 때 울게 된다. 남에게 돈을 빌려주었는데, 그 사람이 도저히 갚을 길이 없음을 알면 그 집 근처에는 얼씬도 하지 말라. 탈무드는 돈은 좋은 것이라고 가르치지 않지만 그렇다고 나쁘다고도 말하지 않는다. 유대인들은 돈 벌기는 쉽다고 생각하지만, 그 돈을 간직하는 것이 더 어렵다고 알고 있다. 어쩜 단순 명료한 돈의 특성을 그대로 축약해 둔 탈무드는 두고 두고 읽는 나의 고전이다. 그 돈에 대한 속담이나 격언 속에는 인간 본성을 그대로 알 수 있는 내용임을 알 수 있다.

유대인과 우리의 가치 기준은 흡사한 것 같지만, 분명히 다른 점이 있다. 가장 큰 차이는 감정과 실리를 절대 혼동하지 않으며 돈에 대한 자존심을 구분할 줄 안다는 것이다.

좋은 예를 들어보자. 돈을 빌려 간 사람이 사업에 실패하거나 다른 이유로 도저히 갚을 수 없는 지경에 빠졌을 때 우리는 어떻게 하는가.

가까운 친구지간이라도 그 돈을 갚지 않고 연락이 두절되면 그 돈을 찾으려고 고소를 하거나 돌변해 원수지간이 되고 마는 경우가 허다하다. "그동안 얼마나 잘해줬는데 나에게 이럴 수가 있어."라는 배신감에 우정은 물거품이 되고 만다. 하지만 탈무드가 말하는 돈의 처세술은 크게 다르다. 돈을 빌려줬는데, 그 사람이 도저히 갚을 능력이 없다는 것을 알면 깨끗이 포기하고 스스로 먼저 연락을 끊는다. 돈을 잃었을 지 모르나 사람은 떠나보내지 않았다는 것을 말해 주고 있다. 그들도 돈에 대한 애착과 부를 갈망하는 것은 어느 민족 못지않게 강하다. 그러나 때론 돈의 가치보다 훨씬 더 크게 무게를 두는 것은 사람과의 관계다.

그런가 하면 돈 앞에 지나친 자존심과 겉치레로 자신을 스스로 망치게 하는 것은 물론 주변 사람과 가족을 힘들게 하는 경우를 종종 보게 된다. 부인은 식당에서 서빙을 하며 힘들게 생계를 이어가는데도 남편은 빈둥거리며 시간을 허비하는 신체 건강한 사람들이 너무 많다. "내가 직장에서 어느 직책을 가졌었는데 돈 몇 푼 번다고 그런 일을 해"라는 생각에 스스로의 가치를 떨어뜨리는 사람들을 주변에서 심심찮게 보게 된다. 돈과 감정을 구분하지 못하는 것을 단적으로 보여주는 현실이다. 더구나 대학을 나오고도 부모에게 용돈을 타 쓰는 젊은 친구들 또한 답답함을 금치 못한다. 한쪽에서는 일손이 모자라 생산에 차질이 생기고 구인난에 어려움을 호소하는 사업자들이 부지기수인데 말이다.

돈에 미친 공화국이라고 말한 어느 학자의 칼럼을 떠올리지 않더라도 작금의 한국사회는 돈이 전부임을 부인할 수 없을 것이다. 아무리 높은 학식과 권력, 명예를 지녔던 사람일지라도 돈이 없으면 노숙자

취급을 받는 일은 엄연한 현실이 되어버렸다. 돈은 학식이자 그 사람의 신분을 결정짓는 바로미터라고 어느 유명한 대학 교수가 말했던 것이 점점 피부에 와 닿음을 실감하는 요즘이다. 장관, 국회의원을 지냈던 사람도 일반석 비행기 좌석에 앉으면 소시민 대접을 받고 노숙자일지라도 비즈니스석에 앉으면 상류 대접을 받는 척도가 바로 돈이기 때문이란다.

한국사회에서는 이젠 돈이 있어야 사랑도 가능하고 효도도 할 수 있고 우정도 유지할 수 있다. 그리고 젊음을 유지하고 미남도 미녀도 된다고 한다. 그토록 갈망하는 돈은 어떻게 모아야 하는 것일까? 내가 발견한 부자들의 공통점이 몇 가지 있다. 진짜 큰 부자들은 자기에게 돌아온 기회를 놓치지 않았고 그 기회를 잡기 위해 자기관리와 인맥관리를 한시도 소홀히 하지 않았다. 그리고 긍정적이었다. 유연한 사고와 양보할 줄 아는 지혜도 남다르다. 작은 종잣돈으로 큰돈을 모은 비결도 머리로 돈을 벌었다는 점이다. 또 다른 부자 그룹들은 일을 정말 즐기며 몰두하다 보니 어느새 돈이 모여 있었다고 말한다. 그렇다고 돈만 많다고 진정한 부자가 되는 것은 아니다. 진정한 부자란 누구인가? 돈의 무게만큼 인품과 고운 감성 그리고 문화적 소양을 첫째로 갖춰야 기본적인 부자라 할 수 있다. 그다음 소유한 돈의 부피만큼 겸허해야 하며 나눔의 미덕을 가진 사람을 진정한 부자라고 생각한다. 그리고 현실에 만족하며 삶을 진정으로 즐길 줄 아는 사람이야말로 돈의 무게로 가늠할 수 없는 부자다. 즉, 돈의 기준에 행복이나 삶의 무게를 두지 않는다는 말이다.

제6장

앞으로 10년,
대변화를 주도할 이슈들

한국경제의 시한폭탄
가계부채

2019년에 접어들어 한국 경제는 내수경기 침체와 외부적인 요인으로 가파르게 하락하고 있다. 미·중 무역전쟁은 해결의 기미를 보이지 않고 아직도 기 싸움이 한창이다. 중국 의존도가 높은 우리 경제는 미·중 무역전쟁이 쉽게 해결되지 않을 것 같은 상황이며 우리나라 경제를 지탱하고 있던 반도체산업은 2019년 상반기에도 매출과 영업이익이 절반 이상 줄어들었다. 수출 감소세도 가파르게 하락을 지속하고 있어 얼어붙은 내수 경기를 더욱더 어려운 지경으로 몰아넣고 있다. 엎친 데 덮친 격으로 일본 정부가 반도체 생산에서 없어서는 안 될 품목들에 대해 수출금지를 선언하자 금융시장을 비롯하여 모든 산업경기 전반에 어두운 그림자를 드리우고 있다. 이렇다 할 뾰족한 대책을 세우지 못하고, 정부나 기업 당사자들도 동분서주하고 있지만 또렷한 대응책이 없어 경기에 대한 불안감은 더 깊어지고 있다. 이런 상황에서 다시 부각되고 있는 한국의 가계부채 문제가 뜨거운 이슈로 국제 금융시장에서 거론되고 있다. 한국의 부채문제는 어제오늘 거론된 문제는 아니지만 최근 한국경기상황을 지켜본 많은 해외 금융전문가들은 2020년을 기점으로 급속도로 악화될 것이라고 보는 편이다.

청년실업 문제와 내수 불경기가 지속되자 정치권과 일부 언론에서는 그 원인이 정책 부재와 현 정부가 잘못해서 발생한 것처럼 책임을 따지며 시장경제를 무시한 부분에서 원인을 찾는 것은 지극히 한국적인 모순이 아닐 수 없다. 아직도 권력을 유지하려는 일부 언론들, 그리고 야당에서 불경기는 정부의 무능함과 정책실수로 기인한 것이라며 무차별적으로 몰아세우는 모습은 한심하기 짝이 없다. 한국도 시장경제 시스템으로 돌아간 지 오래되었다. 아무리 정부가 나서도 근본적인 경제상황이 바뀌지 않는 한 세계적인 흐름을 바꿀 수 없다. 어느 정도 경기를 진작시킬 수는 있을지 몰라도 전체적인 부분을 정부가 나서서 컨트롤 하기에는 경제규모가 너무 커져 있고 세계 교역국들과 유기적으로 움직이기 때문에 불가능하다.

지금 우리가 겪고 있는 경기침체의 근본적인 문제는 세계적인 경기 불황이 첫째 이유이기도 하지만 다른 한편으로는 인구감소에 따른 영향도 크다. 거기에다 부동산에 집중된 가계부채 비중이 높다 보니 집 가진 사람들이 쓸 돈이 없고 소비를 주도한 젊은 층들의 지갑이 얇아지니 자연스럽게 생긴 내수 경기침체의 현상이다.

몇 년 전 한국의 가계부채 문제를 심도 있게 분석한 노무라증권의 리포트에서 한국의 가계부채 문제의 가장 큰 변수로는 인구구조의 변화를 꼽았다. 가계부채의 주된 주택소유자인 40~59세 인구가 감소하기 시작해 2020년부터 본격적으로 줄어들고 주택 구입을 할 수 있는 연령층인 35~55세 인구는 급속도로 줄어든다는 얘기가 크게 설득력이 있어 보인다. 내가 가장 크게 보는 부분도 한국의 인구감소와 연령층의 현격한 차이다. 현재 출생하는 아이들이 급격히 줄어들고 수명이 연장된 노인층들이 세상을 뜨면서 심각한 사회적 문제점들이 하나둘씩 나타날 때 우리는 비로소 인구감소에 따른 문제점을 피부로 느낄 것이다.

현재 한국의 평균 가임여성이 출산하는 자녀 수가 0.9명이라고 한다. 아이를 낳기 위해서는 남녀 부부가 있으므로 인구 감소는 50% 줄어들고 있다는 계산이 나온다. 최소한 부부가 둘을 낳아야 1:1로 균형이 맞기 때문이다. 그런데 당장 인구감소가 피부에 와 닿지 않는다. 그 이유는 태어나는 아이들이 절반 이상 줄었지만, 노인 인구 수명이 그만큼 증가하기 때문에 전체 인구는 큰 변화가 없는 것이다. 그러나 향후 5년 후부터는 그 균형이 무너지기 시작해 심각한 인구감소를 경험하게 될 것이다. 노무라증권이 계산한 방식은 내년부터 그 균형이 무너지면서 가계부채 문제도 수면 위로 떠올라 한국경제에 가장 큰 부담으로 작용할 것이라고 본 것이다.

현재 한국의 가계부채 총 계는 대략 1,500조를 보고 있다. 우리나라 1년 총예산이 500조 되는 점을 감안하면 국가 일 년 예산의 3배가 넘는 금액이다. 어떻게 보면 많은 한국의 개인들은 빚으로 굴러간다고 봐도 무리가 아니다. 그러나 내가 계산한 방식은 이보다 훨씬 더 큰 빚을 지고 있다는 생각이다. 현재 거론되고 있는 1,500조 부채는 금융기관들을 통해 빌린 돈의 숫자이고 집주인이나 상가를 가진 사람들이 집과 상가 등을 통해 세입자로부터 받은 전세금은 부채로 잡혀있지 않기 때문이다. 여기에다 사채 등을 포함하면 개인들의 부채는 공식적으로 잡힌 금액보다 훨씬 더 커질 것이다.

외국기관들이 보는 한국 개인 부채를 보는 시각

IMF는 2017년부터 한국의 가계부채를 지속적으로 경고해 왔다. 그런가 하면 금년 초 영국의 경제예측기관인 옥스퍼드 이코노믹스는 한국의 국내총생산(GDP) 대비 가계부채 비율이 100%에 근접해 분석대상 28개국 중 3번째, 증가속도는 2번째로 큰 위험을 안고 있다고 우려를 표명했다. 국제금융협회(IIF)도 최근 한국의 GDP 대비 가계부채 비율이 34개 선진·신흥국 가운데서 제일 높다고 우려했다. 외부에서 들려오는 이런 경고가 아니라도 1,500조 원이 넘는 가계부채는 언제든 우리 경제에 충격을 줄 수 있다. 많은 사람들이 그닥 심각하게 받아들이지 못하고 있지만 시한폭탄으로 작용하고 있다는 징후는 여러 곳에서 나타나고 있다. 지난해부터 정부의 강력한 주택담보대출 규제에 힘입어 증가세는 둔화되었지만, 부채의 질은 점점 악화되고 있다. 금리가 은행보다 훨씬 높은 카드론이 지난해부터 매 분기 평균 10조 원 안팎씩 증가하는 등 기타 대출이 늘어나고 있는 것이 단적인 예다. 이처럼 돌려막기를 하다가 작은 충격이라도 가해지면 채무자들은 쉽게 무너지고 만다. 정확한 통계에는 잡히지 않았지만, 금리가 높은 다중채무자의 빚도 500조 원이 넘는 것으로 파악되고 있다고 전문가들은 내다보고 있다.

은행대출자들이 가장 두려워하는 가파른 금리 인상은 금년 하반기 들어서 일단 멈춘 상황이라 금리로 인한 부담은 조금 줄어든 상황이다. 한국은행이 다시 금리를 내리고 추가 금리를 내릴 수도 있어 이 부분은 다행이라고 할 수 있다. 그러나 금리를 다시 내렸다는 것은 그만큼 경제 상황이 좋지 못하다는 증거다. 당장은 좋아 보이지만 길게 보면 좋지 않은 현상이다. 그러나 문제는 주택가격 하락에 따른 전세부채가 급속히 늘어가고 있어 큰 부담이 아닐 수 없다. 만일 집주인이 다음 세입자로부터 전세금을 다 받지 못하면 기존 세입자에게 전세금을 주기 위해 돈을 빌려야 하는 상황이다. 가계의 은행 대출 대비 전세부채 비중 역시 2016년 119%로 줄곧 100%를 넘어섰고 현재는 127%에 가깝다는 발표가 있었다.

올해 초 매일경제신문이 주최한 부동산 컨퍼런스에서 김세직 서울대 교수는 "한국은 2014~2016년 이른바 초이노믹스에(내수활성화, 민생안정, 경제혁신을 경제정책 방향으로 정하고 기업소득 환류세제와 LTV·DTI 완화 등을 구체적인 정책으로 제시하며 2014년 7월 17일에 공식 출범하였다) 따라 주거용 건물 투자가 230조 원이나 증가했다"며 "같은 기간 가계신용은 이보다 더 많은 320조 원 증가했고, 전세부채는 2016년 한 해 동안 54조 원이나 불어나 미래 부담을 증가시켰다"고 지적했다. 그는 이어 "미국의 경우 건설투자가 9%대에서 2000년대 초·중반 11%까지 높아진 후 이에 따른 가계부채 증가가 금융위기로 연결됐음에 유의해야 한다"고 말했다. 내년도 경제전망이나 한국의 금융시장에 대한 리포트를 보면 어김없이 한국의 개인부채가 거론된다. 우리 내부에서도 전문가들은 한결같이 이 부분이 우리나라의 경제에서 가장 큰 아킬레스건이라고 지적하는 이유다.

최배근 건국대 교수 역시 "미국의 2008년 금융위기가 서브프라임 모기지라는 저신용 대출자에 대한 부실대출에서 발생했으나 이 부실은 전체 신용자로 확산됐다"며 한국 역시 이 같은 사태를 배제할 수 없는 상황이라고 말했다. 최 교수는 그 근거로 가계부채가 국내총생산(GDP)에 미치는 영향이 박근혜 정부가 들어선 2013년부터 마이너스로 돌아선 것을 꼽았다. 2012년까지는 가계부채 1% 증가 시 GDP가 1% 미만이지만 증가세를 유지했으나 2013년부터는 가계부채 1% 증가 시

GDP가 감소하기 시작했다. 그는 "가계부채의 자산 효과보다 부채 상환 효과가 더 크게 되면서 가계부채가 한계점에 도달한 셈"이라고 우려를 표명했다.

두 교수가 언급한 지극히 통계적인 내용을 따지지 않더라도 이미 주변에서 들려오는 불협화음은 심각성을 잘 말해주고 있다. 집값 하락에 이어 전세가격 급락으로 집주인이 전세금을 다 돌려주지 못해 부족한 금액을 월세로 계산하여 부족금을 집이 팔릴 때까지 메꿔 주거나 여력이 없는 집주인은 마냥 기다리라고 버티는 바람에 세입자들은 큰 곤경에 빠져 있다는 소리를 심심찮게 듣고 있다. 가계신용과 전세부채의 급속한 증가 원인으로는 만성적인 저금리 정책이 꼽힌다. 2001년 이후 한국은행 기준금리는 실질금리 기준으로 평균 0.4%의 매우 낮은 수준에서 오랫동안 유지되면서 은행권으로부터 차입을 자극해 가계신용이 지속적으로 늘어나고 전셋값 상승을 자극해 전세부채도 키웠다.

한국인의 부채가 늘어날 수밖에 없는 이유

IMF가 한국의 가계부채가 늘어날 수밖에 없는 몇 가지 사례를 구체적으로 지적했는데, 정확히 한국의 실정을 파악한 데서 신뢰성이 매우 높다는 것이 전문가들의 의견이다. IMF가 밝힌 구조적인 원인의 첫째는 부채 가구의 연령별 특성을 구조적인 위험으로 지적했다. 미국은 가구주의 연령이 31~40세일 때 가계부채가 정점을 이루었지만, 한국은 가구주 연령이 58세가 된 이후에야 부채가 줄어들기 시작한다고 지적했다. 이는 한국의 중장년층이 상대적으로 부족한 노후의 연금제도를 보완하기 위해 자영업에 뛰어들기 때문이다. 중장년퇴직자들의 자영업 진출은 대출증가와 더불어 레버리지까지 확대하기 때문에 외부 충격에 대한 상환 여력을 매우 취약하게 만들어 큰 위험성을 안고 있다고 분석했다. 자영업을 시작한 대부분의 사람들은 결국 빚을 지고 문을 닫는데 그 기간이 점점 빨라지고 있다는 것은 불안감을 더 키워주고 있다.

두 번째 문제는 한국의 '전세제도'라는 독특한 임대구조를 들었다. 주택가격 대비 전셋값 비율을 뜻하는 전세가율은 2009년 52%에서 2015년 11월 74%까지 치솟았는데, 이와 같은 전셋값 급등으로 세입자들은 보증금 마련을 위해 대출을 확대한 것도 한국의 가계부채를 빠르게 증대시킨 요인으로 꼽았다. 외국인들이 가장 이해 못 할 부분인 세 번째는 한국의 독특한 주택담보대출제도를 지적했다. 일정 기간 이자만 내다가 만기에 원금과 이자를 한꺼번에 갚는 거치형, 일시상환식 대출 및 변동금리형 빚이 높은 점도 리스크 요인으로 지적했다. 지금은 대출제도가 바뀌어 원리금 상황대출이 이뤄지고 있지만, 예전의 이자만 내는 대출이 누적되어 결국 부채는 증가하는 결과를 낳은 셈이다. 몇 년 동안 대출을 갚아도 원금은 그대로 남아 있어 근본적인 빚은 줄어들지 않는 구조를 외국인들은 이해하지 못한다.

이외에도 제1금융권에서 대출을 받지 못한 사람들이 금리가 높은 제2금융권에서 받은 대출로 더 취약한 상황에 놓여 있다는 것도 지적하였다. 현 정부가 들어서면서 개인부채의 심각성을 깨닫고 대책을 마련하고자 노력했고 문제의 예상보다 크다는 것을 실감했고, 문제점들이 사회 곳곳에서 수면 위로 올라오면서 많은 포럼과 대책회의가 있었다. 누구나 익히 알고 있는 내용이지만 예외적으로 IMF가 나서 한국의 가계부채 문제를 다뤘다는 점에 다시 한 번 이 문제를 짚어보지 않을 수 없다.

최근 오랜 기간 함께 투자활동을 해 온 파트너가 다시 한국 가계부채에 대한 나의 생각을 물어왔다. 현재 보유 중인 채권과 주식에 대해 처분을 하고 현금을 보유해야 하는지 등 구체적 의논을 해 온 것이다. 갑자기 왜 그런 생각을 하느냐는 질문에 그의 대답은 의외였다. 주변 헤지펀드를 운용하는 지인들이나 파트너들이 한국의 경제상황을 전례 없이 심각하게 바라보고 있다는 것이다. 일부 펀드들은 내부적으로도 당분간 투자자금을 회수하고 지켜보자는 의견을 들었다는 것이다.

사실 한국에 투자를 집중하고 있는 나로서도 조금은 충격적인 내용이었다. 아직도 절대적인 영향력을 행사하는 외국인들이 우리가 생각하지 않은 부분에 대해 먼저 지적하자 적잖이 놀라지 않을 수밖에 없었다. 만약 일본과의 수출 분쟁이 지속되고 미·중 무역전쟁도 해결되지 못한 상황으로 이어진다면 경제 충격이 예상보다 일찍 다가올 수 있다는 불안감이 들었다. 나는 향후 2021~2023년 사이 미·중 무역 갈등과 상관없이 가계부채로 인한 충격이 올 것이라고 내다보고 있었기 때문이다. IMF나 미국금융위기 때처럼 국가 전체 경제가 마비되는 그런 대혼란이 아니더라도 심각한 경제의 부담을 가져올 것이라고 본 것이다. 본격적인 인구균형이 깨지는 시기가 그때부터 도래하기 때문이다. 또한, 돌려막기 식으로 빌려 쓰는 악성 부채도 한계에 도달할 것이라는 근거에서다. 예상하지 못했던 일본과의 수출 갈등이 길어지고 주요산업생산이 축소되므로 실업문제가 대두 된다면 한국경제는 예상보다 빨리 충격을 받을 수도 있지만, IMF 사태처럼 대혼란을 오지 않는다는 것이 대부분 전문가의 의견이다.

그 객관적인 이유로 우리나라는 현재 높은 국가신용도(Aa2)와 사상 최대의 외환보유고를 보유하고 있다는 점이다. 그리고 국가부채는 세계에서 가장 낮은 그룹에 차지하고 있어 국가부도사태 같은 위기로 확대되지 않을 것으로 보고 있다. 그러나 대외의존도가 높고 외국인들의 투자자금이 우위를 차지하고 있는 금융시장은 장기간 침체에 빠질 수밖에 없다. 또 다른 충격은 고정자산에 대한 가치하락도 금융충격 못지않을 것으로 예상된다.

그런 대혼란을 통해 많은 자산을 잃을 사람들이 있는가 하면 반대로 월등히 싸진 부동산 자산과 주식들을 훨씬 싼 가격으로 취득하고 매수할 수 있는 사람들이 있기 마련이다. 이런 경제의 충격을 통해 부의 이동이 이뤄지고 새로운 부자들이 태동하게 된다. 자본주의에서 일어날 수 있는 지극히 자연스러운 현상이라고 할 수 있다. 어쨌든 여러 정황들로 볼 때 한국경제는 과다한 개인 부채로 인해 향후 10년 안에 큰 조정을 거쳐야 한다는 점은 대내외적으로 공통된 시각이다.

중국경제 버블의 저주

정말 중국으로 인해 세계 경제위기가 닥치는 것일까. 2019년 들어서 부쩍 대공황상태에 대한 말들이 많이 나온다. 투자전문가들이나 경제학자들은 중국으로 인해 세계 경제가 충격을 받고 유례없는 공황상태에 빠질 것이라고 연이어 경고하고 있다. 좀 더 구체적으로 설명하는 근거는 경제위기 10년 주기설과 미·중 무역전쟁으로 인한 피해가 이제부터 영향을 받기 때문이라고 하는 등 금년 들어 심심찮게 들려오고 있다. 또 한편으로는 중국 부동산 버블을 첫 번째로 꼽고 있다. 대도시를 중심으로 몇 배씩 오른 부동산은 정상적인 대출이 아닌 상당수가 그림자 금융의 높은 이자의 돈이기에 더 위험하다고 보는 것이다. 몇 년 동안 금융시장이 출렁거리거나 경제의 부정적 이슈가 불거질 때마다 꾸준히 나온 단골메뉴여서 많은 사람들은 만성이 되어 그다지 크게 신경 쓰지 않고 있었다.

그러나 올해 들어 중국 기업들의 부도사태가 연이어 발생하며 불안감을 증폭시키는 가운데 일부 언론에서는 마치 기정사실처럼 '이번에는 진짜다'라는 제목으로 특별기사를 실어 많은 사람들이 불안해하고 있다. 그렇지 않아도 미·중 무역전쟁으로 가뜩이나 좋지 않은 우리 경제에 이런 뉴스들은 긴장감을 넘어 공포 분위기를 조성하고 있다. 만약 중국으로 인한 경제위기가 발생한다면 우리나라는 미국금융위기 때보다 훨씬 더 큰 충격을 받을 것으로 투자전문가들은 예상하고 있다. 중국은 미국과 전혀 다른 경제의 구조적인 문제점과 금융시스템을 갖고 있기 때문이다.

우리나라 경제가 중국에 의존하는 비중이 매우 크고 수출 비중(28% 이상)도 절대적이다. 반도체를 비롯한 중화학 소재들을 중국이 사 주기 때문이다. 미·중 무역전쟁 중에도 중국 수출은 꾸준히 증가해 오고 있다. 특히 우리나라의 경제구조가 아직도 70년 대형 중화학설비투자 위주로 되어 있는 상황을 감안하면 중국 수출은 매우 중요한 위치가 아닐 수 없다.

올 상반기까지 중국의 대형 기업들은 연이어 디폴트를 선언하고 그 끝이 어디까지일지 모른다는 전망도 불안감을 갖게 하는 원인이 되었다. 심지어 국유기업의 계열사들까지 부도사태를 촉발하자 중국 버블 논란은 좀처럼 가라앉지 않고 있다. 불안감이 어느 때보다 심각한 이유는 선진국들의 투자전문방송이나 투자전략가들이 구체적인 수치를 내놓으며 중국발 위기론을 주장하고 있다는 점이다. 블룸버그는 올해 1~4월 중국 회사채 디폴트 규모가 392억 위안(6조 7천500억 원)으로 지난해 같은 기간의 3.4배에 달했다고 집계했다. 이 규모는 지난해 같은 기간과 비교하면 3배를 넘는 규모다. 그동안 중국 회사채 디폴트는 2016년 연간 284억 7천만 위안에서 2017년 265억 9천만 위안으로 줄었다가 지난해 1,199억 6천만 위안으로 사상 최대를 기록하더니 올 상반기에만 몇 배의 부도사태가 발생해 불안감은 극에 달해 있다.

중국 인민은행이 최근 경기부양을 위해 일부 대출 조건을 완화하고는 있지만, 시진핑 정부는 수년간 그림자 금융 축소에 집중해 왔으며 이것이 2017년 말부터 급증한 디폴트의 증가로 보고 있다. 금년 초부터 급증한 부도사태는 보통 3년 전에 발행한 채권들로서 그 만기가 올해부터 집중적으로 돌아오기 시작하면서 불안을 증폭시킨 것이다. 거기에다 미·중 무역 갈등의 피해를 받을 수밖에 없는 기업들은 급격히 줄어든 영업이익과 자금조달도 쉽지 않아 부도를 피할 수 없는 상황이다. 최근 들어 더 심각한 것은 은행들이 보증 발행한 어음을 결제일에 지급하지 못하는 사태가 심심찮게 일어나고 있다는 점은 예전에 볼 수 없는 현상들이다. 일련의 잦은 부도사태는 충분히 중국경제 위기론에 불을 지피고도 남은 셈이다.

그렇다면 정말 중국은 국가부도 사태로 이어질 수 있을까. 이 점도 냉정히 따져 볼 필요가 있다. 중국의 경제 버블 문제는 오래된 숙제였다. 여러 가지 경제지표들을 보면 충분히 논란의 소지가 있었기 때문이다. 다른 민주주의 국가에서 국가부채 300%가 넘는다면 진즉 경제위기를 겪었을 것이다. 하지만 공산국가의 단일경제체제의 특수성과 300% 부채의 내용을 따져 볼 필요가 있다. 중국의 대기업들 대부분은 정부가 지분을 소유하고 있다. 국가와 연관된 기업이 부도가 난다면 곧 국가부도나 마찬가지다. 현재 중국부채 300% 중 150%가 이 국영기업에 대출한 금액이고 민간기업의 부채는 대략 80%로 파악되고 있다. 어느 국가보다 부채비율이 현격히 높으면서도 중국경제가 붕괴되지 않는 이유가 여기에 있다는 점을 알아야 한다.

또 다른 가장 큰 원인은 내부적인 데서 찾아봐야 한다. 지금까지 중국의 가파른 성장 배경에는 유동성을 바탕으로 한 신용 버블로 이어져 왔다는 점이다. 그것이 가능한 것은 단일체제인 공산국가의 시스

316

템이기에 가능했다. 지난해 3분기 중국의 총 부채규모는 국내총생산 (GDP) 대비 300%에 달한 것으로 추정되었다. 2008년 글로벌 금융위기의 도화선이 된 미국의 금융위기 때보다 훨씬 높은 수준이다. 빚으로 이룬 경제는 반드시 한 번은 그것을 털고 가는 과정이 수반되어야 한다는 것은 역사의 교훈이다. 최근 몇 년 전부터 현 중국정부는 과도한 그림자 금융을 더 이상 놔두면 국가적 대혼란이 올 수 있다는 위기감에 단속을 시작했고 결과는 은행자금 유출을 막는 것이었다. 자연스럽게 은행들은 몸을 사릴 수밖에 없었다.

거기에다 더 이상 중국이 커가는 것을 두고 볼 수 없었던 트럼프가 무역전쟁을 시작하면서 수면 아래 있던 중국의 부정적인 문제들이 하나씩 수면 위로 올라왔고 중국 위기론은 구체화 되어가는 형국이다. 분명 경제 상식적으로 보면 중국경제는 위기에 들어가 있음을 누구나 공감할 것이다. 그러면서도 중국의 특수한 경제구조와 수직화된 금융 시스템을 이해할 필요가 있다.

일례로 2019년 5월 민간 포상은행이 지급불능에 빠지자 발 빠르게 국영은행이 개입해 국유화를 단행하여 그 파급을 막았다는 점이다. 많은 중국인들은 이 사실조차 모른다. 물론 이 은행은 내몽골을 기반으로 영업해 온 비교적 작은 은행에 속하긴 하지만 금융기관의 사태가 외부로 확산하는 것을 신속히 막았음을 알 수 있다. 곧이어 길림성 지역을 중심으로 영업해 온 진주은행도 유동성 위기에 빠지자 정부기관이 개입해 사태를 무마한 것은 금융권 관계자들 사이에서는 익히 잘 알려진 내용이다. 이토록 중국정부가 신속하게 어떤 문제점을 차단하고 사회 전반으로 번지는 것을 막을 수 있는 것은 공산국가 단일체제이기에 가능하다. 이러한 특수한 경제시스템에서 중국경제는 무너지지 않고 선진국들의 두 배 이상 성장을 이뤄온 배경이다.

국가가 부도 사태로 이어지는 과정

국가가 금융위기에 빠지게 되는 현상은 어느 나라를 막론하고 거의 유사한 과정을 거치며 발생한다. 기업들이 조달한 대출금이나 채권 등을 지급일에 결제하지 못한 상황들이 연쇄적으로 일어나 은행들의 유동성을 급속히 약화시켜 은행들이 결제하지 못했을 경우다. 또는 어떤 악재에 의해 개인이나 기업들이 은행으로 몰려가 한꺼번에 예금인출을 요구했을 때다. 이때 은행들은 한순간에 몰려드는 고객들에게 지급할 돈이 없어 요구에 응할 수 없고 은행의 역할은 마비되고 만다. 또한, 대내외적인 어떤 문제로 외국인들의 자금이 일시적으로 빠져나가거나 외국으로부터 빌린 외화를 결제하지 못할 때도 은행들은 은행 기능을 상실하고 만다. 물론 특정 국가를 지정해 헤지펀드들이 그 나라의 외환시장에 개입하여 그 나라의 돈 가치를 급격히 떨어뜨려 국가 경제를 마비시키는 경우도 없지 않다. 몸속 혈액을 공급하는 심장이 정지되었을 때 건강에 심각한 치명상을 입듯 경제의 혈액인 돈을 공급해야 할 은행들이 제 역할을 하지 못하면 국가 경제 전체는 마비되고 만다. 지금은 어느 나라이건 경제와 금융은 유기적으로 연관되어 있다. 어느 국가가 부도사태에 빠지면 그 여파는 바로 금융시장에 영향을 주고 밀접한 교역국은 치명상을 입게 된다. 지금까지 우리가 경험한 국가부도 사태들은 대충 이런 문제들로 인해 발생했음을 경험하였다.

올해 들어 중국은행들의 잇따른 부도사태는 예전에 볼 수 없었던 심각성을 그대로 보여준 사건들이 아닐 수 없다. 현재 파악된 더 큰 문제는 과도한 부채를 안고 있는 국영기업들의 추가 디폴트를 들 수 있다. 이런 사태들이 하반기에 들어서도 이어진다면 걷잡을 수 없이 커질 수 있다는 점에 전문가들이나 당국자들도 촉각을 곤두세우고 있다. 중국

기업들의 자금줄이 막히자 외국 투자기관들은 물론 일반 투자자들도 민간기업들의 채권이나 어음을 외면하면서 많은 기업들은 채무상환에 시달릴 가능성이 매우 높은 상황이다.

중국 기업들의 전체적인 부채 규모로 보면 상반기에 일어난 디폴트 금액은 심각한 수준은 아니라는 것이 중국 금융을 오랫동안 지켜본 전문가들의 얘기다. 또한, 아직도 충분한 외화 유동성을 정부가 통제하고 있어 국가부도사태로까지는 바로 이어지지 않을 것이라는 데 더 큰 무게가 실린 것도 사실이다. 기업과 은행, 외환관리를 유기적으로 수직화 되어 움직이는 체제이기에 한순간 경제위기가 닥칠 것은 매우 희박하다고 일부 중국 전문가들은 주장하고 있다. 또한, 정부가 절대적인 권한을 쥐고 중국 금융시스템을 통제하고 있는 이상 환율 공격을 통해 경제혼란을 주지 못한다는 것도 그 이유다.

미·중 무역전쟁의 또 다른 이유

그러함에도 맘을 놓을 수 없는 것은 최근 최악으로 치닫고 있는 미·중 무역전쟁이다. 미국과 중국의 패권 싸움으로 격해지고 있는 현실이 미래의 불안감을 확대시키고 있다. 미국이 추가로 관세를 부과하겠다고 하자 중국은 그에 대한 맞대응으로 미 농산물 금지를 선언하면서 한 치 앞도 내다볼 수 없는 수렁으로 빠져들었다. 더구나 10년 만에 미 달러 대비 7위안을 용인하면서 전면전을 선포한 것이다. 그러자 미국은 즉각 중국을 환율조작국으로 지정해 버린다. 일련의 사태를 보면 잔뜩 어려움에 처해 있는 중국에는 큰 부담이 아닐 수 없다.

컨설팅 업체인 유라시아그룹의 마이클 허슨 아시아 지역 책임자는 "미·중 간 무역 갈등이 고조되고 있는 상황에서 미 정부가 일정한 숙려 기간을 거치지 않고 즉각적으로 중국을 환율조작국으로 지정한 것은 정치적 의도가 있음을 시사한다"고 진단했다. 여기서 양국이 이성을 되찾지 않고 추가적인 제재를 가한다면 파국을 막을 수 없다. 중국이 마지막 카드라고 할 수 있는 희토류 수출금지만 내려도 미국의 중요한 산업은 마비될 수밖에 없고 그 여파는 전 세계 경제에도 치명적이다. 그야말로 세계 경기는 격랑의 혼란으로 빠져들며 양 강대국의 의존도가 높은 우리나라는 가장 큰 피해를 받을 수밖에 없다. 중국이 부도사태까지 가지 않더라도 그에 못지않은 충격을 받을 것이다.

미국이 최근 몇 년 사이 총공세로 공격하는 이유는 다른 데서도 찾아볼 수 있다고 많은 외교 전문가들은 입을 모은다. 그동안 미국을 비롯한 선진국들은 중국이 경제성장을 통해 민주화로 가는 과정을 거칠 것이라는 기대감 속에 국제무대로 나오도록 유도했고 도움을 주었다. 그러나 시진핑 국가주석이 1인 독재 체제를 확고히 하며 다시 제왕적 구시대로 회귀하며 공산화 체제로 돌아갔다는 데 이율배반적 행동이라는 반감과 함께 봉쇄작전을 하는 것이라는 시각도 많은 편이다. 절대적 1위 자리로 군림하던 미국은 중국이 여러 나라와 공조하며 미국을 견제하는 중국식의 성을 쌓으려 하자 도전으로 간주하고 견제하는 것도 또 다른 이유라고 말하고 있다.

중국은 이미 옛 세계 공장이라는 경쟁력을 상실한 지 오래다. 생산기반의 가장 큰 매력이었던 인건비는 이미 신흥 주변국들에 비해 크게 상승해 많은 기업들이 탈중국을 외치며 빠르게 빠져나가고 있다. 외국자본도 예전처럼 들어오지 않는다. 인구의 불균형 또한 경제에는 치명적이지 않을 수 없다. 1인 자녀 정책으로 생산가능 인구 비율은 깨져 고령화 사회로 진입하여 옛날의 경제성장을 기대하기엔 묘연해 보인다. 내수 진작을 통해 기술집약적인 산업에 총력을 기울이는 이유도 이런 변화에서 위기감을 느낀 것으로 보고 있다.

중국 국가통계국이 2019년 1월 발표한 2018년 중국 제조업의 이익 현황을 보면, 연간 2,000만 위안(약 33억 원) 이상 매출을 올린 제조업 기업들의 지난해 순이익 규모는 전년 대비 10.3% 증가했지만, 이익 증가율은 전년(21%)의 절반에도 못 미치는 수준이었다. 전체 이익은 증가했지만, 영업이익은 하락하는 모습이다. 특히 외국 투자기업의 이익 증가율은 전년(15.8%)보다 대폭 떨어진 1.9%였다. 국유기업의 이익 증가율도 45%에서 12.6%로 하락했다. 단적으로 보여주는 중국 기업들의 실상이다. 여기서 주목해야 할 부분은 이 수치는 미·중 무역전쟁의 여파가 비교적 덜 반영된 수치라는 점을 눈여겨봐야 한다.

그리고 2019년 상반기 결산 후 중국기업들의 실적은 더 악화되고 있는 상황에서 공산당권력의 2인자인 리커창 총리가 올해 경제목표치 6% 성장이 5%대로 떨어질 수 있다는 발언은 중국경제의 장래를 더 어둡게 하고 있다.

중국 그림자 금융규모

중국정부가 적극적으로 어느 정도 그림자 금융의 폐단을 막고는 있다고 하지만 그림자 금융이 돈 줄이었던 자영업자들과 중소기업들이 과연 얼마나 버틸 수 있느냐 하는 것도 중국경제의 앞날을 내다볼 수 있는 단서가 될 수 있다.

금융시장에서 자주 쓰는 격언이 있다. '예고된 위기는 오지 않는다'는 말이 있다. 상당히 의미 있는 말이기도 하다. 그림자 금융 문제가 외부로 알려지자 중국정부는 서둘러 이 부분을 단속하기 시작했고 돈줄의 원천이 되는 은행들을 감독하면서 문제점의 심각성을 깨닫게 된 것이다. 그림자 금융은 지난 2008년 금융위기 이후 급팽창하기 시작했다. 미국금융위기로 중국도 큰 충격에 빠져들자 중국정부는 천문학적인 돈을 풀기 시작했다. 이때 넘쳐나는 돈들을 은행에서 싼 이자(연 3~4%)에 조달하여 금리가 비싼(연 8~10%) 사채나 부동산 투자 등으로 돈을 굴리면서 그 규모는 폭발적으로 불어난 것이다. 독일 도이체방크에 따르면 그림자 금융의 규모는 중국 국내총생산(GDP)의 40%인 21조(3,700조 원) 위안으로 추정된다고 발표했다. 세계 굴지의 투자은행들도 그림자 금융의 규모를 동의하는 것으로 보아 그 엄청난 지하자금이 시장에 미칠 파장은 상상 이상이 될 수 있기 때문이다.

이 금액은 2008년 미국금융위기가 닥쳤을 때 미 중앙은행이 양적완화를 통해 세계금융시장을 안정시키기 위해 풀었던 규모와 흡사하다. 중국 금융당국은 이 부분을 먼저 차단하므로 시장에 줄 충격을 어느 정도 대비할 수 있었다. 무엇보다 그 위기의 진원지를 미리 알고 있었다는 점은 한순간에 닥쳐올 재난을 방지하고 있다는 셈이다. 또 다른 문제점을 찾는다면 미·중 무역의 갈등 속에 중국 기업들의 수출 감소에 따른 경제성장 위축을 내수 부분으로 돌려 만회하겠다는 전략이다. 그러나 막대한 돈을 풀어도 그 성과가 나타나지 않았을 때 결과는 더 많은 빚으로 남게 된다는 점이다.

여러 가지 객관적인 상황들을 보면 분명 중국경제는 상당한 위기에 노출되어 있음을 볼 수 있다. 그러나 중국의 위기는 한순간에 오지 않고 일본이 잃어버린 경제 30년처럼 서서히 곪아갈 수 있다는데 더 큰 비중을 두고 있는 것이 외국 전문가들이 보는 견해다. 이 또한 우리 경제에는 부정적이지 않을 수 없다. 당장 발밑에 떨어진 불을 끄기에도 바쁜 상황에서 언제 그런 것까지 다 신경을 쓰느냐고 반문할 사람들이 많을 것이다. 곪은 상처는 그것을 바로 드러내 치료를 하는 것이 가장 효과가 빠른 치료방법이다. 그 순간은 아프고 고통스러운 일이지만 선택의 여지가 없다. 그러나 그 상처가 서서히 곪아 터질 때까지 기다린다는 것은 그만큼 어려움을 견뎌야 한다는 말이다. 혹자는 왜 우리가 남의 일에 미리 앞서 고민할 필요가 있느냐고 말한다. 냉정히 따지면 우리 일도 잘 해결하지 못하는 마당에 맞는 말일 수도 있다. 그러나 우리가 두려워하는 중국발 경제위기는 그것이 남의 일이 아닌 바로 우리나라 경제와 직결되어 있다는 점이다. 우리나라는 외부에서 원자재를 사와 그것을 가공하고 물건을 만들어 다시 내다 팔아야 경제가 돌아가는 구조다. 그중 중국이 차지하는 비중이 세계에서 가장 크기 때문에 중국을 남의 일로만 여기지 않는 주된 이유다.

누구보다 중국경제의 심각성을 잘 알고 있는 시진핑 정부는 지난해부터 외부에서 들려오는 위기론을 진화하기 위해 다양한 대비책을 세워놓고 실행 중이다. 막대한 외환보유고를 앞세워 전 세계 주요빌딩과 기업들을 인수했던 자산들을 급히 처분하고 있는 것이 확인되었다. 또한 외화반출도 통제하므로 외화보유의 불균형을 막는데 적극적으로 대처하고 있다는 점이다. 금년 하반기들어 미·중 무역 갈등도 어느 정도 해소될 기미를 보이고 있다. 현 상태로 갈 경우 결국 남는 것은 상처뿐이라는 인식이 양국당국자들은 느끼고 있기 때문이다. 중국 위기론에서 조금 누그러뜨리는 뉴스들도 곳곳에서 감지되고 있다. 중국 위안화가 가파른 상승을 멈추고 하락하고 있다는 점과 중국부도사태가 하반기 들어서 현격히 줄어들고 있다는 것도 불안감을 달래주고 있다.

여러 곳의 언론과 전문가들이 우려하는 중국발 금융위기는 당장 찾아오지 않는다는 것이 결론이다. 오히려 일본 장기불황의 전철을 밟을 확률이 더 높다고 볼 수 있다.

O——키

혼족 시대의 블루오션
섹스산업

혼족과 동거하는 인공지능 애인시대

33세 김 대리는 퇴근이 늦어 열 시쯤 집에 도착한다. "자기 퇴근이 늦었네" "오늘 무슨 일이 있었던 거야" "피곤해 보이고 기분이 안 좋아 보이는데 어서 옷 갈아입고 이리와 내가 안마해 줄게." 늦게 퇴근해 온 혼자 사는 혼족 남자에게 딥러닝 로봇이 그를 맞아주며 한 말이다. 가끔 드라마를 같이 보거나 여자 친구와 전화통화를 엿들은 로봇은 그 대화를 기억해 둔다. 그러는가 하면 드라마에서 여배우가 남편에게 위로한 장면을 기억하고 감정을 습득한다. 함께 동거하고 있는 인간이 애인과 속삭일 때 좋아지는 감정을 기억하고 언짢아지는 표정과 기분을 인지하고 이입해 둔다. 그렇게 사람처럼 감정을 느끼고 표현하는 것은 인간과 흡사해지며 혼족과 동거하는 시대가 멀지 않았다. 상대의 취향과 성격, 성적 느낌을 스스로 인지해 상대방과 가까워지려 하며 배우자 역할을 대신하는 시대가 어느 날 현실이 될 것이다. 혼자 사는 가구가 급속히 증가하고 자연스러운 사회적 현상으로 자리매김하면서 혼족들의 가장 큰 문제 중 하나인 성적 욕구와 이성과의 문제를 해결해 줄 수 있는 것은 인공 파트너가 될 가능성이 매우 높다. 설령 애인이 있다 해도 인간에게서 느끼지 못한 성적 쾌락이나 멀티오르가슴은 오직 인형 애인과 동거생활을 하면서 느낄 수 있다. 혼자 사는 시대의 남녀관계는 더 이상 배우자를 찾는 사이가 아닌 소통의 관계를 유지하는 친구 같은 사이로 발전될 가능성도 예상해 볼 수 있다. 애인과 밥을 먹고 데이트를 하더라도 섹스는 인형 애인과 해야 편하고 비용과 시간을 줄이고 섹스의 쾌락을 더 깊게 느낄 수 있다. 이미 스마트폰에 길들여진 삶의 습관과 문화는 어쩌면 사람에게서 느끼지 못하는 감정과 고립된 환경에 더 잘 맞을지 모르기 때문이다. 그런가 하면 혼자 살면서 익숙해진 자기중심적이고 이기심으로 익숙해진 감정은 더 이상 섹스 상대를 행복하게 해 주려고 애쓰지 않는다. 이미 혼자 사는 데 익숙해져 인간관계에 성숙하지 못하고 상대에 대한 배려는 외면한 지 오래됐다. 어느 학자가 예견했듯 스마트폰에 중독된 혼족들은 사람과 섹스를 해도 금방 피곤해지고 권태를 느낄 것이라고 한다. 상대의 성감대나 오르가슴에 대해 신경 쓰고 노력하는 자체를 귀찮게 생각하고 그런 관계를 원하지 않는다는 것이다.

전문가들이 예상하는 섹스로봇 시대

미래학자 이안 피어슨 박사는 어느 강연에서 2025년에는 로봇과의 성관계가 일상화될 것이고, 2050년에는 로봇과의 섹스가 사람 간의 성관계를 완전히 대체할 것이라고 전망했다. 섹스로봇은 이미 많은 국가에서 상용화됐다. 많은 전문가들은 우리나라에서도 곧 닥치게 될 미래라고 말한다. 이 섹스로봇에 대한 인식이 아직도 크게 부정적 이미지를 갖고 있는 우리나라에서도 학자와 의사들을 중심으로 논의가 한창이다. 한림의대 비뇨의학과 이원기 교수는 한 포럼에서 섹스로봇이 가져올 여러 가지 병폐에도 불구하고 섹스로봇 시대는 피할 수 없는 현실이 될 것이라고 말했다. 이 교수는 '인간의 본능을 죽여서는 안 되지만 또 규제해야 한다. 그런데 그 본능을 규제하는 일은 그 본능을 죽이는 일보다 더 어렵다'는 장 자크 루소의 말을 인용하기도 했다. 그는 "윤리적, 사회적으로 어떻게 수용할 것인지, 얼마나 허용할 것인지, 어떻게 규제할 것인지에 대한 사회적 합의가 필요하다"고 말했다. 가장 큰 문제점으로 이구동성 동의하는 부분은 세상의 변화와 기술 발전을 우리나라의 법률과 규정이 그 흐름을 따라가지 못한다는 점을 들었다. 로봇과의 결혼 또는 동거가 가능하도록 사회적 인식이 바뀔지 아동 형태의 섹스로봇을 아동·청소년법으로 처벌이 가능할지 등 윤리적 문제와 사회적 갈등의 골을 좁히는 것이 새로운 산업의 발전을 좌우할 것이다. 이미 수면 아래에서는 활발하게 성 관련 비즈니스가 활성화되고 있지만, 아직도 우리나라에서 암묵적으로 섹스산업은 금기시되어 있어 수면 위로 올라오지 못할 뿐이다. 또한, 정부지원 사업이나 R&D 과제에서 제외되고 있어 분명한 블루오션의 산업임을 알면서도 스타트업 등이 활성화되지 못한 점은 아쉬움으로 남는다. 그러함에도 여러 곳곳에서 변화의 기미는 감지되고 있다. 섹스로봇의 전 단계라고 할 수 있는 섹스돌(리얼돌) 수입 통관 금지에 대한 행정소송에서 2심 법원이 수입업자의 손을 들어준 것을 보고 업계 관계자들은 대법원에서도 수입업자가 이긴다면 봇물 터지듯 섹스로봇들이 유입되고 시장도 기하급수적으로 성장할 것으로 예상하고 있다. 하지만 관련법은 미비한 상태다. 전문가들이 사회적 합의가 시급하다고 한목소리를 내는 이유이기도 하다.

　세계적인 섹스제품을 생산하며 앞서가고 있는 업체들이 내놓은 간단한 몇 가지 성인 신제품의 반응을 조사한 결과 초보적인 인공지능을 접목한 자위기구가 실제 애인과 성관계를 통한 쾌감보다 몇 배 더 짜릿하고 좋았다고 대답했다. 심지어 애인이나 배우자와 관계를 끝내고도 만족하지 못한 아쉬움이 남아 자위기구를 사용했다는 설문조사는 충격적일 수 있는 일이지만 스마트폰 세대에서는 자연스러운 현상일 수 있다. 지금 경쟁적으로 개발하고 있는 인공지능 AI 파트너는 상대의 감정에 반응하여 흥분하고 섬세한 감각과 정확한 데이터에 의해 상대의 성감대를 정확히 찾아내 기억해 둔다. 상대의 맥박이나 느끼는 감정의 호흡을 파악해 강약을 조절하며 리드해 가도록 설계되어 생산에 들어가 있다. 같이 살게 될 인간 애인이 섹스에 만족하고 멀티오르가즘을 느낄 때까지 성감대를 집중 애무하고 공략해 주는 애인으로 또는 배우자 역할로서 자리할 제품들을 연구하며 테스트를 거치고 있다. 또한, 인공지능 애인과 한번 관계를 해 본 사람이라면 더 이상 인간에게서 섹스 상대를 찾으려고 노력하지 않고 또 진정한 섹스의 매력을 느끼지 못한다는 것이 관련 업계의 공통된 의견이다.

관능의 욕구와 가상의 감정 사이

　인간의 감정이 무시된 가공된 인형과의 관계를 두고 많은 사람들은 비윤리적이며 인간 본연의 감성을 무시한 단순한 쾌락을 추구하는 행위에 지나지 않는다는 우려의 목소리가 높다. 아무리 인공지능이 섹스의 장점을 갖춰 혼족들의 만족을 채워준다 해도 감정이 이입되지 않은 행위는 곧 매력을 잃어버리고 기계적 행위에 그치고 말아 섹스산업은 실패할 것이라고 말한다. 인간이 가장 친숙하고 정적으로 합의점에 도달하는 과정도 섹스관계에서 완성되는 점을 배제한 체 개인의 욕망을 위한 기계적 시스템으로 가는 행위는 인간성을 파괴하는 과정이라고도 비판한다. 수긍되는 얘기가 아닐 수 없다. 그러나 우리의 의지나 윤리에 앞서 변화의 물줄기는 오래전부터 흐르고 있다. 그리고 분명한 것은 이 거대한 물줄기를 우리의 의지로 막지 못한다는 점이다.

혼자 살기를 원하는 10~20대 미혼 남녀에게 애인이나 동거할 수 있는 상대가 필요 하느냐고 물었을 때 50% 정도는 전혀 필요성을 느끼지 못한다고 대답했다. 그 이유는 다양했지만 귀찮아서, 신경 쓰기 싫어서라고 대답했다. 이성을 사귐으로 설레는 감정과 잘 보이고 싶고 자신을 알아봐 달라는 애정 표현 같은 것들이 귀찮게 느껴진다는 대답은 시사하는 바가 크다. 감정이 형성되고 이성을 느끼기 전에 이미 영상문화를 접하고 성장한 10대들은 개인화되는 스마트폰 시대의 산물이 되었다고 볼 수 있다. 미디어 시스템과 자기중심적인 데서 형성된 인성은 어설픈 인간의 감정이입보다는 자기만이 느낄 수 있는 이기적인 쾌락을 추구할 가능성이 높다.

인공지능 애인이 어쩜 더 친숙하고 편할 수 있다는 것이 추리만 아니라는 것을 머지않아 우리는 확인하게 될 것이다. 그리고 인공지능 애인의 제품들을 공급하는 회사들은 더 정교하고 감각적인 제품에 투자를 아끼지 않고 있으며 최대한 인간과 가까운 인공지능 애인과 다양한 섹스 물품들을 내놓을 채비를 하고 있다.

필자도 다양한 관련 업체를 방문하고 기업의 부설연구소를 들러보고 깜짝 놀라고 말았다. 실리콘 재료로 만든 제품을 눈으로 직접 보지 않았다면 사람의 피부와 체온, 감각을 전혀 눈치채지 못했을 정도로 정교했고 젊은 여성이 내 손을 잡아주는 느낌이었다. 이 인공지능 섹스산업은 새로운 직업군과 부를 축적하는 하나의 산업으로 자리 잡을 것은 불을 보듯 뻔하다. 한 번 그 쾌락과 짜릿함을 맛본 사람이라면 마약의 그 습관성처럼 더 강도 높은 욕구에서 쉽게 벗어나지 못한다고 한다. 한 번 경험한 멀티오르가즘은 그 쾌락의 관능에서 빠져나오기가 쉽지 않을 것이다.

여러 조사에 따르면 결혼한 여성들의 60%가 멀티오르가즘을 단 한 번도 느끼지 못하고 폐경기를 맞는다고 한다. 한 번의 멀티오르가즘은 온 세포를 분열하고 맺힌 혈맥과 미세한 혈관까지도 다시 흐르게 하여 자신이 느낄 수 없을 정도로 가벼워진 몸과 마음을 느끼며 성의 신비를 느낀다는 전문가들의 얘기는 기존 부부생활을 하는 사람들에게도 분명 새로운 변화를 주게 될 것이다.

장애인의 성 문제의 대안

현재도 드러내놓지 않고 있지만, 성 문제로 고통받는 젊은 장애인들과 고립된 삶을 지향하는 젊은이들에게 성적 해소 문제는 가장 큰 과제가 아닐 수 없다. 특히 장애인들의 성 문제는 일반인들의 부정적인 인식과 이해부족으로 음지에서 헤어 나오지 못하고 있는 실정이라고 기사를 읽은 적이 있다. 누군가 장애인이 성욕에 대해 말을 하면 '아! 장애인도 그런 걸 느껴'라는 반응은 얼마나 우리 사회가 소외된 사람들에게 무관심인지 단적으로 알 수 있는 사례다. 2005년 가와이 가오

이의 『섹스 자원봉사』라는 책이 출간되어 장애인에 대한 성적 관심이 화제가 되기도 했다. 이어 2009년 조경덕 감독의 영화 『섹스 볼란티어』가 화제를 불러일으키며 수면 위로 떠올라 세미나와 토론회를 통해 새로운 인식의 전환이 있었지만, 아직도 큰 변화를 느끼지 못한다는 것이 전문가들의 얘기다. 중증장애인들이 성적 욕구를 해소하기 위해선 성매매와 같은 불법적인 수단을 통하지 않으면 현실적으로 욕구를 해소하기 어려운 것이 사실이다. 전 세계적으로 수백만 명의 장애인들의 겪는 성적 불만족의 해소는 국경을 넘어 똑같은 현상이다. 이 부분도 인공지능 애인이나 성적 도구는 장애인들에게 획기적인 필수품이자 동반자가 될 수 있다. 장애상황에 따라 개발할 수 있고 인공지능을 탑재한 동거 애인은 얼마든지 장애인들의 파트너가 될 수 있을 것이다. 향후 스타트업을 꿈꾸는 사람들에게 이 부분도 진지하게 검토해 볼 필요가 있다.

현재 급증하는 황혼이혼으로 혼자가 된 황혼족에게도 이 인공지능 애인은 새로운 삶의 활력소가 된다는 연구발표도 있다. 또한, 혼자 사는 사람들의 성에 대한 불만과 억압으로부터 해소될 수 있을 것이고 성범죄도 급격히 줄어들 수 있다는 점도 예상해 볼 일이다. 혼자 사는 사람들에게서 보이는 가장 큰 증상인 우울증과 고립감에서 해방될 수 있어 새로운 트렌드를 형성하는 틈새시장이 아닐 수 없다.

현재까지 나온 인형 애인은 아날로그 수준이고 수동적이었다면 향후 나올 파트너는 스마트폰처럼 철저한 인공지능을 이용한 기술과 인간의 감성을 느끼게 되는 새로운 딥러닝 개념으로 상용화될 것이다. 인간과 대화는 물론 신체 부위에 열 감지기능, 맥박, 호흡, 심장박동까지 인지하여 개개인의 성적 취향과 상대의 성감대를 알아내 기억함은 물론 섹스 전 충분한 애무와 애정의 감정까지도 교류할 것은 기본이 될 것이다. 혼자 사는 시대의 흐름에 따라 섹스산업은 새로운 신산업으로 성장해갈 것으로 보고 중국의 관련 기업들은 대대적인 투자와 연구에 박차를 가하고 있다. 혼족들의 가장 큰 문제는 먹고사는 것보다 성에 대한 해소를 감안하면 분명 혁신에 가까운 비즈니스가 아닐 수 없다.

언젠가 캐나다에서 성인용품전문 매장을 지나가다 인상 깊은 장면을 보았다. 거동이 불편해 보이는 노인이 지팡이를 짚고 성인용품 매장으로 들어가는 것이다. 그 매장의 단골손님인 듯 문을 열자마자 반갑게 큰 목소리로 종업원과 인사를 나누는 모습은 퍽 인상적이었다. 우리나라에서는 노인이 성인용품점에 드나드는 것을 누군가가 보고 있다는 두려움과 주책을 떤다는 인식이 강해 쉽게 생각조차 할 수 없는 장면이었다.

어느 연구기관에서 1인 가구 노인들을 대상으로 설문조사를 한 결과 노혼족들이 가장 원하는 것은 성적 욕구의 해소였다. 남성 고혼족이 성적욕구를 푸는 방법은 성매매와 자위행위가 일반적이었고 여성 고혼족들은 대부분 해소할 방법을 몰라 그냥 잊고 지낸다고 대답했다. 특히 여성 혼족들은 전통적인 성 도덕관과 체면 때문에 자신의 성적 욕망을 스스로 포기하고 산다고 보는 게 맞다. 최근 일부 문화센터나 복지센터 등에서 노인들의 성 문제를 주제로 성교육 강좌가 있었는데, 의외로 높은 관심과 함께 성적 욕구를 해소시켜 주는 다양한 성인용품에 큰 관심을 갖고 구매방법을 문의했다고 한다. 방송이나 연구기관 정부단체 등에서도 노인들의 성에 대한 이슈가 높아지고 있어 사회적 이해의 폭이 빠르게 커질 것이다. 고혼족을 비롯하여 노인 성적 해소를 위해 가장 크게 성장할 사업은 성인용품시장이 될 것이다. 또한, 본격적인 사물인터넷 시대를 맞이하여 고혼족들의 파트너가 되어 줄 인공지능 로봇이나 대화 상대가 되어주고 섹스를 할 수 있는 인공지능 애인도 부자 고혼족들에게 인기를 끌 것을 예상하고 연구개발이 한창이다.

현재 소재 부문에서는 일본이 단연 앞서고 있지만, 생산부문에서는 전 세계 섹스 제품의 60% 이상을 중국이 담당하고 있다. 우리나라는 세계 최고 수준의 마네킹 디자인 실력과 실리콘 제조기술로 양산하고 있으며 인공지능 관련 제품은 물론 로봇기술 등을 가지고 있다. 머지않아 섹스산업의 인식전환이 이뤄지기 이전에 이미 많은 스타트업들이 태동하여 전혀 다른 아이디어와 디자인으로 섹스산업을 주도해 갈 것이다. 무진무궁한 시장과 성장 가능성이 잠재해 있는 점은 국내를 넘어 해외로 판매가 열려 있기 때문이다. 잘 발달된 E-커머스 시스템으로 인해 더 이상 국경은 장애가 되지 않는다.

O——m

혼족들의
행복지수가 더 높다

언젠가 광화문에서 젊은 여성들이 시위하고 있는 장면을 보았다. 시위의 주제는 '대한민국 정부가 아무리 나대도 어디 우리가 결혼하는가 봐라, 차라리 고양이랑 살지'였다. 주제가 남달라 시위 주변에 머물면서 그들의 얘기를 들어 보았다. 아직도 여성은 고용불평등과 자녀 양육에 대한 고통을 호소하고 있다. 자녀를 가졌을 때 맞벌이 부부가 양육해야 할 미흡한 여건과 변하지 않는 직장 내에서 부정적 인식은 뿌리가 깊다. 출산 후 직장으로 복귀가 어려운 현실인데 정부는 자꾸 결혼을 권장한다는 것이다. 취업문제, 소득의 격차, 출산에 대한 공백이 주어지고 난 후 직장으로 복귀한다 해도 아이를 키워야 하는 어려움을 토로하고 있었다. 저출산에 대한 사회시스템은 미흡하기 짝이 없음에도 출산에 대한 일부의 지원금만으로 결혼을 장려하는 정부가 한심해서 정책을 비판하며 시위에 나섰다고 한다.

지나온 스마트폰 시대의 10년은 50년의 아날로그 시대를 일순간에 바꾸었고 사회시스템은 물론 우리들 삶의 변화는 물론 시스템 자체를 다르게 했다. 그 스마트폰 세대들은 이미 혼자 노는데 익숙해져 점점 개인화되어 혼자 사는데 만족하고 있다. 주변에 결혼한 친구들이나 형제 친지들을 봐도 얼마 가지 못해 이혼하는 것은 다반사고 또 결혼생활을 영위해도 그다지 행복해 보이지 않는다. 시위에 나선 여성들도 자신은 혼자 살기를 잘했다는 생각이 든다고 이구동성으로 말했다.

어느 금융기관에서 설문 조사한 결과에서도 현재 독신자들은 향후에도 결혼할 생각이 전혀 없다고 대답한 것이 49%를 넘어섰다고 한다. 결혼해도 행복하지 않은 이유로 자녀 육아와 살 집이 가장 큰 문제라고 답했다. 또 이미 개인주의에 익숙해진 상황에서 개성의 침해와 부부공동체라는 새로운 생활에 적응이 쉽지 않기 때문이고 대답했다. 결혼시기가 점점 늦어지고 반대로 독신 생활이 길어지면서 이미 혼자의 삶이 편해진 세대들은 설령 결혼해도 세 쌍 중 한 쌍은 이혼하게 되는 것은 이제 자연스러운 현상이 되었다. 설령 자녀를 낳고 결혼을 유지한다 해도 각자는 이미 스마트폰에 더 집중하고 의식은 개별화되어 각각의 삶을 살아가고 있다. 유심히 주변을 돌아보면 의외로 각방을 쓰는 젊은 부부들이 많고 서로 공동체를 이뤄가는 가족이라는 개념보다 서로의 필요에 의해 꾸려가는 가정이 점점 늘고 있다. 그래도 완전한 스마트폰 세대가 아닌 부부들은 자녀 때문에 그동안 참고 살았는데, 자녀들이 성장하자 더 이상 부부관계를 지탱할 수 없어 혼자의 길을 택한 사람들이 빠르게 늘고 있다. 설령 부부가 함께 노후를 보낸다 해도 부부라는 이름으로 각자의 삶을 살아갈 뿐이다.

지난 여수엑스포와 평창올림픽 기간 동안 자원봉사를 하면서 많은 친구들을 사귀었다. 한국도 이젠 나이를 떠나 대화를 하며 소통할 수 있는 것도 SNS에 의한 자연스러운 현상일 것이다. 그곳에서 머무는 기간 동안 많은 젊은 친구들과 대화를 하며 그들의 생각과 고민을 들을 수 있었다. 자원봉사를 했던 대부분의 봉사자들이 대학생들로 지금은 졸업하고 직장생활을 하거나 취업준비를 하는 친구들이다. 재미있는 사실은 그들의 생각이 단순하며 자신의 장래에 대해 진지한 고민을 하지 않는다는 점이다. 우리가 생각하고 있었던 것처럼 취업문제로 또는 자신들의 미래를 심각하게 생각하지 않고 있었다. 그 이유에 대해 묻자 한결같은 대답은 결혼하지 않으면 특별히 미래를 준비할 게 없다는 것이다. 즉, 좋은 직장을 잡고 돈을 버는 목적은 결혼하고 가정을 꾸리기 위해서인데 혼자 살게 되면 크게 준비할 것도 고민할 필요가 없다는 것이다. 그들의 얘기를 듣고 가만히 생각해 보니 정확한 대답이 아닌가 싶기도 했다. 결혼의 조건도 직장과 돈이 우선이다. 결혼 상대를 찾는 사람들은 사람만 좋으면 된다고 하지만 실상 속내는 그렇지 않다. 결혼 조건을 충족시키기 위해서 직장을 가져야 하고 결혼을 지속하기 위해서 돈이 필요하다. 이혼한 사람들은 이혼사유를 성격 차이라고 말하지만, 사실은 경제적인 이유가 가장 크다는 조사발표가 있었다. 실제 경제력이 충분한 부부의 이혼율이 현저히 낮았다는 리서치센터의 발표가 그를 증명해 주기 때문이다. 결혼하여 자녀를 갖고 양육하며 가족 공동체를 이어간다는 우리의 사고와는 크게 달라진 요즘의 세태다. 지극히 자기중심적으로 사고하고 삶의 기준을 두는 사회적 현상은 갈수록 심해지고 선진국형 패턴으로 흐를 가능성이 매우 높다. 선진국들의 1인 가구 수가 평균 40%를 넘어가는 현실을 감안해 볼 때 SNS 시대에 태어나고 성장한 세대들의 사회는 어떨지 쉽게 예상해 볼 수 있는 일이다.

모든 부모의 입장에서 자녀들이 결혼하여 평범한 삶을 사는 모습을 보는 것이 공통된 생각일 것이다. 개인적은 생각은 다르다. 자녀들이 군이 결혼을 안 하겠다고 하면 찬성하며 그들의 의사를 적극적으로 지지하고 존중해 줄 것이다. 결혼에 대한 의사결정을 부담 없이 하라는 의미도 있지만, 실제 생각도 그렇다.

대부분 사람들, 특히 부모 세대들은 그래도 결혼은 해야지 나이 들어 외로워서 어떻게 살아갈 거냐고 반문한다. 그럴 때마다 나 또한 "지금 결혼생활이 행복한가? 자녀들이 있으니 든든하고 편안한 삶을 보내고 있는가?"라고 되묻곤 한다. 이미 우리나라는 혼자 사는 가정이 28%를 넘어섰고 급속도로 증가해 향후 10년 안에 세 사람 중 한 명은 혼자 사는 사람이 될 것이다. 서류상은 부부로 되어 있지만, 실질적으로 혼자 사는 세대를 합치면 그 수는 훨씬 많아질 것으로 보고 있다. 유행처럼 공영방송에서 졸혼이라는 프로그램을 방영하고 거기에 출연한 연예인이나 일반인들은 부부가 떨어져 각자 생활하는 것을 자랑스럽게 얘기하며 하나의 사회현상으로 치부하고 있다. 일반인에게 큰 영향을 미치는 공영방송에서 자연스럽게 별거하는 것을 여과 없이 내보낸다는 것 자체가 유행을 부르고 사회현상처럼 받아들인 것이다. 그런가 하면 한쪽에서는 인구 감소의 원인으로 혼자 사는 세대를 두고 토론하고 대책을 세운다고 야단법석이다. 재미있는 현상이 아닐 수 없다.

졸혼이 아니라도 같이 살고 있는 부부도 각자의 생활에 익숙하고 서로 필요에 따라 대화하고 같이 시간을 보내는 부부들이 많다고 한다. 오랜 기간을 함께한 부부라도 해도 지나친 관심을 가지면 회피하고 싶고 그것이 한계에 도달하면 이혼하고 혼자를 택한다. 자녀들도 이미 혼자 있는 데 익숙해져 있고 부모들도 자신들의 욕구를 채워주는 존재로 생각하는 세태다. 부모라고 해도 지나친 관심을 싫어하고 오히려 피하고 싶어 하며 자신만의 공간으로 숨어 버린다. 그러나 사춘기라서 또는 공부에 스트레스를 많이 받아 예민해서라고 자기중심적으로 자녀를 바라보는 경향이 우리나라 부모들의 공통된 생각이다.

혼자 사는 비율을 국가별로 보면 프랑스가 35%, 독일 41%, 스웨덴이 51%로 세계에서 최고다. 일본은 34.5%로 유로존 전체와 같고 미국은 한국과 비슷한 28% 선이다. 복지국가 최고를 꼽는 GDP가 높은 선진국에서 혼자 사는 가구가 대부분인 점을 감안하면 언뜻 이해가 가질 않는다. 더구나 국가별 행복지수의 수치에서도 가장 높게 나왔고 가장 살기 좋은 도시 상위권에 있는 나라들이다. 복지가 잘 되어 있고 안정된 국가일수록 1인 가구 수가 높은 주된 이유는 가족이 돌보아줄 부분을 국가나 사회단체가 대신해주고 의료, 환경, 교통 등 인프라가 잘 발달되어 있어 굳이 결혼하지 않아도 살아가는 데 불편함이 없기 때문이다. 그리고 코-하우징(Co-housing)이 잘 발달되어 있어 혼자 사는 소외감과 가족관계에서 느끼지 못하는 존재가치를 충족해 주고 있다. 1인 가구가 급증하면서 사회적 시스템과 복지지원도 그에 맞게 발달한 선진국들에서는 혼자 사는 인구의 사회구조가 큰일 없이 잘 진행되고 있다고 한다. 혼자 사는 비율이 높은 국가들의 특징은 인구가 높지 않고 작은 나라들이고 문화적 유산과 1차 산업에서 국가의 재정이 충당되는 것이 공통점이다. 하지만 급격한 인구감소라는 상당한 문제점을 안고 있다. 특히 자원과 재원이 없고 모든 원자재를 수입해와 그것을 가공해 팔아야 경제가 지탱할 수 있는 한국의 경제 구조상 빠른 1인 가구 증가는 심각한 문제를 초래할 수 있다. 그러함에도 혼자 사는 것이 더 편리하고 행복하다는 사람들이 급속도로 늘고 있는 사회적 현상은 피할 수 없는 미래 대한민국의 모습이다.

제7장

마지막
기회의 땅 북한

변화의 물줄기는
흐르고 있다

향후 10년 안에 올 가장 큰 변화는 북한의 개혁개방이다. 정치적은 물론 경제적, 사회적으로 대변혁을 맞아 동북아지역의 지형을 바꿈은 물론 대한민국에도 새로운 질서가 재편될 것이다. 이미 그 변화의 물줄기는 시작된 지 오래다. 북한과 완전통일이 아닌 국가 간의 간격을 유지하며 경제교류 또는 단일경제인 경제통합으로만 이어져도 한국은 새로운 변화와 함께 성장의 발판을 마련할 수 있다는 것이 북한 관련 전문가들의 견해다. 남북 누구나 자유롭게 국경을 출입하며 투자할 수 있고 경제활동이 보장된다면 통일은 자연스레 이뤄지고 그 비용도 크게 절감되어 이상적인 단일화의 토대는 마련될 것이다. 무엇보다 서로 다른 사회시스템이라는 삶의 방식과 문화에서도 이해하고 포용하는 시간을 가질 수 있어 더 큰 의미가 있다.

이를 계기로 동북아의 지형은 완전히 바뀌고 비로소 한국도 육지로 나아가는 세계화를 실현하게 된다. 아직 갈 길은 묘연하고 멀기만 하지만 예전에 볼 수 없었던 대반전의 드라마 같은 일들이 벌어지고 있어 어느 날 남북교류는 현실화될 가능성이 높다. 아무리 늦어도 향후 10년 안에 이뤄질 대사건이며 대한민국의 가장 큰 역사적인 이슈가 될 것이다. 절대적인 영향력으로 대북 제재의 키를 쥐고 있는 미국이 북한과 적대관계에서 벗어나 손을 잡는 일들이 우리들 눈앞에 펼쳐지고 있다. 이는 개방을 향해 물줄기는 흘러가고 있다는 것을 보여주고 있다.

북한이 마지막 기회의 땅으로 불리는 까닭은 지리적 여건과 정치, 경제적으로 매우 특수한 상황에 놓여 있기 때문이다. 세계에서 유일한 분단국가이자 마지막으로 개방하는 곳이라는 점도 큰 매력으로 꼽힌다. 대표적인 공산국가이면서 개방경제를 성공시킨 중국과 산업국가로 급성장한 한국의 틈새에 있는 북한은 천혜의 요새처럼 경제의 핵심이 될 것이다.

중국은 이미 높은 인건비 등으로 노동집약적 산업의 경쟁력을 상실하고 기술집약적 산업에 매진하는 중이다. 북한은 이 점에서도 선택적으로 생산기반시설의 우위를 가질 수 있고 노동의 질적 부분에서 최고의 경쟁력을 갖고 있다. 비슷한 정치 환경에서 개방경제를 단기간에 성공시킨 베트남과 노동집약적인 생산기반으로 성장하고 있는 캄보디아를 비롯하여 인도네시아보다 노동력이 싸고 우수한 인력을 갖고 있기 때문이다. 북한이 외국자본 투자를 받아들이면서 기술집약적인 신산업으로 투자를 제한한다 해도 어느 국가보다 경쟁력을 갖고 빠른 경제성장을 이룰 것이다.

현재 북한의 경제상황으로는 외국자본의 유입 없이 경제발전은 어렵다는 것이 전문가들의 공통된 의견이다. 정확한 통계를 낼 수 없는 북한 경제는 공식적으로 발표하지 않기도 하지만 현재의 대북제재 상황에서 일반적인 경제활동이 장마당을 통해 이뤄지고 있어 통계를 낸다는 것이 불가능하고 또 발표한다 해도 신뢰성이 없다. 북한은 지리적 특수한 상황과 마지막 개방국가라는 점에서 서방국가는 물론 주변국들도 앞다퉈 투자할 것은 자명하다. 몇 년 전부터 북한도 서둘러 경제 특별자치구를 지정하고 관광특구를 중심으로 빠른 발전을 꾀하고 있는 점도 향후 개방을 대비한 투자라고 볼 수 있다.

현재 미국을 중심으로 한 대북제재 상황에서 북한이 견딜 수 있는 것도 한계에 도달해 있다. 북한의 경제적인 다른 이면에는 정치적 부담과 체제의 지속성도 개방을 앞당길 수밖에 없는 상황이다. SNS시대가 본격화됨에 따라 대변화의 물줄기를 거스를 수 없다는 것을 누구보다 잘 알고 있는 김정은 위원장은 오픈의 시기를 저울질하고 있을 뿐 개방은 피할 수 없는 과제다.

북한의 두뇌 집단인 싱크탱크 '국제관계연구소'가 김일성대학 부속기관으로 가동됨에 따라 개혁개방에 대한 연구가 본격화될 것이다. 중국과 베트남이 개방경제를 실행해 오는 동안 시행착오와 장단점을 파악하고 북한만의 방식을 모색하고 있는 것으로 알려졌다. 몇 번의 만남을 통해 이미 김정은의 의중을 파악한 트럼프도 중간선거가 본격적으로 돌입하는 시점에 즈음하여 현실 가능성이 있는 합의점을 두고 만남이 예상되고 있다.

지난해부터 시작된 남북정상회담과 북미 정상의 만남이 연이어 이어지자 한반도를 둘러싼 주변 국가들의 외교적 행보가 빨라지고 있다. 이미 물꼬가 트인 북미정상회담은 시간이 걸릴지언정 분명 성과로 이어질 것이라고 판단하기 때문이다. 향후 경제개방은 물론 크게 달라진 외교적 환경에 대응하여 자국의 이해관계를 위해 주변국들은 그 어느 때보다 활발하게 움직이고 있다. 북한도 중국과의 정치적 복원과 동시 경제 분야도 협력관계로 나가기 위한 포석으로 전례 없이 중국을 자주 방문하여 우호적인 관계를 과시하고 있다. 북미 두 정상이 베트남 만남 이후 다소 소원해진 관계를 이어가고 있으나 여전히 북미 관계는 물밑에서 진행 중이며 금년 하반기부터 수면 위로 올라올 것으로 전문가들은 예상한다.

베트남식 개방모델을 벤치마킹

김정은 위원장은 지난 4·27 남북정상회담에서도 베트남을 모델로 한 개혁개방정책을 언급하며 큰 관심을 갖고 있음을 내비쳤다. 베트남은 동남아지역에서 가장 유망한 신흥시장으로 우리나라 기업들이 가장 많이 진출해 있고 외국 투자비중이 가장 높은 나라이기도 하다. 김정은 위원장이 베트남의 개방모델을 선호하는 이유는 몇 가지가 있겠지만 가장 중요한 것은 공산국가 체제를 유지하면서도 발전을 거듭해 온 배경에 있다. 김정은의 싱크탱크 조직들이 베트남 개방모델을 벤치마킹하는 이유도 북한 상황과 연관하기에 매우 유리하다는 점이다. 베트남이 중국과 다른 점은 외국인 투자유치에서도 적극적이었고 개방정책의 규제와 지원제도들을 발 빠르게 추진한 점이다. 외국인 투자자들이 안심하고 투자하고 회수해 갈 수 있는 법과 제도를 과감하게 바꿨다. 인허가를 비롯하여 인력지원과 우호적인 사업환경을 조성한 것도 주효했다. 이처럼 베트남은 다양한 산업 분야에 걸쳐 공산주의식 규제를 철폐하고 혁신했음에도 별다른 문제 없이 지속성장을 했다는 점이 북한으로서는 매력적이지 않을 수 없다. 북한이 중국 모델보다 베트남을 선호하는 이유는 규모와 민족성에서도 유사한 점이 많다는 것을 고려했을 것이다.

베트남이 개방개혁을 시도하면서 가장 큰 역점을 둔 것도 미국과의 관계개선이었다. 미국 주도의 경제 제재를 풀기 위해 베트남은 80년대 초반부터 상당히 공을 들였고 완전 해제까지 12년 가까운 시간을 기다리며 미국의 모든 요구를 점진적으로 들어줘야 했다. 이 점은 북한이 미국과의 완전한 개선을 위해선 꼭 기억해야 할 사항이다. 미국은 단계적으로 자신들의 목적을 요구하며 선행되는 것을 확인 후 무역해지, 금융시스템보안, IMF 권고안 수용, 인권 부분 등 개선 의지, 수교로 이어지는 단계적 과정을 하나씩 확인하며 완전한 합의에 이르렀다. 북한은 베트남과 유사한 점도 많지만, 세습권력과 분단 국가라는 특수한 상황과 핵무기를 전제로 하는 협상이므로 유리할 수도, 더 복잡하게 진행될 수도 있다. 베트남이 적극적으로 활용했던 공적개발원조와 IMF 지원계획, 과거 식민지 지배국이었던 프랑스와 의장국인 일본과의 협상을 동시 진행하며 강한 개방 의지를 재확인시킨 전략은 미국과 수교를 앞당길 수 있었다.

중국은 거대한 국토와 다민족이 모여 사는 국가다 보니 지역별로 개방의 속도를 조절할 수밖에 없었다. 또한, 지역별 특화된 개발방식이 필요했다. 중국은 방대한 지역의 특성을 고려하지 않을 수 없어 어느 한 모델을 함축하기에는 한계가 있다고 보았다. 북한이 중국의 개방모델을 따르기는 여러 가지 여건상 쉽지 않음을 알 수 있는 대목이다. 지리적 여건상 북한이 구상하는 개방방식은 베트남과 다를 수 있겠지만, 전체적인 그림으로 보면 개발방식과 투자를 유치하는 부문에서 벤치마킹할 가능성이 매우 높다. 일본과의 대일청구권 문제와 국제기금의 원조 등 유사점이 많기 때문이다. 북한 진출을 생각하는 기업이나 개인 투자자들도 베트남의 성장 기반을 돌아보고 개방 초기 외국인들의 투자패턴을 다시 관찰한다면 향후 북한진출에 큰 도움이 될 것이다.

북한 경제개방에 따른 성장산업

　세계적인 투자기관들은 물론 각국의 경제연구소를 비롯하여 우리나라 기업들도 북한 진출에 대한 별도의 조직을 꾸리는가 하면 오래전부터 일부 전문서비스그룹(회계법인, 금융, 법률 등)에서는 북한지원팀을 만들어 서비스를 시작한 지 오래다. 일부 분야에서는 남북한 대표자들이 모여 공동개발 및 연구에 대한 합의를 보아 기초적인 조사와 함께 그 시작을 알렸다.

　남북정상회담에서 합의된 몇 가지 중 가장 발 빠르게 시작된 분야는 남북철도 연결과 도로건설에 대한 사회간접자본시설이다. 두 정상의 합의에 따라 철도 관련 양측 조사단이 철도 기본조사를 실시했고 향후 진행에 대한 프로젝트를 양국 대표들이 연구 중이다. 그러나 본격적인 건설과 보수를 위해서는 선결 조건으로 유엔안보리의 경제제재가 완화 또는 해제되어야 한다. 이때를 기점으로 본격적으로 사업을 전개하기 위해 준비 중이다.

　그다음 진행하기로 합의한 부분은 산림녹화 부분이다. 남북 두 정상이 서명한 평양선언에는 남북 자연 생태계의 보호 및 복원을 위한 환경협력이었다. 평소에도 김정은 위원장은 산림복원 문제를 지속적으로 강조할 만큼 산림복원이 절실한 상황이다. 환경복원에 해당되는 산림 분야는 유엔의 대북제재 대상 가운데 예외 규정인 '비상업적인 공공인프라 사업'에 해당된다는 점에서 속도감 있게 추진할 수 있다는 전망이었다. 아직도 대북제재가 유지되고 있는 상황에서 남북이 할 수 있는 부문은 이렇듯 사회간접시설을 위한 조사단계이거나 환경, 관광 분야에 국한되어 있다. 대북제재의 절대적인 권한을 쥐고 있는 미국을 의식하지 않을 수 없는 우리나라에서는 드러내지 않고 있지만, 세부적인 부분에서 각 팀들이 연구를 지속하는 중이다.

첫 남북정상회담이 끝나면서 문 대통령이 김정은 위원장에게 건네 준 USB에는 한국 측이 구상하는 한반도 신경제 기획안이 들어있음을 추리해 볼 수 있다. 향후 본격적인 개방이 실현될 경우 우리나라 기업들 또는 개별적으로 투자를 생각하는 사람들에게 참고가 될 수 있는 대표적인 프로젝트들은 어느 분야가 있을지 예상해 보고자 한다. 이 글을 쓰기에 앞서 수십 군데의 연구기관과 전공 학자들이 발표한 논문과 투자적인 관점에서 본 리포트들을 분석하고 연구했다. 또한, 해외 전문투자기관들이 전망하는 자료와 경제 분석가를 비롯하여 중국개방에 따른 성장 과정과 베트남의 예를 꼼꼼히 살펴보았다. 그리고 몇 번 중국을 방문하여 북한과 인접한 단둥 지역 등에서 북한과 교역을 하거나 부동산 개발을 하는 대표들과의 미팅을 통해 정보를 취합했다. 정부부처와 공기업, 대기업들이 중심이 되어 추진할 공공성이 깊은 사업들은 비중을 낮췄다. 예로 전력, 농업, 산림녹화 사업부문 등은 상세히 적지 않았다. 실제 일반인들과는 거리가 멀다고 생각했기 때문이다.

사회간접자본 시설투자

인프라스트럭처(Infrastructure) 또는 인프라로 부르는 게 친숙한 단어이기도 하다. 산업생산 활동에 직접 이용되는 시설은 아니지만, 경제, 사회제반 활동을 원활하게 하기 위해서 꼭 필요한 사회기반시설을 말한다. 대표적인 예로 도로, 항만, 철도, 전력 등이 있다. 김정은 위원장이 문 대통령과 판문점에서 회담할 때 문 대통령을 북한에 초대하면서 도로사정이 안 좋아 민망할 정도라고 토로한 점을 봐도 북한의 사회간접시설의 상황을 짐작해 볼 수 있다. 향후 북한이 외국 투자자본을 유치하고 본격적인 경제개발을 위해서라면 반드시 이 사회기반시설이 갖춰져야 한다. 이 분야는 비용적 측면에서도 엄청난 자본이 필요하고 장기간 투자되어야 할 사업이다. 현재 북한의 상황으로는 사회간접시설에 투자할 여력이 전혀 없어 이를 실행하기엔 주변국의 공적개발원조(ODA · Official Development Assistance)를 우선 생각해 볼 수 있다. 우리나라의 경우 남북경협기금이 투입될 가능성이 높다. 어쨌든 북한이 경제 재건과 성장을 이루려면 인프라투자는 절대적이다. 막대한 자본이 선행되어야 하는 문제는 결국 국제협력을 통해 조달될 수밖에 없다. 가장 일반적인 것이 외국인 투자 참여를 꼽을 수 있다.

현재 진행 중인 북미협상이 좋은 결과로 이어지고 북한이 완전한 비핵화를 실행하면 그에 따른 보상이 따를 것이며 미국의 기업이나 정부 쪽 참여도 적극적으로 나설 것으로 보여 투자의 분위기를 고조시킬 것은 쉽게 생각해 볼 수 있다.

또한, 북한이 유일하게 목돈을 쥘 수 있는 것은 일본과의 수교이다. 남북, 북미 회담이 진행되는 동안 철저히 외면받아 온 일본으로서는 개방개혁의 기회를 북한과의 관계 개선의 계기로 삼을 것이다. 북한 개방에 따른 절호의 투자기회를 놓칠 수 없는 일본으로서는 국교정상화를 추진할 것이며 아직 해결되지 못한 대일청구권을 보상해야 한다. 북한은 일본과의 국교 정상화를 추진하며 경제 부분에도 큰 비중을 두고 일본과 협상에 나서 유리한 조건으로 대일청구권을 받아 낼 것으로 예상해 볼 수 있다. 일본이 중국, 한국, 베트남 등과 수교를 진행하면서 대일청구권에 대한 보상을 어떻게 했고 관련국들은 어떤 요구를 했는지 깊이 따져보고 북한식 요구조건이 따를 것으로 보고 있다.

경제개발 재건에 따른 국가기간산업의 시설 확충은 우리나라 기업들에게 큰 호재가 아닐 수 없다. 특히 세계 건설분야에서 인정받고 있는 건축시공, 토목, 플랜트, 항만, 도로, 철도, 교량건설 부분은 새로운 기회가 될 수 있다. 건설은 단순한 한 사업분야가 아닌 설계에서 완공까지 다양한 아이템과 소재들을 필요로 한다. 설계 디자인은 물론 중장비를 비롯하여 기초건설 분야인 토목전문건설, 강관, 철강재 등은 기본이고 건자재, 화학, 전기, 설비, 조경, 인테리어 등 완공까지 우리나라 기업들이 생산하는 제품들로 유기적으로 연관되어 있는 종합산업이다.

남북한과 러시아를 잇는 철도와 가스 라인은 오랜 숙원이자 러시아와 한국이 적극 추진을 원하고 있는 프로젝트다. 오랫동안 양국이 의견일치를 보았음에도 북한의 미참여로 중단된 상태다. 러시아는 국가주 수입원인 가스를 안정적으로 공급함으로써 국가재정 수입을 보장받을 수 있고, 한국은 낮은 생산원가로 가스를 공급받을 수 있어 상호 원원 전략이 아닐 수 없다. 특히 우리나라의 중화학시설에 큰 도움을 줄 수 있을 뿐 아니라 일반 가정에도 혜택이 돌아가는 실효성이 큰 국가적 프로젝트다.

북한을 통한 교역의 단일화는 러시아를 둘러싸고 있는 신흥국들과의 무역거래도 활발해지고 유로존과의 물동량 수송에서도 큰 이점을 누릴 수 있어 향후 우리 경제에 새로운 기회가 올 것으로 받아들여지고 있다. 이는 북한의 시설투자와 별도로 추진될 사업이므로 우리나라 기업들이 가장 큰 수혜를 볼 수 있는 사업이다.

현재 중국 건설회사들은 빠른 기술개발과 현장 경험으로 강력한 우리의 경쟁국이 되었다. 북한에서도 가장 치열하게 싸우게 될 상대다.

국가 대형 프로젝트를 제외한 다른 수익성이 있는 민간 차원의 시설투자(관광특구 또는 문화단지 등)는 공동투자형식으로 진행될 확률이 높다. 예를 들면 인허가와 땅을 북한이 제공하고 건설과 관리에 따른 비용은 시공주체가 부담한다는 식이다. 그리고 일정 기간 그 시설을 관리, 운영하고 투자금액을 회수하는 방법이 될 수 있겠고 정부 차원(차관 형식 등)에서 이를 책임지는 등 여러 가지를 구상해 볼 수 있다. 분명한 것은 수익성이 있는 공공시설분야에서도 북한이 직접 지불할 능력이 없다는 것이다. 이 점을 예상해 볼 경우 북한에 진출하는 기업들은 각국의 정부기관과의 협업이나 전략적, 재무적 투자자들과의 관계가 중요하다. 경쟁의 핵심도 프로젝트를 주관한 전략적 투자자의 기획능력과 재무적 투자자들의 컨소시엄 협업이 가장 큰 경쟁의 요소가 될 수 있어 이에 따른 전략이 남달라야 한다.

남북대화가 무르익자 발 빠르게 대북지원팀을 꾸린 국내의 금융기관들도 있었다. 단순한 신용부문의 상업은행 업무에서 벗어나 전문 투자기관으로 발돋움하고 있는 우리나라 금융기관들의 변화는 매우 긍정적이다. 실제 우리나라 일부 사회간접시설 투자에서는 대부분 금융기관들이 시행사로 참여해 자본을 책임지고 있다. 몇 년 전까지만 해도 외국 투자기관들이 주관해 온 것을 국내 기관들이 주도하게 된 점도 큰 발전이라 할 수 있다. 이 부분에서도 향후 북한과의 경제 단일화가 실현될 경우 크게 활약할 것으로 보고 있다.

현재 진행 중인 일산에서 강남까지 이어지는 GTX 고속철은 일반전철보다 3배 빨라 19분 만에 도착한다. 이 프로젝트는 공사비 3조 원이 들어가는 대형공사다. 이 자금을 책임질 시행사로 신한은행이 주관한 컨소시엄이 선정되었다. 이렇듯 우리나라 금융기관들도 선진국형 금융기관들의 투자기법을 실행하면서 많은 노하우를 쌓아가고 있다. 향후 남북한 경제개발 재건에도 적극적으로 참여할 수 있을 것으로 보여 우리나라 금융기업들도 새로운 기회가 될 것으로 보인다.

중국이 처음 진출한 국가들에게 가장 먼저 제공한 것도 사회간접시설이었다. 시설 완공 후 국가나 지방 주정부에 기부하는 합의를 거쳐 건설을 시작했다. 그 후 점차 민간기업으로 확대하며 건설 능력을 키워왔다. 초창기 중국기업들은 낙후된 건설기술과 경험 미숙으로 설 곳이 없었던 환경에서 미개발국인 아프리카 등으로 진출할 때 시도한 전략이었다. 현재 아프리카 대부분 국가들의 사회간접시설을 비롯하여 공공기관의 건물과 문화시설 등은 중국 건설회사들이 완공한 곳들이다. 아프리카지역은 완전히 장악했다고 봐도 무관하다. 현재는 까다롭기로 유명한 미국시장에 진출해 샌프란시스코 철도공사를 시공하는 등 선진국 시장으로 진출을 꾀하는 중이다. 우리가 한 단계 내려 보고 있었던 중국 건설기술과 능력을 단적으로 보여주는 일례다.

지금까지 완공된 북한의 주요 산업단지 개발 등도 중국건설사들이 북한과 협업하여 대부분 완공하였다. 북한의 개방은 우리나라의 관련 기업들에게 호재지만 중국기업들과 치열하게 경쟁해야 할 것은 분명해 보인다. 남북정상이 양쪽을 오가며 회담을 하고 본격적인 대화 무드로 들어가자 주식시장에서도 한동안 뜨겁게 시장을 달군 종목들이 대북사업과 연관된 기업들이었다. 분명 관련 기업들은 새로운 미래 먹거리가 될 수 있다. 이 부분에서도 힌트를 찾을 수 있을 것이다.

관광문화,
정보 IT 산업부문

관광과 연관된 산업 숙박요식업

북한이 개방과 함께 다국적 사람들이 몰려올 것에 대비하여 가장 시급히 해결해야 할 과제는 먹고 자는 문제다. 지금까지 외국인들이 북한을 여행하는 것은 지극히 제한적이어서 수도인 평양을 제외하고 상당히 미흡한 수준이라는 것은 그곳을 여행하고 돌아온 사람들을 통해 알 수 있었다. 북한 주민들 또한 국내여행이 일상화되어 있지 않은 관계로 요식업도 열악한 상황임을 짐작해 볼 수 있다. 현재 일부 관광지를 중심으로 호텔과 연관된 부대시설들이 건설되고 있음을 방송을 통해 봐 왔다. 최근 공사를 시작한 원산지구 갈마반도 남동쪽 명사십리 일대에 대단위로 들어서는 관광단지는 북한의 공기업인 조선관광에서 주관하고 있다. 호텔, 레지던스, 야영장, 수영장, 골프장, 야외 스케이트장을 비롯하여 영화관, 문화체험학습장 등 종합레저타운을 건설 중이다. 중국과 접경지역들 또한 활발한 건설 붐이 일고 있지만, 경제특구와 주거시설이 대부분이며 여행자들을 수용할 시설은 특수한 지역을 제외하고는 활성화되지 못하고 있는 것으로 파악된다.

관광지역과 별도로 산업개발지역 등은 인프라 건설에 앞서 숙박 요식업도 시급히 들어서야 할 부분이다. 그리고 숙박 요식업체들이 빠르게 생겨나면서 연관된 사업들도 함께 바빠질 것이다. 식자재와 주방기구, 주류, 식음료들도 수입과 함께 공급이 크게 늘어날 것을 예상해볼 수 있다. 외식업 관련 업종들도 바빠질 것이다. 위탁급식사업과 식료품 전문공급업체와 택배 서비스도 빠르게 성장해갈 산업이다. 해외의 유명한 프렌차이즈들 일부는 이미 평양 등지에서 영업하고 있어 이업계들도 앞다퉈 들어올 것은 뻔하다. 좁게 잡아 개인들이 할 수 있는 비즈니스도 식당이나 맛집 프렌차이즈를 앞세워 진출을 고려해도 좋다는 생각이다. 아직도 전통적인 음식에 국한되어 있는 북한 특유의 요리들을 면밀히 파악해 다국적 사람들이 즐길 수 있는 퓨전스타일의 음식도 연구해 볼 필요가 있다.

북한의 대도시를 중심으로 많은 레스토랑들이 영업하며 한국이나 중국 대형식당에서 제공하는 서비스를 선보이고 있다. 예를 들어 횟집에서 손님들이 수족관에서 직접 고기를 골라주면 고객이 원하는 맛으로 요리해 주는 서비스다. 우리가 생각하는 것보다 훨씬 서구화된 외식문화와 수익에 우선을 둔 치열한 영업전략으로 이미 자유경쟁의 시장질서가 유지되고 있다는 것을 알 수 있다. 이 점도 참고해야 할 사항이다.

한국은 아직도 많은 실향민들이 북한을 그리워하며 살고 있다. 고향에서 살다 온 당사자들이 세상을 뜨더라도 그 가족들은 우선 부모님의 고향에 가보고 싶어 한다. 그런가 하면 한국인이라면 누구든지 제일 먼저 여행하고 싶은 곳으로 북한을 꼽을 수 있다. 육로를 통한 관광은 물론 항공, 해상 등 다양한 경로를 통해 곳곳을 가보고 싶어 하는 것은 당연하다. 또한, 같은 생활권이라고도 할 수 있을 정도로 가까운 중국 동북 3성에 살고 있는 조선족들과 중국인들을 감안해 보면 관광수요는 엄청날 것으로 짐작된다. 밀려드는 관광객 수요를 위해 연관된 사업은 시급하게 건설되어야 할 것이며 이 부분이 충족되지 못하면 관광객들을 제한하거나 큰 적체현상을 겪을 수 있다. 일반인들이 쉽게 접근하고 시도해 볼 수 있는 사업들도 이 부문에 속해 있다고 볼 수 있다. 마지막 분단국가라는 특수성으로 해외관광객들 또한 대거 몰려올 것도 예상해 봐야 한다.

미국 오바마 대통령이 쿠바와 관계를 개선하고 본격적인 수교를 맺기 전에 나는 공산국가 쿠바를 여행한 적이 있었다. 당시는 미국인들이 본격적으로 쿠바를 방문하도록 비자 문제 등이 해결되지 않을 때였고 직항도 미국에서 뜨지 않을 때다. 수도 하바나를 비롯하여 유명 관광지는 발 디딜 틈이 없었다. 쿠바는 오래전에 부분적으로 개방하여 관광객들이 자유롭게 드나들 수 있었지만, 미국과 관계 개선이 이뤄진다고 알려지자 관광객들이 몰려온 것이다. 미국에서 직항이 뜨고 본격적인 수교가 이뤄지면 너무 복잡할 것 같아 미리 여행을 온 것이라고 대부분의 백인들이 말했다.

공산치하인 쿠바를 여행할 수 있도록 일부 허용한 상황에서도 관광객으로 인산인해를 이룬 모습은 매우 인상적이었다. 이 점도 북한이 완전 개방을 했을 때를 연상해 볼 수 있다. 북한은 지금까지 극히 제한된 해외여행객들이 들어간 곳이기에 아직도 신비의 땅으로 남아 있다. 북한 당국도 관광객들이 밀려들 것을 고려하여 여러 곳에서 인프라 및 편의시설을 공사 중이다. 지난해와 올 상반기 북한은 중국과 일본과의 비밀회동을 통해 몇 가지 제안했는데, 관광 활성화를 위한 투자제안이었다. 단둥에서 평양까지 고속철도를 건설해 줄 것을 타진했다고 한다. 중국이 대북 제재를 이유로 난색을 표하자 일본 측에도 유사한 제안을 했다고 알려져 있다. 북한이 본격적으로 개발 중인 몇 군데의 관광개발특구를 대비한 교통문제를 고민하고 있다는 것을 엿볼 수 있는 대목이다.

적은 비용으로도 이익이 극대화되는 문화관광산업은 어느 분야보다 민간기업이나 개인들이 투자할 우선순위가 될 확률이 매우 높다. 또한, 바로 수익과 연결된 분야다 보니 이 부분에서는 다양한 투자방법으로 컨소시엄이 이뤄져 발 빠르게 진행될 수 있을 것이다.

우리나라가 중국과 수교를 맺은 후 많은 우리 기업이나 개인들이 값싼 노동력을 이유로 중국으로 달려가 우후죽순처럼 공장을 짓고 다양한 분야에 투자했으나 대부분 실패했던 경험을 거울삼아야 한다. 북한의 개방은 다른 나라들과 달리 분명 우리에게 유리한 측면이 훨씬 많다. 지리적 여건을 제외하더라도 언어가 같고 문화의 본질도 같은 민족이라는 점에서 상당한 이점이 있는 건 사실이다. 그러나 국가 간의 어떤 조건의 경제협정을 맺느냐에 따라 투자기회도 달라질 것이다. 우리 국민들도 외국인으로 간주할지 단일경제권으로 볼지 협약에 따라 기업이나 일반인들의 진출방향도 크게 변화될 수 있다는 점도 염두에 둬야 한다. 어느 쪽으로 협상이 이뤄져도 우리에게는 분명 기회의 땅이자 유리한 조건임에는 틀림없는 사실이다. 그리고 돈들이 외부로부터 유입되어 북한경제를 일으킨다는 점도 투자자적 입장에서는 매력적이지 않을 수 없다.

정보통신 시설과 IT 관련 산업

북한이 개방과 함께 해외기업 유치를 한다 해도 값싼 노동력을 기반으로 한 생산시설을 막무가내로 허용하지 않을 확률이 높다. 현재 개성공단에 진출했다 중단된 기업들의 사례에서 보듯 지정된 경제특구나 산업단지에 한해 특화된 제조기업들을 한정적으로 유치할 수도 있을지 모른다. 반면 기술집약적인 IT산업이나 반도체 소재 분야 특히 북한이 자랑하는 소프트웨어 분야에 적극적으로 투자를 유치할 가능성도 예상해 볼 수 있다.

북한은 경제 수준에 비해 훨씬 높은 교육열과 지적 수준이 상당히 앞서있다는 것은 다 아는 사실이다. 어느 민족보다 명석하고 두뇌 회전이 빠른 국민이라는 점을 익히 알고 있는 다국적 기업들은 이 지적산업에 투자를 늘릴 확률이 매우 높다. 먼 미래를 내다본다면 환경문제를 유발하고 노동문제에 직면할 수 있는 막대한 설비투자가 들어가는 생산시설은 극히 제한적으로 받아들일 수도 있다. 북한은 세계에서 가장 못 사는 나라 중 하나라서 혐오시설이나 노동집약적인 산업들이 쉽게 들어갈 수 있다고 생각할 수 있으나 정반대일 수도 있다. 쉽게 말해 친환경적이면서 지적산업 분야에 더 큰 비중을 둘 수 있음도 예상해 봐야 한다. 북한의 노동인력이 그 지적 중심의 산업들을 받아들이고 이끌어갈 인재들이 충분하기 때문이다.

지난 남북정상회담에서도 최첨단산업에 대해 심도 있게 거론한 것으로 알려져 있다. 또한 유엔안보리 제재가 풀리게 되면 개성공단 가동과 함께 추진할 제2의 개성공단도 거론되었는데, 남북한 공동으로 이용하는 산업단지로 비무장지대와 근접한 곳에 대단위 IT산업단지를 조성한다는 계획이다. 북한 노동자들이 남한으로 내려와 한국 근로자들과 같이 근무하고 신기술을 중심으로 건설한다는 설계다. 반도체 연관사업은 물론 인공지능, 자율주행 등 5G 시대에 맞는 신기술 단지로 개발하겠다는 계획이다. 제2의 남북공동 산업단지는 스타트업 활성화와 함께 신개념의 첨단산업단지를 남북한이 공동으로 기획하는 전략은 상당히 구체성이 있어 우리의 주식시장에서도 관련 종목들이 뜨겁게 달아오른 적이 있었다. 비무장지대와 가까운 곳에 십만 평이 넘는 땅을 보유한 현대산업개발과 대림산업이 큰 관심을 받았다. 아직 미개발지역으로 본격적인 계획이 거론되면 자산가치도 새롭게 평가받을 것으로 예상된다.

외부 해킹그룹들이 우리나라 금융기관들이나 공공기관 컴퓨터시스템을 공격하거나 바이러스를 감염시켜 혼란에 빠지게 한 사건들이 몇 번 있었다. 그때마다 북한의 소행이라고 발표를 했는데, 그건 사실인지 확인된 적은 없지만, 북한의 IT 기술은 우리가 생각하는 것보다 훨씬 높은 수준을 자랑하고 있다. 세계 최하위 빈국에 속한 북한이 어떻게 컴퓨터 분야 전문가들이 있을까 생각하는 사람이 많은 것도 사실이지만 전문가들의 논문이나 외국인들이 연구한 자료들을 통해 보면 북한의 IT 관련 기술은 상당한 수준이고 특히 보안 부분은 세계 최고 수준에 접근해 있다고 전문가들은 말하고 있다. 기초학년부터 체계적으로 배운 실력을 현장에 적용하도록 한 실용적 시스템의 교육영향이 아닐까 싶다.

북한은 김정일 시대부터 IT 소프트웨어 분야 인재육성을 위해 집중적으로 투자해 왔다. 막대한 투자와 설비가 들어가야 하는 반도체 하드 부분은 전무한 상태지만 소프트웨어 분야는 크게 성장해 있다. 우수한 두뇌들이 소프트웨어 분야에 집중적으로 접근할 수밖에 없는 환경도 자연스럽게 발전하게 된 배경이다. 북한은 반도체 장비나 소재를 직접 생산하거나 가공하는 시설은 없는 것으로 파악되고 있다.

우리에게는 몇 년 전부터 익숙해진 인공지능 관련 기술을 북한은 20년 전에 연구하기 시작했다. 1997년 조선컴퓨터센터(KCC)에서 개발한 바둑 프로그램인 '은별'은 2009년까지 세계 최강의 바둑 소프트웨어로 국제대회에서 우승컵을 휩쓸었다. 국내에도 알려져 2010년 통일부의 반입 승인을 얻어 국내에도 정식으로 수입되어 판매되기도 했다. 북한은 우수 학생들을 선별해 수학과 알고리즘 등 소프트웨어개발에 필요한 기초지식을 체계적으로 교육한 뒤 전략적으로 대학과 연구소로 보내 SW 인재를 육성하고 있다. 그리고 IT 환경은 소프트웨어 분야의 오픈소스를 기반으로 자신들의 목적에 맞도록 최적화하는 데 초점을 두고 있다는 것을 자체 개발한 운영체제 '붉은별'에서도 볼 수 있다. 또한 증강현실(AR)기술을 적용한 교육용 프로그램을 선보였고 양자암호 통신 등 최근 큰 화제가 되는 블록체인 부분에서도 연구 성과가 나타나고 있다.

2019년 4월 '평양 블록체인·암호화폐 국제컨퍼런스'를 개최한 북한은 이미 2016년에 비트코인 등 암호화폐 거래솔루션을 독자 개발해 발표한 바 있다. 지금은 중국정부의 통제로 비트코인 거래가 중단된 상태지만, 그전에 활발한 거래가 중국에서 이뤄지고 있을 때 일부 거래소들은 북한이 개발한 암호화폐 솔루션을 사용한 것으로 알려졌다.

북한은 이 국제 암호화폐 컨퍼런스를 개최하면서 관광까지 묶은 여행 상품을 개발해 큰 호응을 얻었다. 현재 신기술의 핵심 분야를 집중적으로 내세워 다양한 전시 및 컨퍼런스를 기획해 특화된 상품을 선보여 해외관광객을 불러 모으는 전략이 활발하게 추진되고 있다.

북한은 매년 IT 10대 기업(연구소)을 발표하며 IT 신기술을 독려하고 있다. 최근 가장 활발히 연구하는 분야는 빅데이터와 클라우드이며, 이에 집중하고 있다. 우리에게 익숙한 인공지능, 암호화폐 거래솔루션에도 많은 인력이 연구하고 있다고 김일성대학 학보에도 실려 있다. 북한이 말레이시아에서 운영한 IT 회사 조선엑스포가 2015년 암호화폐 가격비교 솔루션을 만든 것으로 확인되었고 중국을 비롯하여 몇 나라들도 이 솔루션을 사용하고 있는 것으로 확인될 정도로 빠르게 성장해 가고 있는 실정이다.

민간기업으로 발전하는 북한의 IT산업

북한의 대표적인 민간 IT 기업이라 할 수 있는 A사는 컴퓨터 시각과 기계, AI, 클라우드 연산네트워크 기술 분야에 박사 11명과 석사급 50여 명을 포함한 전문분야 100여 명이 국제적 수준의 소프트웨어 제품을 개발 중이라고 북한전자통신 뉴스는 전하고 있다. 특히 우리보다 앞서있는 분야로는 비디오보안체계와 지능교통검측시스템이 있는데 세계적으로 인정받아 많은 해외 기업들이 이를 사용하는 중이다. IT 기술 중 여러 분야에서 우리가 북한을 앞서 있다는 것은 전문가들도 인정하는 부분이다. 특히 메모리반도체 하드웨어 부분에서는 세계적인 기업들이 한국이라는 것은 사실이다. 하지만 소프트웨어 관련 분야는 일부이긴 하나 북한이 앞서 있는 아이템들도 있어 향후 남북 경제협력이 이뤄지면 이 부분에서도 협업이 가능하고 많은 스타트업체들이 태동될 가능성이 매우 높다. 북한의 일부 IT 인재들은 스타트업체로 창업해 말레이시아 등에서 법인을 세우고 독자적으로 기술개발을 해 가는 것으로 파악되고 있다.

특히 게임산업 분야에서도 북한의 인재들은 두각을 나타낼 것은 쉽게 생각해 볼 수 있다. 게임산업은 우리나라 기업들이 세계의 선두권에 서 있다. 북한의 우수한 인재들이 우리의 게임 관련 기업들에 취업하거나 협업할 가능성도 매우 높다. 이 부분에서도 동반성장 또는 우선적으로 투자를 고려해 볼 필요가 있다. 우리나라가 제2의 반도체 르네상스를 맞이할 부분인 비메모리 분야와 관련된 팹리스를 비롯하여 디자인과 소재 부분이 급성장함에 따라 북한 인재들도 어떤 식으로든지 동참할 수 있을 것이다. 우리나라가 구상하는 비무장지대의 IT 산업단지도 비메모리반도체를 중심으로 4차 산업혁명 관련 아이템들이 설계되고 있어 큰 기대가 된다.

중국이 세계에서 단연 앞서 있는 드론 관련 사업과 3D프린터, 개인용 로봇산업도 북한의 두뇌들이 먼저 뛰어들 산업임을 예상해 볼 수 있다. 이미 많은 북한의 인재들이 IT 중국기업들에 취업해 AI를 비롯하여 증강현실, 보완 관련 분야에서 인정받고 있다는 소식들이 이를 증명해 주고 있다.

소비유통과 북한의
지하자원부문

소비품 생산과 유통의 혁신

북한이 개방함과 동시 가장 빠르게 접근할 수 있고 비교적 적은 자본으로도 들어갈 수 있는 분야가 바로 교역, 상업, 중계무역을 아우르는 유통산업이다. 현재 북한 주민들의 경제중심을 이루고 있는 곳이 바로 장마당이라고 할 수 있다. 대부분 유통되는 상품들은 음성적인 경로를 통해 유입된 것들이고 보따리상이나 밀수형식으로 들어와 판매되고 있다. 워낙 규모가 커지고 주민들 대부분은 이 시장을 통해 생활하고 있기에 북한 당국도 암묵적으로 지켜보고 있을 뿐이다. 미국 중심으로 유엔의 강력한 대북제재를 실행해도 북한경제가 여전히 잘 돌아가는 이유는 지하경제를 바탕으로 돌아가기 때문이다. 강력한 대북제재 속에서도 기본적으로 시장경제가 가동되는 진면목을 보여주는 실례가 아닐 수 없다. 국가의 통제를 벗어난 지하경제의 특징이다.

북한이 개혁개방을 하고 해외투자를 받아들이면 장마당이 가장 먼저 도태될 것이다. 그 자리를 대체할 분야가 바로 새로운 유통산업이다. 90년대까지만 해도 우리나라의 일반 유통구조는 전통재래시장이었다. 외국 대형슈퍼체인 홈플러스를 비롯하여 국내 브랜드인 이마트, 롯데마트 등이 본격적으로 들어서면서 전통시장은 자연스럽게 위축되었다.

창사 이래 가장 긴 침체기를 맞고 있는 우리나라 대표적인 대형유통기업들도 발 빠르게 진출할 분야라고 할 수 있다. 재래식 유통질서를 현대화된 대형매장으로 변신하여 새로운 모델로 사업을 개시할 것은 자명한 일이다. 무엇보다 지리적 여건은 최적의 유통산업의 환경을 갖고 있다. 세계 공장이라는 중국의 생산기반들이 근접해 있고 한국의 제품들은 아시아권에서 최고의 품질을 자랑하는 생활소비제품들과 식품 관련 품목들도 경쟁력을 갖고 있어 한국기업이나 개인사업자들에게 새로운 도약의 기회가 될 수 있을 것이다.

지정학적 이점도 유통산업에서 빼놓을 수 없는 경쟁의 요소다. 북한은 한반도와 유라시아대륙을 연결하는 고리로 러시아 연해주, 중국 동북 3성(랴오닝성, 지린성, 헤이룽장성)과 인접해 있다. 이들 배후지역 인구와 남북한 인구를 합치면 2억 명이 넘는다. 굳이 세계화를 외치지 않아도 이들 하나로 연결되어 있는 동북아지역 벨트를 잘 기획하면 대박을 낼 수도 있다. 중국이 세계의 공장이라고 하지만 중국 제품들이 절대 따라오지 못하는 한국의 문화적 아이템들이 있고 먹거리 분야에서도 높은 신뢰도와 함께 경쟁력을 갖고 있다. 또한, 이 지역의 사람들이 대부분 같은 문화적 동질성과 단일화로 연결된 지리적 여건은 최적의 유통산업 환경을 갖추고 있다. 향후 북한진출을 고려한다면 이 삼각벨트의 인구와 생활패턴을 잘 활용할 필요가 있다. 이 동북 3성은 중국에서도 특별한 위치에 자리하고 있어 매우 유리한 입장에 놓여 있다.

상품교역이 아닌 제품공급에서도 기회를 찾아볼 수 있다. 4차 산업혁명시대를 맞아 자동화된 생산시스템을 구축하여 동북아권 2억 인구를 겨냥한 특화된 제품을 생산 공급하는 계획도 경쟁력을 가질 수 있다. 한국의 많은 생산 기업들은 오랜 기간 축적된 기술과 관리 노하우를 살려 북한의 저렴한 인건비와 우수한 두뇌를 가진 사람들을 잘 활용하면 생산기반에서도 기회를 찾을 수 있을 것이다.

북한이 맨 먼저 건설하게 될 사회간접시설 투자가 본격화됨으로써 필요하게 될 소비제품과 공구 부품을 포함하여 소모품들도 엄청난 수요를 유발할 것이다. 크게 나눠 산업제품들과 일반생활소비 어느 쪽이든 제품을 생산하는 기업들에게는 절호의 기회가 아닐 수 없다. 우리나라 기업들이나 개인들이 진출하기에는 산업아이템들보다는 필수 소비재와 식품산업에서 유리할 위치를 차지할 수 있다는 생각이다.

아직도 중국의 먹거리에 대한 신뢰가 낮은 상황을 고려하면 생필품 분야에서도 분명 유리한 고지에 서 있다. 또한, 지역적인 생활패턴과 기후적인 여건을 감안하여 신제품을 내놓고 하나만 히트를 쳐도 대박이 날 수 있는 지리적 환경을 갖고 있다. 중국지역에서 2차 성장기를 맞은 동북 3성의 지역은 이제 중국의 성장혜택을 입고 있는 지역이다. 높아진 소득수준과 생활여건으로 패션, 뷰티, 기호식품 분야도 성장 가능성이 매우 크다고 할 수 있다.

그렇다고 아무 제품이나 다 팔린다는 얘기는 아니다. 중국 기업들도 대량의 생산방식에서 품질 우선주의로 생산방향을 바꿔 질 좋은 제품들을 선보이고 있는 마당에 섣불리 나섰다간 낭패 볼 확률이 높다. 일부 전자제품과 특화된 IT 제품들에선 이미 한국 기업들의 아이템들을 앞서가는 것들이 많다는 것을 잊지 말아야 한다. 상품이든 제품이든 분명 새로운 기회는 2억 인구가 한 벨트로 이어지는 그곳에 있다.

북한 지하자원의 가치 부각

남북 정상이 두 차례 가진 회담에서 정식 의제로 채택되지 않았지만, 공동관심사로 거론한 것은 북한의 지하자원 공동개발이었다. 양국 관련 담당자들은 본격적인 개발을 위한 공동조사를 1차적으로 실시하자고 의견일치를 보았다. 우리에게 실질적으로 가장 큰 혜택과 남북한 양쪽 다 윈윈 효과를 볼 수 있는 분야이기도 하다. 남북 공동조사가 이뤄질 경우 주요 대상으로는 북한 지역 광물자원 매장량 탐사가 우선이다. 이 부분은 지난 정부에서도 합의를 통해 실시했었다. 2003년부터 약 7년 동안 김대중·노무현 정부 시절에 본격화됐다가 이명박 정부 시절 2010년 특별한 이슈 없이 중단되고 말았다. 그러면서 이명박 정부는 해외자원개발과 자원에너지를 자립으로 확보한다는 명분 아래 묻지마 투자방식으로 자원 관련 해외 기업들을 명확한 검증 없이 인수했다가 천문학적인 손실을 보고 철수하거나 지금도 적자를 면치 못하고 있다. 이때 국가의 빚으로 투자한 해외자원개발 실패로 국고손실이 천문학적이며 오늘 우리나라 재정적자를 크게 늘려 놓았다고 많은 전문가들을 말하고 있다.

지난 남북정상회담이 평양에서 다시 만나면서 광물자원 경제협력 사업은 문 대통령이 구상한 한반도 신경제지도에 주요 내용으로 들어가 재점화한 것이다. 그에 앞서 문 대통령이 2017년 7월 '베를린 평화구상'에 등장한 한반도 신경제지도에도 이 광물자원개발 프로젝트에 대한 상세한 구상이 들어 있었다. 남북정상회담 이전부터 이미 설계하고 있었던 중요한 내용이 아닐 수 없다.

3개의 축으로 연계된 남북경제협력벨트(환동해 경제 벨트, 환황해 경제 벨트, 휴전선 접경지대 평화 벨트) 가운데 동해 경제 벨트는 북한 단천의 광산지대와 청진의 태양광단지와 풍력 신재생에너지 단지를 명시하고 있다. 북한의 동쪽 해안선을 따라 북쪽으로 두만강 부근까지 올라가는 환동해 벨트는 무궁무진한 북한 광물 및 에너지 분야에 남한의 '협력적' 자본·기술이 들어가는 '자원협력 루트'다. 남북정상이 만나기 이전 이미 구체적인 계획을 잡아 놓은 것을 양국은 긍정적으로 재확인한 셈이다.

북한은 세계전문가들도 인정하는 광물자원의 풍부한 보고다. 최근 광물자원공사는 북한에 매장된 주요 광물자원의 잠재가치를 3조 9천억 달러(약 4,170조 원)가량으로 추정했다. 남한에 잔존하는 지하광물자원의 약 15배에 이르는 규모다. 반면 미국 온라인 경제전문매체 '쿼츠'는 아직 북한의 미개발 광물 자산이 약 7조 달러(약 7,500조 원)로 추정된다는 분석 자료를 공개하기도 했다. 또한, 현대경제연구원은 2011년 보고서에서 6,984조 원을 추정치로 내놨다. 이와 달리 북한자원연구소는 북한 광물자원 잠재가치가 6조 2천억 달러(약 6,600조 원)에 이를 것으로 추산하고 있다. 몇 군데 조사의 가치를 종합해 보면 일부 차이는 있으나 그 가치는 크게 벗어나지 않은 것으로 보여 상당한 신뢰성을 가늠해 볼 수 있다.

사실 지하광물 가치를 따지는 것은 큰 의미가 없다. 잠재가치는 매장량에 시장가격을 곱한 것일 뿐이다. 시장가격은 수시로 변하고 잠재가치 또한 시장가격에 따라 수시로 달라진다. 모든 원자재 가격은 실시간 거래되는 주요 선물시장에서 결정된다. 현재 가치를 산정하는데 큰 의미가 없다는 뜻이다. 이 추정치에 너무 무게를 두다 보면 향후 개발협상에서 이해관계에 부닥칠 수 있다. 철저한 사전조사를 통해 보다 합리적인 방법도 모색해야 한다. 그러므로 본격적인 개방이 실현되면 자원개발에 앞서 북한 광물자원 상태와 경제적 가치를 남북이 함께 정밀조사를 하고 공동의 합의점을 찾는 작업이 선행돼야 한다. 문 대통령이 말한 공동조사연구 필요성은 이를 염두에 둔 것으로 볼 수 있다.

북한 광물자산의 종류

그동안의 조사와 생산을 통해 확인한 북한 지역의 주요 광물자산은 철광석, 무연탄, 마그네사이트, 흑연, 희토류 등 총 220여 종의 자원이 묻혀 있는 것으로 파악되고 있다. 특히 경제성이 큰 동, 아연, 희토류 등 당장 한국 기업들이 필요로 하는 광물만도 20여 종이 매장되어 있는 것으로 파악된다. 텅스텐, 몰리브덴 등 희유금속과 흑연, 동, 마그네사이트 등의 부존량은 세계 10위권으로 추정된다고 북한과 다국적 전문기관들은 전망하고 있다. 특히 석탄은 양질의 품질과 생산가치도 뛰어나 큰 매력이 아닐 수 없다. 단순한 화석연료에서 다양한 분야로 활용되는 석탄만 북한에서 조달된다고 해도 자원의 혜택을 입을 수 있다.

우리나라의 핵심산업이라고 할 수 있는 반도체, 전자, 자동차, 중화학 분야에서 필수적으로 수입에 의존하는 자원들이다. 이 분야에서 공동개발이 이뤄져 일정 부분 광물자원을 북한으로부터 조달할 수 있다면 가격을 크게 절감할 수 있고 운송비 면에서도 큰 장점을 얻을 수 있다.

우리나라는 세계 5위 광물자원 수입국으로 지하자원의 자급률이 미미해 전체 광물 수입의존도는 90%에 이른다. 세계 최고를 자랑하는 철강, 중화학 부분에서 자원조달은 100% 가까운 원자재들이 수입에 의존하고 있다는 점도 북한과의 지하자원개발은 큰 의미가 있다. 북한 또한, 각국과 경제협력 협상에서 이 광물자원을 기초재원으로 내세워 경제도약의 카드로 내세울 가능성이 크고 장기적인 경제발전의 버팀목으로 활용할 것이다.

북한의 광물자원개발은 민간차원의 해외투자자들도 적극적으로 투자할 가능성이 매우 높다. 정부 간 협력 사업이 아니라도 전문투자기관들이 전략적 투자자(실제 해당 사업을 영위할 목적의 당사자)와 재무적 투자자(경영에 참여하지 않고 오직 수익만을 위해 투자)들이 컨소시엄으로 참여할 사업가치가 크기 때문이다. 일단 투자가 이뤄지면 안정적인 매출이 보장되고 판로 또한 꾸준히 소비하는 근접국가들이 있어 여러 가지 유리한 환경이다. 자금조달 면에서도 유동화를 통한 조달이나 메자닌(주식과 채권의 중간 상품, 전환사채 등) 채권발행 등을 통한 자금조달이 어느 사업보다 용이하다.

캐나다 동부를 중심으로 대표적 산업인 지하자원개발회사들이 밀집되어 있다. 이 기업들이 발행하는 채권들은 인기가 높아 아주 유리한 조건으로 자금조달이 이뤄지는 것을 확인할 수 있었다. 광물사업 하면 깊은 굉도를 수십 미터 파고 들어가 인력이 채굴하는 전형적인 노동집약적인 산업으로 알고 있지만, 지금은 다르다. 빠른 기술발전으로 많은 자원개발 회사들이 자동화 시스템으로 대체되었고 적은 노동력으로 최대한의 생산 효과를 낼 수 있는 현장을 운영하고 있다. 북한도 향후 더 향상된 신기술 시스템이 적용되어 생산효율화를 꾀할 것이다.

지하자원 개발산업은 우리가 장밋빛으로만 볼 수 없는 어려운 사업이기도 하다. 우리나라의 지역적인 여건상 기업이나 공기업 등에서 광물자원개발은 경험이 적을 뿐 아니라 지금껏 진출한 해외건설 분야에서는 이렇다 할 실적이 없기 때문이다. 장비와 프로세싱 부분도 미국이나 캐나다. 독일이 주도해 온 사업이다. 투자적인 관점에서도 쉽게 생각할 부분이 아니다. 그만큼 많은 돈이 투입되고 장기간 회수해야 하는 대형프로젝트라는 의미다. 광물자원개발 사업은 어느 프로젝트 못지않게 장기적으로 봐야 하는 대형 사업이다. 또한, 생산에 따른 전력, 정보통신, 1차 가공단지, 수송시스템, 지원시설 등 기본적인 시설 투자와 판로를 위한 도로문제도 수반되어야 할 부문이다. 그러함에도 우리나라 기업들이 전략적 투자자로 나서지 못하더라도 재무적 투자자로 참여하여도 큰 기회가 될 수 있고 그에 따른 파급효과는 엄청날 것이다. 우리 정부가 이 부분에 큰 공을 들이고 지금까지 많은 시간을 투자해 온 이유이기도 하다.

교육문화, 북한의 부동산 투자부문

남북교류가 본격화되고 경제 단일화가 되면 개인들이 가장 쉽게 접근하고 비교적 적은 자본으로 추진할 수 있는 사업이 교육 관련 사업이 아닐까 싶다. 북한도 한국에 뒤지지 않게 교육열이 높고 오히려 더 심할지 모른다. 역사적으로도 이북출신들이 향학열이 높았고 문명적으로도 앞서 있었다. 특히 수리 영역에 뛰어난 인재들이 많아 IT 분야 즉, 소프트웨어 부문에서 두각을 나타낼 것이다. 북한 주민들의 가장 시급한 의식주 문제가 해결되고 본격적인 시장경제 체제로 들어서면서 부에 대한 갈망과 함께 자녀 교육열은 대단할 것으로 예상된다. 한국인 특유의 경쟁의식과 비교문화는 교육에서 시작된다고 보는 게 옳다. 북한개방과 함께 다국적 기업들과 재외공관은 물론 국제기구들도 들어오면서 어학은 물론 전문직종의 인재가 절대적으로 필요하다. 단순 생산직원과 화이트칼라들의 급여 차이와 근무환경은 더욱더 교육에 대한 중요성과 전문성에 대한 차이를 실감하게 될 것은 당연한 일이다.

김정은 시대에 들어와 크게 바뀐 정책은 교육이었다. 12년 무상교육인 점은 같지만, 학과와 학년별 교육이념과 과제가 크게 달라졌다. 저학년 학생들의 성장 과정에 따른 이념과 공산당주체사상을 바탕으로 한 자주성과 하나의 일체성을 강조한 것은 저학년 위주로 개편되었다. 고학년들의 일부 학제의 변경과 함께 크게 바뀐 주제는 세계화를 강조한 대목이다.

정보산업시대를 맞이하여 지식경제시대에 걸맞은 인재로 육성한다는 과제가 대폭 늘어났다. 2012년 9월 학제 개편에 따라 개정된 교육과정의 특징은 중등교육과정이 초급중학교와 고급중학교로 바뀌었고 동시 일부 교과목이 변경되었다. 9월 학기 시작은 물론 교과목 및 학년별 수업시간과 특히 현장학습 조정이 있었다. 선진국들의 기본 교육 시스템을 따르고 있음을 알 수 있다.

고학년들의 학과별 큰 주제를 요약해 보면 정보화시대가 요구한 인재는 창조적 인간상과 실천형을 강조하고 있다. 물론 우리가 생각하는 공산주의식 사상교육이 줄어들었다는 것은 아니다. 사고와 판별력이 형성되는 초등교육에서는 오히려 늘어났음을 볼 수 있다. 정치사상 교과서가 신설되어 공산주의식 사상교육이 강화되었는가 하면 기초기술과 정보기술이 초등학교의 과목에 집중되어 있다. 특히 고학력에서 크게 바뀐 정보화시대의 주제가 초등과정에서도 크게 늘어났고 정보화가 강조되고 있음을 여러 자료들에서 비교해 볼 수 있다.

최근 몇 년 사이 북한은 대학교의 시스템변화와 실용성 학과 편제에 큰 변화를 꾀하고 있는데, 가장 눈에 띄는 것은 IT 관련 과정을 대폭 늘렸다는 점이다. 전국 37개 주요 대학에 정보보안학과, 나노재료공학과, 로봇공학과 등 정보화와 첨단과학 분야를 신설하고 내년부터 반영한다는 발표였다. 이미 보완 관련 분야는 상당한 수준으로 인정받고 있고 이를 더 공고한 위치에 올라서겠다는 전략이다. 특히 로봇학과와 인공지능 부분을 대폭 확장한 것은 세계 과학화와 4차 산업혁명에 커플링 하겠다는 계획으로 볼 수 있다.

북한에 불고 있는 사교육 열풍

최근 북한에서 가장 큰 골칫거리로 대두되고 있는 것은 사교육 열풍이다. 북한의 부모들 사이에 유행하는 '무조건 보내자'를 목표로 사교육에 투자를 아끼지 않는다고 한다. 자녀를 평양대학으로 또는 외국으로 보내기 위해 자녀들을 사교육에 올인하고 있다는 기사를 종종 보았다. 북한 관리들이 사교육을 양성하는 현직 교사들을 단속하는 별도의 감시팀이 생겼다고 하니 그 열풍을 짐작해 볼 수 있다. 그런가 하면 자녀를 문명인으로 키우기 위해서는 악기 하나 정도는 다룰 줄 알아야 한다며 개인교습도 성행하고 있다. 북한을 다녀온 사람들이 보고 전한 내용을 종합해 보면 이 사교육 열풍도 어느 정도 수입이 보장된 가족들을 중심으로 불고 시작되었지만, 지금은 시골 작은 도시에도 사교육 열풍이 영향을 미치고 있다고 한다. 개천에서 용 난다는 믿음이 어느 민족보다 높으며 출세에 대한 욕구는 폐쇄된 국가일수록 더 강하기 때문이다.

북한 개방과 함께 사교육 열풍은 더 거세지며 북한 전역 모든 가정에서 경쟁적으로 일어날 것을 쉽게 생각해 볼 수 있다. 우리나라의 70년대 후반의 모습과 매우 흡사한 현상이라고 북한에 정통한 인사들은 한결같이 말하고 있다. 피아노, 바이올린, 미술 등 개인별 문화적 고취를 위한 전문학원도 성행할 것으로 예측된다. 이 부분은 K팝과 한류문화의 전성기를 맞고 있는 우리에게 큰 기회가 될 것이다. 일반인은 물론 기업적 차원에서도 매우 유리한 고지를 차지할 수 있는 근거는 언어가 같고 문화적 정서 부분에서도 큰 장점을 지니고 있기 때문이다.

학생들의 수학능력을 향상시키는 교습학원업과 성인을 대상으로 하는 전문직 또는 기술분야 관련 학원 사업도 성업할 것으로 보인다. 무엇보다 외국어 전문학원은 그 어느 분야보다 인기가 높을 것을 예상해 볼 수 있는데 공산국가들의 개방 초기 불었던 학원 열풍을 상기해 보면 답이 나온다. 북한에서 일부 시행하고 있는 재산 사유화와 생산 이익 분배정책이 완전 소득 사유화로 바뀌는 시점은 개혁 개방과 함께 시행될 가능성이 매우 높다. 자본주의가 본격 실행되면 외국인 투자 유치 활성화에 따른 일자리가 늘어나 부부가 돈벌이에 나설 것은 당연해 보인다. 우리나라 온라인 교육시스템도 북한에서도 적용될 가능성이 높다.

한국이 세계에서 교육열이 가장 높다고 흔히들 말한다. 중국이나 베트남이 개방되고 완전 자유경제체제로 돌아서면서 그들 나라의 교육에 대한 투자와 교육열은 우리나라를 앞선 분야도 많았다. 물론 일부 고소득자에 한해 다르긴 하지만 사교육비 지출이 상상을 초월할 정도다. 공동 분배정책을 실시하던 폐쇄된 국가가 개인소득을 사유화로 인정하면서 자본주의 물질에 대한 욕구가 강하고 먼저 더 많이 차지하려는 경쟁심리가 심화되는 자연스러운 현상이다. 돈과 명예를 차지하기 위해서 좋은 대학을 나오고 권력 중심으로 들어가야 한다는 맹목적인 목표에서 비롯된 이유다.

한국에서 크게 성공한 학습지 방문교육도 북한에서는 새로운 사교육 방식으로 인식되어 관심을 끌 것으로 보인다. 온라인 강좌 등도 학생들은 물론 성인교육 부문에서도 유망한 분야로 볼 수 있다. 소득이 늘어나면 가장 성행하는 분야로 여행을 들 수 있는데, 전문 가이드 양성과 여행 프로그래머 등을 키우는 학원도 틈새시장으로 유망해 보인다. 또한, 생활향상에 따른 건강 관련 업종들도 생각해 볼 필요가 있다. 북한 주민들 대부분이 생산활동에 참여할 것으로 간주해 봤을 때 스포츠 관련 사업도 좋을 것이다. 현재 중국에서 인기를 끌고 있는 운동을 겸한 휴식공간으로 변신한 스포츠센터를 들 수 있다. 친구나 동료들끼리 운동을 하고 그곳에서 차를 마시며 휴식시간을 갖는 공간이 성행 중이다. 일이 늘어나고 수입이 증가한 만큼 사람들은 자기만의 시간과 자신의 계발을 위해 집중하고 싶은 욕구를 느낀다.

다시 요약하면 북한의 개방 이후 개인들이 진출할 유망한 비즈니스 중 하나는 교육 관련 사업이라 볼 수 있다. 한국 사교육시스템은 학교 성적을 위한 학생 위주로 성장해 왔다면 북한은 개방 초기엔 전문직을 양성하는 성인교육시장이 더 활성화될 것이다. 개방정책에 따라 급격히 늘어나는 사회간접시설 완공에 따른 관리자가 절대 부족한 상황에서 전문가 양성을 사교육이 대체할 수 있어서다.

민간 자본이 참여할 생산시설은 물론 지하자원개발에 따른 시스템들을 책임지고 관리해 나갈 전문가 육성을 책임지는 성인전문학원업이 학생교육시장보다 더 빨리 활성화될 것으로 보는 이유다.

북한 부동산 투자 관련 부문

　남북정상회담 가능성이 대두되던 2018년 봄, 비무장지대 근처에 난데없이 사람들이 몰려들어 많은 국민들을 놀라게 했다. 지역 사람들을 제외하고 사람 구경하기조차 어려웠던 얼마 전에 비하면 놀라운 현상이었다. 1년 전까지만 해도 북한이 연이어 미사일 발사를 실험하면서 북미 간 전쟁 분위기로 이어지자 비무장지대를 비롯하여 파주 일대 많은 땅들이 한꺼번에 매물로 쏟아져 그 지역 부동산 시장이 냉각되고 거래가 전무한 상황에서 급반전을 이룬 것이다. 남북정상회담은 그 어느 때보다 경제 부분에 초점이 맞춰지다 보니 금방이라도 경제 단일화가 실현될 것처럼 언론도 맞장구를 치면서 비무장지대는 때아닌 부동산 투기 열기로 달아올랐다. 몇 년 전부터 매물로 나와 있었으나 팔리지 않던 땅들이 하루아침에 팔리는가 하면 그나마 나와 있던 매물들은 자취를 감추었다. 간간이 거래되는 땅들은 개발 가능성이 없어 보이는 산악지대와 비무장과 근접해 있는 땅들로 30~40%씩 오른 가격에 거래가 이뤄졌다고 언론에서 떠들었다.

　어느 국가보다 부동산 투자에 대한 집착을 단적으로 보여주는 사례라고 외국 언론에서도 다루었다. 남북회담에 이어 북미회담까지 이뤄지자 마치 당장이라도 통일이 되는 것처럼 많은 사람들은 들떠 있었다. 일부 영민한 사람들은 통일까지 이뤄지지 않더라도 남북경제 단일화가 되면 북한에 우선 투자할 것도 부동산이라고 이구동성으로 말하고 있다. 발 빠르게 북한 부동산투자를 전망하는 방송프로그램이 생겼는가 하면 투자설명회까지 개최하는 등 북한을 매개로 잠잠하던 부동산 열기는 새로운 국면을 맞는 듯했다. 유독 땅에 대한 애착이 강한 우리나라 사람들은 대부분 부동산투자로 부를 이뤘기에 북한지역의 부동산에 관심을 두는 것은 당연한 일이다.

북한 부동산에도 투기 바람

향후 10년 안에 북한은 개혁개방을 하고 남북한이 경제 단일화로 간다고 가정했을 때 우리나라 사람들이 북한 부동산투자에 제일 먼저 관심을 갖는 것은 당연한 일이다. 그리고 누구나 궁금해하는 것도 북한의 부동산 제도와 부동산 거래에 대한 현재의 실상을 알고 싶은 점이다. 북한도 예외는 아니어서 부동산투자는 어느 것보다 매력적이고 잠재력이 큰 투자처가 아닐 수 없다.

신흥국들의 공통된 점은 개방과 함께 산업화로 진화해 가면서 가장 빠른 성장을 보인 것도 부동산 시장이었고 부동산을 통해 대부분 신흥부자가 탄생했다. 현재 북한의 부동산 실태를 심도 있게 알아보고 공산주의에서 개혁 개방을 실시한 중국이나 베트남의 사례를 들어 향후 부동산 투자에 대한 전망을 해보는 것도 큰 의미가 있다고 할 수 있다.

2019년 6월 중국을 방문했을 때 북한 인접지역인 단둥지역 등에서 부동산 개발을 하는 대표들과 자주 미팅을 했다. 또한, 북한을 자주 드나들며 교역을 하고 투자자를 연결하는 중국 사업가들과도 많은 대화를 나누며 북한의 경제와 부동산 동향에 대해서도 들을 수 있었다. 북한과 교역을 하는 대표들이 전해 준 정보를 취합해 본 북한의 부동산 시장은 우리가 생각하는 것과 상당히 큰 차이가 있음을 알 수 있었다. 이미 북한엔 시장경제 체제가 뿌리내려져 있고 부동산시장에까지 영향을 미쳐 부동산 붐이 일고 있었다.

북한 부동산 연구 분야에서 상당한 권위를 자랑하는 경상대 정은이 교수가 발표한 북한의 부동산 현황에는 최근 주택가격이 빠른 속도로 올라가고 있다고 전했다. 정 교수는 2014년 10월 말 열린 세계북한학 대회에서 '평양에 10만 달러 아파트가 생겼다'는 논문으로 학계와 언론의 큰 관심을 받았던 인물로 그가 말한 북한의 부동산 실태는 상당한 신빙성이 높다고 보고 있다.

금년 중국을 방문하여 전문가로부터 확인한 내용도 정은이 교수의 의견과 대부분 일치했다. 평양의 일부 고급 아파트단지는 프리미엄이 붙어 2~3억 원 가까운 고급 아파트도 거래되었다는 소식도 들었다. 현재 북한이 강력한 대북제재의 상황임에도 부동산 시장이 활발히 움직이고 있다는 것은 지하경제가 그만큼 활성화되어 북한 경제를 지탱하고 있음을 짐작하게 한다.

장마당을 중심으로 한 교역을 통해 신흥부자들이 빠르게 생겨났고 그 자금으로 부동산 투자에 나서 부를 축적해 가고 있다고 한다. 또 다른 변화는 평양의 아파트가 대형화되고 고급화로 발전하면서 단순 주거 개념이 아닌 투자 목적으로 더 활기를 띠고 있다는 것은 이미 시장경제가 부동산에도 뿌리를 내리고 있다는 것을 짐작해 볼 수 있다.

북한은 1946년부터 3차에 걸친 토지개혁을 통해 모든 토지를 국가 또는 협동단체로 귀속시켰다. 개인 사유화의 근거를 없애고 국가소유로 명문화한 것이다. 북한의 살림집법은 국가 주도로 건설된 주택을 주민에게 배정하면서 이용자를 대장에 등록하고 이용허가증을 발급 (입사증)받도록 한다. 부동산을 이용하려면 이용허가를 받아야 하며, 사용료를 내고 사용하는 방식이다. 우리나라의 국민주택 임대와 같은 방식이다. 부동산관리법에 따라 모든 토지와 건물을 대장에 등록해야 하고, 이에 대해 국가의 정기적인 심사가 이뤄지고 있다.

　이어 1998년 헌법 개정에 이은 민법 개정은 사회주의적 소유제도의 범위에 대해 조정하였다. 국가와 사회협동단체의 전속적 소유의 범위를 축소함으로써 상대적으로 개인소유의 범위를 확대한 것이다. 이 개인 소유 확대법 개정은 북한 부동산제도의 변화에 가장 큰 영향을 끼친 부문이다. 2002년 제정된 상속법에는 개인의 소유를 법적으로 명문화하였고 상속 대상이 된다고 정의하였다. 그러함에도 건설법은 여러 조항에서 건설주체를 국가가 지정한 건설기관, 사업소 단체로 규정하고 있다. 일반이 주택을 건설하여 소유할 수 없다고 명시함으로써 개별적 부동산개발을 제한하려는 의도로 보인다. 법 개정과 함께 주민 간 주거 공간 위주로 거래량이 증가하고 부동산 시장이 시장경제체제로 시도되었지만 법적으로 소유권에 대한 명확한 권리를 보장받지 못해 심각한 사회문제도 대두 되었다. 주민들끼리 거래가 이뤄지면 소유에 대한 권리(등기)를 보장받기 위해 관공서를 찾아 입사증을 받아야 하는데 이 절차에서 심각한 부조리가 발생했다. 담당 공무원들은 뒷돈을 요구하거나 불법거래라는 이유로 주택을 몰수하는 등 심각한 부조리가 만연되어 있었다. 북한 당국도 불법 부동산 거래를 차단한다고 다양한 방법으로 제재를 가했지만, 음성적 거래는 끊이지 않았다.

　이러한 문제점을 보완하기 위해 2009년 헌법 개정이 다시 이뤄졌다. 토지법, 부동산관리법, 도시경영법, 사회주의재산관리법, 국가예산수입법 등에서 일련의 부동산 관련 법령을 통해 부동산관리 제도를 체계화한 것이다. 몇 번의 혼란을 경험하면서 법적으로 개인소유를 확대하면서 점차 시장경제원리가 부동산에도 자리 잡은 것이다. 부동산 시장을 주도하고 있는 주체들이 지하경제를 배경으로 부를 이뤘고 부동산 거래 또한 음성적으로 이뤄져 개인 간의 부를 축적하는 수단이 되었다. 철저히 개인 간 거래가 이뤄지다 보니 국가 재정이나 통계에는 큰 도움이 되지 못했다. 이런 문제점들을 간파해 온 북한 당국도 다양한 제도와 감시를 통해 통제를 시도했지만, 급속도로 커진 시장체계를 관리하기엔 한계에 도달해 있는 현 실정이다.

북한 부동산 시장의 건설과정

북한의 부동산 거래가 시장경제체제를 갖추고 활성화되자 북한 당국도 2013년, '주택위탁사업소'를 설치하여 부동산 시장을 수면 위로 끌어올리고 활성화를 꾀하였다. 우리의 LH 한국토지주택공사와 비슷한 역할을 하는 북한의 주택위탁사업소는 주민들로부터 돈을 받고 집을 새로 지어주는 기능을 하는 정부산하 공기업이다. 음성적인 거래에서 제도화를 거쳐 국가가 직접 부동산 위탁사업에 관여했다는 것은 시장기능으로 가기 위한 시도라고 볼 수 있다. 지금까지 북한 정부가 집을 지어 분배하는 제도에서 돈을 받고 주택을 공급하는 시스템은 시장질서에 부응했다고 볼 수 있다. 이 시기를 기점으로 북한도 본격적인 부동산 개발업이 성행했다. 부동산업자들이 성공할 수 있는 배경으로 시행업자와 자금을 대주는 물주가 있었다. 가장 중요한 인허가를 담당하는 역할은 일명 '와크'라고 통하는 무역업에 종사하는 부자들이 맡았다. 권력층과 손이 닿은 그룹과 자본, 시공업자들이 삼각관계를 형성하므로 막대한 자본이 들어가는 부동산개발이 가능해진 것이다. 이제는 엄연한 한 직업군으로 인정받고 있는 부동산 중개인도 공식적으로 활동하고 있는데, 부동산 업계에서는 '데꼬'라고 불린다.

이들은 아파트를 짓기 시작하면 수요자들을 불러 모으고 모델하우스를 브로슈어로 보여주며 투자를 권유한다. 우리나라의 분양업자와 같다. 시행사는 우리의 분양권처럼 입사증을 발급해 주고 사전분양을 받은 주민들은 준공 전 프리미엄(웃돈)이 붙으면 분양권을 전매하는 방식으로 거래하고 있다. 우리의 부동산 투기와 매우 흡사한 광경이 아닐 수 없다. 그리고 중국이 부동산 광풍이 불기 전에 이뤄졌던 부동산 거래와 흡사한 과정을 거치고 있다.

아직도 법적으로는 북한 주민들의 부동산 소유와 이용이 분리되어 있다. 부동산 시장이 광범위하게 커지고 평양을 중심으로 대도시 권역과 특히 중국과 접경을 이룬 도시로 확대되고 있다. 부동산 시장이 급속도로 커지면서 최근에는 이용자 명의 변경이 가능해지고 물물교환 등을 통해 부동산 거래가 자리 잡아가고 있는 중이다. 북한에서 변방이라고 할 수 있는 신의주를 비롯한 중국과 마주한 도시일수록 부동산 바람이 거세게 분 이유는 중국 자본이 들어가면서 활성화된 것으로 볼 수 있다. 현재 북한의 고급아파트와 상가 등은 많은 중국인들이 소유하고 있다.

최근 몇 년 동안 꾸준히 북한 경제성장을 견인해 오다시피 한 대표적인 부동산 지하경제도 대북제재가 본격화되면서 불황의 늪으로 빠져들었다고 한다. 그 와중에도 부동산시장은 예전만 못하지만 다른 산업에 비해 활발한 편이라는 게 북한을 왕래하는 사람들의 공통된 의견이다. 대북제재가 본격화되기 전 몇 년 동안은 북한의 부동산시장도 폭등세가 일어 투기 현상이 극심했다는 자료들이 눈에 띈다.

대한무역투자진흥공사(KOTRA) 상하이무역관에서 밝힌 자료를 보면 평양의 고급별장은 제곱미터(㎡) 당 약 8,000달러(약 907만 6,000원)까지도 형성돼 있고, 평양 외에 남포, 개성, 청진, 신의주, 라선 등에서도 부동산 투기 바람이 불어 중국이나 한국의 부동산 붐과 다를 바 없었다는 전언이다. 앞서 말한 정은이 교수가 밝힌 북한의 아파트 고급화 추세와 투자개념이 강해 부동산 활성화 붐을 이뤄온 것이라는 것을 뒷받침해 주는 사례로 볼 수 있다.

지금까지 북한의 아파트는 대부분 엘리베이터가 없었다. 평양을 중심으로 현대화가 진행되면서 엘리베이터가 설치되고 현대식 부엌 등 모던한 인테리어가 고급화를 실현한 것이다. 중국 개발업자들의 말에 따르면 일부 중국 기업들이 암암리 개발에 참여하면서 북한 주거문화도 발전을 거듭해 온 것이다. 우리가 예상하지 못했던 북한의 부동산 시장에 대한 일련의 빠른 변화를 볼 때 북한 정부도 부동산 시장을 점진적으로 시장체제로 제도화할 수밖에 없고 경제성장동력으로 삼을 것이라고 전문가들은 내다보고 있다. 현재와 같이 토지소유권을 유지하더라도 토지 이용권과 건물에 대한 소유권을 인정하는 사적 재산 소유를 강화하는 방향으로 변화할 가능성이 크다. 이는 국가 재정의 한 부분을 차지하는 중요한 정책이며 내수 경기를 진작시키는 대표적인 시장 부분이기 때문이다.

외국인의 부동산 투자

북한 당국은 의외로 외국인들에게는 부동산 개방을 실시해 오고 있어 많은 사람들이 의아해하는 부분이다. 중국이나 베트남의 제도와 유사하지만, 그들보다 훨씬 빠르고 더 개방적이었기 때문이다. 외국인의 토지이용에 대해서는 1984년 1차 합영법의 의거 외국인의 합작기업에 한해 토지이용을 허용하고 그 권리를 보장하였다. 이후 법 개정을 통해 외국인투자법이 제정되어 해외투자기업이나 개인, 투자은행 등이 창설하는 토지는 50년 동안 임대할 수 있고 그 안에 양도 또는 저당할 수 있다고 명시하였다.

외국인에 대해서는 비교적 일찍 부동산 개방을 했는데, 토지이용권을 일정 기간 보장하고 지상권 즉, 건물 소유도 제도적으로 허용된다. 물론 아무나 무제한으로 해당한다는 얘기는 아니다. 현재는 그 범위가 넓어 합법적으로 체류허가를 받은 외국인이라면 북한에서 토지이용권을 취득하고 또 양도할 수 있는 제도다. 그리고 정부기관의 임대기관의 승인을 받아 이용권을 제삼자에게 양도 또는 저당, 상속할 수 있다고 명시하고 있다. 토지임대법은 외국인 토지임대에 대한 일반 법률로 각 경제특구에서 특별법과 부동산 규정에 따라 구체적으로 시행된다. 북한의 외국인 부동산 관련 법규는 중국과 유사한 것으로 보아 벤치마킹했다는 것을 엿볼 수 있다.

북한의 부동산이 빠르게 활성화되고 지하경제의 대표적인 투자 수단으로 발전하게 된 가장 큰 원인은 중국 자본 참여와 중국 기업들의 합작기술에 의한 것이라는 건 전문가들이나 실질적으로 참여한 업자들을 통해서도 알 수 있다. 외국인이 합법적으로 북한의 부동산을 취득하려면 투자 또는 상사, 공무 등으로 체류증(비자)을 받아야 한다는 전제 조건이 붙는다. 중국의 일부 부동산 투기꾼들은 이를 합법화하기 위해 평양근교에 있는 공업지대에 임가공업체를 설립하거나 합작방식으로 비자를 받고 있지만 주된 목적은 부동산투자다. 북한도 대대적으로 신재생에너지 건설을 독려하고 외국인 투자에도 규제를 대폭 완화해 외국 투자를 유치하고 있는데 이 부문에 중국인 투자자들이 참여했다고 한다. 물론 부동산 투자목적이 더 크다는 분석이다. 중국의 신흥부자 대부분이 부동산으로 부를 축적했기에 얼마든지 쉽게 예상해 볼 수 있는 대목이다.

현재 가장 활발하게 진행되고 있는 대단위 부동산 투자는 중국과 북한의 합작개발이다. 북한에서는 땅과 인허가를 책임지고 중국은 자본을 조달해 준공을 목표로 한다. 이익금은 중국 측이 70% 북한이 30%를 배분하는 방식으로 진행하는 것이 부동산 개발의 분배원칙으로 정해져 가장 큰 인기를 끌고 있는 투자방식이라고 투자에 참여한 사람들의 전언이다. 전에는 일부 개발지역에 대해 중국이 뒷돈을 대는 방식이었다면 이젠 자본과 시공을 책임지는 완전 분업화된 전문화로 성장했다는 것이 다르다. 중국 자본과 기술, 인력이 본격적으로 투입되고 있다는 것은 외국자본과의 합작으로 새롭게 진화된 부동산 투자기법이라 할 수 있다.

북한 사람들도 외국 부동산에 투자

북한과 가장 근접한 중국 단둥에서 활발하게 부동산 사업을 하고 있는 절친한 지인이 관여한 부동산 프로젝트에도 많은 북한 주민들이 중국의 아파트와 상가에 투자해놓고 있다는 데서도 북한 주민들의 부동산투자 개념이 크게 바뀌고 있음을 알 수 있다. 아직도 의식주가 완전히 해결되지 않아 배고픈 사람들이 부지기수라고 알고 있는 우리에게 북한 사람들이 해외에 부동산투자를 한다는 것은 의외라고 받아들이는 사람들이 많을 것이다.

그러나 진즉부터 일부의 북한 주민들은 자국 부동산 투자를 넘어 이미 해외의 부동산에도 관심을 두고 부의 축적 수단으로 삼고 있음을 확인할 수 있었다. 과거 교역과 장사를 통해 돈을 모은 방식에서 순 자본을 이용한 재산축적으로 발전해 가는 과정으로 이해하면 된다.

중국에 있는 OKTA(세계한인무역협회)와 재외동포 상공인연합회 관계자들의 말에 의하면 최근 들어 중국 측 부동산 개발업자들이 북한 측과 공동으로 부동산 합작사업에 대한 제안서가 심심찮게 들어오고 알음알음을 통해 접근해 오고 있다고 한다. 현재 지인이 관여한 중국의 부동산개발회사도 북한과의 합작으로 평양 시내에 5천 세대의 외국인 빌리지와 국제학교를 건설하는 프로젝트를 계약했다고 한다. 이처럼 북한은 우리가 생각하지 못한 영역에서 발전을 거듭하고 있다.

남북의 경제협력 논의가 본격화되자 한국의 많은 사람들이 가장 먼저 생각하는 것도 북한 부동산 투자에 대한 관심이었다. 만약 남북한 경제 단일화가 이뤄지고 내국인으로 간주한다면 한국인들에 의해 북한의 부동산 시장도 새로운 국면을 맞을 확률이 매우 크다. 이미 한계에 도달한 한국의 부동산 시장은 상승보다는 버블 붕괴에 대한 위험이 큰 상황에서 새로운 부의 기회로 북한 부동산을 겨냥함은 당연한 일이다. 신흥국들이 개방하고 산업화를 추진하는 과정에서 외국 투자 자본이 밀려온 나라들도 한결같은 부동산 폭등을 경험했기에 학습효과만으로도 쉽게 예상하고 접근할 수 있는 투자가 아닐 수 없다.

우리나라가 외국자본 투자를 확대하고 그 권리를 보장하자 많은 외국 프렌차이즈를 비롯하여 유통업체들이 진출했었다. 장사가 안되어 결국 그들이 한국을 철수할 때 많게는 500% 적게는 300%의 이익을 얻은 것은 부동산 가치에 따른 차액이었다. 어느 나라보다 건설 기술과 특히 주거시설에 대한 감각이 뛰어난 한국의 부동산 개발 능력은 새로운 바람을 불러일으킬 수도 있다. 그러나 상당한 정치적 문제가 달려 있다는 점도 눈여겨볼 대목이다. 향후 남북 경제 단일화를 협상하면서 어떻게 합의를 보느냐에 따라 부동산 투자의 방향도 크게 달라질 수 있기 때문이다.

경제 단일화 후의 부동산 관련 문제점 대두

남북 경제협의가 이뤄져 만약 한국인도 외국인 투자자로 간주한다면 얘기는 완전히 달라진다. 물론 발 빠른 투자자들은 이 부분에서도 어떤 방식이든 그에 맞는 길을 찾아 투자하겠지만, 보편적으로 생각하면 일반인들의 북한 부동산 투자는 그만큼 변수가 많을 것이다.

북한이 부동산 부분에 한해 경제 단일화를 거부할 수 있다는 점도 예상해 봐야 한다. 남한에 살고 있는 실향민들이 남으로 내려오면서 남겨두고 온 부동산들에 대한 원소유권을 주장할 수 있기 때문이다. 이 부분은 남북한 경제협상에서 가장 큰 이슈로 등장할 가능성이 매우 크고 예민한 사항이다.

독일이 통일되면서 원소유권 반환원칙에 따라 합의를 보았지만, 통일 후 수년 동안 심한 갈등을 겪어야 했다. 정치적 합의에 만족하지 못한 독일 국민들이 소송을 제기하여 통일 후 가장 큰 사회적 문제점으로 대혼란을 겪어야 했던 점도 기억해야 한다. 남한이나 외국에 살고 있는 실향민들이 민주주의 원칙에 의한 원소유권을 주장할 경우와 현재 북한 사람들이 살고 있는 임대권리에 대한 문제가 발생할 수 있다. 이 부분은 상당한 혼란을 야기할 수 있는 부분임을 알아야 한다.

일부 학자들은 사전에 이런 분쟁을 연구하고 합의점을 찾을 수 있는 양국 공동기구를 만들어서 미리 대비해야 한다고 주장하고 있다. 헝가리의 경우 정부가 금전적 보상방식으로 갈등을 해소하였는데 비교적 적은 비용으로 국민적 합의를 이룬 데는 충분한 상호의 공감대를 얻어 냈기에 가능했다.

현재 북한 부동산 시장의 수준은 우리나라의 80년대 초반 정도라는 결론을 내렸다. 전반적인 상황에서는 70년대 초로 볼 수 있으나 이미 외국자본(중국)에 의해 부동산 개발붐이 시작되었기 때문이다. 북한 인구와 향후 전개될 산업화에 따른 생산적 규모와 성장 속도를 나름대로 산출해 본 개인적인 판단으로 이미 우리의 80년대 초 수준에 도달해 있다는 계산방식이다. 북한이 본격적인 개방정책을 실행하게 되면 자본주의 팽창의 핵심인 금융신용경제가 활성화되면서 가장 먼저 돈이 흘러갈 곳은 부동산이다. 유독 부동산에 대한 애착이 강한 민족이기에 우리 기업들은 물론 일반인들에게도 기회의 땅이 될 것은 확실해 보인다.

북한의 금융부문

북한 금융기관의 신뢰상실

대북제재가 본격화되기 얼마 전 북한의 조선중앙은행 김천균 총재는 한 언론과의 인터뷰를 가진 적이 있었다. 전례 없이 그가 강조한 점은 "경제관리 방법이 확립되는 데 맞게 금융사업의 방법도 개선하고 경제기관과 기업체들의 창의적인 활동을 지원하는 방안으로 금융조치들을 세우고 있다"는 언급이었다. 이어 "금융상품의 개발, 인민생활 영역에서 카드 이용 등을 적극 추진하고 있다"고 부연 설명도 했다. 북한은 기업 간 거래에서 무형거래를 원칙으로 해 오다 최근 일부 유형거래로 완화하긴 했지만, 여전히 무형거래가 주류를 이루고 있는 상황에서 시장 기능의 금융 역할을 할 수 있다는 변화로 해석할 수 있는 발언이었다. 지하경제가 커지는 반면 북한 은행들의 역할이 점점 외면당하고 있는 현실을 인식하고 적극적으로 대처하고자 중앙은행 총재가 발 벗고 나선 것이라고 전문가들은 평하고 있다. 특히 그가 인터뷰에서 강조한 것은 주민들이 돈을 은행에 예치할 수 있도록 다양한 예금과 적금상품을 개발하고 물건을 구매할 때 카드를 사용하여 은행과의 거리를 좁히려는 대책은 북한 금융권의 변화를 읽을 수 있는 대목이다.

북한은 2009년 심각한 인플레이션을 잡는다는 명분으로 화폐개혁을 단행하였다. 이 화폐개혁은 주민들에게 큰 충격과 함께 은행에 대한 신뢰를 잃어버리는 계기가 되었고, 지하경제가 활성화되는 시발점이 되었다. 북한은 2009년 11월 30일 오전 11시부터 기습적으로 화폐개혁을 발표하며 구권 100원을 신권 1원으로 교환하는 방식이었다. 주민들을 경악하게 한 것은 신권을 교환하는 기간을 일주일로 제한하고 교환 한도를 가구당 10만 원으로 한정하고 나머지 금액은 은행에 맡겨야 한다고 명시했다. 이 화폐개혁조치로 북한 주민들 스스로 자기 나랏돈을 믿지 못하게 되었고 은행에 돈을 맡기는 것은 국가에 그냥 빼앗긴다는 것으로 받아들여졌다. 주민들 대부분이 장마당을 비롯하여 지하경제 부분에서 돈을 모았기에 평소에도 은행을 기피하던 차에 자신의 돈을 몰수당한다는 인식은 은행을 꺼리게 되었고 대공황사태를 일으켰다.

당시 북한의 한 가구당 보통 100만 원을 초과한 현금을 보유하고 있었던 것으로 파악해 볼 때 피나게 모은 돈을 하루아침에 빼앗겼다고 생각했고 북한 돈은 휴짓조각이 되는 일이 발생한 것이다. 이때를 계기로 중국 위안화와 미 달러의 가치는 하늘 높은 줄 모르고 치솟기 시작했고 몇 개월 지나지 않아 공식 환율과 50배 이상 차이가 나는 극심한 혼란에 빠졌다. 북한 돈에는 김일성 수령의 얼굴이 담겨 있어 훼손하는 것 자체로도 큰 죄목으로 다루던 시기에 분개한 주민들은 관공서나 은행 앞에서 돈을 쌓아놓고 불사르는 사태까지 일어나 북한 전역을 대혼란에 빠진 사건으로 기록되고 있다.

북한 금융시스템의 실상

　북한의 금융시스템은 중앙은행 중심의 일원적 은행제도를 바탕으로 설립되었다. 조선중앙은행은 재정활동과 더불어 중앙은행 기능과 상업은행 기능까지 수행하고 있다. 대표적인 은행으로는 대외거래와 외환 업무를 전담하는 조선무역은행이 있다. 노동당과 특정 기관의 외화관리 및 대외 결제를 담당하는 외환전문은행, 외국인과 공동 설립한 합영은행과 기타 우편국, 저금소 등의 저축기관과 조선국영보험회사 등의 보험기관이다. 그러나 이 모든 금융기관을 일원화하여 중앙은행이 통제하는 시스템이다. 이러한 기본 틀은 고난의 행군 시기와 화폐개혁 등을 거치면서 국가통제력의 약화와 국가가 자국민들로부터 신용을 상실하게 되는 대변화를 겪었다.

　북한도 사실은 은행의 이원화법을 제정했었지만 무용지물이 되어 버렸다. 일부 사유화가 시행된 2006년 1월 북한의 최고인민회의 상임위원회는 일반 여·수신 업무를 수행할 수 있는 은행의 설립을 허용하는 '상업은행법'을 정한 것이다. 상업은행의 설립은 더 이상 중앙은행 중심의 단일금융시스템을 포기하고, 중앙은행과 상업은행이 분리된 이원적 은행체제를 말한다. 이는 공산주의의 전형적인 중앙집권방식의 경제관리 체제를 탈피해 분권화된 시장경제체제로의 변화를 의미한다. 그러함에도 시행을 못 하고 은행의 기능을 상실한 채 현 상황에 이르게 된 것이다. 국가정책 결정과 현장실행의 간격이 얼마나 큰지를 보여 주는 좋은 사례다.

　북한 주민들은 개인소득의 개인 사유화가 허용되면서 노동이나 장마당 등에서 벌어들인 돈이 생기면 무조건 중국 돈이나 미 달러로 바꿔 현금으로 보유하는 것이 저축수단이자 경제활동의 최종목표라고

할 수 있다. 그러면서 갈수록 은행 기피는 심각해졌다. 북한 중앙은행
의 자금공급기능은 약화되었고 그 틈새로 사금융이 빠르게 성장하며
자리 잡고 있다. 현재도 교역이 활발하거나 대도시 중심의 상업, 유통
거래에서 북한 돈보다 외화 통용현상이 잘 발달되어 있고 결제수단으
로 자리 잡았다.

북한에서 실제 거래를 할 때 아예 북한 돈 자체를 거부하고 중국 돈
으로 지불하는 게 일상적이라고 북한을 왕래하며 교역을 하는 사람들
은 말하고 있다. 경제의 핵심이랄 수 있는 은행의 순기능이 작동을 못
하는 원인은 국가의 화폐발행과 그 기능을 조절하는 중앙은행이 신뢰
를 상실했고 국가도 그것을 보장해 주지 못한 것이 근본적 원인이다.
또한, 민간부문의 저축이 금융기관을 통해 기업의 투자재원으로 공급
되는 신용기능이 원활하지 못하기 때문이다.

북한은 최근 유엔의 강력한 경제 제재 등으로 국제금융시장 접근도
불가능하여 경제발전을 위한 내·외자 수급이 난관에 부닥쳐 있는 현
실이다. 이러한 상황을 직시한 북한 당국도 자국민의 금융 활성화의
중요성을 인식하고 나름대로 예금 증대와 외화 흡수 수단에 큰 변화
를 꾀하고 있다. 그에 대응한 가장 큰 변화는 상업은행 기능을 살려
신뢰를 회복하고 시장경제체제로 나가기 위해 노력하고 있다는 것이
북한 전문가들의 시각이다.

북한도 오래전부터 신용카드와 현금카드를 발행하였다. 2005년 '실
리' 직불카드가 발급되었으나 그것을 사용하는 가맹점들이 많지 않아
불편을 겪었다. 이어 조선무역은행이 발행한 나래카드는 외국인과 고
위층을 겨냥해 발급되었고 고소득자들을 흡수한다는 계획이었지만
호응을 얻지 못했다. 외화계좌에 예치된 유로화와 위안화를 비롯하여

달러, 파운드화로 결제되도록 발행되었기에 일반인들이 사용하기에는 한계가 있었다. 최근 중앙은행이 선보인 '전성' 카드는 대금결제는 물론 입출금 기능이 가능하도록 한층 업그레이드된 카드를 내놓았다. 그와 동시에 카드를 받아 줄 수 있는 상점들과 국가 유통업체 관광면세점 등은 카드사용을 의무화하며 고위 간부들은 의무적으로 사용을 독려하고 있다. 일부 부자들 중심으로 카드를 사용하고 있으나 일반 주민들은 여전히 큰 관심을 느끼지 못하고 있다고 한다.

북한은 10여 년 전부터 비자카드와 마스터카드 등을 사용해 왔는데, 주로 외국인들을 상대로 한 서비스였다. 그러나 큰 성장 없이 제자리걸음 상태. 사회와 금융의 서비스는 기본적으로 일반 자국민들의 편리성과 이익 증대 그리고 보편적인 신뢰가 밑바탕이 되어야 하기 때문이다. 일반 대중이 참여하지 않은 서비스는 형식에 불과하다. 이처럼 기본적인 금융서비스를 도입하고 시도하고 있지만, 북한 주민들에게 일상화되고 있지 못한 금융시스템의 신뢰 회복이 절실한 상황이다. 북한 경제의 가장 큰 걸림돌이 아닐 수 없다. 은행의 역할은 그 나라의 경제에 혈액을 공급하는 기능과 신용경제를 통한 핵심적인 시스템이기 때문이다.

우리나라의 중앙은행(한국은행)은 상업적 역할은 하지 않는다. 한국은행은 화폐발행권을 행사하고 화폐공급을 책임지고 있다. 다음은 통화신용정책을 담당한다. 통화신용정책은 물가를 안정시키고 금리를 결정하며, 적절한 통화량을 조절한다. 은행 간 지급결제제도를 총괄하여 관리하고 감시하는 업무를 수행한다. 또한, 금융기관 간의 거액결제시스템인 한은 금융망을 운영하는 한편 결제자금이 부족한 금융기관에 최종대부자로 자금을 지원함으로써 우리나라 지급결제제도의 중추적인 역할을 맡고 있다. 북한이 선진국형 금융제도를 적극적으로 도입하고 시행하게 되면 우리나라와 유사한 금융시스템인 이원화로 변화할 가능성이 크다. 상업은행이란 예금과 대출을 취급하는 우리의 일반은행들을 말한다. 예로 국민은행, 농협은행, 신한은행 등이다. 북한도 개혁개방 후 보편적인 우리나라의 금융환경으로 변화할 것으로 예측된다.

북한 금융시스템의 현실화에 대한 과제

남북경제협력이 상당히 구체적인 방안이 나왔고 일부는 사전조사까지 이뤄졌다. 그런 상황들을 지켜보면서 내가 가장 염려하고 궁금한 부분이 북한의 금융시스템이었다. 그 어떤 준비보다 금융시스템의 선진화는 중요하기 때문이다. 김정은 위원장이 큰 관심을 갖고 있는 베트남의 개방정책과 현대화된 금융시스템을 이해하고 참고하는 것도 향후 북한 금융제도의 변화와 발전을 위해 중요한 사례가 될 것이다. 베트남이 미국과 수교를 준비하던 당시의 GDP와 경제수준, 금융환경이 매우 흡사한 부분이 많기 때문이다. 향후 북한이 개방하게 되면 그에 앞서 금융시스템을 보완할 것으로 보이며 베트남의 정책을 인용할 가능성이 매우 높다.

개방정책을 실시하던 1980년 중반 베트남의 1인당 국내총생산(GDP)은 81달러로 경제규모가 북한의 10분의 1 수준에 불과했다. 베트남 정부가 가장 중점을 두었던 미국과 무역협정이 체결되고 수교(1995년 7월)가 이뤄지면서 본격적인 성장 궤도를 달리기 시작했다. 몇 차례의 금융위기를 겪으면서도 꾸준히 성장을 해오며 중소득국(2018년 2,580달러)으로 올라섰다.

베트남은 개방 초기 국제금융기관과 서방선진국의 공적개발원조(ODA-Official Development Assistance)를 받음과 동시 아시아 주변국의 직접투자유치에 적극적이었다. 정부 당국과 기업, 경제단체들이 유기적으로 공조하며 외국인 직접투자를 유도한 것이 크게 성공했다.

베트남 정부는 본격적인 해외투자 유치를 하기 전에 금융시스템 개선과 점진적인 금리자유화를 빠르게 실시하였고 국민들에게 실질금리를 보장해 주었다. 그전까지 베트남도 사채와 신용조합형태의 금융이 활발했으나 지불에 대한 신용이 무너지고 도산하면서 자국의 화폐보다는 달러 선호현상이 극심해 혼란을 초래했었다. 이러한 문제점을 간파한 베트남 정부는 시스템 보완과 함께 시장 환율과 공식 환율을 수렴하고 외화예금과 자국 예금을 차등화하고 금리를 현실에 맞게 조정해 주며 내국인의 은행거래를 활성화했다. 물론 지금도 암시장에서 거래되는 환율 차는 크지만, 베트남의 기업들과 국민들 대부분은 정상적인 은행거래를 하고 있다. 베트남 금융시스템과 자국 화폐가 정상적으로 가동되며 국제금융기관들의 신뢰를 얻은 계기는 1993년 국제통화기금의 융자를 받게 되고 외환결제시스템을 가동하면서부터다. 이어 자국 통화표시 및 외화표시 국채가 발행되면서 정상적인 금융시스템제도를 완성하게 되었다. 또한, 2000년 주식시장이 개장되면서 금융시장의 틀을 갖추게 되었다. 당시 국가 공기업 위주로 5개의 기업들이 상장되었고 현재 30여 개의 주식이 거래되고 있다. 북한도 일부 다른 경로를 갈 수 있지만 큰 그림에서는 이 과정을 따를 수밖에 없을 것이다.

개방 전 북한이 가장 시급히 해결해야 할 부분도 바로 금융시스템의 회복과 가동이다. 이 부분이 완비되지 않으면 아무리 개방개혁을 외쳐도 혼란만 가중될 뿐 국제금융기관들로부터 신뢰를 얻지 못한다. 어느 국가나 금융기관 누구나 다른 나라에 투자할 때 가장 먼저 고려하는 부분은 그 나라의 외환결제능력과 투자자금에 대한 보장이다. 그리고 동시에 EXIT플랜(투자자금회수에 대한 계획)이 명확해야만 투자를 결정한다. 국가 간의 정책적 거래나 원조 등은 상호 협약에 의해 자금집행이 이뤄질지 모르지만, 민간자본의 투입 없이 발전과 양질의 성장을 절대 기대할 수 없다. 국제금융시장의 기준과 질서가 미비한 국가에 전문투자기관들과 기업들이 투자를 외면할 것은 불을 보듯 뻔하다.

많은 전문가들은 북한에 맨 먼저 투자할 기관으로 아시아 인프라 투자은행(AIIB)의 기존 사업들의 특징을 고려해 볼 때, 정부보증과 다른 금융기관들과 공동융자로 참여하는 방안을 우선 꼽고 있다. 또한, 북한 인프라 개발 펀드를 설립하여 다양한 국내외 자본을 유치하는 방식도 거론하였다. 그리고 AIIB의 회원국(한국, 중국, 러시아)과 북한이 공동으로 이익을 공유할 수 있는 초 국경 협력 인프라사업이 가능하다고 말한다. 하지만 기본적인 금융시스템이 마련되지 않는다면 결코 현실성이 없는 기획에 그칠 수 있다. 건전한 금융시스템은 국가 경제의 핵심요소로서 몸속의 혈액을 순환시키는 심장의 역할과 같기 때문이다.

해외자본 유치를 위한 방안

북한도 경제개발에 핵심적 역할을 할 해외자본이 유입될 수 있도록 IMF와 세계은행이 요구한 개혁프로그램을 따르면서 법적 제도를 보완하고 대내외적으로 알리는 것을 최우선으로 해야 할 일이다. 무엇보다 북한 주민들의 자국 화폐에 대한 신뢰를 얻기 위해서는 상업은행의 기능을 현실성 있게 가동하는 점도 중요하다. 상업은행의 근본적인 작동을 위해서는 주민들의 자발적인 예금(예·적금과 거래 일상화)거래가 활발하게 이뤄져야 하며 그에 따른 인출보장과 실질적인 금리지불의 현실화가 이뤄져야 한다. 그다음 시급히 해결할 문제는 이중환율의 큰 격차를 빨리 해소하고 외환전문은행이 설립되어 외환시장이 정상화되어야 한다는 점이다. 북한은 공식 환율과 시장 환율은 지역에 따라 다르고 작게는 50배, 크게는 무려 80배 가까이 차이를 보인 적이 있었다는 소식을 북한 소식을 전하는 dailyNK 홈페이지에서 확인할 수 있었다. 북한을 상대로 교역하는 사람들을 통해서도 한결같은 소리를 들을 수 있었다.

북한 개방이 실현되면 초기부터 국채발행을 활성화하는 전략이 필요하다. 외화표시채권도 함께 발행한다면 빠른 해외자본 유입과 대외 신용도에서 업그레이드될 수 있을 것이다. 개방 초기는 국제금융기관들과 원조개발자금 성격의 돈들이 유입될 수 있겠지만, 궁극적으로는 국가 신용을 담보로 자금유입이 현실화되었을 때 비로소 경제개발을 본격화할 수 있다. 채권인수 부분은 우리나라 금융기관들도 큰 관심을 두고 있는 부분이다. 수익사업에서도 다국적 기업들이 신디케이트 방식을 통해 투자할 수 있도록 선진국형 투자전문가를 양성하는 것도 구상해 볼 필요가 있다.

우리나라도 국가부도 사태(IMF) 이후 IMF의 권고를 받아들여 외국인 투자를 전적으로 개방하고 외국인들의 외환거래를 자유화함으로써 본격적으로 해외자금이 들어오게 된 것이다. 당시 해외자금이 본격적으로 들어오면서 우리나라의 경제도 몇 단계 상승할 수 있었다.

우리 경제의 근간이 되는 반도체를 비롯하여 중화학 분야에 투자가 활성화되고 설비투자가 향상되면서 경쟁력을 강화하였고, 빠른 성장을 이룬 것이다. 세계에서 유례없이 단기간에 IMF 구제금융을 갚을 수 있었던 주된 이유다. 지금도 해외투자자들과 미팅을 할 때 내게 가끔 하는 질문이 있다. "한국에서의 투자활동 중 가장 좋은 점이 무엇이라고 생각하느냐"라는 질문이다. 그러면 한결같은 대답을 한다. 한국의 우수한 금융시스템과 외환거래의 자유롭고 빠른 절차를 꼽는다.

북한은 마지막 분단국가라는 상징성과 그동안 국제사회에 숱한 이슈를 안겨준 나라이면서도 풍부한 지하자원과 지리적으로 유리한 이점을 지니고 있다. 많은 해외투자자들이 큰 관심과 함께 투자를 희망하는 국가다. 여러 곳의 투자 관련 컨퍼런스나 포럼 등에 참석해 보면 북한에 대한 문의가 부쩍 많다. 개인적으로도 상당한 호기심과 함께 투자를 고려하고 있어 빠른 시간에 북한을 돌아보고 다양한 분야의 담당자들과 미팅을 하려고 준비 중이다. 어떤 방식으로든 사모펀드를 조성해 적은 금액이라도 북한에 투자해 보고 싶은 계획을 가지고 있다.

앞으로 10년 북한과의 경제 단일화가 한국의 제2의 성장을 이끈다는 것은 자명한 일이다. 그러나 최근 들어 다시 북한과의 관계가 냉각되고 예상 밖으로 흘러가는 상황을 보며 역시 북한은 상대할 대상이 아니라는 소리가 여기저기서 들린다. 그러나 두고 볼 일이다. 이미 변화의 물꼬가 트인 상황에서 북한은 또다시 구시대적 정치 상황이나 적대적 관계로 돌아가기는 쉽지 않을 것으로 판단하고 있다.

그 어느 때보다 해외투자가들이 북한에 대한 높은 관심과 구체적인 투자 메뉴얼을 만들어 놓고 시시각각 모니터링한 것을 확인하면서부터 관심을 갖기 시작했다. 하여 향후 경제 단일화를 대비한 차원에서 다양한 분야의 자료를 취합하고 투자자적 관점에서 북한에 대한 분석을 지속해 갈 것이다. 북한의 현장을 보고 관련 북한의 당담자들과도 심도 있는 미팅을 이어갈 것이다.

제8장

자산증식의 길은
주식 트렌드에 있다

O━━━━呱

가치주 투자에 대한
새로운 시각

　오랫동안 장기투자를 해 온 많은 투자자들은 최근 들어 가치주 투자에 대한 부정적인 시각과 회의론에 대한 소리가 그 어느 때보다 높다. 몇 년간 꾸준히 주식을 모아가던 장기투자자들도 급기야는 하락을 견디지 못하고 큰 손실을 감수하고 손절매를 하고 있는가 하면 펀드를 해약하는 사례들이 점점 확산되는 분위기다. 나도 오랫동안 가치주에 장기투자를 해오면서 느낀 점은 이젠 새로운 시각으로 봐야 한다는 판단으로 방향전환을 모색 중이다. 주식시장에서 절대적으로 싸게 거래되는 우량주식을 매수해 본 가치에 도달할 때까지 꾸준히 주식을 모아가는 가치주 투자전략은 이젠 더 이상 통하지 않는다는 것을 절실히 실감하고 있어서다. 이제는 무조건 싸다고 매수해 묻어두는 투자방식도 바뀌어야 한다는 생각이다.

　우리나라 기관투자가의 대표적인 국민연금이나 가치주 장기펀드를 전문으로 운용하는 운용사들이 편입한 가치주 대부분은 몇 년 전부터 큰 손실이 발생하였다. 그런 와중에 최근 주식시장이 52주간 연중 최저점에서 횡보하자 손실 규모는 눈덩이처럼 불어나고 있다. 이런 상황에서도 장기투자 펀드를 운용하는 투자기관의 대표들은 방송에 출연해 가치주 투자를 권유하고 있어 투자자들을 곤혹스럽게 하고 있다.

　지난 2년 동안 반도체 슈퍼 호황기를 맞아 주식시장은 꾸준한 상승을 이어왔다. 그 상승세에 편승해 바이오 관련 주들을 등에 업고 코스닥 시장도 뜨겁게 달아올랐다. 문제는 시장이 계속 상승하는 동안 가치주 펀드들은 반등하지 않았고 오히려 하락한 종목들이 많아 투자자들을 크게 실망시켰다. 그러함에도 지금이 가치주의 최저점이라고 투자를 강조하는 장기투자를 추종하는 투자전문가들의 소리를 어떻게 받아들여야 하는지 고민해 보지 않을 수 없는 요즘이다.

　지난해 국정감사에서도 이 문제가 거론되었다. 국민연금의 포스코 지분 보유율은 2007년 2.86%에서 2018년 10월 11.05%로 증가했다. 2018년 12월 기준 국민연금은 포스코 한 종목으로 평가손실 1조 9천억에 달한다고 한 의원이 지적한 것이다. 국민연금은 주가가 가장 높을 때 포스코 주식을 매입하기 시작했고 주가가 지속적으로 하락하고 있는 상황에서도 꾸준히 지분을 늘린 셈이다. 이 때문에 장기 하락세에 있는 주식을 매수하고 지분율을 늘리는 국민연금의 투자방식이 오히려 기금 수익률 악화로 이어지고 있다는 지적이 나오기도 했다. 비단 포스코뿐만 아닌 KT 통신주를 비롯하여 각 업종을 대표하는 대부분의 종목인 항공, 조선, 자동차, 건설, 정유화학, 유통산업의 주식들을 보유하고 있고 대부분 큰 손실이 발생했다고 지적했다. 연기금이 장기투자를 한 종목 중 삼성전자, LG생활건강, 아모레 등 몇 종목들 제외하고 모든 투자종목이 손실을 내는 중이다.

　우리나라를 대표하는 장기투자를 지향하고 있는 자산운용사들이 보유하고 있는 종목들 또한 거의 모든 종목들이 마이너스를 기록하고 있거나 몇 년 동안 은행금리 수준의 이익도 못 내고 있다는 것을 확인할 수 있다.

지금까지 주식시장이 어려울 때일수록 가치주들은 대체로 견고했다. 그러나 그 공식은 깨지기 시작했고 최근 들어 부쩍 가치투자에 대한 회의론이 드는 것은 어떤 원인에서 비롯된 것인지 짚어볼 필요가 있다.

첫째는 크게 바뀐 산업생태계에서 그 원인을 찾아볼 수 있다. 이미 모든 산업은 지식산업을 바탕으로 하는 경제구조가 재편되고 있고 금융시장을 견인하는 것도 공장 없는 기업의 주식들로 돈들이 몰리고 있기 때문이다. 두 번째 원인으로는 세계적인 경기침체를 들 수 있다. 이러한 상황에서 미·중 무역 갈등과 일본과의 수출보복 사태까지 일어나 더욱더 투자환경을 악화시키고 있는 것도 큰 문제점이라고 할 수 있다.

우리나라 업종 대표기업들의 대부분은 70년대 집중투자된 중화학 위주의 장치산업으로 연관된 기업들이다 보니 지금처럼 경기불황 속에서는 더 이상 성장을 기대하기 어렵다. 한 가지 더한다면 현재처럼 제로 금리 상황에서 가치주 패시브(수익이 낮더라도 안정적이고 수동적으로 투자하는 방법) 투자전략보다는 경기민감주들의 액티브(시장 수익률에 따라 적극적으로 투자하는 방법) 투자전략이 더 유리하다는 것도 해외투자전문가들의 투자전략을 바꾼 것이 가치투자에 대한 변화를 가져왔다. 뮤추얼펀드(mutual fund)가 급속히 줄어드는 반면 액티브펀드(active fund)가 대세인 헤지펀드로 자금이 이동하는 것도 가치주들이 관심을 받지 못한 또 다른 원인일 수도 있다는 생각이다.

금년 들어 한 가지 큰 변화를 읽을 수 있는 것은 전통적으로 가치주에 투자를 하던 워런 버핏의 투자변화였다. 연례행사로 열리는 버크셔 해서웨이 주주총회를 며칠 앞둔 어느 날 워런 버핏은 한 방송과 인터뷰를 했다. 인터뷰 도중 자신의 투자방식이 바뀌었다고 말하며 아마존 주식을 사들였다고 밝혔다. 미국 경제 매체의 대표적인 방송에 출연한 버핏은 자신의 펀드를 관리하는 펀드매니저가 아마존을 좀 샀는데 곧 13F에서 볼 수 있으니 참고하라고 언급한 것이다. 13F는 일정 자산을 운용하는 기관투자가들이 미국증권거래위원회(SEC)에 제출하는 분기 보고서다. 우리나라의 전자공시시스템을 제공하고 있는 금융감독원과 같다고 보면 된다. 대표적인 경제전문방송의 공개석상에서 워런 버핏이 말한 투자의 변화는 시사하는 바가 크다고 할 수 있다.

버핏은 그동안 공공연한 장소에서 아마존의 최고 경영자인 베이조스를 칭찬해 왔으나 단 한 주의 주식도 보유하지 않았다. 대표적인 가치주 투자를 실행하고 있는 워런 버핏이 기술주나 신설회사 주식은 쳐다보지 않았던 점을 감안하면 큰 변화가 아닐 수 없다. 이를 지켜본 투자자들 사이에서도 패시브 가치주 투자와 액티브 투자에 대한 논란이 되었다. 그도 그럴 것이 당시 아마존 주식은 미국 주식시장을 견인한 대표 신기술 주로 거품논란이 거세질 무렵이었기 때문이다. 방송을 끝내며 그는 자신의 투자 성격에 큰 변화가 일어난 것은 아니라고 강조하며 부연 설명을 했지만 그가 수십 년간 지켜온 가치투자에 대한 진로 변경을 예고한 것이었고, 분명 가치주에도 큰 변화가 있음을 암시하는 메시지가 아닐 수 없다.

외국인 투자자들의 한국 투자시작

1992년 우리 증시는 처음으로 외국인들에게 투자를 허용하면서 우리나라 투자자들에게도 가치주 인식이 새롭게 각인되었고 투자지표도 본격적으로 인용하기 시작했다. 당시까지만 해도 주식투자를 하면 루머나 내부정보를 이용한 불공정한 투자 관행이 주를 이루었고 섹터별로 움직이는 경향이 심했다. 유동성이 풍부해 대표적인 내수주인 건설주가 움직이면 덩달아 은행, 증권주가 따라 동반 움직이는 형태였다. 자금력이 큰 투자자들이 주가를 조작하기 일쑤였고 보이지 않는 특정 세력에 의해 주가가 움직인다고 믿는 일반투자자들이 대부분이었다.

외국인들에게 투자가 일부 허용되면서 외국 투자자들은 우리나라를 대표하는 각 업종의 대표주식(삼성전자, 삼성화재, 엘지화학, 농심, 유한양행, SK텔레콤 등)들 위주로 매수하여 30년이 지난 얼마 전까지 보유했었다. 북유럽, 싱가포르 국부펀드는 대표적인 IT, 제약주와 통신주들을 초기에 매집해 적게는 1,000% 더러는 수천 퍼센트의 이익을 냈었다.

우리나라가 1997년 국가부도 사태를 맞아 IMF 구제금융을 받는 조건으로 외국인 투자 한도 철폐와 외환 자율화는 본격적인 외국인 투자의 시대를 열었다. 그때부터 우리 증시는 외국인들이 주도하는 금융시장에 놓이게 되었고 그들의 투자패턴에 따라 주식시장이 요동치는 상황이 지금도 계속되고 있다.

몇 년 전만 해도 세계금융시장에 막대한 영향을 행사한 국부펀드와 연기금펀드들이 주로 매집한 주식이 우리나라 대표적인 전통주 즉 대형주 굴뚝주식들이었다. 삼성전자, 엘지화학, 국민은행, 포스코, 한미약품, 제일제당, 현대자동차, 농심, 롯데제과, SK텔레콤, KT 등 업종 1등 주식들이었다. 이들 주식의 특징은 해외전문투자가들이 투자지표로 삼는 PER, PBR, ESP 등이 어느 나라보다 싸다고 느꼈기 때문이다. 전형적인 생산국가로서 꾸준한 성장성이 유지되고 있었기 때문이다.

그러나 산업은 변화하고 진화한다. 스마트폰이 빠르게 세상을 바꾸면서 모든 산업의 생태계는 크게 변화하기 시작했고 삶의 형태를 순식간에 바꿔 놓았다. 금융시장도 이 산업의 변화에 따라 흐름이 바뀌고 한쪽으로 쏠리는 즉 관성의 법칙이 크게 작용한다. 아무리 싸고 좋은 주식이라도 그런 패턴의 흐름에 동참하지 못하면 철저히 시장에서 외면받고 빛을 잃고 오랫동안 소외되고 만다. 심지어 어떤 주식은 전체 시가총액(총 발행된 주식의 가격)이 그 회사가 보유한 현금성 자산보다 낮게 거래되는가 하면 PBR(Price Book-value Ratio 주당 순자산비율)이 0.5 미만인 종목들이 수두룩해도 투자자들은 거들떠보지 않는다. 그러함에도 한번 투자하면 본 가치에 도달할 때까지 꼼짝하지 않고 묻어놓은 투자방식을 지속해야 하는지 진지한 고민을 하지 않을 수 없는 요즘의 투자환경이다.

내가 가치투자에 집중하면서 심리적 압박과 고통을 견뎌야 했던 것도 가치주에 투자한다는 원칙 때문이다. 그때와 지금은 완전히 다른 투자환경 속에서 새로운 길을 모색하지 않을 수 없음을 실감하는 중이다.

IT 신기술의 거품이 준 교훈

밀레니엄(2000년)을 앞두고 IT 신기술 주들의 버블은 극에 달해 있었다. 펀드를 책임지고 얼마 있지 않아 IT 신기술 주식들에 편입하지 못한 나는 심한 고통과 함께 무능한 투자 책임자로 인식되었고 비난을 받아야 했다. 투자세계를 떠나고 싶은 마음을 하루에도 수십 번씩 갖게 하였던 것도 그때가 처음이었다. 그러함에도 몇몇 파트너와 동료들이 늘 곁에 있어 주었다. 격려와 함께 끝까지 믿어 준 투자자들과 지인들의 신뢰로 다시 시장으로 돌아왔고 지금도 원칙적으로는 가치주 투자에 큰 비중을 두고 있다. 하지만 이젠 전통적 가치주에 대한 인식전환과 함께 시장흐름에 따라가야 한다는 시각으로 바뀌는 중이다. 근자, 큰 자금을 운용하는 펀드매니저의 조언도 가치주에 대한 인식을 새롭게 하는 계기가 되었다. 가치주 펀드를 담당하고 있는 펀드매니저들도 이젠 전통적인 산술적 지표가 아닌 돈의 흐름과 시대적 트렌드에서 그 본질가치를 따져 투자하는 패턴으로 바뀌었다고 말하고 있어서다.

지금처럼 불확실성이 짙은 금융시장에서는 일부 기관투자가들도 투자기간에 상관없이 적절한 이익이 나면 빠져나가는 단기투자전략을 선호한다. 그런가 하면 시장 상황에 따라 단 5%만 이익이 나도 포트폴리오를 바꾸는 전략을 구사한다. 그만큼 시장에 대한 불확실성과 대내외적인 변수에 민감하기 때문이다. 투자의 잣대가 되는 기업들의 실적이 날로 하향되고 있고 빠른 산업 트렌드에 따라 돈도 움직이므로 가치주에 대한 투자가 소멸하고 있는 것은 아닌지 스스로 반문하고 있다.

주식시장에 부는 변화의 바람

지난해부터 우리 금융시장에도 큰 변화가 시작되었는데, 국내외 큰 손들인 기관투자가들의 목소리가 커지고 있다는 점이다. 외국의 행동주의 펀드들이 단 1~2%의 지분을 들고 경영에 간섭하거나 주주들의 이익을 찾기 위해 발 벗고 나서면서 우리나라 투자환경도 대변혁기에 들어섰음을 알 수 있다. 일부 대기업들의 오너 일탈행위와 주주친화정책을 외면한 데서 원인을 찾을 수 있겠지만, 이는 돈의 흐름이 바뀌면서 나타나는 자연스러운 현상이다. 이러한 변화는 이제 시작일 뿐 우리나라 금융시장에도 개혁을 예고하는 신호라고 보는 것이 맞을 것이다. 지난해부터 일기 시작한 스튜어드십 코드(stewardship code) 또는 의결권행사지침 확산은 우리 주식시장에도 큰 변화를 예고하고 있다. 그 첫 번째 권리행사를 한 것이 대한항공의 주주총회에서 대주주 겸 대표이사인 조양호 회장의 이사 연임을 반대하여 경영에서 물러나게 한 것은 예전에 볼 수 없었던 일로서 큰 변혁의 신호탄으로 인식될 것이다. 이미 고인이 된 분이지만 우리 주식시장에서 큰 이슈가 된 사건이다.

　우리나라 상장기업들은 IMF와 미국 미국금융위기를 겪으면서 내실이 얼마나 중요한지 실감했고 유보금을 쌓는 데 집중했다. 미국 금융위기 이후 꾸준히 이익금을 사상 최대로 쌓아놓고 있으면서도 설비투자는 크게 늘리지 않았다. 그리고 주주친화정책에도 소홀히 했는가 하면 배당도 인색하게 실시하며 전시대적 경영방식을 고수해 왔다. 이런 기업의 형태는 유독 한국 기업들에게 특징적이며 선진국에서는 찾아보기 힘든 일이다.

　얼마 전 내가 쓴 리포트를 읽어보고 관심 있는 기업들의 결산서(재무제표)를 유심히 검토한 외국의 헤지펀드 매니저는 매우 놀라워하며 당장 이 회사를 상대로 적대적 M&A를 추진하자고 제안해 왔다. 그 중견기업은 쌓아놓은 현금이 주식시장에서 거래되는 전체 시가총액 가까이 보유하고 있었기 때문이었다. 그러면서도 배당은 수년째 은행이자도 지급하지 않은 것을 보고 흥분하며 내게 적극 권유한 것이다.

　선진국에서는 배당을 하지 않고 현금을 쌓아놓은 회사는 여지없이 적대적 인수합병의 대상이 된다. 현금을 보유하고 있으면서도 배당을 적게 하면 주주들은 당장 그 이유를 따진다. 그리고 일부 헤지펀드들은 적대적 M&A를 시도하는데 주저하지 않는다. 설령 적대적 기업 인수가 성사되지 못하여도 그 회사의 가치를 알리고 시장에서 주목받을 수 있어 주가에는 긍정적인 효과를 가져올 수 있기 때문에 적대적 M&A를 선호한다. 또 다른 이유는 그렇게 숨겨진 주식을 찾아내 시장에 알리고 자신들의 존재감을 금융시장에 알리고 실력을 과시하는 중요한 포인트로 인식될 수도 있기에 적극적인 편이다.

올해부터 우리나라 주식에 투자한 외국인투자자는 물론 국내 기관투자가들도 적극적으로 주주권리에 나설 것이 예상되며 특히 외국의 행동주의 펀드들이 턱없이 싼 주식들을 공격하거나 적대적 인수합병을 시도할 가능성이 매우 높다. 아직도 이머징마켓으로 인식되고 있는 우리나라 대기업들의 구시대적 경영형태와 시대 흐름을 외면한 오너들의 사고방식을 곳곳에서 찾아볼 수 있다. 이런 후진국형 경영자들의 인식이 바뀌지 않는 한 외국 투자자들은 어떤 방식으로든지 주주권리를 외치며 유보금을 주주들에게 나눠주거나 주가관리에 나서라고 요구할 가능성은 그 어느 때보나 높다.

이런 투자형태의 변화와 돈의 흐름에서 우리는 새로운 투자기회를 찾을 수 있을 것이다. 세계 경제가 계속 하강압박을 받는 지금, 기업들의 좋은 실적을 기대하기는 쉽지 않다. 이는 주식시장도 예외일 수 없어 특정 섹터에 집중될 가능성이 높아 투자의 방향을 새롭게 봐야 할 시점이다. 그동안 철저히 외면받아 왔던 가치주와 대주주 지분이 미약하면서도 왕처럼 군림해 왔던 기업들은 예전에 보지 못했던 다양한 방법의 주주권익의 목소리에 직면할 것이며 공격의 대상이 될 것이다. 기업의 이익은 지속적으로 늘어나는데 주가는 제자리걸음이거나 배당 또한 별다른 차이 없이 수년간 모르쇠로 버텨온 기업들도 변화의 바람에 맞닥뜨릴 것이다. 지금까지 주식투자를 해 온 투자자들이라면 이런 변화에 주목하고 투자의 관점을 바꿀 필요가 있다. 가치주의 가치 기준을 새롭게 하되 전통적 주식들에 대해서도 관심을 가져야 할 시점이다. 무조건 싸다고 느껴지는 주식이라도 산업트렌드와 해당 업종에서 경제적 해자의 위치에 있는가에 따라 가치주 투자결과가 크게 달라질 것이다.

오랫동안 가치주 투자를 해 온 투자자라면 새로운 액티브 투자방법을 시도하기 전에 몇 가기 선행해야 할 일들이 있음을 기억해야 한다. 물론 이 점은 가치주를 투자하는 사람들에게도 해당되는 말이다. 관심 있는 종목의 연관된 산업 내에서 기업의 경쟁력 차이를 면밀히 분석해야 한다. 단기간 투자하게 됨으로써 발생하는 수익률 향상을 위한 트레이딩 능력도 중요하다. 현재 불확실한 시장에서는 개별종목 위주로 움직이며 현재 살아 있는 산업과 연관된 섹터별로 움직이는 경향이 심하다. 이런 변화를 읽을 줄 아는 능력을 키우는 것도 액티브 투자에서 갖춰야 할 절대적인 요소다.

가장 쉽고 빠른,
현명한 노후준비

세계에서 노후준비를 가장 쉽고 빠르게 끝내는 민족이라면 단연코 유대인들을 떠올린다. 성인이 되기 전에 벌써 돈에 대한 기본 지식과 재산을 늘려가는 방법과 효율적 관리를 배우는 민족은 유대인이 으뜸이 아닐까 싶다. 청소년 때부터 탈무드를 공부하는데, 그 책 속에는 돈에 대한 이야기가 자주 등장한다. 돈에 대한 가치를 배우고 돈과 연관된 처세술을 익힌다. 그리고 성인이 될 때까지 선배들의 경험을 따라하고 돈에 대한 전통적인 가치관을 배우는 것을 자연스럽게 받아들이고 있다. 그들이 성경 못지않게 중요시하며 성인교육을 학습하는 탈무드에는 유독 돈에 대한 이야기가 많이 나온다. 2천 년 동안 나라 없이 떠돌아다니며 살아남아야 했던 그들의 파란만장한 삶에서 돈이란 곧 생명이요 권력이라는 돈의 생리를 명확히 터득했기 때문인지 모른다.

유대인들은 보통 13세가 되면 '바르 미쯔바(Bar Mitzvah)'라는 성인식을 치른다. 이 성인식 날 유대인들은 부모들이나 친척들로부터 성인 축하금과 선물을 받는 것이 오랜 전통이다. 중산층을 기준으로 보통 5~6만 달러(한화 5천~7천만 원)를 받는다. 그리고 축하금과 함께 받는 선물이 있는데, 손목시계와 성경책이다. 손목시계를 지금도 변함없이 선물하는 의미는 약속을 절대적으로 지켜야 하고 시간을 소중하게 써야 한다는 뜻이다. 성경은 부모의 역할 없이도 신과 소통하며 신 앞에 부끄럽지 않은 인간으로 살아가라는 책무가 담겨 있다고 한다.

이때 받은 돈은 부모가 절대 손대지 않고 전부 자녀의 이름으로 통장에 넣어 둔다. 자녀와 협의하여 저축하거나 펀드 또는 주식 등에 투자하며 함께 돈을 불려 나간다. 그 과정에서 자녀는 현실적으로 돈을 굴리는 방법과 투자의 요령을 배우며 다양한 금융상품과 함께 기본적인 금융지식을 부모나 친척들과 정보를 공유하며 금융질서를 익힌다. 이 과정에서 자녀는 스스로 금융시스템을 공부하고 이해하게 되며 돈의 근본이라고 할 수 있는 신용경제의 구조와 생리를 터득하는 것이다.

그런 과정을 거치다 자녀가 완전히 독립할 수 있는 만 18세가 되면 그 돈은 자녀 스스로 사용하는 권리와 함께 경제적으로 독립하는 종잣돈이 된다. 사실 이때를 기점으로 많은 유대인 부모들은 자신들의 노후준비가 절반은 끝났다고 보면 된다. 자녀들이 사회에 나오면서부터 온전히 자신들만을 위한 경제활동을 할 수 있고 노후를 위해 저축할 수 있기 때문이다.

많은 유대인 청년들이 대학을 포기하거나 졸업 후 창업가로 나서는 이유도 이런 환경에서 비롯된 것이다. 우리나라 서울의 인구보다 적은 800만 명이 조금 넘는 인구의 이스라엘 기업들이 미국의 주식시장 나스닥에 상장된 기업 수가 82개에 달하고 대부분 청년 창업자들의 스타트업체들이다. 그런데 한국 기업은 나스닥에 2개 기업이 진출해 있다. 왜 우리나라 청년실업이 심각하고 대학 졸업 후 빈둥대는 청년들이 많은지 쉽게 알 수 있는 대목이다. 이 수치는 순수 이스라엘 본토에서 경제활동을 하는 기업들의 수치이고 유대계 미국인을 포함시키면 이보다 훨씬 더 많다.

한국은 G20 국가 중 노인 빈곤층이 1위의 국가다. 그 이유는 은퇴 후 노후준비 없이 일터를 떠나는 것이 가장 큰 원인이라고 할 수 있다. 그리고 평생 동안 경제활동을 하면서 모은 돈은 자녀들을 위해 지출하다 보니 정작 자신들의 미래는 소홀히 할 수밖에 없었다는 것이 공통된 이유다. 어느 국가보다 더 일을 많이 하고 결코 적지 않은 월급을 받았으면서도 충분한 노후준비가 되지 않은 이유는 자녀들 때문이다. 자녀들의 높은 과외비와 비싼 집에 대한 대출금을 갚아 오다 보니 정작 자신들의 노후를 준비할 여유가 없었다. 자녀가 대학을 나올 때까지 부모들이 학자금을 책임지고 그 후에도 결혼은 물론 그들이 살 집까지 걱정하는 우리나라만의 독특한 환경은 안정된 노후를 갖지 못하는 구조적인 문제를 안고 있다. 거기에다 자녀가 창업하거나 장사를 한다고 보증을 서거나 대출을 받아 지원했으나 자녀의 사업이 실패하여 나락으로 떨어지는 경우도 종종 있다.

노후준비는 자녀들로부터 시작

젊은 층을 상대로 노후준비에 대해 강의를 하거나 자산 증식에 관해 얘기할 때 가장 먼저 주장하는 것은 노후준비는 자녀들로부터 시작하라는 것이다. 그리고 집에서 잠자고 있는 돈을 꺼내 불려가라고 권유하고 있다. 어느 가정이고 돈이 될 수 있는 자산들이 장롱 속에서 잠자고 있다. 아이들의 백일잔치나 생일 때 받은 금반지와 저금통의 잔돈들을 까맣게 잊어버리고 어디에 뒀는지 모르게 방치하고 있다. 그리고 쓰지 않은 많은 물건들이 곳곳에서 잠자고 있다. 이것들을 잘 활용하는 것도 소비를 줄이고 저축으로 유도할 수 있는 자산이다. 가장 중요한 것 중 하나는 멀쩡한 새 옷들이 쌓여 있다는 것이다. 그 옷들을 손질하거나 고쳐 입으면 그만큼 옷에 소비할 돈은 절약된다. 집안을 정리하면서 쓰지는 않지만 멀쩡한 것들로 가득 찬 박스는 결국 쓰레기가 될 것이며 동시에 집안 환경과 쾌적함을 방해하기에 삶의 질적 가치도 따져봐야 한다. 꼭 눈에 보이는 것만이 돈이 아니기 때문이다. 그 자산들을 현금화해 주식을 사 놓거나 쌓여 있는 것들을 잘 활용하여 비용을 줄이는 자체도 저축의 수단이다. 당장 집안에 숨어 있는 귀금속 등 돈이 될 만한 것들을 현금화해 돈이 스스로 알아서 새끼를 쳐가는 데 투자를 해 놓아야 한다.

아이가 어릴 때부터 통장을 만들어 그 계좌에 단 한 주의 주식이라도 모아간다면 아이가 중학생이 되고 고등학생 그리고 대학생이 되면 상당한 자산으로 불어난다. 그런 투자자금은 특별한 돈이 아니어도 얼마든지 모아갈 수 있다. 할머니, 할아버지 또는 친척들이 준 용돈이나 부모가 아이들에게 돈을 줄 때 평소 주는 돈에서 20% 정도만 떼내어 주식을 사는데 보태는 것도 좋은 방법이다. 어느 가정이나 한 개 정도 있는 돼지저금통에 모인 동전을 꺼내 몇만 원이라도 주식을 사는 습관을 들이다 보면 아이도 자연스레 관심을 갖게 된다. 자녀가 한 번씩 계좌를 볼 때마다 주식 수가 늘어나 있는데 큰 흥미와 함께 보람을 느낀다. 더 중요한 것은 그런 과정을 보며 자란 아이는 자신의 장래에 대해 진지하게 고민하게 되고 돈의 중요성을 인식하게 되어 함부로 돈을 대하지 않는다.

자녀들이 대학을 졸업할 무렵이 되면 초등학생 때 매월 20만 원씩 모아가는 돈은 중학생이 매월 30만 원으로 시작한 것보다 훨씬 더 많은 자산으로 불어난다. 일찍 시작할수록 적은 금액으로 큰 투자성과를 얻을 수 있고 자녀들에게도 산 교육이 될 수 있다. 어느 가정이든지 생각만 바꾸면 월 30만 원 정도는 간단히 마련할 수도 있을 것이다. 예를 들어 아이의 적성이나 흥미를 무시한 채 안 보내면 괜히 내 자식이 뒤처질 것 같아 학원으로 내쫓는 그런 돈만 낭비하지 않아도 얼마든지 자녀들의 미래를 준비할 수 있다. 무엇보다 자녀들이 돈에 대한 인식과 경제관념을 독립적으로 갖게 된다는 이점이 더 크다. 만약 자녀가 대학을 들어갈 때 그 계좌에 있는 주식을 팔지 않고 그대로 유지해 간다면 결혼 자금은 물론 자녀가 사회에 나왔을 때 독립할 수 있는 종잣돈이 될 수 있다. 분명 그 자녀는 돈에 대한 중요성과 자산을 불려가는 방식을 이미 답습했기에 어떤 일을 하고자 할 때나 직장생활을 한다고 해도 돈을 대하는 자세가 크게 다르다.

실제 내 강의를 들은 몇몇 젊은 부모들은 진즉부터 실행해 오고 있다. 아이가 막 태어나 백일이 되자 아이 이름으로 계좌를 개설해 백일 때 들어온 아이의 금반지 등을 내다 팔아 주식을 사 두었고 외가나 친가에 가서 받은 세뱃돈이나 용돈을 받는 즉시 주식을 사 모아 가고 있다. 이제 초등학생 1학년 계좌에는 벌써 몇백만 원, 일찍 시작한 일부 부모들은 천만 원이 훨씬 넘었다. 또 용돈이 모이면 아이와 함께 컴퓨터 앞에 앉아 주식을 주문하면서 자연스레 아이들이 경험하도록 하는 것도 현장감 있는 좋은 금융교육이 아닐 수 없다. 아이들도 돈을 함부로 쓰지 않고 스스로 주식을 한 주라도 더 모으려고 하는 것도 자연스러운 현상이다.

투자는 일찍 할수록 자산이 크게 불어난다. 복리효과 때문이다. 주식투자도 분명 복리효과가 있다. 상장회사들은 주주들을 위해 배당을 하거나 무상증자를 실시하기도 해서 주식가치가 상승하는 효과와 함께 자산이 크게 불어난다.

　많은 부모들은 어떻게 하든지 돈을 모아 자녀들에게 증여하고 도움을 주고자 노력한다. 여기서 가장 중요한 것은 세금 문제다. 부모가 자산을 자녀들에게 나눠 주려고 하면 일정 금액(5천만 원) 이상은 납세의무가 따른다. 즉, 증여세를 피할 수 없다. 하지만 아이 이름으로 계좌를 만들어 꾸준히 저축한 돈이 크게 불어나도 세금에 대한 부담이 없고 떳떳하다. 증여세 신고 없이 자녀에게 물려준 자산은 큰 문제점이 될 수 있다는 점도 알아야 한다. 어린 자녀에게 종잣돈을 주고자 할 때 증여세 한도까지 줄 경우도 반드시 국세청에 증여신고를 하도록 나는 권유하고 있다. 자금의 출처를 분명히 하라는 의도다. 부모가 준 종잣돈으로 그 자녀가 큰 자산을 불려놓았다 해도 세금 문제에서 벗어날 수 없기 때문이다. 그러함에도 대부분의 부모들은 자신들이 돈을 벌어 자녀들에게 도움을 주려고 한다. 무지에서 오는 발상이 아닐 수 없다. 가능한 한 일찍 자녀 명의로 계좌를 만들어 자녀 명의로 돈을 불려가야 떳떳한 자산이 될 수 있고 세금 문제에서도 자유롭다. 물론 자녀에게 돈을 주면 그 돈을 쉽게 써버릴 수 있다는 불안감에 자신들이 돈을 모아 목돈으로 넘겨주려는 부모들의 공통된 생각일지 모른다. 하지만 많은 자녀들이 그렇게 하나씩 모아가는 돈을 절대로 허비하지 않는다는 것을 지켜보았다.

　자녀들이 스스로 자립할 수 있도록 부모들이 일찍 미래를 준비해 준다면 자신의 노후준비도 한결 수월하고 여유 있게 준비해 갈 수 있다. 작은 용돈으로 시작한 자녀들의 미래자산이 꾸준히 성장해가는 모습을 보는 부모들은 자신들의 노후준비 또한 절대 소홀히 하지 않는다. 자산을 불려가는 데는 꼭 일정 금액 이상의 돈이나 여웃돈이 있어야

만 한다고 생각하는 경향이 짙다. 그런가 하면 주식투자는 무조건 위험하다는 부정적 인식이 강해 생각조차 하지 않은 기성세대들이 뜻밖에 많다. 우리나라 부모들이 노후준비를 미리미리 하지 못하는 원인이기도 하다.

일찍 시작할수록 가장 적은 돈으로 큰 투자의 효과

노후준비를 일찍 시작할수록 좋다. 또한 적은 금액으로도 시작할 수 있고 용돈으로 모아가도 쏠쏠한 재미와 함께 투자에 대한 생각을 바꿀 수 있어서다. 우리나라 부모들은 벌어오는 수입 중 대부분을 자녀들을 위해 소비하고 교육에 투자한다. 우리 부모들의 헌신적이고 절대적인 교육열에 대한 희생이 있었기에 오늘날 대한민국이 이만큼 성장할 수 있었음은 다 아는 사실이다. 그러나 이제는 세태의 흐름에 따라 무조건 따라 하는 방식은 바뀌어야 한다. 세상이 변하고 있기 때문이다. 자녀들의 미래나 경제적 지원 부분에서만 해방되어도 우리들의 노후준비는 한결 수월하고 더 쉽고 빠르게 가꿔 놓을 수 있다.

이미 자녀들이 성장했거나 자립해 수입이 없는 사람들도 가장 적은 비용으로 노후를 준비할 수 있다. 이 책을 읽는 은퇴한 독자도 앞으로 살아갈 날이 최소한 20년, 30년은 남아 있을 것이다. 그 노후를 위해서라도 지금부터 시작하자. 노후는 꼭 돈에만 국한되는 것이 아니다. 나이 들어 지출이 가장 큰 건강을 위한 활동과 땀 흘리는 투자는 돈을 저축하는 것과 같은 방법이다. 노후를 준비하는 것도 지출을 위한 대비이기 때문이다. 한국인들의 노후준비는 경제적인 부분에 주안점을 두고 있다. 돈만 있으면 노후준비가 다 된 것으로 착각하는 데서 맹목적인 목표가 생겼고, 정작 돈 준비가 되었으나 건강으로 모든 것을 다 잃고 삶을 포기하는 슬픈 노후를 생각해 보자. 경제적인 노후준비가 부족했다면 건강 노후준비라도 해놔야 반쪽의 성공이 된다.

숨겨진
부의 설계도

새로운 투자기회

M&A의 거센 물결

향후 10년 동안 기업인수합병의 거센 바람이 불어 닥칠 것이다. 베이비부머 세대들의 퇴장과 함께 맨몸으로 시작해 기업을 일궈온 경영진들의 은퇴가 이미 시작되었고 몇 년 안에 완전히 퇴장하게 된다. 필자가 M&A 전문가로 활동하다 보니 많은 기업의 오너들이 자신들이 평생 일궈온 기업에 대해 의논하며 조심스럽게 회사를 매각하고 싶은 속내를 비친다. 자녀들에게 물려주자니 적성이나 역량에 맞지 않는다고 하소연한다. 대부분 해외에서 유학하고 돌아온 자녀들은 한국 기업의 시스템에 적응이 어렵고 이렇다 할 고생 한 번 없이 성장했기에 중소기업을 책임지고 끌고 갈 역량이 부족하다. 내가 직접 지켜본 몇 기업에서 보듯 아주 건실한 회사를 물려받은 자녀는 기존의 임직원들과의 불협화음과 갈등으로 심한 내홍을 겪었다. 무엇보다 방탕한 생활과 극에 달한 사치로 인해 그 회사는 얼마 가지 못해 부도 위기에 처했고 수천 명의 주주에게 큰 피해를 안겨 주었다. 그뿐 아니다. 아버지로부터 물려받은 기업을 얼마 가지 않아 매각하고 그 자금을 챙겨 다시 해외로 빠져나간 기업의 2세들도 보았다. 이런 현장들을 지켜본 오너들은 선뜻 회사를 자녀에게 물려주고 싶은 마음도 없을 뿐더러 더 이상 지속경영이 어렵다는 것을 스스로 잘 알고 있다. 이미 경쟁력을 잃어버린 기업들은 새로운 먹거리를 찾지 못하면 자연 도태되고 마는 현실을 자주 보게 된다. 2019년 상반기를 결산하는 과정에서 결산에 문제가 생겨 20개가 넘는 기업들이 상장 폐지되거나 관리종목으로 지정되는 것을 보면 현재 우리나라 기업들의 현실을 알 수 있다. 지난해 상장기업들의 실적에서도 알 수 있듯 절반 가까운 기업들이 한 해 영업을 해 은행이자를 내기에도 급급했던 어려운 경영환경을 단적으로 보여주는 것이다.

내가 현직에 있을 때부터 업무적으로 가까워진 경영진들과 오래도록 관계를 유지해 온 유명한 한 기업이 있었다. 반도체 관련 부품을 생산하는 중견기업은 한때 업계에서 상위권 자리를 지키며 코스닥에 상장해 시가총액 기준 상위권에 들었던 회사였다. 그런 회사 대표가 내게 고백한 것은 충격이 아닐 수 없었다. 회사를 팔아달라는 부탁과 함께 어떻게 하면 회사를 잘 망하게 할까 의논해 온 것이다. 회사를 설립해 키우기도 어렵지만, 회사를 닫는 것은 더 힘들다는 것을 그 회장님은 잘 알고 있었던 것이다. 회사가 지고 있는 빚은 물론 직원들의 해고 문제와 수십 군데 거래처의 미지급금 해결과 각종 세금의 완납 등 결코 해결해야 할 일들이 수없이 많다. 그동안 회사가 영업해 충분한 유보금을 쌓아놓은 상태에서 문을 닫는다면 몰라도 하루하루 버티기에도 버거운 회사들이 언제 그런 준비를 해 놓을 수 있겠는가. 투자활동을 해오면서 수많은 기업들을 지켜봐 온 경험으로 그런 준비를 한 회사들은 결코 많지 않음을 알고 있기 때문이다. 생각보다 많은 경영인들의 상당수가 회사를 넘기기 위해 비밀리에 알아보고 있고 불확실한 미래에 대해 고민하고 있다. 독자적인 아이템이 아닌 대기업에 납품하고 있는 종속된 회사일수록 지속경영은 어렵고 살아남기 쉽지 않아서다. 현재 우리나라 중소기업들이 안고 있는 가장 큰 문제점이 아닐 수 없다.

요즘 부쩍 회사를 팔아달라는 오너들을 자주 만나면서 한국의 기업들이 처해 있는 현실을 어느 때보다 절박한 심정으로 지켜보고 있다. 회사를 창립하고 키워온 1세대 경영진들이 완전히 은퇴하는 10년 안에 상당한 기업들이 인수합병되거나 사모펀드들에 의해 경영권을 넘길 확률이 그 어느 때보다 높다. 선진국들은 이 M&A를 통해 사업의 수직화를 이루거나 경쟁력을 키워 지속경영을 해 갈 수 있었고 수많은 기업이 그 과정을 통해 성장해 오고 있다.

우리나라를 대표하는 대부분의 그룹들의 발자취를 따라가 보면 그들이 급성장한 배경을 알 수 있다. 정책당국의 절대적인 지원과 아주 유리한 조건으로 공적자금의 혜택을 받아 부실한 회사를 헐값에 인수했거나 합병해 그룹의 몸집을 불려왔다. 그리고 생산의 수직화를 통해 원가절감과 가격 경쟁력에서 살아남아 성공했기에 한 단계씩 성장이 가능했다. 반대로 한때 그룹 10위권에 자리 잡고 있던 수많은 그룹의 몰락 또한 M&A 한 건으로 그룹 전체가 흔들리거나 해체되는 비운을 맞았다. 좋은 기업인수합병은 그 기업의 성장과 위상을 한순간에 바꿔놓을 수 있는 기회이기도 하지만 잘못하면 그룹 전체는 물론 해당 기업이 몰락으로 가는 길이기도 하다.

M&A가 기업을 살리고 죽인다

　그 본보기로 금호그룹이 대우건설을 인수한 것이 좋은 예다. 건설경기가 최고점을 치고 있던 무렵 인수한 대우건설은 부족한 자금을 투자자들로부터 동원해 인수를 마무리하였다. 그때 투자자들에게 돈을 끌어오기 위한 약속 가운데 옵션 하나는 3년 후 주가가 6만 원 이상 도달하지 못할 경우 그 가격대에 다시 인수하겠다는 약속이었다. 물론 그동안 약속한 이자는 꼬박꼬박 지불한다는 조건이었다. 그러나 금호그룹이 대우건설을 인수한 후 미국금융위기가 닥쳤고 주가는 1만 원 아래에서 거래되고 있었다. 결국, 옵션 일이 다가오자 금호그룹은 재무적 투자들과 약속했던 대우건설 주식을 되사줘야 했고 막대한 손실과 함께 유동성 위기에 빠졌다. 급기야 채권단인 은행권의 요구로 대우건설은 채권단으로 넘어갔다. 그 여파가 지속되어 그룹 전체를 유동성에 시달리게 했고 부족한 자금난을 견디지 못하고 결국 기업구조조정 협약에 들어가야 했다. 사실, 정부의 지원이 없었다면 금호그룹은 그룹의 해체를 피할 수 없었다. 더 이상 탈출구가 없었던 금호그룹은 2019년 들어 그룹 내 현금조달 창구로 여겨졌던 아시아나항공을 매각하는 처지에 이르렀다. 향후 아시아나의 매각이 어떻게 이뤄지고 누가 인수하느냐에 따라 우리나라 항공산업도 크게 바뀔 가능성이 크다.

　아시아나를 비롯하여 점진적으로 우리나라의 기업들도 M&A 바람이 거세질 것이다. 세계적으로 겪고 있는 경기불황과 성장이 멈춘 우리나라에서 기업이 살아남을 수밖에 없는 하나의 길이기 때문이다. 이 새로운 기업환경에서 그룹의 판도가 바뀔 것이며 새로운 부의 기회를 잡는 투자자들도 있을 것이다. 지금 금융시장에 나온 몇몇 M&A 물건에 관심을 보이고 인수합병을 성사시키는 주체들은 사모펀드들이 주류를 이루고 있다. 그러나 전략적 투자자들이 적극적으로 나서지 않는 한 M&A 시장은 활성화될 수가 없다. 펀드를 주축으로 재무적 컨소시엄의 기업 인수는 단순히 투자이익을 목표로 시도하기 때문이다.

기업을 인수하여 생산라인을 수직화하여 경쟁력을 높이고 새로운 사업모델을 기존 사업에 보강하므로 매출을 극대화하는 전략이 원래 M&A의 목적이다. 급속하게 커질 기업인수합병의 변화에 발맞춰 투자의 기회를 잡을 수 있고 특정한 펀드에 동참하여 큰 수익을 얻을 수도 있다. 향후 투자상품에 특화된 M&A 사모펀드들이 다양한 분야에서 출시될 것이다. 매달 출시되는 크고 작은 펀드들은 아주 작은 소수의 인원들이 끼리끼리 모여 투자상품을 인수한다. 그중 M&A 관련된 투자상품들도 많다. 주식시장에 상장 전에 인수하는 조건부 채권이나 지분인수도 눈에 띄게 늘고 있다. 이제는 남보다 더 노력하고 관심을 갖느냐에 따라 투자의 기회도 잡을 수 있다.

적대적 M&A의 서막

기업인수합병(M&A)을 말할 때 그 주된 목적은 기업의 생산효율화를 꾀하고 생산라인이나 판매 전략의 수직화를 수립해 경쟁력을 높이는 것이다. 그런가 하면 경제적 해자의 지위를 노리고 경쟁사를 인수하는 것도 하나의 방법이다.

그러나 향후 M&A시장은 기존질서에 반해 강제로 어떤 기업을 인수하여 그 기업이 지니고 있는 가치를 부각시켜 투자이익을 얻으려는 수단으로 기업사냥에 나설 수 있다. 우리나라 기업들은 그 어느 때보다 많은 현금을 쌓아놓고 있어 적대적 M&A(주식을 비공개 또는 공개적으로 매집하여 강제로 회사를 빼앗는 방법)의 표적이 될 수 있는 좋은 환경에 놓여 있기 때문이다. 회사가치에 비해 월등히 싸게 거래되는 기업들을 집중공략 해 성공하면 단숨에 인수금액을 회수할 수 있고 막대한 수익을 얻을 수 있기 때문이다. 유독 우리나라 기업들이 주주환원정책에 인색하고 무조건 현금을 보유하는 경향이 있다. 설령 강제적인 기업인수에 성공하지 못하더라도 일정 지분을 확보 후 주주 권리에 나설 확률이 그 어느 때보다 높아졌다. 주식시장에서 가장 큰 이슈가 되는 이 적대적 M&A의 바람이 불기 시작하면 우리나라 기업들도 상당한 변화와 함께 선진국 투자환경에 동참할 수밖에 없을 것이다. 많은 해외 미팅과 컨퍼런스를 통해 전문투자자들의 목소리를 들을 수 있었고 최근 부쩍 한국 기업들에 대해 거론하는 미팅에 참석하여 확인하였다. 물론 지금도 기업인수합병에 적극적으로 관심을 두고 투자자로서 참여하고 있기에 자연스럽게 알 수 있는 일이기도 하다.

미국이나 선진국에서는 흔하게 일어나는 적대적 M&A는 투자자들 사이에서도 매우 인기가 높다. 사냥할 기업이 정해지고 기본적인 공격계획이 수립되면 공격을 주관할 사모펀드로 물밀듯 자금이 몰려든다. 어떤 식으로든지 손해날 일이 없기 때문이다. 법적으로도 전혀 문제가 되지 않는 시장질서 범주 안에서 실행하므로 레버리지를 쓰는 데도 아주 유리하여 서로 돈을 대겠다고 나선다.

향후 우리나라의 금융시장도 선진국형으로 발전해가면서 자연스럽게 성장할 투자형태로 자리 잡아갈 것이다.

▌ 적대적 M&A를 방어하는 백기사

앞으로 10년 안에 우리나라 금융시장에서 보기 드문 현상들이 쉽게 나타날 것이다. 본격적인 주주권리를 주장하는 행동주의 펀드들의 커진 목소리에 이어 적대적인 기업인수합병도 한바탕 바람이 불어 닥칠 수 있다는 것도 예상해 볼 수 있다. 적대적 M&A가 유행하면 그에 맞서 인수대상 기업을 방어하고 우호적인 환경을 조성해 기업을 지켜주는 내 편의 전문가들도 자연스레 부각될 것이다. 몇 년 전 적대적 기업인수가 시도될 때 필자도 우호적 M&A전문가로서 그 기업을 방어해준 이력으로 많은 기업들로부터 강의와 보호전략에 대해 매뉴얼을 작성해 준 적이 있었다. 현재도 많은 기업들은 대주주의 지분이 턱없이 부족한 매우 불안정한 환경에서 경영활동을 지속하고 있다. 이런 기업들은 작은 자본으로도 적대적 기업인수대상에 노출될 수 있기에 사전 준비가 절실하다. 투자자 입장에서는 이런 기업들을 찾아 미리 지분을 확보하는 전략도 앞서가는 투자방법이 될 것이다.

아직 활성화되지 않고 있지만, 적대적 M&A 시장과 함께 부실한 기업만 찾아 그 기업을 인수하여 정상화한 뒤 되팔아 투자수익을 극대화하는 벌처펀드도 크게 성장할 것이다. 돈은 항상 새로운 곳을 향해 흐르는 강한 에너지를 갖고 있기 때문이다.

영원한 테마
바이오 제약산업

　미국 샌프란시스코에서는 해마다 연초가 되면 세계적인 대형 IB(Investment Banking) 그룹의 JP모건이 주관하는 헬스케어 컨퍼런스가 개최된다. 투자자들은 이 행사에 어떤 기업들이 참여하는지 촉각을 세우며 큰 관심을 갖는다. 그간 JP모건 헬스케어 컨퍼런스는 국내 바이오제약 기업들에 있어 대규모 기술이전의 출발점이 됐고 세계 시장으로 나가는 기회였기 때문이다. 2015년 한미약품은 이 행사에서 지속형 바이오의약품 개발 플랫폼인 랩스커버리에 대한 설명회를 가졌고, 그해 11월 사노피와 맺은 5조 원 규모의 '퀀텀 프로젝트(Quantum Project)'가 기술이전의 시발점이었다. 우리나라 제약·바이오 사상 최대의 금액으로 신약개발의 중요성과 그 가치를 새롭게 인식하는 계기를 마련했다. 이 소식이 알려지자 10만 원대 머물던 주가는 상승을 지속해 70만 원대까지 치고 올라가 그야말로 대박을 터뜨리면서 이 행사는 매년 연초가 되면 투자자들이 큰 관심을 갖고 주목하게 된 것이다.

　제약·바이오산업의 큰 이벤트에는 전 세계 유명한 관련 기업들은 물론 대형 헤지펀드를 비롯하여 많은 투자기관들도 참여한다.

　1983년 시작된 이 컨퍼런스는 공식 초청받은 기업이나 개인만 참석할 수 있고 비공개로 진행하는 대규모 행사다. 매년 450곳 이상의 연관 기업들과 1만여 명 이상이 참가한다. 새해 시작과 함께 열리는 대표적인 바이오·제약의 중요한 이벤트이기에 한 해의 신약개발 흐름을 파악할 수 있고 그 진행과정도 가늠해 볼 수 있어 해당 기업들은 물론 투자를 계획하거나 이미 투자가 이뤄진 투자자들에게는 중요한 자리가 아닐 수 없다. 제약·바이오 관련 기업들에게는 상호 협업할 세계 굴지의 엄선된 기업들과 해외투자자를 상대로 핵심기술과 파이프라인을 선보일 수 있다는 점에서 그 어떤 행사보다 비중이 큰 이벤트라고 할 수 있다.

이 행사가 처음 개최된 이후 오랜 기간 우리 기업들은 이 행사에 초청받지 못했다. 우리나라의 제약 관련 기업들이 신약개발과 바이오 신기술분야에 본격적인 투자를 시작한 지가 그리 오래되지 않았기 때문이다. 몇 해 전까지만 해도 우리나라 제약회사 500여 군데 중 자기회사의 순수기술로 만든 신약은 하나도 없었고 모두 로열티를 주고 복제약만을 만들어 온 낙후된 제약의 산업환경에서 그 원인을 찾을 수 있다. 그전에도 신약개발에 대한 투자가 일부 대기업들로부터 시작되었지만 2000년대 들어 본격적으로 바이오·제약산업에 연구개발이 이뤄졌다. 몇 년 전부터 연구결과에 대한 내용이 알려지고 우리 제약기업들도 해외시장으로 눈을 돌리면서 대형제약사를 중심으로 초청장을 받을 수 있었던 것이다.

최근 몇 년 전부터 우리나라 제약·바이오 기업들의 참여 숫자가 늘기 시작했다. 2019년도는 최근 들어 가장 많은 20여 곳의 기업들이 참여하여 전 세계 기업들과 기술이전과 공동연구 등의 협력방안을 논의하였다.

2019년 우리나라 기업들이 JP모건의 초청받은 명단을 보면 셀트리온, 한미약품, 삼성바이오로직스, 메디톡스, 바이로메드, LG화학, 한독, 에이비엘바이오, 강스템바이오텍, 카이노스메드, 제일약품 등 20여 곳 이상이다. 특이한 것은 우리에게 생소한 기업들이 포함되어 많은 투자자가 해당 기업에 대해 궁금해하였다.

올해 행사에서는 삼성바이오로직스와 셀트리온 두 회사가 컨퍼런스 메인트랙에서 발표했다. 김태한 사장과 김형기 셀트리온헬스케어 대표이사가 직접 나서 각각 의약품위탁개발생산(CDMO) 사업과 바이오시밀러 연구개발 성과를 소개했고 참석자들로부터 큰 관심을 받았다. 다른 산업에 비해 뒤떨어진 제약·바이오 분야에서 우리나라 기업들의 위상을 엿볼 수 있는 대목이다. 아시아 바이오텍 관련 세션에서는 한미약품, 메디톡스, 바이로메드, LG화학, 한독기업 등은 각 기업이 진행 중인 연구개발 현황과 비전 등을 발표했다.

지난해에도 참석해 큰 관심을 받았던 한미약품은 작년 JP모건 행사에서 공개한 이중항체 플랫폼 펜탐바디뿐 아니라 비알코올성지방간염(NASH), 희귀질환, 급성백혈병 등 차세대 치료제 연구개발 진행 상황을 설명하는 시간을 가졌다. 우리에게 생소하거나 비교적 중소기업에 해당하는 관련 기업들이 참여한 것도 눈길을 끈다. 제일약품, 에이비엘바이오, 지놈앤컴퍼니, 카이노스메드, 신테카바이오 등은 글로벌 기업들과 1대 1 파트너링을 통해 자사의 파이프라인을 소개하는 시간을 가졌다.

제약·바이오산업의 분류

제약산업은 기술 집약도가 높은 첨단 부가가치산업으로 신약개발 등으로 고수익을 창출할 수 있는 미래성장산업이다. 희소병 증가와 다양한 변이의 면역체가 새롭게 나타나고 있어 끊임없는 연구개발이 수반되어야 하는 인간과 가장 밀접한 산업이라고 할 수 있다. 국민의 건강과 직결된 분야이므로 정부기관의 시험개발 및 임상시험허가는 물론 제약 단가에도 엄격하게 관리되고 있는 사업 분야다. 아직까지 우리나라에서는 전형적인 내수산업으로 수요탄력성이 낮고 경기 흐름의 영향을 덜 받는 특성을 보이고 있다. 몇 년 전부터 일부 제약사들은 자체 순수기술로 출시한 신약들이 선보이고 있고 수출도 증가추세로 이어지고 있다. 현재 한국은 약 500개의 국내 제약사들과 40여 개의 다국적 제약사들이 생산판매를 하며 경쟁하고 있다.

우리나라 제약업체들의 2017년 의약품 생산액은 20.36조 원으로 전년 대비 8.25%, 수출액은 4.6조 원으로 27.11% 증가하였다. 전체 수입액은 6.31조 원으로 3.56% 감소하였다. 그만큼 수입대체 신약들이 개발되어 국내시장을 차지한 영향이라고 볼 수 있다. 우리나라 기준 전체 시장규모는 22.06조 원으로 파악되고 있으며 최근 5년 연평균 성장률은 3.37%로 집계되고 있다고 『2018년 식품의약품 통계연보』는 발표하였다. 좀 더 구체적으로 들여다보면 전문의약품(ETC) 부문이 약 15.5조로 전년 대비 9.4% 성장률을 보인 반면 일반의약품(OTC) 시장은 2.2조 원으로 전년 대비 3.4% 신장률을 보인다.

이 발표에서 보듯 지난해 모든 내수시장과 수출 관련 사업들은 대부분 마이너스 성장을 해 왔음에도 유독 제약산업은 꾸준한 성장세를 이어오고 있다. 빠른 고령화의 영향을 받은 것도 큰 원인으로 볼 수 있고 의료보험 수가 확대에 따른 소비증가도 큰 영향을 미쳤기 때문이다. 향후 인구 고령화에 대한 약 수요증가와 우리나라의 많은 제약사들이 해외로 눈을 돌리고 있어 제약산업은 꾸준한 성장이 예상된다.

바이오산업은 생명공학을 중심으로 다양한 산업에서 응용할 신기술로 연구가 활발히 이뤄지고 있다. 언뜻 생각하기에 바이오 신기술은 생명연장을 위하고 질병 예방과 치료하는 데 목적을 두고 연구하는 산업을 생각할 수 있으나 환경에너지 분야와 건강 바이오식품과 뷰티산업의 원료 등 하이테크놀로지 응용분에도 활용되고 있다. 그리고 생물체가 가지는 유전, 번식, 성장, 자기제어 및 물질대사 등의 기능과 정보를 생명공학기술(BIoTechnology, BT)을 이용하여 인류가 필요로 하는 유용한 물질과 서비스로 발전하는 추세다. 바이오산업은 인간생명공학은 물론 첨단산업에서도 응용하는 신기술로 무한한 발전 가능성을 내포하고 있다. 제약 분야도 이 새로운 바이오 기술을 접목하여 신약이 출시되는가 하면 기능성 화장품을 비롯하여 건강식품에도 적용되는 추세다.

21세기 산업 성장을 주도할 신기술분야로 IT와 바이오산업이 주도할 최고의 사업으로 주목받고 있다. 그러함에도 바이오산업은 연구개발에 소요되는 시간이 길고 큰 비용이 투입되는 반면 그 성공 가능성이 매우 낮아 아무나 뛰어들 수 없는 신기술 분야이기도 하다.

바이오산업의
부분별 섹터

레드(Red)바이오

이는 붉은색 혈액을 상징해 '의료 및 제약분야 바이오사업'을 총칭하여 레드바이오 즉, 생명공학 바이오라고 부르고 있다. 우리나라 대부분 바이오 기업들이 이 분야에 진출해 있고 인간의 건강유지 및 수명 연장이 가능토록 맞춤형 예방과 질병 치료를 목적으로 하고 있다. 이 부분에서도 몇 가지로 크게 나눠지는데, 유전자 분석 및 예방치료를 비롯하여 암 치료 및 예방, 줄기세포 치료 등 다양한 분야를 아우르고 있다. 제약의 경우 바이오의약품 비중이 점차 빠르게 증가하고 있고 질병 발생치료 목적보다 사전 예방치료로 패러다임이 진행되고 있는 실정이다.

그린(Green)바이오

건강 바이오로 불리기도 하며 식품, 농업, 임업, 수산업에 활용하여 산업적으로 효용 있는 소재와 제품을 대량생산하는 분야로 글로벌 화학기업들이 가장 높은 관심을 보이는 분야라고 할 수 있다. 우리나라도 디젤 차량이 주유할 때 일정 비율의 그린에너지(옥수수, 콩, 식물성 등으로 만든 오일)를 섞어 판매하도록 법으로 정해놓고 있는데, 이 식물성 엔진오일을 만드는 회사들을 그린에너지 기업으로 생각하면 이해가 빠를 것이다. 최근엔 일정 기간이 지나면 분해되는 플라스틱을 비롯하여 곡류를 이용해 유아용품들을 만드는 기업들이 증가하고 있는데, 이들의 기업들을 아울러 그린바이오 기업으로 부른다.

화이트(White)바이오

이 바이오는 산업분야를 총칭하며, 환경 및 에너지 연료 분야가 대표적이라고 할 수 있다. 바이오 연료, 바이오 기반 화학제품, 기능성 식품, 화장품, 원료 등이 포함되며, 바이오 공정 자체도 하나의 서비스 사업으로 포함될 수 있다. 지금까지 대부분의 바이오산업 발전은 레드바이오를 기점으로 성장해 왔으나 점진적으로 이 화이트바이오산업이 빠르게 확장되고 있다는 것이 전문가들의 의견이다. 화이트바이오의 영역이 다양한 산업군으로 확산되는 것도 미래를 밝게 하고 있다.

레드바이오의 험난한 과정보다 비교적 빠른 연구결과를 얻을 수 있다는데서 어느 분야보다 큰 이점이 있다고 보기 때문이다. 일부 기업들이 미래의 블루오션의 새로운 먹거리로 판단하고 활발한 연구와 투자를 진행하고 있다. 지난해부터 일부 국가들이 플라스틱 컵과 스트로우 사용을 금지하면서 종이제품으로 대체하는데 많은 제지 전문기업들이 이 사업에 뛰어들고 있다.

그 외에 바이오기술을 기반으로 하는 정보통신기술 또는 나노기술을 접목시킨 융합바이오를 별도의 산업으로 분류하여 가파른 성장을 하고 있다. 대표적인 융합바이오산업에는 개인 맞춤형 진단 및 치료를 위한 진단기기를 포함하여 질병과 원인을 규명하기 위한 고성능 분석 및 처리 장비도 이에 해당한다. 환경오염원의 고감도 검사장비도 바이오를 응용한 신기술이라고 할 수 있다.

줄기세포 치료제 산업의 특성

세포치료제(Cell Therapy Product)는 말 그대로 세포의 조직과 기능을 복원시키기 위해 살아 있는 자가(autologus), 동종 또는 이종(xenogenic) 세포를 체외에서 증식 또는 선별하는 방식을 말한다. 줄기세포는 뇌, 심장, 간, 신장 등 다양한 기능의 세포로 분화할 수 있는 능력을 가지면서도 스스로 재생산이 가능한 분화되는 세포를 의미하고 모든 다세포 생물에는 존재하고 있다.

줄기세포연구는 1957년 골수이식 성공을 계기로 하여 1998년 미국 위스콘신대 Thomson팀이 배아줄기세포를 확립하면서 시작되었다. 우리나라에도 본격적인 연구가 실현되면서 배아줄기세포의 윤리적 문제로 한바탕 홍역을 치렀다. 이러한 문제점을 보완한 치료법으로 유도만

능줄기세포(induced Pluripotent Stem Cell (iPS Cell))는 배아를 사용하지 않고 상피와 같은 성체세포로 만든 줄기세포로 2006년 일본 교토대 야마나카 교수가 성공하여 2012년 노벨의학상을 수상한 바가 있다.

이런 몇 가지의 기본적인 방식을 통해 세포의 생물학적 특성을 변화시키는 등 신기술을 통해 질병 치료와 진단 및 예방을 하는 신개념의 신약이라고 할 수 있다. 줄기세포 치료제는 자기재생능력과 분화능이라는 특성을 이용해 약물치료 및 수술요법 등 기존의 의학적 치료법으로는 해결되지 않는 많은 치료영역에 적용할 수 있는 잠재력을 갖고 있어 세계 각국에서도 세포치료제 개발지원에 앞다퉈 나서고 있다. 대표적인 신기술집약적인 이 산업은 세포 분리 및 배양 기술은 물론 지노믹스(유전체학), 프로테오믹스(단백질 인체학) 등 바이오산업과 연관된 다양한 생명공학기술의 노하우를 필요로 한다.

어느 산업에 비해 진입 장벽이 높고 장기간 연구개발이 필요한 사업이며 무엇보다 막대한 자본투자와 긴 연구기간에 비해 상품화까지 긴 투자가 수반되어야 함에도 성공 가능성이 매우 낮다는 점도 쉽게 접근할 수 없게 만든다. 반면 오랜 과정을 통해 신약개발이 성공하면 고부가가치가 보장받는 사업이기도 하다. 사업 초기 우수한 연구인력을 필두로 독자적인 기술을 확보하면 기초기술로도 수입이 연결되는 사업 성격을 지니고 있다. 이를 이루기 위해서는 유망분야의 선택과 집중은 기본이며 효율적인 포트폴리오 및 파이프라인이 구축되어야 지속경영이 가능한 사업이다.

그동안 국내에서는 생명윤리 등 사회단체의 반대에 부딪쳐 어느 나라보다 줄기세포치료 연구는 많은 제약을 받아왔다. 황우석 사태 이후 심각한 침체기를 겪으며 30년을 잃어버렸다는 줄기세포 관련자들은 자조적인 한숨 소리가 끊이지 않았다. 그러한 환경 속에서도 우리나라 바이오기업들은 꾸준한 연구를 지속하여 왔고 소기의 성과를 나타내고 있다.

2011년 7월 국내 식품의약품안전처가 세계 최초로 줄기세포 치료제 품목허가를 내주면서 줄기세포 산업에 대한 관심과 기대감이 살아나 연구개발에 박차를 가하는 계기가 되었다. 현재까지 총 4개의 줄기세포 치료제가 국내에서 품목허가를 획득하여 상업화됨에 따라 초기 단계의 시장 선점을 위한 경쟁이 치열해지고 있다.

우리나라의 줄기세포 시장은 2017년 11억 5,000만 달러(1조 3천만 원) 규모를 형성하였고 2025년까지 연평균 26.7% 성장세를 나타내며 95억 달러(10조 원) 규모로 커질 것으로 전망된다. 그 근거로 최근 줄기세포 치료제 후보에 대한 신속한 상업화 트랙을 위한 법률제정 등이 추진되는 등 줄기세포 시장 성장 촉진을 위한 정부 지원이 활발히 진행되고 있다는 점에서 그 이유를 들 수 있다.

줄기세포 치료제 연구 관련 기업

녹십자 셀(상장기업 코드 031390)

녹십자셀은 녹십자그룹의 계열사로 국내에서 항암면역세포 치료제 사업, 면역세포은행사업, 제대혈은행사업 등을 전문으로 하는 기업이다. 특히 이 기업이 집중적으로 하는 항암면역세포치료 부분은 우리나라에서 가장 앞서간 기업으로 상당한 연구결과와 함께 면역세포치료제(이뮨셀엘씨(Immuncell-LC)가 개발되어 간암(간세포암)을 적응증으로 시판하고 있다.

현재 모든 병원에서 일반적으로 치료하는 암 치료는 외과적 수술과 방사선, 항암화학치료를 기본적으로 시행하고 있다. 새로운 치료법으로 인정받고 있는 면역세포치료는 기존의 화학항암제에서 면역항암제로 치료법이 바뀌고 있다. 항암치료의 가장 큰 문제점으로 들 수 있는 정상세포까지 공격해 여러 가지 부작용이 나타난 점을 들 수 있다. 2세대 표적항암치료는 암세포의 특정 단백질 등을 집중적으로 공격하여 부작용이 적지만 적용 환자가 제한적이고 내성이 생기는 문제점이 있다.

최근에 크게 주목받고 있는 3세대 면역항암제는 암이 생기는 근본적인 원인인 면역시스템을 활성화하여 암세포를 공격하는 효과가 크고 환자 누구나 적용할 수 있어 암 치료에 획기적인 신기술이다. 녹십자셀이 시행하는 면역세포치료는 면역항암제의 한 종류로 환자의 혈액이나 면역세포를 채취하여 특수한 배양과정을 거친 다음 항암기능이 극대화된 면역세포로 제조하여 환자에게 투여하는 새로운 개념의 암 치료방식이라고 회사는 설명하고 있다. 현재 이를 적용한 간암에 대한 임상 및 품목허가가 완료되었다.

추가로 심혈을 기울이고 있는 뇌종양(교모 세포종) 3상 임상시험 종료 후 적응증 추가를 위한 준비 중에 있다. 한국에서 개발 중인 신약이나 바이오 적용 신제품이 세계적인 판매망을 갖기 위해서는 반드시 미국을 필두로 선진 글로벌 시장에서 인정을 받아야 한다. 회사는 현재 미국에 진출하기 위해 준비 중인 것이 확인되었다.

현재 세포치료제 적용 시장 규모는 2015년 40억 달러(4조)에서 연평균 20.1%로 성장하여 2020년 100억 달러(10조 원) 이상 커질 것으로 예상된다. 암 세포치료제 분야의 절반 이상이 미국 기업으로 500여 개의 기업이 경쟁을 벌이고 있다. 선진국에서 입증된 이 새로운 치료법은 선진국을 필두로 정착단계에 들어가 있다. 여러 아시아 국가들도 이미 검증을 완료하고 도입을 준비 중이다.

녹십자셀이 다른 성장 축으로 진행하고 있는 면역세포 은행도 꾸준한 발전이 예상된다. 면역세포은행은 건강할 때 채취한 면역세포를 혈액에서 채취하여 면역항암처리를 거쳐 장기간 동결 보관한다. 건강할 때 채취해 놓은 면역세포는 환자가 암과 같은 질병으로 면역세포치료가 필요할 때 꺼내어 치료제를 만들어 쓰는 새로운 신기술이다. 이는 질병 치료뿐만 아니라 노화방지를 예방하고 젊음을 유지하는 예방치료제로 널리 활용하기 위해 연구가 활발하게 진행되고 있어 가까운 시간에 그 효과를 보게 될 것으로 기대하고 있다.

지금까지 항암면역치료는 암 진단 후 기존의 항암요법을 받은 경험이 있는 말기 환자들의 세포를 이용하는 방법이 주로 시도되어 왔다. 그러나 이미 약해진 면역력과 림프구 손상으로 인해 채취한 림프구의 수와 면역기능이 건강한 사람에 비해 크게 저하되어 큰 치료 효과를 볼 수 없게 되었다. 이 문제점을 보완하기 위해 자신이 건강할 때 다량의 림프구를 채집하여 동결 보관함으로써 추후 세포치료가 필요할 때 양질의 세포치료제 원료로 활용할 수 있다는 데서 이 신기술이 급속도로 발전하고 있는 이유다. 그리고 이 회사는 제대혈은행 사업도 병행하고 있으나 내가 주목하고 있는 회사의 미래 성장동력은 위 두 축을 이루고 있는 부문이 지속성장 가능한 열쇠가 될 것으로 보고 있다.

투자적 관점에서 본 현재의 가치는 크게 싸다는 느낌이 들지 않지만, 여타 바이오전문기업들의 평균 가치를 산정해 보면 싼 가격으로 볼 수 있다. 매출이 전혀 발생하지 않고 큰 적자가 이어지고 있는 관련 기업들이 마이너스 −PER을 나타내고 있음에도 버블이 심한 상태로 거래되는 것을 비교했을 때 현재 1주당 3만 원대 회사의 가치는 싸다는 판단이다.

▌차바이오텍(085660)

줄기세포 바이오 기업을 말할 때 빼놓을 수 없는 회사가 바로 차바이오텍이다. 이 회사가 일반인에게 알려지기 시작한 2009년 우회상장 때부터 어느 기업보다도 부침이 심한 회사였기 때문이다. 2000년대 들어 한차례 바이오 줄기세포 바람이 주식시장을 휩쓸고 갈 무렵 엉뚱하게도 전자회사와 합병을 통해 우회상장(변칙상장)을 해 한동안 바이오 기업이면서도 주요 매출은 전자 부분에서 발생하고 있었다. 대부분 우회상장을 한 회사들이 시장에서 고운 눈길을 받지 못하기도 하지만 심한 주가의 변동성과 상장 당시 도덕성도 문제가 되어 기관들로부터 오랫동안 외면을 받아온 주식이었다.

나도 몇 번의 기업방문과 관련자들을 만나면서 이 회사에 대해 많은 정보를 얻을 수 있었다. 그리고 이 회사가 지금까지 성장을 해오는 동안 꾸준히 모니터링을 해 왔던 기업이다.

그러던 중 2018년 상반기 전년도 회계결산 중 문제점이 발견되어 난데없이 주식이 관리종목으로 지정되었다. 날벼락을 맞은 듯 주가는 폭락하여 투자자들을 눈물짓게 한 사연으로 남다른 이력을 갖고 있다. 관리종목으로 지정된 지 6개월 만에 다시 정상적인 거래가 이뤄졌지만, 아직도 투자자들에게는 애증이 남아 있는 종목이다. 그러함에도 이 회사를 주목하는 이유는 국내 바이오 기업 중 유일하게 자체 임상을 할 수 있는 병원들과 의과대학의 각종 연구소를 비롯하여 기업 자체 연구인력들이 유기적으로 연구개발을 해온 유일한 회사라는 점이다. 최근 몇 년 전부터 투명성 기업부문에서도 인정을 받아 정상적인 본연의 업무에 매진하고 있다는 점도 긍정적인 요소였다.

이 회사는 줄기세포치료를 기반으로 한 바이오 신약을 개발하는 기업으로 다양한 유용 세포주의 분리, 분화 및 배양기술, 대량생산기술과 냉동보관기술 등을 독자적인 기술로 보유하고 있다. 줄기세포를 응용한 난치성 질환 세포치료제 개발에 주력하는 한편 관련 분야의 연구 성과 및 임상경험을 배경으로 국내 최대 규모의 R&D 파이프라인을 보유하고 있는 것도 이 회사의 강점이다.

회사가 구축하여 자체 보유한 삼각구도의 산·학·임상연구소의 사업구조를 활용하여 신약개발 관련 전 분야로 수직화되어 있는 것도 독보적이다.

일반인들 누구나 잘 알고 있는 불임치료 최고의 병원인 차병원이 그룹의 모태가 되었고 국내 의료법인 최초로 해외병원(CHA Hollywood Medical Center, LP)을 인수하여 성공모델로 평가받고 있다. 해외에 역진출한 1호 종합병원인 차병원은 미국 로스엔젤레스에 위치해 있고 미국 내에 있는 유일한 한국인 소유의 대형종합병원이다. 인수 당시 낙후된 환경과 현대시설에 대한 과감한 투자를 통해 인수 2년 차부터 흑자를 기록하였다. 2020년 완공 예정인 신축병동은 지상 4층, 지하 1층 규모로 응급센터, 입원실, 분만실, 신생아중환자실(NICU), 심장도관 검사실, 전기 생리학 실험실을 갖춘 다양한 수술실이 설치될 예정이고 신성장의 동력이 될 것으로 보고 있다.

현재 이 회사가 개발하고 있는 주요 프로젝트를 살펴보면 바이오 신약 부분의 뇌졸중 치료제인 'Cordstem-ST'가 2014년 9월 임상 1/2a상 승인계획(식약처)되었고 2017년 4월 한국식품안전처로부터 시험 종료 보고되었다. 향후 2상b를 준비 중이다. 3상까지의 임상을 고려해 볼 때 상품화되기까지는 상당한 시간이 소요될 것으로 예상된다. 이 제품은 급성뇌졸중에 적응되며 본 제품을 정맥에 투여 후 손상된 영역을 향해 이동하는 귀소 및 염증 조절능력이 있어 뇌 손상 부위로 이동하여 기능회복에 도움이 될 것이라는 기대감으로 개발된 신물질이다.

전 세계 뇌졸중 치료제 시장규모는 약 3조 원으로 추정되며 연평균성장률 7%로 전문가들은 내다보고 있다. 본 성장 수치를 감안하면 2030년에는 7조 원에 도달할 것으로 전망된다고 Global Health Data는 예측하고 있다. 뇌졸중은 뇌혈관이 막히는 허혈성 뇌졸중(뇌경색증)과 뇌혈관이 터지는 출혈성 뇌졸중(뇌출혈)으로 구분된다. 우리나라에서 발생하는 전체 뇌졸중 환자의 85%가 허혈성 뇌졸중으로 밝혀지고 있다. 국내 뇌졸중 환자 수는 2011년부터 2016년까지 연평균 1.3%씩 증가하여 2016년 57만 명을 기록하였다고 건강보험심사평가원은 발표하였다. 본 프로젝트가 성공한다면 회사는 새로운 전기를 맞을 것으로 보고 있다.

차바이오텍이 신약개발 중 상품화가 예상되는 신물질 후보는 간혈성파행증 치료제가 큰 기대를 모으고 있다. 2013년 11월 임상2상 승인을 거쳐 2017년 5월 식약처에 임상2상 시험 종료 보고되었고 2019년 2월 장기추적 관찰도 종료되어 상품화에 대한 기대감을 갖게 하는 신약이다.

차바이오텍이 일반인들에게도 잘 알려진 주력사업은 제대혈 보관사업이다. 제대혈(Cord Blood)이란 신생아를 분만할 때 나오는 제대(탯줄)에 존재하는 혈액을 지칭한다. 향후 아이가 성장해 가는 과정에서 또는 어른이 되어서 건강에 이상이 생겼을 때 이 제대혈을 이용해 치료제로 개발, 골수이식을 보완하고 대체할 수 있다. 또한, 난치성 혈액질환은 물론 각종 대사성 질환 및 유전성 질환 등을 치료할 수 있는 21세기 바이오치료 수단으로 선진국은 물론 많은 국가들도 본 사업에 참여하고 있다. 향후 이 제대혈을 이용해 각종 장기는 물론 눈 피부조직에도 큰 효과를 볼 수 있다는 것이 전문가들의 예상이다. 이미 이 부분에 대한 활발한 연구가 진행되고 있어 향후 몇 년 안에 실제 적용될 것으로 기대하고 있다.

신약개발 관련 기업

▎보령제약(003850)

국내 제약회사 중 중위권 위치에 있는 보령제약은 국내 단일 품목 신약으로는 최초로 처방액 기준 연 매출 1,000억을 눈앞에 두고 있다. 국내 대형제약사들이 복제약을 비롯하여 수입 약품에 의존하고 건강식품 등에 매출을 늘리는 동안 이 회사는 일찍 지속적인 신약개발에 매진하여 '카나브' 고혈압약을 자사의 순수기술로 개발에 성공하여 블록버스터급 국산 신약을 성공시킨 것이다. 현재 51여 국가에 수출하여 세계 굴지의 제약사들과 당당히 경쟁하고 있다.

이 회사가 연이어 복합제로 출시하여 히트 치고 있는 카나브는 고혈압 치료제 중 가장 많이 쓰이는 안지오텐신Ⅱ 수용체 차단제 계열의 약물이다. 혈압 상승의 원인 효소가 수용체와 결합하지 못하도록 차단함으로써 혈압을 떨어뜨리는 원리다. 2010년 9월 9일 식품의약품안전처에서 국내 제15호 신약으로 공식 허가를 받았으며 고혈압 신약으로는 국내 최초다. 수출도 지속적으로 증가해 5천억 원이 넘는 라이센스 아웃계약을 체결했다.

이 블록버스터급 신약이 성공한 배경에는 풍부한 임상 데이터를 꼽을 수 있다. 한국에서만 1만 5천 명이 넘는 환자를 대상으로 임상 연구를 실시한 것을 비롯하여 전 세계적으로 4만 6천 명에 달하는 엄청난 규모의 환자를 대상으로 실험하며 데이터를 모았다. 이 단일 제품과 관련한 논문만 80여 편에 달한다. 국내외에서 찾아보기 어려운 실험을 통해 신약의 품질 및 성능을 객관적으로 입증받은 셈이다.

현재 카나브는 단일 약품만 아니라 다양한 복합제를 연달아 출시하고 있다. 카나브와 연관한 복합제란 기존 고혈압 치료 성분과 고지혈증을 동시에 치료하는 약으로 보면 이해가 빠를 것이다. 대부분 심장질환 환자들이 고혈압과 고지혈증약을 같이 복용하는데 이 복합약이 새롭게 출시되므로 약값 부담완화와 복용에 따른 편리함을 추구할 수 있어 큰 인기를 끌고 있다.

▪ 보령제약의 성장스토리

보령제약은 김승호 회장이 1957년 10월 서울 종로5가에 세운 5평 규모의 보령약국이 모태다. 약국을 운영하던 김 회장은 1963년 제약업의 본격화를 위해 보령약품을 설립하고 같은 해 동영제약을 인수하면서 제약기업의 기틀을 닦았다. 지금의 보령제약으로 이름을 바꾼 건 1966년의 일이다. 보령제약은 그해 말 일본 류카쿠산과 기술제휴를 맺고 이듬해 성수동 공장을 완공하면서 본격적으로 '용각산'을 생산·판매하기 시작했다. 이 제품이 보령제약의 기반을 닦는 역할을 했다면 제2의 도약을 위한 기반을 마련해 준 보령제약의 간판 '겔포스' 위장약이다. 프랑스 제약회사와 기술제휴를 통해 안양공장에서 생산을 시작했다. 당시 긴 노동시간과 불규칙한 식사습관과 맵고 짠 장류의 좋아했던 우리 식단에서 누구나 위장병은 달고 살았던 시절이었다. 겔포스는 1회용 정량 포장으로 휴대가 간편했고 먹기도 편할 뿐 아니라 효과도 빨라 불티나게 팔려나갔다. 이를 발판으로 사업 다각화를 꾀했고 신약개발의 의지를 갖게 되면서 첨단생명기업 보령신약을 설립하였다.

본격적인 신약개발의 시발점이라고 볼 수 있다.

회사가 밝힌 성장동력은 현재 활발한 연구를 진행하고 있는 면역세포치료제, PI3K저해제, 도네페질패치 등이라고 회사는 소개했다. 계열사인 보령바이젠셀이 개발 중인 면역세포치료제는 '종양항원 특이 세포독성 T림프구'로 환자와 공여자의 혈액에서 면역세포를 먼저 분리한다. 그다음 시험관에서 제조 배양한 종양 및 바이러스 항원에 특이적인 세포독성 T세포를 생체 내에 주입해 항원 특이적으로 암세포를 살해하는 방식이라고 설명했다.

국내 임상2상 시험계획을 승인받아 환자를 모집 중이다. 차별화된 플랫폼 기술을 활용해 다양한 표적 질환을 대상으로 치료제를 개발할 계획을 구체적으로 설명했다.

이 신후보물질 외에 회사가 진행 중인 신약개발로는 라파스와 공동개발 중인 경구용 알츠하이머 치매 치료제 '도네페질'은 붙이는 패치제로 투여경로를 변경한 약물이다. 면역장애나 복용 거부 증상을 보이는 중증치매 환자의 복용 편의성을 높이고, 경피 전달을 통한 위장관 부작용을 줄일 것으로 기대되는 제품이다. 2016년 임상3상을 승인받아 연구 중이고 상품화를 기대할 수 있는 개량신약이다. 그 외에도 몇 개의 개량신약을 준비하고 있고 3상을 끝내고 신제품을 내놓을 준비를 하고 있다.

▪ 투자자적 기준에서 본 보령제약

투자자적 관점에서 본 보령제약이 극복해야 할 산이 없지는 않다. 현재 카나브가 전체 매출을 견인하고 있는 점을 감안하면 또 다른 미래의 먹거리가 가시권에 들어와야 한다는 점이다. 현재 가동을 시작한 신공장에서 생산성 증대와 효율화를 꾀할 수 있지만 3~5년 후가

고비가 될 것이다. 특허 만료 후의 카나브에 대한 예측을 해 볼 수 있기 때문이다. 특허만료가 지나면 제약회사 누구든지 이 제품과 성분이 같은 복제약을 생산할 수 있다. 오랜 연구개발비가 생략된 제품이기에 복제약은 현재의 가격 절반 이하로도 시장에 나올 수 있다. 물론 약 성분과 환자의 적응 효과는 같더라도 약 이름은 다른 이름으로 출시되기에 오리지널 약이 어느 정도 보호받을 수 있지만, 매출에서는 큰 타격을 받을 수밖에 없다.

그러함에도 지난해 미국에서 가진 사모펀드클럽 컨퍼런스에서 내가 이 종목을 거론한 데는 중견 기업임에도 블록버스터급 신약개발에 성공했고 이를 바탕으로 미래 먹거리를 준비하고 성공할 수 있다는 가능성을 봐 왔기 때문이다. 물론 그 잠재력과 현 가치가 싸다는 점도 내가 이 종목을 언급한 이유이기도 하다. 현재 미래의 성장동력으로 연구를 매진하고 있는 보령제약그룹은 위에 서술한 신약후보물질 외에 몇 개의 연구를 진행 중인 점도 긍정적으로 보고 있다.

▌유한양행(000100)

주식회사 유한양행은 1926년 6월에 설립되었고 한국 제약업체 중 최초로(1962년 11월) 주식시장에 상장하여 우리나라 제약기업 중 단연 1위 자리를 지켜오고 있는 기업이다. 한국 기업 중 보기 드물게 오랜 기간 전문경영인 체제를 유지해 오고 있는 유일한 기업이기도 하다. 이 회사를 잘 모르는 국민이라도 '안티푸라민'을 만든 회사라고 하면 금방 알 수 있을 것이다. 이 회사의 또 다른 이미지는 '대한민국에서 가장 깨끗하고 정직한 기업'으로 잘 알려졌다. 그리고 대한민국 기업 역사상 최초로 1939년 설립자 자신이 갖고 있던 회사 주식 52%를 직원들에게 무상으로 나눠줘 전 사원주주제를 시행한 회사이기도 하다.

창업자 유일한 박사는 단 한 주의 주식도 남겨놓지 않고 회사를 떠났다. 자녀들이 일부 보유한 주식도 사회에 기부하였고 가족 친지 중 단 한 주의 주식도 보유하고 있지 않다. 창업자가 회사를 떠난 후 자녀들 누구도 경영에 참여하지 않았다. 한국에서는 보기 드문 기업이 아닐 수 없다. 박정희 군사정권 시절에도 유한양행은 정권에 잘 협조하지 않았다. 당시 대표적인 제약회사임에도 정치권에서 요구한 정치자금 명목을 내지 않았고 급기야는 강제 세무조사를 받게 되었다. 세무조사를 실시한 국세청 간부들은 며칠을 집중 정밀조사를 했지만, 탈세나 변칙적으로 자금을 유용한 점을 발견하지 못했다. 당시만 해도 모든 기업들은 탈세와 변칙 회계는 일상적이었던 점을 감안하면 놀라운 사실에 국세청 직원들은 그대로 고위층에 보고했고 정부관계자들을 놀라게 해 유한양행을 새롭게 인식하게 되었다. 그 뒤부터 정치권에 돈을 대거나 관여하지 않고 오직 경영활동에만 전념했던 일화는 유명하다.

이 회사는 내 개인적으로도 아주 인연이 깊다. 상장기업의 분석 리포트를 쓰기 시작하면서 가장 많이 리포트를 낸 종목이기도 하고 장기투자를 시작하면서 첫 번째 이 주식을 매수하여 20년 넘게 보유했었다. 또한, 절친한 지인들은 물론 내가 지식기부 운동을 하면서 이 종목을 강력히 추천해 많은 지인들이 장기간 보유했던 주식이다. 말 그대로 장기투자를 실천한 셈이다. 또한, 이 회사에 자금을 투자하므로 동업자 자격으로 오랫동안 지켜봐 온 기업이기에 남다른 관심을 갖고 있다.

한국에서는 주인 없는 회사는 오래가지 못하고 책임감이 결여되어 2대를 넘기지 못한다는 속설이 있다. 실제 많은 기업들이 그 실례를 보여겼고 주인의식이 없어 전문경영인 체제는 우리나라 사람들의 의식에는 맞지 않다고 단호하게 말하는 전문가들의 얘길 자주 들었다. 그러나 유한양행은 전문경영인 체제를 변함없이 유지하며 지속적인 성장을 해오고 있다. 오너의 획일화된 명령체계인 한국적 기업문화에서 탈피하여 선진국형 전문기업의 토대를 내린 최초의 회사라고 평가하고 있다.

■ 약품사업부문

이 회사의 주축을 이루고 있는 사업 분야는 크게 나눠 다섯 부분으로 요약해 볼 수 있다.

이 회사의 매출 대부분을 차지하고 있는 약품사업은 유한양행의 간판인 '안티푸라민'으로부터 출발했다. 국민 누구나 써왔던 바르는 진통소염제로 처음 출시된 직후부터 국민 약품의 대명사였다. 당시 농업과 노동집약적인 공장에서 일하던 국민들로서는 싼값에 쉽게 구할 수 있는 바르는 진통소염제는 없어서는 안 될 상비약이었던 셈이다. 현재도 꾸준히 매출 상위권을 지키고 있는 비처방약은 안티푸라민을 비롯하여 경구 피임약 머시론, 비타민제 '삐콤씨'가 있고 종합영양제 마그비가 있다.

유한양행의 강점이기도 한 처방약 부분에서는 감염치료제 '비리어드'가 있고 당뇨병 치료제 '트라젠타'와 고혈압 치료제 '트윈스타' 3대 품목이 매출을 견인하고 있다.

가장 눈에 띄는 B형간염치료제 '비리어드'는 블록버스터급으로 당분기에 약 300억 원의 높은 매출을 실현하여 슈퍼급 아이템으로 자리매김하였다. 그 외 '트라젠타', '트윈스타', '젠보야'도 분기에만 100억 원 이상의 판매를 올리며 안정적인 실적의 견인하고 있음을 확인하였다. 현재 고르게 성장하고 있는 제약부문의 처방약들은 꾸준한 시장점유율을 높여갈 것으로 보이나 지속성장을 위한 신약개발도 중요하다.

▣ 생활건강사업부문

생활건강사업부문의 주요제품은 생활소비재로 분류할 수 있다. 세탁 세제(표백제)로 유명한 '유한락스'가 있고 '유한젠'이 있다. 계열사에서는 화장품 원료를 포함하여 제약원료를 제조 판매하고 있다. 회사가 중점적으로 투자를 확대하고 미래 성장동력으로 삼았던 예방 건강 기능성 식품사업은 순조롭게 진행되고 있다. 건강기능식품 사업인 F&H 사업부문은 '뉴오리진'이라는 브랜드로 론칭하여, 현재 여의도 IFC몰을 비롯하여 롯데타워몰, 부산W스퀘어점 등 복합형 매장과 주요 백화점, 대형마트, 그리고 온라인몰을 통해 판매를 확대하고 있다.

▣ 신약 연구개발 부문

회사가 가장 심혈을 기울이고 있는 분야다. 미래의 성장을 담보하기 위해서는 신약개발뿐이라는 각오로 매년 연구개발비를 대폭 늘리고 있다. 2017년 R&D 투자금액은 1,033억 원으로, 2016년 865억 원보다 큰 폭으로 증가되고, 2018년은 1,100억 원 정도로 투자규모를 지속 확대했다. 현재 진행 중인 혁신 신약 후보 물질로는 폐암치료제 YH25448로서 3세대 상피세포성장인자 억제 약물이다. 1세대 및 2세대 약물에 내성이 발현된 비소세포성폐암(NSCLC)치료 신약이라고 회사는 설명하고 있다. 환자에게도 피부 발진이나 설사와 같은 부작용이 낮을 것으로 예측되어 기대감을 한층 높여가고 있다.

현재 진행 중인 신물질 외에 비알콜성지방간염 및 당뇨치료제 (YH25724)는 현재 당뇨병 치료제로 사용되고 있다. 비알콜성지방간염 치료제로 임상시험 중인 GLP-1 단백질과 호르몬 계열의 섬유성장인자인 FGF21의 이중 기전을 가진 약물이다. 제넥신사의 HyFc 플랫폼 기술을 적용하여 약물의 생체 내 작용시간을 효과적으로 증가시켜 환자에게 주 1회 투약이 가능할 것으로 기대된다.

유한양행은 2019년 새해 들어 그동안 신약개발의 성과를 입증하며 새로운 도약의 청신호를 알렸다. 비알콜성 지방간 질환(NASH)치료제 후보 물질 2종을 세계적인 제약회사인 길리어드사이언스에 기술 수출하는 계약을 성사시킨 것이다. 계약금액은 총 7억 8,500만 달러(약 8,800억 원) 규모에 달했다. 특히 인간에게 약물을 투여하기 전 동물실험을 통해 약물의 효능과 안전성을 평가하는 전 임상단계에서 체결된 계약규모로는 국내 1위를 기록했고 향후 상품화에 대한 기대감을 갖게 해 주는 신후보물질이다. 신약 명칭인 NASH는 바이러스를 치료하는 다른 간염치료제와 달리 여러 약재를 복합적으로 투여해 치료 효과를 극대화할 수 있다는 점이 강점으로 부각된다.

■ 유한양행의 미래전략

그리고 지난해 다국적 제약사 얀센에 12억 5,500만 달러 규모(약 1조 4,000억 원)로 기술 수출한 '레이저티닙' 폐암치료제 글로벌 3상도 올해 시작한다. 레이저티닙은 특정 유전자(상피세포 성장인자 수용체·EGFR)돌연변이만 선별적으로 억제하는 표적항암제 물질이다. 기존 항암제에 내성이 생겨 더 이상 약효가 듣지 않는 말기 폐암 환자들을 위한 3세대 폐암 치료제로 주목받고 있다고 회사는 설명하고 있다.

현재 유한양행이 집중적으로 연구 개발하는 분야는 암환자에 대한 치료제다. 암환자의 약해진 면역세포를 주사 한 대로 높이는 차세대 항암제인 면역관문억제제와 병용해 임상 반응률을 증대시킬 수 있는 차세대 면역항암제에 집중하고 있다. 표적항암제의 내성을 극복하고 면역항암제의 희귀질환 치료제도 병행한다는 전략이다.

미래의 성장을 좌우할 신약개발 성과를 극대화하기 위해 혁신기술을 이끌어내는 오픈이노베이션도 강화하고 있다. 지난해 3월 미국 샌디에이고에 설립한 유한USA 법인을 통해 해외 유망 기술을 확보하고, 공동연구와 투자를 확대함은 물론 글로벌 제약사와 신약개발 초기 단계부터 협력해 신약개발 성공과 기술 수출 가능성을 높이기로 했다고 회사는 밝히고 있다.

회사에서 공식적으로 밝힌 향후 성장스토리는 향후 갈 길이 멀지만, 회사의 변화를 한눈에 알 수 있는 내용들이다.

그동안 주식시장에서는 제약 1등 기업이라는 대접을 받지 못했다. 워낙 무겁게 움직이는 주식의 스타일이기도 하지만 전형적인 일반 복제약을 취급하는 회사의 이미지는 전 세계적으로 돌풍을 일으킨 바이오 신기술과는 동떨어진 굴뚝 주식으로 인식되어 왔기 때문이다. 10여 년 전부터 본격적으로 신약개발에 참여하여 전사적으로 신후보물질 연구에 집중하고 있고 해마다 연구개발비를 늘리는 것은 큰 변화가 아닐 수 없다. 해마다 꾸준히 배당도 실시하고 있어 가치투자자들에게는 장기가치투자로도 좋은 주식이라고 말하고 싶다.

유전자분석 기술의 현재

얼마 전까지만 해도 유전자 검사를 하려면 100만 원 넘게 지불해야 했고 원하는 분석결과도 많지 않았다. 이 글을 쓰기에 앞서 최근의 유전자 관련 업계의 상황을 알아보기 위해 내가 직접 유전자 검사를 받아보기로 했다. 미국에서 일반인을 대상으로 가장 활발하게 영업 활동을 하는 한 업체를 검색해 보았다. 이미 캐나다에도 에이전트가 있어 캐나다 지점을 통해 신청서를 작성했다. 캐나다 돈 135불(12만5천원) 정도를 카드로 지불하고 E메일로 전송하자 3일 만에 진단키트가 도착했다.

처음에 생각은 '어떻게 혈액을 채취하지?' 생각했는데, 유전자 검사는 혈액이 아닌 침을 작은 통에 일정량 담아 다시 우송하면 되는 것이었다. 그로부터 3주가량 지난 후 문자와 함께 메일로 결과가 나왔다는 통보가 왔다. 전체 26가지 정도의 검사결과가 나왔는데, 흥미로웠다. 실제 연구소로 보낸 채집된 통에는 내 이름 대신 고유번호만 적혀 있어 개인에 대한 어떤 정보도 알 수 없었다. 그런데 결과는 놀라웠다. 내가 한국인일 가능성이 98%라는 것과 술을 마시면 얼굴이 빨개지는 유전자를 지니고 있다는 것이다. 나의 성(姓)이 검사를 위한 통에 적혀 있었다면 짐작으로도 대략 알 수 있을지 모르지만, 고유번호만 적혀있는 샘플을 이용해 정확히 알아맞힌 것이 신기하고 재미있었다. 또 얼굴 한쪽이 웃을 때 보조개를 띨 수 있는 얼굴 형상을 지니고 있다고도 했다. 물론 알츠하이머(치매) 암유전자 변이가 발견되었는지 등의 예방차원 검사는 기본적으로 결과를 알려 주었다. 유전자 기술을 단적으로 알 수 있는 경험이었다.

미국의 유명한 배우 안젤리나 졸리가 멀쩡한 유방을 잘라낸 이유를 이해하는 데 큰 도움이 되었다. 유방암과 난소암의 가족력을 지닌 안젤리나 졸리는 BRCA 검사를 통해 BRCA1 유전자에 변이가 있음을 확인하고 2013년에 예방적 유방 절제술, 2015년에 예방적 난소 절제술을 받았다. 이런 결정은 유전성 유방암을 세계적인 이슈로 부각시키는 계기가 됐고 우리나라에서도 큰 화제가 되어 유전자에 대한 인식을 새롭게 하였다. 지금은 유전자편집기술로 암 치료 기술이 빠르게 발전되어 텔로미어 DNA길이를 연장해 노화방지와 수명연장을 할 수 있다고 공언하고 있다.

2003년 인간 게놈 프로젝트가 완성된 후 불과 15년여 만에 유전체 분야는 많은 기술의 발전을 이뤄왔다. 그전까지만 해도 인간이 유전자 검사를 하려면 최소한 수천만 원도 더 들어야 가능한 분야였다는 것을 감안하면 기적에 가까운 일이 아닐 수 없다. 개인의 유전적 적응에 맞는 진단과 치료가 가능한 맞춤 의학의 시대가 눈앞에 다가온 것이다. 그런가 하면 암이나 치매 등 치명적인 유전 전이를 갖고 있는 사람이 이 검사를 통해 사전에 유전자 염기서열을 잘라내는 유전자 가위 기술도 상용화를 앞두고 있어 인간들의 수명이 어느 정도 늘어날지 가늠하기 어려운 것도 빈말은 아니다.

유전체학(Genomics)은 모든 생명체가 생존과 기능을 하는 데 필요한 정보가 담겨 있는 세포 내 DNA의 전체 염기서열과 유전자들을 총체적으로 분석하고 생명 규명과 그 현상을 연구하여 활용하는 새로운 기술이다. 지금까지 생명공학 분야는 환자를 치료하는 데 중점을 두었고 연이어 예방의학이 뒤를 이었다. 이 유전자공학은 병과 노화의 원인을 사전에 발견하여 질병을 차단하는 염기서열을 바꿔 새로운 DNA를 심어주고 사람에 따라 부족한 부분을 보완해 주기도 하는 예방의학 생명공학분야라고 보는 게 맞다.

내 조상이나 부모들이 선천적으로 호흡기 질환이 나빠 천식에 걸린다면 그 원인을 찾아 유전자 가위를 이용해 잘라내고 다른 유전자로 태어나게 하는 것을 예상해 볼 수 있고 대대로 비만인 가족력도 근본적인 유전체를 유전자 가위로 잘라내도 다른 유전체를 심어주어 비만인 체질을 바꿀 수 있는 시대가 멀지 않았다.

최첨단 정밀 의학은 유전체뿐만 아니라 환경과 생물학적 특성 등 개인의 조건에 맞게 응용할 수 있다. 이미 선진국에서는 실질적인 개인별 유전자 검사 서비스가 실행되고 있으며 병원을 비롯하여 많은 의료기관에서 활발하게 이용하며 발전을 거듭하고 있는 중이다. 세계 정밀의료 시장은 매년 13% 이상 성장하며 2017년 55조 원에서 2023년에는 116조 원에 이를 것으로 전망되고 있다. 그중 유전체 분야가 25조원 이상을 차지할 것으로 예측되며 향후 10년 이내에 세계 인구의 절반이 맞춤형 치료를 받기 위해 개인의 염기서열 분석을 진행할 것이라고 한국 생명공학정책연구센터는 밝히고 있다.

유전자개발 및 치료기업

▌ 마크로젠(038290)

우리나라를 대표하는 유전자 관련 사업을 영위하는 기업으로 마크로젠을 꼽을 수 있다. 같은 업종에서 경쟁하는 업체로는 테라젠이텍스와 디엔에이링크가 경쟁구도를 갖추고 있는 편이다. 회사가 현재 주력하고 있는 사업 분야는 유전체 분석서비스, 올리고 합성, 마이크로어레이 분석, 유전자 편집 마우스, 임상진단서비스가 주된 매출을 이루고 있다. 이외에도 유도만능줄기세포의 기술개발 및 판매를 비롯한 유전자와 연관된 사업이다. 이 회사가 국내에서 독보적으로 하는 사업으로는 특허기술을 활용한 유전자 가위 서비스 제공과 임상진단시약 생산판매 등 다양한 신규 사업들이다.

일반인들을 상대로 하는 서비스는 질병 예측 웰니스 유전자 검사다. 한국인들에게 가장 흔한 위암. 폐암, 대장암 등 주요 암의 15항목을 비롯하여 일반질환인 고혈압, 뇌졸중, 당뇨병 등 주요 일반질환 23종을 유전자를 통해 하는 검사다. 건강관리 차원에서 하는 마이지놈 스토리 그린 웰니스 서비스도 각 개인의 유전자 정보를 토대로 하는 점이 기존의 검사방법과 다르다.

2019년 4월에는 장내 미생물 분석 서비스인 '마이바이옴스토리(MY BIOMESTORY™)'을 론칭하여 질병 발생에 주요하게 작용하는 요소 중 하나인 '장 건강'까지도 관리할 수 있게 되면서 질병에서부터 웰니스까지 포괄적인 범위의 개인 유전체 서비스라인을 갖추게 되었다.

마크로젠은 국내에서 유일하게 상업적으로 유전자 편집 마우스 제작 서비스를 제공하고 있다. 유전자 이식 및 적응증이란 특정 유전자를 수정란의 핵 속에 삽입(transgenic)하거나 제거(knock-out)하여 새로운 형질을 나타내는 생명체를 얻는 기술로 유전자의 생체 내 기능을 발견하여 진단제, 치료제 등의 개발에 활용하기 위한 목적으로 이용된다. 이 기술은 고도의 숙련된 인력과 시설 인프라를 필요로 하는 분야라고 회사는 말하고 있다.

일반인들에게는 아무래도 생소할 수밖에 없는 생명공학 정밀분야다 보니 이 업체의 주된 영업활동을 이해하기엔 쉽지 않을 것이다. 이제 진입기에 해당하는 이 유전자 관련 사업은 선진국의 기업들이 주도하고 있고 신흥국들은 그 뒤를 쫓아가는 현실이다. 한때 바이오 주식들이 뜨겁게 달아오르며 상승을 주도한 업종이기도 하나 실질적인 실적들이 나타나지 않았고 영업이익률도 투자 비용에 비해 높지 않은 편이다. 그만큼 일반인을 비롯하여 기업 간의 거래에서 활성화가 이뤄지지 않았다는 이유다.

투자자적 관점에서 본
제약·바이오산업

신약개발의 험난한 길

오랜 기간 세계 1위를 지켜왔던 각 산업분야 최고의 기업들 대부분은 미국이 주도하고 있었다. 미국 주식시장의 우량기업들이 근간을 이루었고 다우지수를 구성하는 미국의 30개 기업의 대표종목들이었다. 그러나 반세기가 지난 지금 10%도 살아남지 못하고 뒤안길로 사라졌다. 그러나 당시 제약분야 선두권 제약사들은 지금도 그 자리를 지키며 세계적인 제약그룹으로 명성을 날리고 있다. 몇 번의 대공황사태와 금융위기를 겪으면서도 꾸준히 성장해온 제약산업은 인간의 생명과 직결된 산업의 특성상 경기와 무관하게 성장할 수 있었기 때문이다. 인구 850만 명인 작은 나라 스위스가 세계 제1의 제약사 로슈(Roche) 자리를 수년째 지키고 있는 것은 제약산업의 위상과 그 가치를 단적으로 설명해 주고 있다. 잘 만든 아스피린 하나가 100년을 먹여 살릴 수 있고 그룹의 모태를 이루듯이 그 어떤 기술개발의 가치보다 크고 오래가는 분야가 제약·바이오 산업이 아닐 수 없다.

선진국들의 빠른 고령화와 1인 가구로 변화하는 반면 인구가 급팽창하고 있는 신흥국들은 전 세계 인구 확대를 주도하고 있다. 갈수록 다양해지고 있는 질병과 변이된 면역체들은 끊임없이 질병에 대한 예방과 치료를 요구하고 있다. 경기와 무관하게 성장할 수 있는 이 산업은 밥은 줄여도 약은 먹어야 하는 삶의 욕구 때문이다. 향후 10년 안에 세계 인구는 90억 명 가까이 될 것으로 전문가들은 전망하고 있다. 질병 예방과 치료에서 제외되어 있던 신흥국들이 점차 생활이 개선되면서 바뀌는 식습관과 예방치료에 눈을 뜨게 되면서 제약산업은 꾸준한 성장을 할 수밖에 없는 구조다. 세계의 유수 기업들이 바이오 신약 개발과 유전자를 이용한 신기술에 전력을 쏟는 이유다.

하나의 신약을 개발하기 위해서는 일반적으로 15~20년의 긴 연구 기간이 소요된다. 신약 1개를 개발하는데 평균 5억(6천억) 달러가 들어간다. 이렇게 막대한 금액과 긴 시간을 투자했음에도 그 성공확률은 2,000분의 1 정도로 보는 게 지금까지의 정설이다. 그러나 이런 긴 시간과 막대한 투자를 했어도 신약개발에 성공할 경우 단기간(1~5년 이내)에 손익분기점에 도달할 수 있다. 그뿐 아니다. 개발특허에 대한 독점적 지위도 장기간(15~20년) 유지하면서 최소 90억 불(10조), 세계적 블록버스터급의 경우 50조에 달할 수도 있다고 전문가들은 말한다. 소위 말하는 대박을 낸다는 이야기다.

그러나 신약 절차는 험난한 과정을 거쳐야 한다. 통상 15년 이상 걸리는 개발 기간 동안 몇 단계의 절차를 거쳐야 하고 그때마다 관계기관의 승인절차를 통과해야 한다. 신약개발은 보통 다섯 단계로 나뉜다. 첫째, 기초탐색 및 원천기술연구를 통해 신물질후보군을 설정한다. 두 번째 단계로 1차에서 발견된 자료를 바탕으로 후보물질을 선정하고 전 임상에 대비한 신물질을 선정 후 연구에 들어간다. 세 번째부터 자체 개발한 원천기술을 이용해 전 임상시험에 들어간다. 이 3단계까지는 자체적인 연구와 후보물질로 사람을 대상으로 하지 않는 동물 실험을 통해 신물질을 시험하는 과정을 전 임상 또는 비 임상시험이라고 부른다. 이 단계에서 문제점이 발견되지 않고 현격한 효과가 입증되면 비로소 4단계인 임상시험에 들어간다. 투자업계에서는 사실은 이 단계부터 임상 1단계라고 불리기도 한다. 사람을 대상으로 실험하는 과정이기에 해당 기관의 승인절차도 까다롭고 긴 시간을 기다려야 한다. 통상적으로 이 단계에서 긴 시간을 필요로 하고 단계별 안정성과 효과가 인정받아야 한다. 사람을 대상으로 하는 보통 1상이 끝나면 2상 a, b단계로 나눠진다. 이 기간은 몇 년은 기본적으로 소요되며 2상 a, b에서도 많은 후보물질들이 포기하거나 임상을 변경하기도 한다. 죽음의 계곡이라고도 하는 마지막 임상 3단계(총 5단계)는 가장 힘들고 어려운 과정으로 봐야 한다. 이렇게 긴 시간을 연구하고 막대한 투자를 단행했음에도 많은 기업들이 임상 3단계에서 개발중지 권고를 받거나 아예 승인 허가를 받지 못한다.

죽음의 계곡을 오기 전 넘어야 할 산

2017년 주식시장에 바이오 열풍이 불어 닥쳤을 때 오랜 기간 8,000원대를 오르내리던 신라젠은 단 몇 개월 사이 15만 원까지 치솟아 코스닥 시가총액 2위까지 갔었다. 수년간 적자를 면치 못해오던 주가는 간암치료제로 개발한 '펙사벡' 신약이 3상 임상시험을 통과할 것이라는 기대감 때문이었다. 그러나 2년여 뒤인 2019년 8월 결과는 충격이었다. 그 주식을 보유하던 투자자들을 아연실색게 하였다. 미국의 평가기관으로부터 임상중단 권고를 받았다는 소식이 알려지면서 주가는 바로 며칠간 하한가로 직행했다. 이 신약후보물질은 3상 정식 승인기관으로 가기 전에 미국 독립기관인 데이터 모니터링위원회로부터 승인취소 권고를 받았기 때문이다. 이 소식을 들은 전문가들은 신약개발이 실패했다고 봐야 한다고 입을 모은다. 지금까지의 미국 3상 임상시험의 과정을 지켜본 전문제약업계 관계자들도 같은 입장이었다.

승인 취소 이유는 간단했다. 신약의 성능이나 안정성에 앞서 반드시 통과해야 하는 무용성진행평가(Futility Interim Analysis)에서 부정적 판정을 받았기 때문이다. 미국식품의약국(FDA)은 새로운 치료요법을 윤리적이고 효율적으로 사전 검증하기 위한 방법으로 임상3상을 진행하기 전에 이 과정을 거치도록 권고하고 있다. 좀 더 구체적으로 설명하면 '무용성진행평가'란 신약이 환자에게 무용(無用)한지 여부를 확인하는 임상시험 과정 중 일부다. 환자에게 신약을 투여한 뒤 효과를 기대하기 어렵거나 심각한 부작용이 발생하는지를 사전에 검증해 불필요하게 임상시험을 강행해 피험자(임상시험 대상환자)를 위험에 빠뜨리고 비용을 낭비하는 것을 막기 위한 절차다. 지난 1980년대에 도입된 이 제도는 임상시험을 주관하는 회사가 아닌 미국의 독립적 기관인 데이터 모니터링위원회(Data Monitering Committee)가 주관한다. 신라젠이 사운을 걸고 개발한 후보물질은 그동안의 임상결과나 여러 전문가들의 의견을 참고해 볼 때 3상 시험은 무난할 것으로 기대하고 있었다. 그러나 예상을 깨고 3상 임상시험을 가기도 전에 그 기대는 물거품이 되고 말았다. 현재까지 이 신약 하나가 유일하게 상품화가 가능한 신물질이었는데, 그것이 무산되므로 향후 회사의 존립에도 큰 영향을 끼칠 것은 분명해 보인다.

이처럼 신약 하나가 탄생하기까지는 험난하고 긴 과정을 거쳐야 한다. 3상 임상시험 또한 어느 특정 국가를 대상으로 하는 것이 아닌 여러 나라에서 수천 명에서 많게는 만 명도 넘는 실험을 할 수도 있다. 3상 임상단계의 죽음의 계곡을 통과하면 꿈에 그리던 신약을 제조할 수 있고 식약청의 승인을 거쳐 비로소 상품화할 수 있다. 통상 2상b 단계에서도 신약후보물질에 따라 파이프라인을 구축해 기술이전을 할 수 있는가 하면 3상 임상승인에 따라 그 가치가 평가되어 기술 수출이나 판매권 계약이 성사되기도 한다.

한국 업체들의 기술 수출 현황과 과제

최근 몇 년 사이 우리나라 제약업체들도 잇따라 신약기술 수출을 성사시켜 주식시장을 뜨겁게 달구었고 많은 사람들을 놀라게 했다. 3상 임상에 들어가기도 전에 수조 원에 이르는 기술 수출이 성사되었기 때문이다. 그러나 몇 년 후 대부분의 수출한 신약 후보들이 계약취소를 당했다. 처음 기술 수출 당시 그 기술을 인수한 회사들은 여러 가지 안전장치로 옵션을 달아놨기 때문이다. 그들은 신약이 상품화되기까지 갈 길이 멀고 결과를 예측할 수 없음을 잘 알고 있기에 다양한 옵션을 걸어 놓고 계약을 진행한다.

그러함에도 막대한 비용과 시간이 많이 소요되는 것을 감수하면서도 다국적 기업들이 신약후보물질을 인수하는 이유는 무엇일까. 새로운 신약에 대한 일말의 성공 가능성을 염두에 두고 그 기술과 판권에 대한 권리를 먼저 차지하려는 계획에서다. 그만큼 신약 하나의 가치가 크고 회사의 명운을 가를 수 있는 핵심적 역할을 할 수 있기 때문이다.

2019년은 유난히 바이오 기업들은 악재에 시달리는 해였다. 3상을 기대하고 미국에서 실험을 준비하던 코오롱티슈진이 3상 중단으로 시장에 큰 충격을 줬다. 골관절염 유전자치료제 '인보사'가 허가 취소되면서 투자자들은 엄청난 피해와 함께 바이오주식들은 한차례 큰 홍역을 치렀다. 결국 코오롱티슈진은 거래 정지되어 수많은 투자자들이 보유한 주식이 하루아침에 휴지나 다름없는 상황을 겪고 있다. 더구나 국내에서 만 명도 넘는 환자들이 '인보사'를 이용한 유전자치료를 받은 상황에서 그 심각성은 극에 달해 있는 상태다.

얼마 지나지 않아 신라젠 사태는 더 큰 충격을 주었다. 이번 사태를 계기로 바이오산업을 보는 새로운 안목이 생기고 투자에 대한 큰 교훈으로 남을 것이다.

신라젠의 지난해 영업결과를 보면 77억 매출에 영업적자는 590억을 기록했다. 반면 우리나라 제약사 1위 기업 유한양행은 1조 5천억 매출에 영업이익 501억을 달성했다. 그러함에도 신라젠의 시가총액은 허가취소가 발표되기 하루 전 기준 3조 1천억 원으로 유한양행 2조 8천억보다 비쌌다. 즉, 신라젠 회사 가치가 유한양행보다 더 높게 거래되고 있었다.

유한양행은 현재 여러 개의 신약물질을 직접 개발하고 있고 기술수출한 계약 금액만 2조 원 가까이 된다. 해마다 배당은 물론 500억 이상의 영업이익을 내는 우량한 기업이다. 그런데도 신라젠의 회사 가치가 유한양행보다 수천억 원이 더 높게 거래되고 있었다. 상식적으로 받아들이기 어려운 비이성적인 현상이 지속되고 있었지만, 누구 하나 심각한 문제로 받아들이지 않았다. 더구나 신라젠의 '펙사벡'의 임상 성공률은 50%도 보장되지 못한 상황이었음에도 거품을 스스로 외면한 셈이다. 일반 개미투자자들이 최근 들어 돈을 빌려 투자한 종목군이 바이오 관련 기업으로 대부분 큰 손실을 보았거나 아예 원금을 전부 잃은 투자자들도 부지기수다.

이런 사태를 경험한 투자자들은 바이오 기업들에 대한 새로운 인식 전환과 함께 가치 기준이 달라질 것이다. 먼 미래를 보면 좋은 현상이 아닐 수 없다. 비로소 투자자들은 바이오 기업들의 허상과 거품을 실감할 수 있기 때문이다.

앞글에서도 서술했듯 이토록 성공률이 낮은 산업에 투자자적 관점에서 긍정적으로 보는 이유는 앞으로 10년은 제약·바이오산업에서도 큰 변혁을 가져올 기간으로 보기 때문이다.

우리나라 제약·바이오 업체들이 신약 신기술 개발에 본격적으로 뛰어든 지 이제 20년을 넘어섰다. 대형제약사를 중심으로 엄청난 연구개발비를 투자하며 새로운 먹거리를 찾고 있는 중이다. 앞으로 30년 차에 들어가는 향후 10년은 관련 업체들이 분명하게 명암이 갈릴 구간이다. 겨우 명맥을 유지하거나 아예 없어질 기업들이 부지기수가 될 것이다. 그러함에도 옥석을 어떻게 가리느냐에 따라 큰 성과를 줄 수 있는 분야는 제약·바이오산업이다. 향후 10년을 우리나라를 이끌어 갈 핵심산업은 소프트웨어 분야의 IT와 바이오 생명공학산업이 쌍두마차로 견인할 것으로 믿고 있어서다.

앞으로 몇 년 안에 순수 우리의 기술로 그 꿈에 그리던 신약이 나올 것이다. 블록버스터급 신약 하나가 그 기업의 미래를 보장하고 새로운 경쟁력으로 도약할 것이다. 제약·바이오 산업을 영원한 테마라고 하는 데는 험난한 과정의 결과가 앞으로 10년 안에 나타나는 시기로 보기 때문이다. 우리 인류가 지속되는 한 함께 가야 할 산업이다.

주식투자는
심리 게임이다

프로들은 심리를 이용한다

우리나라 대표기업인 삼성전자는 주가가 오를만하면 어김없이 매도 물량이 쏟아지며 1년 넘게 전 고점을 넘지 못하고 박스권에 갇혀 있다가 2019년 하반기 들어서서 반등을 모색하고 있는 중이다. 이 주식을 매수한 개미투자자들은 돈을 빌려 투자를 했고 주가는 반대로 흐르자 지친 개미들은 주가가 본전 근처만 와도 매도물량을 쏟아내 주가 상승을 가로막는 역할을 했다.

삼성전자가 박스권에 갇힌 주된 이유는 급락한 실적이 주된 이유겠지만, 공매도와 함께 신용물량도 그 이유였다. 삼성전자는 2018년 4월 50대 1로 액면분할을 했고 14만 명에 달했던 소액주주가 액면분할 후 76만 명으로 늘어났다. 분할 전 발 빠르게 매수한 개미들도 있었지만, 액면분할 후 집중적으로 매수에 가담했기 때문이다. 액면분할이 실시되면서 고가 주식을 사지 못했던 투자자들이 대거 매수에 참여하게 되고 주가가 한 단계 레벨업 될 것으로 기대했었다. 대부분 애널리스트나 투자전문가들도 상승을 예견하고 매수 추천을 한 것도 소액주주들이 뛰어든 배경이다. 더 중요한 것은 개미투자자들이 5조 원가량 매수한 금액 속에는 돈을 빌려 투자한 신용물량이 포함되어 있었다는 점이다. 이런 사실들을 너무나 잘 알고 있는 기관투자가들이나 외국인들은 막상 액면분할이 이뤄지고 거래가 개시되자 개미들이 매수한 물량을 그대로 떠넘겼다. 반도체 슈퍼 호황은 끝나가고 있다는 것을 알고 있는 그들은 차익실현을 노리고 있던 차 자신들의 물량을 받아줄 주체가 있어 그 기회를 이용한 것이다. 이처럼 주식시장은 어떤 계산된 방식도 정해진 룰도 없다. 또한, 제아무리 뛰어난 애널리스트가 주가를 전망한다 해도 잘 맞지 않을 때가 대부분이다. 그때그때 상황에 따라 투자자들의 심리를 이용한 투자행위가 더 잦다고 보는 게 옳다.

투자자라면 한 번 정도는 들어봤을 속담 중 하나인 '루머에 사고 뉴스에 팔라'는 말이 있다. 어떤 주식에 대한 대형호재가 정처 없이 루머로 돌며 투자자들의 관심을 끌면서 주가는 계속 상승한다. 그러다 정작 그 루머가 사실로 밝혀져 뉴스로 나오면 그때를 이용해 팔라는 격언이다. 호재가 공식적으로 확인되자 개미투자자들이 사려고 몰려들고 그때를 매도 기회로 잡고 주식을 처분하는 것을 자주 보게 된다. 실제 나도 보유하고 있던 주식이 좋은 뉴스가 나오면 차익실현의 기회로 삼는다. 누군가 내 주식을 사 줄 세력이 있을 때 쉽게 처분할 수 있기 때문이다. 그 주식에는 분명 좋은 뉴스임에도 주가가 떨어지는 것을 보며 의아해하는 사람들이 많다. 확인된 호재로 주가가 계속 상승해야 함에도 하락하는 것을 이해하지 못하는 데서 오는 궁금증이다. 호재가 나오기 전에 영민한 투자자들은 이미 그 정보를 알고 그 주식을 사서 기다리고 있었다. 그 루머에 대한 기대감으로 주식은 꾸준히 상승하던 중 호재가 세상에 알려지자 그때 뛰어든 개미들에게 그 주식을 떠넘긴다.

여기서 중요한 것은 누구나 다 알고 있는 정보는 이미 죽어 있는 정보라는 사실이다. 좋은 정보란 특정한 사람들만 그것을 비밀리에 알고 있을 때 정보의 가치가 있다. 그 루머가 누구나 알 수 있게 공개됨으로 그 정보 가치는 소멸되고 만다. 그 루머가 확인되는 동안 이미 주가는 올라 있었고 그 가치를 반영하고 있었다. 물론 대형 호재의 경우 손 바뀜이 이뤄지고 새로운 매수주체들에 의해 주가는 새로운 가치를 만들어가며 상승을 하는 경우도 없지 않다. 또 일부 세력들은 자기들끼리 정보를 공유하고 자금을 모아 일정 주식을 모은 다음 투자전문 방송이나 인터넷 등을 통해 루머를 가공하여 퍼트리기도 한다. 자기들의 물량을 비싸게 받아줄 투자자들을 불러 모으기 위한 작전이다.

내가 알고 있는 전직 증권사 직원도 투자자들을 모아 소위 작전 위주의 투자활동을 하다 구속된 사례도 있었다. 이렇듯 돈이 흘러다니는 곳 어디든지 우리가 알지 못하는 곳곳에서 치밀한 계획과 음모가 꾸며지고 있으며 상상하지 못한 사람들이 연결되어 있다. 그 안에는 상장회사 주요 정보를 다루는 담당자일 수도 있고 공개방송을 하는 전문가들이 포함되어 있는가 하면 심지어 신문, 방송의 기자는 물론 공영방송의 PD들까지 교묘하게 이용하는 전략들도 구사한다.

자본주의 최일선에서 일어나는 현상으로 아무리 감시하고 불법 거래를 방지하고 있지만 날로 지능은 발전하고 더 많은 돈을 차지하기 위해 오늘도 은밀한 계획들은 어딘가에서 꾸며지고 있다. 주식시장처럼 단기간에 합법을 가장한 수익을 낼 수 있는 곳이 없기 때문이다.

우리나라에서 투자로 얻은 이익에 대해 양도세를 내지 않는 곳은 주식시장이 유일하다. 설령 합법을 가장한 불법(작전)적 거래로 큰 이익을 얻었다 해도 세금이 없기 때문에 별도 세금 신고할 의무가 없다. 하지만 일정 금액 이상을 투자했거나 대주주로 간주되는 지분을 보유하면

세금을 내야 한다. 무엇보다 자금조성을 한 근거도 확실하고 돈의 출처가 명백하기 때문에 이보다 더 좋은 투자방법이 없다. 누구든지 쉽게 현혹될 수밖에 없는 합법을 가장한 불법의 황금시장이 아닐 수 없다.

정해진 방식도 특별한 투자기법도 없다

투자자들은 오랫동안 삼성전자를 비롯하여 고액으로 거래되는 주식들의 액면분할을 요구해 왔었다. 우리나라 대표기업의 주식을 사고 싶어도 1주당 265만 원 하는 주식을 쉽게 살 수 없었기 때문이다. 천만 원으로 단 3주만 주문을 낼 수밖에 없으므로 개미투자자들로서는 쉽게 접근할 수 없었다. 하지만 액면가 5,000원 하던 주식을 100원으로 쪼개니 천만 원으로 3주밖에 살 수 없던 주식이 같은 금액임에도 자신의 계좌에 188주나 들어와 부자가 된 느낌이 든다. 또한, 한 주도 살 수 없었던 주식을 250만 원으로도 47주나 살 수 있으니 당연히 해당 주식은 거래가 증가하고 매수자가 많아지기 마련이다.

1주당 백만 원이 넘는 주식들은 사실 일반투자자들이 투자하기엔 부담이 가고 실제 적은 금액으로 투자하는 사람들은 지극히 제한적일 수밖에 없다. 이런 문제점을 해결하고자 끊임없이 투자자들은 액면분할을 요구해왔고 정부당국자들은 물론 국회에서도 몇 차례 거론된 적이 있었다. 그러함에도 일부 상장사들은 액면분할을 시행하지 않고 있다. 왜일까? 많은 투자자들이 궁금해하는 사항이기도 하다. 거래되는 주가가 낮아지면 투자자들도 늘어나고 주식거래도 활발해지며 주가 상승요인이 많아 시가 총액이 늘어나니 회사로서도 좋은 데도 말이다.

이유는 간단하다. 액면분할을 해서 주식가격을 낮추면 분명 일반투자자들이 크게 늘어남은 확실하다. 회사에서는 그 점을 가장 싫어하는 첫째 이유다. 어중이떠중이 주주들이 많아지면 그만큼 잡음도 생기고 회사 이미지가 싸게 느껴진다고 회사 경영진들이 생각하고 있다. 우리나라의 주식시장에서 2,000여 개 거래되는 주식 중 몇 개 안 되는 고가 주식들 속에 자기 회사 이름이 항상 들어 있었는데 액면분할을 함으로써 그 우월감이 없어지고 싸게 느껴진다는 속내도 없지 않다.

또한, 주주들이 많이 늘어남으로써 전에 거론되지 않았던 자잘한 내용들이 루머로 인터넷이나 쪽지 등으로 떠돌 수 있다. 그리고 회사 탐방 문의 및 주가가 큰 변동을 보일 때마다 전화가 빗발치는 것도 회사가 꺼려하는 이유다. 지극히 전 근대적인 경영 발상이 아닐 수 없다. 회사의 편의주의를 우선 기준에 두고 있기 때문이다. 이런 문제들로 실제 고가의 주식들은 거래량이 지극히 제한적이고 일반인들은 투자를 잘 하지 않고 있다.

주식투자를 오래 하면서 느끼는 것은 어떤 정확한 공식이나 룰이 통하지 않는 것이 주식시장이다. 소위 자산 가치주라고 하는 일부 주식들은 주식시장에 상장된 시가총액보다 많은 현금과 자산을 보유하고 있음에도 주가는 몇 년째 그 자리에 있다. 당장 회사가 부도나서 청산되어도 청산가치에도 못 미친 가격에 거래되는 주식임에도 시장에서 외면받은 주식들이 많다. 그런가 하면 몇 년 동안 적자를 지속적으로 내 왔음에도 주가는 수십 배의 가치로 상승하며 거래되는 주식들도 부지기수다. 가격의 기준도 특별히 정해져 있지 않고 있다 해도 통하지 않는 것이 주식시장이다. 심리적 기대감으로 움직이기 때문이다.

지금도 투자전문 방송을 보면 자신만의 투자기법을 소개하고 주가가 오를 것을 확신하며 매수 추천을 하는 소위 투자전문가라는 사람들을 자주 보게 된다. 심지어 특정 종목의 미래가격을 지정하며 투자를 권유하는 것을 보면 참 위험한 행위라는 생각이 든다. 그렇게 주식이 상승할 거라면 왜 공개방송을 통해 추천하는지 이해가 안 가기 때문이다. 저런 방송에서 떠들지 않아도 부자도 될 수 있을 텐데 하는 생각이 들어서다. 또한, 재미있는 것은 매수 추천을 하면서 얼마에 사고 어느 가격대까지 내려가면 매도하라고 매매구간까지 자세히 설명한다. 그런 내용의 방송은 매일같이 반복되며 하루가 다르게 추천되는 종목들도 다르다. 그런 장면들을 볼 때마다 문득 엉터리 일기예보가 생각난다. "내일 날씨는 비가 올 것 같고 만약 안 오면 쾌청한 날씨가 될 것이다"처럼 웃기는 현상들을 자주 본다. 주식시장은 귀신도 모른다는 속어가 있듯 우리 인간이 어떻게 내일의 일을 알 수 있겠는가. 그런데도 미래를 확정적으로 말하고 투자를 유도하는 행위는 신중히 접근해야 한다.

그런가 하면 지난 거래를 기준으로 작성되는 차트를 보면서 마치 그차트 분석에 자신만의 투자비결이 있는 것처럼 열심히 분석하며 투자를 권유한다. 그리고 그 화면 아래나 끝 부분에 특별강연이 언제 있으니 놓치지 말고 꼭 들어오라는 식으로 투자자들을 유인한다. 방송에서 하는 투자전문 채널에 대해 많은 사람들은 그 방송이 해당 방송사에서 편성한 프로그램으로 잘못 알고 있다. 사실은 방송하는 그 사람들이 그 방송시간대를 돈을 지불하고 사서 자체 프로그램으로 하는 개인방송이나 다름없다. 교묘하게 위장된 광고성 방송이라고 보는 게 맞을 것이다. 그렇게 떠들어 대는 사람들은 과연 전문가답게 놀라운 투자성과를 내고 그렇게 노력하고 있을지 의문스럽다.

차라리 대중 언론의 관련 내용을 보고 큰 흐름을 파악하는 것을 권유하고 싶다. 신문의 투자 관련 지면이나 일부 정규방송들은 정말 유익하고 필요한 정보를 제공하는 곳이 많다. 경제신문만 잘 읽고 세태의 흐름을 파악해도 투자를 하는 데 큰 도움이 될 것이다. 신문에서 다루는 경제 기사나 상장 종목들에 대한 심층보도는 어느 곳에서도 얻기 힘든 유용한 내용들이 있을 수 있어서다. 그 기사나 방송들은 객관적인 정보를 전달하려고 노력하고 기사를 쓴 당사자는 자신의 주관적인 의견을 잘 표현하지 않는다. 또 중요한 것은 그 언론들의 기자들 수준이 상당히 높고 전문성이 있다는 점이다. 거시경제를 보는 시각을 넓힐 수 있고, 산업변화를 읽을 수 있는가 하면 정부 정책에 대한 정보를 얻을 수 있는 점도 큰 장점이다. 그 매체들은 특정 종목을 지정하여 매수를 권유하거나 방법을 구체적으로 제시하지 않는다는 점도 크게 다르다.

전설적 투자자들의 기록

투자세계에서 전설적으로 이름을 남긴 사람들이 많이 있다. 100여 년 전부터 투자를 해오며 새로운 기록을 남긴 유명한 투자가들부터 현재에 이르기까지 수많은 저서를 읽고 공부를 하며 투자활동에서도 활용하고 있다. 그들 나름대로 투자원칙과 시장을 읽을 줄 아는 방법은 다 달랐지만 공통된 점들이 몇 가지 있었다. 그들 대부분은 몇 번의 위기를 겪었고 다시 원점으로 돌아와 투자를 시작했다는 점이다.

미국의 투자관계자들 사이에서 영원한 고전으로 불리며 지금도 많은 투자자가 고전처럼 읽고 있는 『어느 주식투자자의 회상

(Reminiscences of a stock operator)』은 과거와 현재의 주식투자 방법들을 볼 수 있는 좋은 사례들이 담겨 있다. 14세 때 몇백 달러로 주식투자를 시작해 현재 가치 2조 원의 자산을 만들어 낸 제시 리버모어는 월스트리트의 황제이자 심리추세매매의 대부로 남아 있다. 투자 초기 몇 년 동안 꾸준한 이익과 자산을 모으는 동안 몇 번의 위기를 맞았지만, 그는 다시 시장을 조정할 수 있을 정도인 수백억의 자금을 모았다. 그의 투자는 초기에는 주식비중보다 공매도와 원자재 시장에 집중하였다. 당시 차트나 기술적인 투자기법이 발달하지 않았던 시기이기에 심리적인 시장의 분위기와 흐름을 읽고 판단했다는 점이 눈에 띈다. 이 점은 지금도 마찬가지다.

그리고 몇 년 후 그는 놀랍게도 전 재산을 다 날리고 단 몇 주의 주식도 살 수 없는 빈털터리가 된다. 그러면서도 그는 투자의 집념을 잃지 않았고 끊임없이 시장을 모니터링하며 시장흐름을 관찰했다. 몇 년 동안 투자자들의 투자를 조언해 주고 얻은 자금과 오랜 기간 거래를 통해 관계를 맺은 증권사 관리로부터 증거금 없는 공매도 주문을 허락받아 투자를 다시 시작하게 된다. 단돈 몇백만 원으로 시작한 투자는 몇 년 후 2조 원이란 자산을 모았다. 이 책을 읽으면서 느낀 점은 투자의 핵심은 타이밍이고 시장의 심리를 정확히 읽을 수 있는 능력이었다. 주식시장은 관성의 법칙이 유난히 지속되는 경향이 있다. 대형 악재로 주식시장이 폭락하면 계속 하락을 지속하는 습성이 있고 이미 최저 바닥임에도 끝없이 떨어질 것 같은 공포감으로 뇌동매매하는 경우다. 모든 신문의 머리기사도 불안한 시장을 그대로 받아들이고 투자에 신중해야 한다는 등 불안감을 확대시킨다. 반면에 주식시장이 달아오르면 끝없이 치고 갈 거 같아 애널리스트는 물론 증권사 창구 직원들도 장밋빛 전망을 하며 투자를 권유한다. 이런 상황일수록 시장을 반대로 볼 수 있는 발상과 냉철함은 투자자를 하면서 가장 핵심적으로 봐야 할 요소라 할 수 있다. 진짜 프로들은 그런 시장의 심리를 읽고 큰 흐름의 방향을 보며 최고의 기회로 삼는다. 투자세계의 전설인 제시 리버모어도 투자자의 심리를 잘 이용했다. 특정한 상품에 투자가 결정되면 여러 곳의 창구를 통해 주식을 조금씩 모아가다 일정량이 모이고 주가가 시장의 관심을 받을 즈음 한 창구를 이용해 대량매수를 통해 자신의 투자방향을 알린다. 이미 주식시장에서 절대적 영향력을 행사하는 그가 투자하는 종목은 일반투자자들은 묻지마 식으로 따라 하는 습성이 있었다. 이점을 간파한 리버모어는 주가가 목표지점에 도달하면 차익실현과 함께 공매도를 동시에 실행하며 이익을 극대화시킨다. 자신의 대량 물량만으로도 공매도에 대한 차액을 거둘 수 있기 때문이다. 또한 그는 현재 많은 투자자들이 투자의 지표로 삼고 있는 PER(주가 수익률)이나 EPS(주당 순이익)는 물론 가치투자자들이 중시하는 PBR(주가 순자산 배율) 등을 크게 활용하지 않았다. 오히려 대중들의 심리를 더 이용했다.

리버모어 외에도 월스트리트를 대표하는 전설적 투자자들을 꼽는다면 나는 단연코 존 템플턴을 말한다. 투자가는 어떤 철학과 가치관을 지니고 있어야 하는지 그 방향설정을 해 준 멘토이기도 하다. 그가 주장한 투자의 첫 번째 원칙은 '비관론이 극에 달할 때 투자하라'였다. 대중의 심리를 따르지 말고 역발상을 통해 투자에 임하라는 것이다. 그의 주장도 따지고 보면 심리에 대한 투자기법이다. 시장의 분위기에 흔들리지 않고 자기만의 신념을 지키라는 뜻이기도 하다. 물론 투자의 기본가치를 나름대로 정해두고 투자를 결정한 원칙주의자이기도 하다. 그는 또 누구도 쳐다보지 않던 아시아 주식시장을 개척한 장본인으로 많은 투자자들로부터 존경받는 인물이다.

투자의 성공에서 발견한 파레토 법칙

 전설적 투자자들은 누구나 한두 번씩 위기를 맞았다. 그러함에도 한순간도 포기하지 않았고 자신의 실패를 다시 반복하지 않은 자산으로 삼고 그를 활용했다. 그리고 그들에게서 찾은 해답도 80대 20의 파레토법칙이 적중했음을 알 수 있었다. 파레토법칙(Pareto principle, law of the vital few, principle of factor sparsity)이란 이탈리아 경제학자 빌프레드 파레토가 처음 주장한 어떤 결과에 대한 내용이다. 경영활동이나 통계 대비에서 80%가 전체 원인의 20%에서 일어난다는 현상을 가리킨다. 이탈리아 인구의 20%가 이탈리아의 전체 부의 80%를 가지고 있다고 증명하는가 하면 다양한 현장의 결과를 발표하고 수치로 나타내 보이며 널리 알려진 용어이고 실제 많은 논문이나 경영 현장에서 적용되고 있다.

 전설적 투자자들의 궤적을 따라가 보면서 발견한 것도 파레토법칙이 일치한다는 점이다. 그들이 숱한 부침을 경험하며 일생의 투자활동을 통해 결정적으로 성공의 발판을 마련한 대성공의 기회(큰 투자성과 대 이익)들을 80대 20%의 파레토법칙으로 따져보니 정확히 맞아떨어졌다. 전설적 투자자들이 성공한 것은 모든 투자에서 좋은 성과를 얻은 것도 아니었다. 몇십 년 동안 투자하는 동안 그들이 최고의 성공을 거둔 전체시간을 따져보면 20%에 해당되었다. 그 기간은 대공황이었거나 최대의 경제 위기가 있을 때였다. 이런 대공황이 닥치면 주식시장은 심리적 불안감에 지속적으로 하락하는 경향을 보인다. 극도로 악화된 심리상태에서 오는 현상이다. 또한, 위기를 극복하고 시장이 살아날 때도 대부분의 주식들은 동반 상승한다. 이런 시장의 시기와 흐름을 정확히 읽고 그들은 냉철한 감각을 유지하며 투자를 단행했기에 대성공의 기회를 잡을 수 있었다. 또 그들이 투자한 상품이나 종목들도 전체 비율에서 20%가 80%를 압도했다.

나 자신 지금까지 투자활동을 하며 지나온 과정을 곰곰이 생각해 보면 희한하게도 나에게도 이 파레토법칙은 정확했다. 일반인 투자자들은 누구나 투자를 하면서 실패를 거듭하며 심리적 고통을 받는다. 그리고 많은 투자자들은 큰 재산을 잃고 중도에 포기하고 투자와는 담을 쌓는다. 그렇게 실패한 투자자들이 성공한 투자자들보다 훨씬 많기에 주식투자 하면 부정적인 인식이 강하게 뿌리내린 이유다. 여기서도 면밀히 따져보면 80대 20%의 법칙이 정확하게 나온다. 즉, 80%의 투자자들은 손실을 보고 시장을 떠났고 20%의 투자자들만 이익을 낸다는 말이다. 20% 중에서도 20%에 해당하는 4%는 큰 성공을 거둔다는 결론이다.

주식투자를 말할 때 위험자산을 상대로 하는 투자라고 말한다. 말 그대로 항상 위험이 따른다는 뜻이다. 80%의 위험과 손실을 각오하고 투자를 하되 그 실패를 반복하지 않는 자신만의 노하우로 삼아 20%의 기회로 삼아야 한다. 80%의 실패를 각오하고 기다릴 줄 알고 20%를 잡을 줄 아는 투자자는 성공할 수 있다. 즉, 80%는 본전을 잃지 않는 투자를 지속하되 20%의 순간에서 최고의 성과를 내라는 뜻이다.

우리나라 개미투자자들의 우상인 전설적인 큰 손 개미 투자자들이 몇 명 있다. 그들도 숱한 부침과 실패를 거듭하며 적은 돈으로 수천억을 번 재야의 개인투자자들이다. 그들의 대성공의 스토리 배경에는 하나같이 실패와 좌절의 시간이 존재했음을 알 수 있다. 다만 그들은 실패를 반복하지 않았고 그것을 성공의 발판으로 삼았다는 공통점이 있다.

왜 우리 주식시장만
반대로 가는가

세계 경제가 긴 침체국면에 들어 있는 와중에도 미국 증시는 최고점을 연일 갱신하고 있다. 경제 전문가는 물론 미국 주식시장의 금융위기를 정확히 예견한 학자들도 미국 주식시장의 거품론을 거론하며 대폭락을 예고하는 마당에 보란 듯이 미국의 양대 지수는 사상 최고점을 뚫은 것이다. 그 상승 배경에는 금리 인하와 미국 경기상승을 예상하고 있기 때문이다. 미국은 금융위기 이후 막대한 유동성을 바탕으로 꾸준한 상승을 지속해 2013년 다우지수 14,000선이던 지수는 올해 들어 27,000까지 수직으로 상승했다. 세계 주요국들의 주식 또한 미국처럼 많이 오르진 않았지만 대부분 고른 상승을 유지해 왔다. 유독 한국 주식시장만 몇 년째 2,000~2,400 사이의 박스권에 갇혀 있다. 주식시장을 견인하는 가장 중요한 기업들의 영업이익을 따져 봐도 어느 국가 못지않게 고른 성장을 해 왔다. 그런가 하면 국가적으로는 사상 최고의 외환보유고와 낮은 국가부채 등을 고려하면 도저히 이해가 가질 않는다고 외국 투자가들은 물론 국내 전문가들도 한결같이 입을 모은다. 최근 들어 우리나라 증시가 더욱더 세계증시와 탈동조화 현상을 유지하는 것은 외부적 환경에 영향을 받은 것은 누구나 다 잘 알고 있는 현상이다. 미국과 중국의 무역전쟁은 물론 일본 수출규제는 직격탄을 날렸기 때문이다. 일련의 사태들을 지켜본 투자 전문가들은 당연한 결과라고 말한다. 그렇다면 중국의 사드배치와 미·중 무역갈등이 시작되기 몇 년 전은 어떻게 설명할 수 있을까 의문이 남는다. 그때는 지금보다 경제상황도 좋았고 큰 대외 악재도 없었다. 세계주식시장들은 미국증시와 동조하여 상승을 지속해 왔기 때문이다. 그때나 지금이나 투자전문가들은 기업들의 영업실적을 거론하고 지정학적 위험(북한과 전쟁 긴장감)을 가장 큰 문제로 삼았다. 분명 이유 있는 설명이지만 우리나라 주식시장의 PER(주가수익률)은 주요국 30개 증시에 비해 현저히 낮게 거래되고 있었음에도 유독 우리나라 증시만 탈동조화를 지속해 왔다.

내가 보는 탈동조화 현상은 크게 두 가지로 보고 있다. 첫째는 우리나라 기업들의 산업구조를 들 수 있다. 우리의 경제를 지탱해온 기업들의 주요 생산품목들을 보면 대부분 70년대 집중적으로 투자한 중화학 기업구조로 엮여 있다는 점이다. 조선, 화학, 자동차, 철강, 반도체(메모리)가 전부라고 해도 과언이 아니다. 곰곰 따져보면 전형적인 굴뚝산업이라고 할 수 있다. 미국시장을 몇 년간 주도해 온 기업들의 공통된 점은 모든 기업들이 생산 공장을 대부분 갖고 있지 않다는 점이다. 애플, 아마존, 구글, 마이크로소프트, 넷플릭스 등의 기업들이 지속적인 상승을 하면서 전체 미국증시를 이끌었다. 이 선두 기업들이 앞장서자 시장 분위기는 계속 살아 있어 여타 종목군으로 매기를 촉진시켰기 때문이다. 그렇다고 미국의 모든 기업들이 상승분을 뒷받침할 정도의 실적을 낸 것도 아니었다. 미국 시장을 이끌어온 주역들은 실적을 바탕으로 상승을 견인한 것은 맞지만, 나스닥 종목들이나 전통적인 기업들의 실적은 주식 상승만큼 따라주지 못했다. 우리나라 기업들 중 지적산업을 중심으로 한 세계적 기업이 없는 것도 한계로 볼 수 있다. 우리나라를 대표하는 삼성전자도 냉철히 따져보면 이익률이 낮은 메모리반도체에 국한되어 있다.

반도체 호황에 가려진 구조적인 문제

최근 몇 년간 우리 경제는 반도체 경기에 힘입어 착시현상을 겪고 있었다. 유례없는 반도체 호황을 맞아 무역수지는 큰 이익을 냈는가 하면 수출도 꾸준히 증가해 왔었다. 반도체 덕분에 우리 경제는 완만한 상승을 해 오는 것으로 정부나 일부 전문가들도 착각하고 있었다. 분명 통계적인 지표는 그다지 나쁘지 않았기 때문이다. 전체적으로 보면 반도체 호황이 다른 악재들을 다 덮고 있었다는 것을 한순간 잊고 있었는지 모른다. 그러는 사이 우리 산업의 곳곳에서는 기업들이나 개인사업자들은 더 곪아가고 있었다. 그러다 지난해 하반기부터 반도체 경기가 하락하고 올해 들어 현실로 나타나자 반도체 경기에 가려져 있던 문제점들이 하나둘씩 드러나기 시작한 것이다.

지금 우리 증시는 그 어느 때보다 어려운 환경에 처해 있다. 돌아보면 어느 것 하나 좋아 보이는 것이 없고 어두운 긴 터널 속에 들어가 있다. 미·중 무역 갈등은 또다시 파국을 향해 달려가는 형국이고 일본의 수출전쟁 선포로 앞날은 보이지 않는다. 엎친 데 덮친 격으로 미국은 안보문제를 핑계로 중거리핵전력(INF)조약 탈퇴에 일방적으로 결행했다. 속내는 자꾸 커지는 중국을 더 이상 커지지 못하게 눌러놔야 한다는 계략이다. 이 중거리핵전력조약은 1987년 미국 로널드 레이건 대통령과 구소련 공산당 서기장 미하일 고르바초프가 체결한 것이다. 이 조약은 서로 사정거리 500~5,500km 미사일의 보유를 금지하는 내용을 담았다. 그러나 미국은 이 조약을 스스로 탈퇴하면서 새로운 패권전쟁을 시작한 것이다. 탈퇴 직후 미국은 곧바로 아시아지역에 중거리 미사일 배치를 공식화하며 중국을 겨냥하고 나섰다. 그렇지 않아도 중국과의 무역 갈등에서 해법을 찾지 못하고 있는 미국이 안보 갈등으로 전선을 본격 확대하며 본색을 드러내 보이고 있다. 중거리 미사일 전력을 둘러싼 미·중 갈등이 한국을 비롯한 동북아 안보 지형에 몰고 올 여파와 북미 실무협상 재개에도 큰 영향을 미칠 것이다. 고래 싸움에 새우 등 터진다는 말처럼 우리 경제는 첩첩산중이다. 우리 증시 또한 또다시 지정학적 리스크에 시달릴지 모른다.

몇 년 전 사드배치로 큰 고역을 치르고 일부 업종들은 폐업할 정도로 심각한 타격을 받은 터라 또다시 닥쳐올 악재를 고민하지 않을 수 없게 되었다. 미국은 아시아지역 핵미사일 배치를 설치하겠다고 발표하며 그 후보지역이 한국이 될지 일본이 될지 모른다고 중국을 겨냥하고 있어 이 문제도 우리 증시에 또 다른 악재로 부각될 가능성도 있다.

투자전문가들은 당연히 이런 대내외적 이슈를 들어 탈동조화 또는 박스권에 갇혀 있는 증시전망을 할 것이다. 그런 대내외적인 이슈에 갇혀 우리나라 기업들의 잘못된 산업구조의 근본적인 문제의 실체는 자꾸 물밑으로 가라앉아 있게 된다. 우리나라 기업들의 산업구조가 바뀌지 않는 한 그 한계를 벗어나기 힘들다. 시대 흐름을 따라가지 못한 기업들로 이뤄진 우리 시장의 여건상 선진국들의 증시와 커플링을 이뤄 우상향으로 간다는 건 요원해 보인다. 우리나라가 IT강국이라고 스스로 자랑해 왔던 반도체산업의 허상을 이번 일본 사태를 지켜보며 비로소 그 실상을 알고 국민들 대부분은 허탈해했다. 어찌 보면 조립공장이나 다름없었다는 자조적인 소리가 여기저기서 들린 것은 전혀 이상할 얘기가 아니다. 진짜 돈 되는 것은 수입해 오고 그것들을 끼워 넣어 껍데기 부분만 우리는 수출해 왔으니 마진이 높지 않은 건 당연하다.

슈퍼 반도체 호황을 맞아 삼성전자와 하이닉스는 사상 최대치 영업이익을 냈지만 반대로 그 기업들에 납품하는 관련 기업들의 실적은 형편없이 쪼그라들었다. 우리나라 대기업과 중소기업 간의 먹이사슬 구조를 단적으로 보여주는 사례다. 그런가 하면 삼성전자가 밤낮없이 가동해 만든 메모리반도체로 벌어들인 돈은 곧 시스템반도체를 수입하느라 절반 이상을 지불해야 했다. 구글이나 아마존 넷플릭스는 공장 하나 없지만, 성장률은 삼성전자 몇 배 빠르게 치고 올라왔다. 아무리 우리가 떠들어 봤자 공장 하나 짓지 않고도 사업을 해 온 애플과 아마존 두 회사 시가총액만 가지고도 삼성전자, 포스코, 현대차, 하이닉스를 포함한 우리나라 전체 기업들을 다 사고도 남는다. 이것이 곧 융합과 공유경제를 살고 있는 오늘의 현실이다.

현시대에 맞는 기업들이 단 하나라도 있어 우리 시장을 앞장서 견인했다면 탈동조화를 어느 정도 감소시켰을지 모른다. 가장 기본적인 기초 소재 하나 개발하지 못하고 반도체 호황에 취해 있다가 몇 개 소모품 소재에 대해 수출을 규제하자 난리법석을 떨고 있다. 국민의 녹을 먹는 정책입안자들은 그동안 중소기업을 육성한다고 정책자금 몇 푼 내주면 다 한 줄 알고 있다. 아무리 수준 높은 소재나 장비를 만들어도 쳐다보지 않는 대기업의 관행을 정책당국자들이라도 눈여겨봤다면 최소한의 시도라도 있었을 것이다. 소 잃고 외양간 고친다는 말처럼 문제가 불거지자 뒤늦게 입에 침 튀기며 일본을 비난하고 나서는 관리들의 모습이 한심하기 짝이 없다. 최근의 사태들은 대한민국의 위상과 기술 한국 수준의 민낯을 여실히 보여준 것이다.

다른 시각으로 따져보면 그다지 모든 것들이 다 나쁜 면만은 있다고 보지 않는 게 내 생각이다. 먼 장래를 위해서는 늦은 감이 있지만, 천만다행이 아닐 수 없다. 일본과의 수출전쟁의 사태가 없었다면 몇십 년이 지나도 타성에 젖어 현 상태는 지속되었을 것이다.

기다리는 것도 좋은 투자다

우리는 몇 번의 경제위기를 통해 대전환의 기회를 찾을 수 있었다. 국가 부도사태를 맞은 IMF 구제 금융을 받아들이자 일부 학자들이나 경제전문가들은 한목소리로 30년은 지나야 우리 경제는 정상회복될 것이라고 떠들어 댔다. 그러나 세계 어느 나라에서도 찾아볼 수 없는 최단기간에 우리는 그 빚을 갚아 세계를 놀라게 했다. 만약 우리가 IMF사태를 경험하지 못했다면 우리 경제는 한참 뒤떨어져 있을 것이다. 일본을 대표하는 전자, 반도체 기업들은 한국은 이제 끝났다고 생각하며 영화산업에 투자하고 공장은 모두 해외로 이전했다. 그때가 우리에게는 절호의 기회였던 셈이다.

IMF는 우리에게 돈을 빌려주면서 금융시장 개방과 외국인 주식투자 지분한도 철폐를 요구조건으로 내세웠다. 그 기회로 외국자본들이 대거 들어왔고 수많은 기업들은 그 자금을 이용해 시설투자는 물론 시스템을 업그레이드시키며 경쟁력을 키웠다. 대혼란 속에서 진짜 가야 할 방향을 설정했고 지름길을 찾을 수 있었다.

앞으로 10년은 우리 기업들의 체질과 주요 아이템들이 크게 바뀔 것이다. 설비투자 중심에서 지적산업으로 전환할 것이며 진정한 IT산업

강국을 실현할 시스템으로 진화할 것이다. 새로운 패러다임의 성장단계를 시작으로 우리 주식시장도 크게 상승하며 새로운 기준을 설정할 것이다.

한동안 코스닥 시장을 견인했던 바이오 제약 관련 산업은 신약개발 후보물질들의 기술 수출 호재를 바탕으로 큰 상승을 해 왔다. 신약개발 하나가 수조 원의 가치로 수출될 수 있다는 대박을 확인하면서 너도나도 들떠 있었다. 바이오 열풍이 불어대자 어떤 종목은 단 몇 개월 만에 2,000% 가까운 대박을 안겨줘 너도나도 돈 빌려 제약·바이오 주식들에 투자했다. 개미투자자들의 쏠림현상은 어제오늘 일은 아니지만 최근 바이오 주식들에 대한 투자는 누가 봐도 위험수위를 넘었다. 그 우려는 현실이 되어 투자자들은 충격에 빠져들고 말았다. 주식시장을 달궈놨던 바이오제약 관련 기술 수출 주식들이 줄줄이 임상 취소 되는가 하면 계약 파기되어 계약금을 다시 돌려줘야 한다는 소식들을 하루가 멀다 하고 들어야 했기 때문이다. 그때마다 해당 주식들은 몇 번의 하한가와 함께 주가는 추락의 늪으로 빠져들었다. 개미들이 돈 빌려 신용으로 산 주식들의 절반 이상이 50% 이상 하락은 기본이고 심지어 40~50%까지 떨어진 종목들도 부지기수다.

또 한 가지 코스닥이 커플링을 할 수 없는 이유는 일반투자자들이 돈을 빌려 투자한 금액이 2019년 7월 현재 10조 원이 넘는다는 사실이다. 한국거래소가 대충 파악한 것으로 신용투자한 주식들의 평균 손실이 25%를 넘는다고 하니 앞날이 뻔히 보인다. 신용 기간이 다가오고 여차하면 깡통계좌들이 속출할 수 있는 상황임을 감안하면 상당 기간 코스닥은 맘 비우고 기다릴 수밖에 없다. 선진국 주식들이 아무리 최고점을 치고 날라도 우리 코스닥은 탈동조화할 수밖에 없는 현실이다.

주식투자의 황금기는 위기로부터 온다

내가 오랜 기간 투자활동을 해오면서 경험한 최고의 시기는 모두가 절망이라고 하던 때였다. 단 몇천만 원으로 시작해 수천억의 자산을 보유한 개미들의 우상인 재야 고수들도 대부분 위기의 순간에 최고의 수익을 올렸다. 소위 대박을 터뜨리며 기반을 잡았다. 내 개인적으로는 몇 년 만의 최고의 투자 호기가 오고 있다는 생각이다. 장기간 에너지가 축적되고 박스 안에 갇혀 있다면 언젠가는 그곳을 탈출하기 위한 에너지가 밑바닥부터 자리 잡기 시작한다. 밑바닥을 깔고 다시 한 단계씩 오르기 위한 층을 형성하는 과정이 필요하다. 이제 어느 정도 밑바닥이 형성되는 과정이니 우리도 서서히 준비해야 한다.

인생에 세 번의 기회는 누구에게나 온다는 말이 있다. 주식투자를 하다 보면 꼭 세 번의 대박을 칠 기회가 주어진다. 다만 그것을 준비하고 기다리는 사람에게 해당하는 말이지만 분명하다는 것을 경험했고 나는 확신하고 있다. 또 그날을 학수고대하며 기다리는 중이다. 평생을 하루도 빠짐없이 시장을 모니터링하고 새벽이면 시카고 선물시장의 동향을 보는가 하면 큰돈들의 흐름을 직시하다 보니 이젠 나름대로 촉이 생겼다. 동물적 감각이라고 해도 좋다. 암튼 나름대로 돈 냄새를 맡을 줄 아는 나만의 방식 계산으로는 투자자들에게 절호의 찬스가 다가오고 있다는 얘기다.

한국 주식시장 최고점에 도전한다

　세계 선진국들의 증시와 동조화와 상관없이 우리나라 주식시장이 다시 최고점을 갱신할 시기는 향후 10년 안에 실현될 것이다. 우리가 IMF를 겪고 나서 우리나라 주식시장의 주가지수 2,000을 넘는 것보다 통일이 더 빨리 올 것이라는 말이 많았다. 심지어 술자리에서 내기 했는데, 통일이 먼저 올까? 주가지수 2,000을 넘는 날이 먼저 올까 하는 내기였다. 그때가 국가부도 IMF사태를 맞고 주가지수 400을 오르내리던 시절이었다. 내가 몸으로 부닥치다시피 하며 돈의 생리를 배우던 시절이다. 대부분 통일이 먼저 올 것이라고 대답했었다. 그만큼 우리 증시는 절망적이었고 앞이 보이지 않았다. 그러나 불과 몇 년 사이 거짓말처럼 주가지수가 2,000포인트를 훌쩍 넘어섰다. 어쩜 다시 우리의 주가지수 3,000이 빠를까 통일이 빠를까 내기를 한다면 나는 어느 쪽에다 걸까? 냉정하게 스스로 물어본다.

　주가지수는 향후 10년 안에 최고점을 넘어 3,000을 향해 달려갈 것이며 3000을 터치 하지 못하더라도 심한 부침을 몇 번 경험하면서 결국 박스권을 강하게 탈출하고 최고점을 넘어 3000을 향해 비상할 것으로 믿고 있다. 그 이유를 묻는다면 내가 제시할 수 있는 근거는 세 가지로 요약해 볼 수 있다.

　첫째, 한국의 돈들이 갈 데가 없다는 것이 그 이유다. 현 제로금리 (물가상승과 주요국의 금리 기준) 상태에서 돈들이 갈 곳이 없다. 물론 주식시장이 새로운 모맨텀을 갖기 위해서는 반드시 큰 조정을 통해 체질을 바꿔야 한다는 조건이 붙는다. 그리고 은행에 돈을 맡기거나 국채를 사도 원금이 손해나는 제로금리나 다름없다. 현재의 1%대 금리로는 물가 상승과 세금을 계산하면 손해다. 이런 금융환경에서 돈들이 갈 곳은 위험자산 즉 주식시장이 가장 유망하기 때문이다. 전형적인 선진국형 금융시스템으로 진화한다는 얘기다. 1인당 GDP 3만 불이 넘으면 자산 보유개념도 선진화로 변화한다. 현재 70% 가까이 부동산 관련 자산에 집중해 있는 자산형태가 현금화 자산으로 이동하고 부동산도 환금성이 있는 자산으로 포트폴리오는 바뀌게 되어 있다. 즉 펀드(사모펀드) 등을 통해 부동산 자산을 보유한다는 얘기다. 선진국 개개인들의 자산 비중도 사실은 부동산이 60% 정도로 높다. 다만 직접 부동산을 소유하여 관리하지 않고 언제든지 환금성이 보장된 주식이나 펀드로 보유한다는 점이 우리와 다르다. 제로금리 상태에서 돈들이 몰릴 곳은 주식시장을 꼽을 수 있는 것도 긍정적인 요소다. 또한, 지금 정권이나 차기 정권에서 화폐개혁을 단행할 확률이 매우 높다는 점도 돈들이 위험자산으로 몰릴 수 있는 근거다.

두 번째, 투자환경에 대한 대변혁이다. 지금까지 사상 최대로 현금을 보유하고 있는 기업들의 배당정책을 들 수 있다. 일본 주식시장이 몇 년 전까지만 해도 주가지수가 10,000을 넘지 못하고 5년이란 긴 기간 박스 안에 갇혀 있었다. 본격적인 스튜어드십 코드 도입으로 배당 성향이 개선되고 유동성이 확대되면서 외국 투자자들이 몰려들기 시작하며 꾸준히 상승을 지속해 왔다. 올해를 기점으로 한국도 주주권리 확보 운동이 거세게 불 것이며 기업들도 변화의 물결을 따를 수밖에 없을 것이다. G20 국가 중 가장 싼 시장이 한국이라는 것을 알고 있는 그들이 이를 놓칠 수 없기 때문이다. 우리 기업들이 다시 최고의 이익을 내고 산업 체질을 바꾸는 날이 일본 수출규제 덕분에 몇 년은 앞당겨질 것이다. 우리나라를 먹여 살렸던 반도체는 돈이 되는 시스템 반도체로 바뀔 것이고 연관된 중소기업들도 새로운 전기를 맞이할 것이다. 빠르면 5년 늦어도 10년 안에 새로운 IT의 르네상스를 맞이할 것을 확신한다. 아무것도 나오지 않은 나라에서 우리가 살 길은 그것밖에 없기 때문이다. 소프트화된 IT산업으로 진화한다는 얘기다. 지금까지 수많은 공장들을 짓고 수많은 근로자들의 외침 속에 소위 돈안 되는 장사를 하며 우리 스스로 뻥 치며 살아왔다. 이젠 진짜 돈 되는 산업으로 바뀌어 진검승부를 할 것이다. 제2의 반도체라고 하는 전기차 배터리 부분도 본격적인 이익 구간에 들어서는 기간도 멀지 않았다. 반도체 장비와 소재 관련 기업들의 체질변화도 일본 덕분에 빨리 속도가 진행되고 있다. 일련의 변화를 이유로 두 번째 근거를 제시하는 것이다.

세 번째, 우리나라 주식시장이 지수 3000에 도전할 근거로 남북한 경제 단일화를 꼽고 있다. 통일이 아닌 경제 단일화로 이뤄지고 평화무드가 정착되어 지정학적 리스크가 완전히 해소만 되어도 우리 금융시장은 한 단계 업그레이드가 될 것이다. 북한이 미국과 수교를 하고 개방을 한다면 분명 우리에게는 새로운 기회가 주어질 것이며 우리 주식시장도 호기를 맞이할 것이다.

오래전 미국 주가지수는 100이었다

미국이 대공황을 맞은 1930년대 미국 주식시장은 역사상 가장 큰 붕괴가 있었다. 실업률이 30%를 넘고 끼니를 잇지 못하는 사람들이 거리에 넘쳤다. 그런 상황에서 주식시장이 좋아질 수가 없었다. 당시 주가지수 100 언저리에 머물고 있을 때 유명한 재야의 한 투자가는 100년 후면 주가지수 10,000을 훌쩍 넘길 것이라고 떠들고 다녔다. 그는 미국이 갖고 있는 저력과 힘의 균형이 영국에서 이미 미국으로 이전하고 있다는 점을 근거로 제시했다. 또한, 금리 추이와 GDP 성장률을 5% 잡았을 때 자기만의 계산법이라고 주장했지만 모두 그를 미친 사람이라고 손가락질했었다. 주식으로 망해 정신이 이상해진 사람이라고 치부했었다. 그의 예측은 정확히 100년이 되기 전 10,000%(100배) 상승했고 연이어 200배를 넘기고 끊임없이 상승곡선을 지금도 그려가고 있다.

최근 미국의 일부 투자전문가들은 지난 미국증시의 성장률을 기준으로 계산해 보면 향후 10년 후엔 다우지수 3만 7천에 도달하고 20년 후엔 70,000을 훌쩍 넘을 것이라고 진단하고 있다. 일부는 수긍하고 일부는 터무니없는 소리라고 일축하고 있지만 두고 볼 일이다. 우리는 신이 아닌 이상 내일의 일을 알 수는 없다. 그러나 분명한 것은 숱한 이슈와 위기를 겪으면서도 다우지수는 꾸준히 상승해 왔다는 점은 누구도 부인할 수 없다.

우리나라도 마찬가지다. 다른 나라에 비해 지수는 더디게 올라왔지만, 꾸준히 상승해 왔다는 것은 명확하다. IMF 당시 우리나라 주가지수는 400 아래까지 갔다가 다시 올라오는가 싶더니 미국금융위기를 당해 다시 지수 1,000 아래로 내려갔지만, 오뚝이처럼 또 고개를 들고 올라와 있지 않았던가. 국가가 존립하기 위해선 꾸준한 성장이 뒤따라야 한다. 그와 궤적을 같이하고 동행할 것 또한 주식시장이다.

우리 증시는 지금은 앞이 보이지 않는 긴 터널에 들어 있다. 다시 한 번 전성기를 맞을 시기는 정확히 알 수 없지만 머지않아 터널 속을 무사히 통과할 것이다. 위에서 언급한 몇 가지 이유가 아니라도 좋은 날은 반드시 온다는 것이 내 생각이다. 그리고 앞으로는 디커플링(decoupling)을 반겨야 할 때다. 미국시장이 조정을 받으면 오히려 우리에게는 유리한 환경이 조성될 수 있다. 탈동조화가 꼭 나쁜 것만은 아니다. 선진국 시장들이 큰 조정을 받으면 오히려 우리 증시는 안전할 수 있을 것이다. 전 세계적으로 제로 금리상황에서 돈들이 갈 곳이 없기 때문이다.

앞으로 10년은 우리 경제는 물론 금융시장이 크게 바뀌는 전환점이 될 것이다. 현재의 굴뚝산업 구조로 되어 있는 중화학공업의 기업중심에서 아이디어 집약적인 산업으로 자리 잡고 성장기에 들어서게 된다. 그때가 우리 주식시장도 새로운 역사를 기록할 것이며 선진국형 금융시장으로 변신해 있을 것이다.

전기차 시대의
서막

    조선산업과 자동차 생산가동은 전북 군산의 경제를 이끌어온 대표적인 두 축이었다. 조선 경기 위축으로 현대중공업이 공장 폐쇄를 하고 이어 GM자동차 공장도 문을 닫자 군산 경제는 물론 전북의 모든 산업은 큰 위기에 빠져 있었다. 그 와중에 뜻밖에도 희소식을 준 것은 전기자동차였다. 비운의 한국GM 군산공장이 2021년 연산 5만 대 규모의 전기자동차 생산기지로 탈바꿈한다는 뉴스로 군산지역은 안도의 숨을 쉬고 있다는 소식이다. 엠에스오토텍 등 자동차 부품회사 컨소시엄이 군산공장을 사들여 전기차 생산 공장으로 활용하기로 결정하면서다. 미국 제너럴모터스(GM) 본사가 지난해 5월 군산공장 폐쇄를 결정한 지 10개월 만이다.

    한국GM은 현대자동차 1차 협력사인 엠에스오토텍이 주도하는 컨소시엄과 군산공장 매각을 위한 비공개 합의서를 맺었다고 공식 발표했다. 엠에스오토텍은 이날 관계사인 ㈜명신이 군산공장 토지와 건물 등을 1,130억 원에 취득할 예정이라고 공시했다. 컨소시엄엔 총 6개 기업이 참여한 것으로 알려졌다. 인수의 주체인 컨소시엄 측은 생산라인 전환 작업 등을 거쳐 2021년부터 연 5만 대의 전기차를 생산할 계획이라고 밝혔다. 초기에는 주문자상표부착생산(OEM) 방식으로 전기차를 위탁 생산하고, 5년 안에 자체 모델을 개발할 방침을 세웠고 2025년 연산 15만 대까지 생산능력을 키운다는 목표다.

이 인수에 참여한 투자자들은 대부분 자동차 부품을 제조하여 현대자동차와 기아차에 납품하는 하청업체들이다. 하청업체들 중에서도 중위권에 있는 기업들이 뭉쳐 컨소시엄을 구성해 완성차를 제조하겠다는 전략이다. 현대자동차 주 납품업체들이 이젠 하청업체의 단계를 벗어나 완성차를 만들어 현대자동차와 당당히 경쟁하는 구도로 가겠다는 점은 전기차 시대의 변화를 단적으로 볼 수 있는 사례가 아닐 수 없다.

그런가 하면 반도체 팹리스를 계열사로 둔 미국의 한 소프트개발 전문회사의 경영진이 자신들도 전기차 생산을 진지하게 고민하고 있다고 말했다. 무슨 생뚱맞은 말이냐고 반문하는 나를 보며 옆에 있는 친구는 "전기차는 더 이상 자동차 산업이 아니다"라고 말하는 것이었다. 전기차는 이름 그대로 전자업종으로 분류되어야 한다고 말하는 것이다. 컴퓨터가 여러 부품들로 조립된 것처럼 자동차도 바퀴 달린 컴퓨터에 불과하다는 주장이었다. 곰곰 따져보니 맞는 말이다. 길거리에서 달리며 사용하는 바퀴 달린 대형 컴퓨터라는 말이 과장된 것이 아니라는 것을 전기차 구조를 보면 이해할 수 있다. 충전된 배터리에 저장된 전기로 모터를 돌리고 모든 기능도 스크린 터치로 조작하며 배터리를 이용해 작동할 수 있어서다. 그리고 차량의 계기나 운행을 컨트롤하는 시스템 등은 모두 컴퓨터화되어 있다. 자동차 안에서 이 메일을 보내고 동영상을 제작 업로드하는가 하면 전 세계에 흩어져 있는 지사와도 업무회의를 하는가 하면 시시각각 뉴스를 받아볼 수 있다. 냉철히 따져보면 전기차를 자동차기계업종이 아닌 전자업종으로 분류되어야 한다는 주장도 설득력이 있어 보인다.

엔진자동차 보다 긴 전기자동차의 역사

사실 전기자동차의 역사는 엔진을 사용하는 오토사이클(정적사이클) 방식의 자동차보다 먼저 고안되었다. 1830년 영국 스코틀랜드의 사업가 앤더슨이 전기자동차의 시초라고 할 수 있는 세계 최초의 원유전기마차를 발명했기 때문이다. 실질적으로 상용화된 시기는 1880년대 들어서다. 중앙일보 기사를 보면 1881년 프랑스 파리에서 열린 국제전기박람회에서 구스타프 트루베가 삼륜전기자동차를 운행하면서부터 대중의 주목을 받았다. 당시 내연기관차는 전기로 돌리는 시동 모터가 없어 차 밖에서 크랭크를 돌려 시동을 걸어야 했다고 한다. 이어 1898년 독일의 페르디난트 포르셰는 전기차 '포르셰P1'을 개발했다. 전기모터 2개가 장착된 최고 시속 35㎞의 P1은 1회 충전에 80㎞의 거리를 달렸다. 프랑스에서는 1900년 전기자동차를 파리시의 소방차로 썼다. 뉴욕에선 전기차 충전소가 여러 곳 들어서면서 1897년부터 전기 택시 공급이 시작됐다. 1900년 당시 뉴욕에만 2,000여 대의 전기차가 운행됐고, 미국 전역에서 한때 3만여 대 이상의 전기차가 달렸다. '발명의 아버지'로 알려진 토머스 에디슨도 전기차 개발자로 나섰을 정도다.

잘 팔리던 전기차는 1908년 포드의 창업자이자 '자동차 왕'으로 불리는 헨리 포드가 컨베이어벨트를 이용한 대량 생산 방식으로 T형차를 내놓자 아성이 흔들리기 시작한다. 무거운 배터리 중량, 긴 충전 시간, 일반 자동차의 두 배가 넘는 가격 등도 대중화의 발목을 잡았다. 더구나 1920년대 미국 텍사스에서 대형 유전이 개발되면서 전기차는 가솔린차에 주도권을 빼앗기고 무대 뒤로 밀려났다. 자동차 생산과 함께 빠르게 성장한 산업이 원유 정제와 그것을 공급하는 주유소들이었다. 곳곳에 주유소가 건설되고 정비센터들도 속속 들어서면서 내연기관 자동차 시대를 빨리 정착시킨 것이다.

이후 100년 가까이 내연기관 자동차 시대가 이어졌다. 전기차는 가솔린차의 독주 속에서 골프장 카트 등으로 간신히 명맥을 이어올 정도였다. 1970년대 오일쇼크 덕에 잠깐 조명을 받았지만, 유가 하락으로 다시 관심권에서 멀어졌다. 전기차가 재등장한 것은 1990년대 환경문제가 대두되면서부터다. 각국 정부의 친환경 규제로 세계 각국이 탄소 배출과 연비 규제에 나서면서 본격화된 것이다. 또한, 한때 원유가격이 150불을 넘으면서 본격적인 전기차 시대를 앞당기게 되었다.

만약 초창기 때부터 꾸준히 전기차 발전이 진화됐다면 자동차 문화는 어떻게 달라졌으며, 우리의 삶에는 어떤 영향을 미쳤을지 생각해 보지 않을 수 없다. 우리의 지구는 훨씬 깨끗한 환경을 유지하며 전혀 다른 삶의 질로 바꿔 놓았을 것이다. 다양한 분야에서 전기자동차와 장비 각종 내연기관의 교통수단들이 전기구동에 의한 기술로 거듭 발전을 해 오지 않았을까 짐작해 볼 수 있다. 유행은 돌고 돈다는 말처럼 환경문제가 대두되면서 옛날 최초의 자동차 모델이 다시 부활한 것이다.

지금까지 전기차는 1세대를 거쳐 이제 3세대 전기차 시대로 들어섰다. 전기차가 아직 본격적으로 활성화가 되지 못한 이유는 비싼 가격과 한 번 충전으로 갈 수 있는 거리의 제한이었다. 또한 장거리를 주행하므로 충전해야 할 시설의 부족도 전기차 발전을 가로막는 요소였다.

1세대 전기차의 주행거리는 100㎞ 전후였다. 그리고 큰 단점 또한 짧은 주행거리로 인한 장거리 운행을 할 수 없다는 점이다. 전기차 충전소가 제한되어 있어 단거리 중심의 이용 수단이란 불편함이 있었던 것이다. 긴 충전시간도 걸림돌이었다. 이를 보완하고자 배터리업체들을 중심으로 꾸준한 기술개발이 이뤄져 왔었다. 2세대라 할 수 있는 전기차가 미국의 전기자동차 전문기업 테슬라의 본격적인 대량생산으로 실현되었다. 주행거리도 대폭 향상되었고 무엇보다 가격이 크게 낮아진 것이다.

제3세대의 전기자동차 시대

그 후 지속적인 배터리 업체들의 기술 노하우와 생산 효율화로 단기간에 새로운 개념의 제3세대 배터리 개발되었고, 전기차의 두뇌라고 할 수 있는 시스템의 성장과 신기술도 한몫했다. 엔진 자동차와 가격 차이를 크게 좁힌 제3세대 전기차는 한 번 충전으로 400~600㎞까지 운행할 수 있는 대폭 향상된 주행거리와 빠른 충전으로 성능이 개선되어 본격 생산되고 있다. 올해부터 테슬라 등 주요 자동차 업체들이 3세대 전기차를 출시한다고 발표함에 따라 기대감이 더욱 높아지고 있다. 2019년 글로벌 자동차 판매량은 약 9,250만 대, 전기차 판매량은 약 400만 대가 될 것으로 업계는 보고 있다. 이렇게 되면 전기차가 전체 자동차의 4.3%를 점유하게 된다. 현재의 진행속도라면 향후 10년 안에 전기자동차는 전체생산량의 30% 이상을 차지할 것으로 전망하고 있다. 일부 관계자들은 그보다 훨씬 더 빠르게 전기치 대중화 시대가 다가올 것으로 예상하고 있다.

제3세대 전기차의 가장 큰 장점인 친환경적인 부분과 저렴한 유지관리비를 먼저 생각할 수 있는데, 더 나아가 웰빙이 차지하는 부분도 큰 장점이다. 주기적으로 주유소를 찾아야 하는 번거로운 일과 직접 주유를 해야 하는 불편함을 줄일 수 있어서다. 일정한 시간마다 교체해야 하는 엔진오일과 에어필터 등도 신경 쓸 필요가 없다. 수많은 내연기관의 고장으로 인한 불편함과 위험성도 크게 줄어드는 것도 전기차 매력이다. 전기차가 늘어남에 따라 자연스럽게 일자리가 위축되거나 아예 설 땅이 없어질 직종들도 많아질 것을 쉽게 예상해 볼 수 있다.

21세기 들어 가장 큰 두 가지의 변화를 꼽는다면 스마트폰과 전기차 시대가 될 것이다. 스마트폰 출현은 수많은 직업들을 사라지게 했고 사회시스템은 물론 삶의 스타일을 완전히 바꿔 놓았다. 특히 밀레니엄 세대들에게는 유치원서부터 가장 친숙하고 익숙한 소통의 수단이자 정보의 습득을 위한 필수품이 되었다. 향후 전기차가 거리를 메우게 되면 또 다른 삶의 변화를 느끼게 될 것이다. 본격적인 자율주행차가 수많은 서비스를 대신할 것이고 우리나라에도 본격적인 공유경제가 실현될 것이다.

현재 서울 시내 곳곳에 공용자전거가 설치되어 있어 누구나 쉽게 그 자전거를 이용해 이동할 수 있다. 목적지에 도착하면 가까운 보관소에 두면 된다. 향후 전기차가 대중화되면 공유 자전거처럼 전기자동차들도 공유자동차로 사용하게 될 것이다. 이른 새벽이면 배달하는 식자재와 신선한 채소 등 아침 먹거리를 취급하는 업체들도 자동화된 시스템으로 바뀌고 배달책임은 특화된 자율전기자동차들이 사람을 대신할 것은 쉽게 예상해 볼 수 있다.

수많은 제조업체들은 이 전기차 생산에 뛰어들 확률이 매우 높다. 특히 소프트 설계회사나 전자제품을 생산하는 기업들도 관심을 가질 수 있다. 그런가 하면 많은 투자자들이 컨소시엄을 이뤄 자신들만의 특화된 디자인의 전기차를 만들 수도 있을 것이다. 전기자동차는 앞에서 언급했듯 말 그대로 굴러다니는 컴퓨터로 볼 수 있기 때문이다.

단순해진 전기자동차의 생산시스템

군산의 GM공장을 인수한 컨소시엄의 완성차 생산계획도 단순했다. 기존의 조립라인을 보완하고 부품을 규격화하여 단순조립을 한다는 계획이다. 가능한 일이다. 50% 이상 줄어든 부품들은 중국이나 베트남 인도 등에서 수입하고 본사는 디자인과 조립라인에 집중한다는 전략이다. 부분별 특화된 시스템으로 효율성을 높이면 경쟁력이 있다는 계산으로 상당한 설득력이 있어 보인다.

맨 처음 군산공장을 건설했던 대우자동차가 추가 설비를 투입했던 금액과 GM의 생산라인에 투입된 비용은 엄청난 규모였기에 영업이익을 내기가 쉽지 않았다. 그에 비하면 30%도 되지 않는 비용으로 조립라인을 확보하고 부품은 전문 가공업체에서 납품받아 생산한다는 것은 전기자동차이기에 가능한 일이다. 앞으로 수많은 기업들이 이 전기차 시장에 뛰어들어 획기적인 디자인과 콘셉트로 독창적인 모델을 내놓을 것은 자연스러운 현상이 될 것이다. 엔진 자동차보다 더 싼 가격에 시장에 나올 것이며 단순한 비용절감과 환경문제를 넘어 웰빙 문화로 자리 잡을 확률이 훨씬 더 높다.

전기자동차의 핵심 배터리 산업

전기자동차 생산원가에서 가장 많이 차지하는 부분이 바로 배터리고 전기차의 핵심이라고 할 수 있다. 현재 우리나라의 주력산업으로 제2의 반도체로 자리 잡은 블루오션이다. 일본과 중국을 비롯하여 한국 기업(LG화학, 삼성SDI, SK이노베이션)들이 세계시장에서 경쟁하고 있다.

2019년 포스코경영연구원(POSRI)과 금융투자업계 등에 따르면 지난해 LG화학, 삼성SDI, SK이노베이션 등 국내 배터리 완성품 제조 3사가 글로벌 자동차기업으로부터 신규 수주한 금액은 110조 원대에 달했다. 국내 최대 수출 효자상품인 반도체의 연간 수출규모가 141조 원임을 감안하면 제2의 반도체라고 할 수 있는 주력산업이 아닐 수 없다.

세계 전기차용 배터리 시장은 지난해 2배 가까이 성장했다. 배터리 업계 전문 시장조사업체인 SNE리서치의 발표를 보면 지난해 세계 전기차용 2차전지 출하량은 109.8기가와트(GWh)로 전년(60GWh)에 비해 무려 83%나 성장했다. 업체별로 보면 한·중·일 3파전으로 시장점유율은 중국 CATL이 23.0%로 가장 높았다. 이어 일본 파나소닉(21.9%), 중국 비야디(12.8%), LG화학(10.2%), 삼성SDI(5.5%) 등의 순으로 집계됐다.

그동안 한국 배터리 업체들은 수조 원이 넘는 투자비용에 비해 전기차 시장의 성장 속도가 더뎌 예상보다 성과를 거두지 못했다. 하지만 최근 들어 유럽과 중국을 중심으로 환경 규제가 강화되며 상황이 반전되고 있다.

2018년 세계 자동차 시장에서 전기차는 전년도(98만 대)에 비해 2배가량 많은 197만 대 수준의 판매량을 기록했다. 지난해 초 예상한 판매량이 137만 대 수준인 것을 감안하면 당초 기대보다 높은 성장이다. SNE리서치는 전기차 시장이 올해 610만 대에서 2025년 2,200만 대 규모로 성장하며 전체 판매 차량의 21%를 차지할 것으로 전망하기도 했다. 글로벌 시장조사업체 트렌드포스 산하 에너지 트렌드 역시 올해 세계 전기차 배터리 시장이 155GWh로 지난해와 비교해 50% 이상 늘어날 것으로 내다봤다.

전기자동차의 배터리 산업은 엄청난 투자와 오랜 기술력을 바탕으로 경쟁하기 때문에 신규 진입이 쉽지 않다. 20년 넘게 지속적인 투자와 기술개발에 매달려 왔지만 아직까지 우리나라 배터리 제조 3사는 손익분기점을 넘지 못하고 있다. 투자설비 규모에 비해 생산량이 적어 원가를 맞추기가 쉽지 않아서다. 대형 투자설비의 경우 손익분기점의 적절한 생산량 이상 출하되어야 가격경쟁력이 생기는 산업의 특성이 있다. 어찌 보면 반도체 생산구조와 흡사한 면이 없지 않다. 여러 전기차 관련 전문가들이 예상하는 성장률을 감안해 보면 향후 2~3년 후부터 큰 영업이익이 발생할 것으로 보고 있다. 이와 연관된 많은 부품, 소재업체들도 동반성장할 가능성이 매우 큰 영역이다. 향후 10년 안에 현재의 전기자동차 시장은 최소한 700~1,200% 성장할 것으로 계산해 볼 때 우리나라의 새로운 성장동력이 될 수 있는 블루오션으로 자리 잡을 것을 확신한다.

투자자적 관점에서도 가장 깊이 있게 지켜봐야 할 산업 섹터라 할 수 있다. 전기자동차 관련 산업은 이제 진입기를 지나 막 성장단계에 들어섰다고 볼 수 있어서다. 산업의 성장 과정이 통상적으로 진입기, 성장기, 성숙기를 지나 완숙기를 맞는다. 기술진화가 빠른 산업은(IT, 전자 생활소비, SNS 관련 기기 등) 주기적으로 바뀌는 경향을 보이지만 자동차산업은 일반 소비와 다른 자산 개념으로 보기 때문에 사이클이 길고 오래가는 특성이 있다.

전기자동차의 특징적 구조

　전기자동차 배터리 구조는 크게 세 가지로 나눌 수 있다. 배터리 셀(Cell) 부분을 첫째로 둘 수 있다. 전기에너지를 충전, 방전해 사용할 수 있는 리튬이온 배터리의 기본 단위인 양극, 음극, 분리막, 전해액을 사각형의 알루미늄 케이스에 넣어 제작한다. 이 부분에서도 우리나라의 기업들이 세계 상위권을 차지하고 있다. 양극재를 생산하는 에코프로비엠과 포스코케미칼이 있다. 양극재는 음극재, 분리막, 전해액 등과 함께 배터리의 4대 소재로 배터리 용량과 출력 등을 결정한다. 배터리 생산원가의 약 40%에 달할 만큼 가장 큰 비중을 차지하는 소재라고 할 수 있다. 에코프로비엠은 SK이노베이션의 NCM811 양극 재료 첫 공급사이고 삼성SDI 전기차용 NCA 양극 재료 공급도 시작돼 2020년부터 매출액이 50% 이상 증가할 것으로 점쳐진다. 뒤늦게 2차 전지 시장에 뛰어든 포스코케미칼은 주식시장에서 가장 핫한 종목이 되었고 대장주로 등극했다. 고객사인 LG화학의 소재 구매량이 빠르게 늘고 있어 신규 공장이 가동되는 2020년부터 2차전지 소재(양극재·음극재)매출액은 170% 급증할 것이란 전망이다.

　두 번째 배터리 분야의 주요 부분은 배터리 모듈이라고 할 수 있다. 배터리 셀을 외부충격과 열, 진동으로부터 보호하기 위해 일정한 개수로 묶어 프레임에 넣은 배터리의 조립체라고 생각하면 쉽다.

　그리고 세 번째로 배터리 팩이라고 할 수 있다. 전기차에 장착되는 배터리 시스템의 최종 공정의 형태라고 이해하면 된다. 배터리 모듈에 냉각시스템 등 각종 제어 및 보호시스템을 장착하여 완성된다. 음극집전체용 동박 생산업체인 일진머티리얼즈는 산업 내 동박 수급이 타이트하다는 점이 긍정적이다. 소재 요구량 증가분만큼의 투자를 계속하고 있어 장기적인 매출액 성장과 수익성 개선이 꾸준히 이뤄질 것으로 보고 있다.

우리나라 완성품 배터리 업체 트리오의 성장과 함께 부품 소재업체들도 상당한 수준의 기술개발과 함께 세계적인 기업으로 발전해 왔다. 반도체 장비 소재업체들이 오랜 기간 기술개발을 통해 상당한 발전을 이뤄왔듯이 전기차 부품소재 기업들도 세계적인 전문기업으로 성장해 갈 것이다.

배터리 완제품 3사의 특징은 배터리사업 외에 몇 가지 주력제품들이 묶여 있다는 점이다. 배터리 분야에서 실적이 안 좋았을 때 화학이나 소형전지 부분과 정제유 부분에서 실적이 좋아 지속되는 적자를 메꿔 주었다. 반대로 배터리 시장이 커지고 본격적인 성장기에 들어서면 배터리에서 벌어들인 영업이익이 묻혀버릴 수 있어 주식가치가 제값을 받지 못할 수도 있다는 점도 고려해 볼 필요가 있다. 어쩌면 배터리사업이 본 괘도에 오르면 배터리사업을 부각시키고 가치를 인정받기 위해 물적 분할을 단행할 것으로 예측된다. 특히 LG화학과 SK이노베이션의 경우 그럴 가능성이 매우 높다. 현재 두 회사는 다른 업종과 같이 매출 부분이 잡혀 결산하므로 그 가치가 희석되고 있다. 아이템의 전문화와 성장 가치를 제대로 평가받기 위해서는 필연적으로 시행할 수 있을 것으로 전문가들은 보고 있다. 전기차 배터리 분야에 관심을 두고 있는 투자자라면 이 점도 염두에 둘 것으로 권유하고 싶다.

○━━

100년 기업에
투자하라

해마다 3월이 되면 많은 투자자들은 탄식과 함께 한숨 소리가 여기저기서 들린다. 자신이 투자해 놓은 회사가 하루아침에 상장 폐지되거나 거래가 중단되는 사태를 맞이하기 때문이다. 늘 연례행사처럼 일어나는 일을 보면서도 왜 수많은 투자자들은 똑같은 실수를 반복하는 것일까. 자녀 결혼식을 위해 마련해 놓은 돈을 또는 퇴직금으로 받은 자금을 조금이라도 불려볼까 하는 생각에 투자했다가 전 재산이나 다름없는 돈을 날리는 비통함은 경험해 보지 못한 사람들은 이해하기 힘들 것이다. 상장폐지 되었거나 거래중단 된 기업들을 보면 한때 상장기업 중 이름을 날리던 회사들이 있는가 하면 아주 높은 금액으로 거래되던 소위 우량주에 속한 종목들도 있어 그 충격은 더 크다고 할 수 있다.

여러 통계를 보면 우리나라 기업들의 한계 수명이 30년으로 보고 있는데 15년을 넘긴 기업의 50% 정도가 30년까지 간다고 한다. 특히 중소기업들은 15년이 고비라고 하니 앞으로 10년 안에 코스닥에 상장된 기업들의 50% 가까이는 상장 폐지되거나 아예 흔적 없이 사라질 수 있다는 얘기다. 매년 결산을 앞두고 수많은 기업들이 상장 폐지되거나 거래가 중단되는 사태도 따지고 보면 놀랄 일도 아니다.

주식투자를 하면서 가장 신경 쓰고 피해야 할 것은 바로 자신이 들고 있는 주식이 휴짓조각으로 변하는 것을 막는 일이다. 몇 년 동안 꾸준히 투자수익을 냈다 해도 큰 악재를 한번 경험하면 그동안 이익은 손실로 이어지고 다시 복구하기가 쉽지 않기 때문이다. 주식투자자들이 큰 손실과 함께 주식투자를 그만두게 된 가장 큰 원인도 자신이 들고 있던 주식들이 휴지로 되면서 투자를 포기하게 된다는 점이다.

누구나 투자활동을 하면서 한두 번은 들어봤을 가치투자의 가장 큰 목적은 지속 가능한 기업에 투자하는 방법이다. 내가 가치주투자를 주장하면서 내세운 기간을 10년으로 말하는데, 그 이유는 통상 산업의 큰 변화가 10년으로 보기 때문이다. 물론 지금은 그 주기가 훨씬 빨라졌고 예측 또한 더 어려워지고 있다. 꾸준히 성장을 이어가는 기업을 찾는다는 것은 결코, 쉽지 않은 일이다. 워낙 변수가 많은 상황을 딛고 가야 하기 때문이다. 해당 기업이 주된 목적으로 하는 사업 외에 경영인의 리스크는 물론 자연재해와 대외적인 상황도 무시할 수 없는 일이다.

한국은 장수기업이 나올 수 없는 환경적 요인들도 어느 나라와 비교해도 많은 편이다. 또한, 산업화의 역사가 짧기도 하지만 높은 상속세와 까다로운 상속공제 절차와 2세들의 기업가 정신 결여도 그 원인일 수 있다. 최근 더 큰 문제로 부각되고 있는 부의 대물림이라는 잘 못된 적대적인 정서도 경영지속성과 한 우물을 파는 일류 브랜드가 탄생하지 못하는 배경이기도 하다.

세계적인 장수기업들의 현주소

세계에서 가장 오랜 역사를 가진 기업은 어디일까 궁금하지 않을 수 없다. 놀랍게도 세계에서 가장 오래된 기업은 한국인의 뿌리인 백제인이 서기 578년 일본에 세운 건설회사인 것으로 나타났다. 미국 브라이언트대 윌리엄 오하라 교수는 세계 장수기업과 장수 비결 등을 소개하면서 설립된 지 1426년 된 '곤고구미(金剛組)'가 세계에서 가장 오래된 기업이다. 윌리엄 오하라의 『세기의 성공(Centuries of Success)』이란 책을 보면 "곤고구미는 일본 쇼토쿠(聖德)태자의 초청으로 백제에서 일본으로 건너간 곤고 시게미쓰(金剛重光. 한국명 유중광)를 비롯한 세 사람의 장인에 의해 설립됐다. 당시 일본 왕실의 명을 받아 사천왕사(四天王寺. 오사카 성)와 사찰, 신사, 성 등을 지었다. 오사카(大阪)에 있는 사천왕사는 일본에서 가장 오래된 사찰"이라고 한다. 현재도 이 회사는 일본에서 사찰 신축뿐 아니라 아파트, 빌딩 등 현대식 건설사업도 하고 있다.

통상 100년의 역사를 지닌 기업을 장수기업이라고 지칭한다. 장수기업 하면 먼저 일본과 독일을 떠올리게 되는데, 전 세계 200년 이상 된 기업 총 7,212곳 가운데 절반 이상인 3,937곳(54%)이 일본에 있다. 일본 이시카와 현에 있는 전통 료칸인 호시료칸은 718년 설립돼 업력만 1301년 된 세계에서 가장 오래된 호텔이다. 그런가 하면 일본에는 창업한 지 1000년 이상 된 회사가 7곳이며 500년 이상은 32곳, 200년 이상이 3,937곳에 달한다고 일본 상공회의소가 발표한 기사를 본 적이 있다. 물론 1,000여 년 전에 기업개념이 있었을지 모르지만 한 업종에 대대로 대물림했다는 자체는 바로 역사이자 그것을 지켜온 신앙과도 같은 혼이라고 표현하는 게 맞을 것이다.

100년 이상 된 기업은 일본 전국에 3만 3,069곳에 달해 현지에서는

숨겨진
부의 설계도

장수기업 축에도 끼기 힘들 정도다. 최근 일본과의 무역규제 조치에 따라 새롭게 알게 된 것도 반도체 소재 제조회사가 한 제품만을 위해 100년 이상 단일제품을 유지해 왔다는 데서 알 수 있다. 세계 일류제품과 경제적 해자의 지위를 누릴 수 있는 것은 오직 단일제품 생산에 기술을 키우고 지속적으로 발전해왔기에 가능했다.

또 다른 장수기업의 대표적인 국가는 독일이다. 특히 정밀부품제조업 분야에서 장수기업이 많다는 특징이 있다. 독일의 세계적 경쟁력을 갖춘 히든챔피언 대부분은 장수 가족기업에서 탄생하고 있다. 200년 이상 된 기업만 1,563곳에 달하는데 가족기업 비중이 매우 높은 것도 일본과 비슷하다. 독일 전체 기업 300만여 개 가운데 가족기업은 295만 2,900곳(95.3%)에 달할 정도다. 세계적으로 어떤 경제위기가 닥쳐도 크게 흔들리지 않는 독일 경제구조의 비밀이 바로 여기에 있다.

한국의 장수기업들

반면 우리나라의 100년 이상 되는 장수기업들은 얼마나 되는 것일까. 200년 된 기업은 아쉽게도 하나도 없다. 100년 이상 된 기업을 꼽는다면 두산(1896년 설립), 동화약품(1897), 몽고식품(1905), 광장(1911), 보진재(1912), 성창기업(1916) 등 6곳에 불과하다. 사실 합병을 하거나 주된 사업목적을 바꿨다고 하면 이름만 장수기업이지 진정한 지속경영이라 할 수 없다. 장수기업은 단지 회사의 역사를 말하는 것이 아닌 그 회사가 오랫동안 한 우물을 파며 자신들의 제품을 최고의 반열에 올려놓거나 기존 사업을 발전시키며 전통을 지켜왔을 때 비로소 장수기업으로 불릴 것이다. 그런 의미에서 우리나라 장수기업을 찾는다면 그 숫자는 더 줄어들 수 있다. 세계적으로 우리나라는 경제 대국에 들어설 정도로 상위권에 자리하고 있다. 이런 환경 속에서 우리 기업들이 향후 100년 200년으로 이어갈 기업들은 과연 몇 개나 될지 곰곰생각해 보지 않을 수 없다.

투자자적 관점으로 본다면 꼭 장수기업이라야 좋은 투자대상이 될수 있고 장기간 투자의 보상이 따른다는 것과는 또 다른 문제다. 지금은 산업 자체가 뿌리째 변화하거나 퇴보하기 때문이다. 그 나라의 정치적 상황과 주거래 교역국과의 성장 속도에 따라 사업 환경은 크게바뀌고 흥망을 가름하기 때문이다. 그렇더라도 투자를 고려할 때 기본적으로 검토해야 할 것은 지속경영이 가능한 기업인가를 우선 따져봐야 한다.

어느 한 기업이 장수기업으로 지속하기 위해서는 어떤 조건과 경영방침을 세우고 가야 할까. 세계기업들의 평균수명은 13년으로 우리나라와 큰 차이가 없다. 그중 살아남은 기업들도 30년이 지나면 80%는사라진다는 통계수치를 보면 기업들이 100년을 지속하기가 결코, 쉽지 않음을 짐작해 볼 수 있다. 100년 기업으로 가기 위해 기업들은 어떤 조건을 갖춰야 하고 어떤 능력을 키워야 하는지 등 다양한 저서들과 논문들이 나와 있다. 그들이 주장하는 내용 또한 큰 차이는 없지만, 그 중『100년 기업의 조건』의 책을 통해 알아보기로 하자.

미국의 유명한 IT 기업 시스코시스템즈에서 수석부회장을 지낸 케빈 케네디는 이 책에서 기업이 장기적으로 살아남을 수 있는 조건으로경영위기에 대한 대응력을 꼽았다. 그리고 저자는 경영상의 위기를 부를 수 있는 4개의 조건들을 제시하고 있다. 경영 측면의 위기조건은 4가지로 요약했는데 혁신, 제품교체, 전략, 얼라이먼트라고 주장한다.

아울러 기업의 건강상태를 감시하는 바이탈 사인(vital sign)을 장수기업이 반드시 갖추어야 할 덕목으로 지목하고 있다. 이 책이 나온 지 벌써 15년 가까이 지났기에 그가 주장하는 위기조건을 다 맞는다고 할 수 없겠으나 예나 지금이나 변하지 않아야 할 경영의 지침은 분명하다. 스마트폰 시대가 본격화된 이후부터 많은 산업 부분도 크게 바뀌었고 기업생태계 자체가 변화하였기 때문에 이 책이 말하는 경영전략이나 위기조건 또한 변할 수 있다는 생각이다.

그중 혁신과 제품교체는 기업이 경영활동을 하면서 필수적으로 거쳐야 하는 과정이 아닐까 싶다. 또한, 기업의 건강상태를 주기적으로 감시하는 '바이탈 사인'은 그 어느 때보다 중요한 과제로 볼 수 있다. 우리가 정기적으로 건강검진을 받아 사전에 질병 유무를 알아내고 가급적 초기에 발견해 치료하면 생존율이 높고 더 건강한 삶을 영위하는 것처럼 기업 또한 반드시 시행해야 할 사항이라는 데 동의하는 것이다. 그 건강 상태에 따라 여행을 가거나 음식조절은 물론 일을 하는데도 강약을 조절하듯 기업도 마찬가지의 과정을 거치며 기업체질을 바꿔야 하기 때문이다.

투자자적 입장에서 따져볼 때 과연 우리나라에도 100년을 갈 수 있는 기업들이 얼마나 될 수 있을지 점검해 필요가 있다. 급변하는 산업 변화와 대외적인 환경에서도 기업의 존망은 크게 영향을 받을 수 있기 때문에 현재 상황을 기준으로 짚어보는 것도 투자하는데, 도움이 될 수 있다는 생각에서다. 투자활동을 해온 25년이 넘는 기간 수많은 기업들을 탐방하고 현장을 보아왔는가 하면 경영진들과 미팅을 했다. 그리고 그 기업의 제품들이 어떻게 판매되고 소비자들은 왜 그 제품을 사게 되는지, 해당 기업에 어떤 인식을 갖고 있는지 등 현장을 통해 관련 기업의 실상을 확인할 수 있었다. 그와 더불어 지속경영이 가능한 지 나름대로 보는 기준이 생겼다.

『100년 기업의 조건』책이 주장한 장수기업이 갖춰야 할 4가지 핵심 요건 외에 내가 기준으로 삼는 것은 세계화와 경제적 해자의 기업을 추가하고 싶다. 독특한 우리나라만의 기업환경과 경쟁요소가 있기 때문이다. 위 책에서 말한 장수기업의 요건과 경제적 해자의 자격을 갖춘 미래 장수기업은 어느 곳이 있을까 찾아보자.

여기서 장수기업 100년을 기준 하는 것은 현재의 업력으로 향후 100년까지 지속 가능한 기업을 말하는 것이다. 기업이 살아남기 위해서는 혁신과 제품은 필수요건이다. 사업 다각화 보다는 수직화된 생산라인을 통해 가격 경쟁력과 품질향상으로 나설 수밖에 없다. 여기에서 빼놓을 수 없는 것은 브랜드 가치를 높일 수 있는 디자인과 콘텐츠의 역량이다. 이젠 좋은 콘텐츠 없이는 절대 성공할 수 없다. 상품의 가치를 높이고 세계적인 브랜드로 올라서기 위해서는 콘텐츠의 기획력과 디자인의 감각도 빼놓을 수 없는 가치다.

▌삼성전자(005930)

한국을 대표하는 기업으로 세계적으로 모르는 사람들이 없을 정도다. 1969년 1월 삼성전자공업주식회사로 설립되었다. 생각보다 업력이 그다지 길지 않는 것에 많은 사람들이 놀라워한다. 반세기를 지나는 동안 세계 최고의 전자종합기업으로 성장하였기 때문이다. 그동안 세계적인 전자회사는 일본의 소니를 비롯하여 파나소닉, 도시바 NEC 등은 오랫동안 1위 자리를 지켜왔었다. 최하위 일본 전자회사의 제품보다도 더 싸구려 취급을 받았던 삼성전자 상품들이 최고의 자리를 차지하기까지 그다지 오랜 기간이 걸리지 않았다. 현재 일본을 대표하는 전자기업 10개 회사가 1년에 벌어들인 것을 다 합쳐도 삼성전자 순이익의 절반도 되지 않는다. 그리고 우리나라 중소기업 20,000여 개 기업이 수출하는 한 해의 전체 금액이 삼성전자가 벌어들이는 순이익에도 미치지 못한다.

삼성전자는 본사를 거점으로 CE(TV, 모니터, 가전제품 군)와 IM(스마트폰, 네트워크시스템, 컴퓨터 등)부문 산하 해외 9개 지역총괄 본부로 운영되고 있다. 그리고 가장 핵심사업이라고 할 수 있는 DS(DRAM, NAND Flash, 반도체사업 관련 등) 부문 산하 해외 5개 지역총본부를 두고 생산·판매법인, Harman 산하 종속기업 등 252개의 기업으로 구성된 글로벌 전자 기업이다.

2018년 243조의 매출을 올렸고 영업이익은 58조 8천 원을 달성했다. 또 다른 우리 국민기업이라고 할 수 있는 포스코의 매출이 65조 원가량 되고 영업이익은 5조 5천억 정도다. 현대자동차는 96조 매출에 영업이익은 24조 정도를 달성했다. 삼성전자와 오랜 경쟁 관계를 이어온 LG전자의 경우 61조 매출에 2조 7천억의 영업이익을 올렸다. 우리나라를 대표하는 기업들의 영업상황을 단순비교하면 삼성전자가 차지하는 비중을 짐작할 수 있을 것이다.

그렇다면 과연 삼성전자는 100년 장수기업이 되기 위해 앞으로 50년 동안 지속경영이 가능할 수 있을까 따져볼 필요가 있다. 어떤 방식으로든지 살아남을 수 있겠지만 여기서 기준 하는 장수기업이란 세계적 위치에 서 있으며 지속적인 성장을 말하는 것이다. 앞으로 100년(150년)은 장담할 수 없겠지만, 삼성전자 올해 나이 50이고 향후 100년이 되기까지 남은 50년은 분명 살아남을 수 있다는 생각이다.

그 첫째 이유는 세계적으로 향후 주도할 산업은 4차 산업혁명의 IT를 기반으로 한 신기술업종들이 향후 50년을 이끌어갈 것으로 보기 때문이다. IT산업의 근간이라고도 할 수 있는 반도체는 가장 기본적인 소재이기 때문에 IT산업이 발전을 이뤄가는 동안 함께 성장해갈 수밖에 없다.

삼성전자가 제2의 성장 축으로 삼고 있는 비메모리반도체(시스템반도체)와 메모리반도체의 유기적인 제조라인은 절대적 우위를 차지하며 종합반도체 기업으로 최소 50년은 경제적 해자의 자리를 지켜갈 수 있다는 계산이 나온다. 삼성이 지난해 인수한 하만(Haman)도 자율주행차를 염두에 둔 미래의 준비로 볼 수 있다. 또한, 미래의 블루오션으로 보고 있는 제약·바이오산업과 양축을 형성하며 미래 100년을 준비해 갈 것이다.

투자기준으로 본 현재의 삼성전자 주가는 분명 싸다. 대만이나 미국의 경쟁업체들 주가와 비교해도 가장 낮은 가격대에 거래되고 있고 재무제표상으로도 가장 우량한 주식이다. 그러나 한국의 대표적인 기업임을 감안하면 주가의 본질적인 가치에 거래되기보다는 금융상황과 대내외적인 변수에 더 크게 영향을 받는 것이 옳다고 봐야 한다. 또한, 본사는 한국에 있지만 진정한 주인은 외국인들이란 점도(57% 보유) 주식 가치와 별개로 움직일 수 있다는 판단이다.

향후 우리나라에서 지속경영이 가능한 기업 1위로 놓고 볼 때 삼성전자를 택해 가치주로 모아간다면 조정을 받을 때마다 꾸준히 매수해가는 전략이 필요하다는 생각이다. 삼성전자가 최근 몇 년간 우리 주식시장을 끌고 가며 최고점을 갱신하듯 다시 옛 영화를 되찾기까지는 상당한 시간이 걸릴 수 있다. 경쟁사들의 생산 차질이 생겨 급격한 메모리반도체 가격 상승이나 경쟁사의 특별한 문제로 인해 공급우위의 상황이 생기지 않는 한 충분한 에너지가 필요하기 때문이다. 다만 시스템반도체 생산이 본격화되고 바이오산업을 비롯한 관계사들의 매출이 가시화되는 시점에 삼성전자는 사상 최대의 주가를 보여줄 것이다. 현재 전 세계 동종업계에서 가장 우수한 재무구조를 갖추고 있다. 2018년 말 기준 PER 6.4이고, PBR 1.1은 매우 낮은 가격으로 주가가 거래되고 있음을 보여주고 있다. 낮은 부채비율 36%와 26,648%의 높은 유보율은 세계 어느 동종업계에서도 찾아보기 힘든 우량한 재무구조를 갖고 있는 기업이다. 10년 투자 장기가치주로 꾸준히 모아 가야 할 주식으로 보는 이유다.

GC녹십자

삼성전자와 나이가 같은 녹십자(1969년 창립)는 여타 제약사와는 다른 특별한 기억들이 있다. 고속도로 휴게소 화장실에 가면 녹색의 십자가가 선명한 큰 소변 통이 놓여 있어 참 궁금했었다. 그런가 하면 초등학교에서도 그 소변 통을 큰 트럭에 모아가는 것을 보고 아이들은 아프리카 사람들의 예방약을 만들기 위해서라는 설과 오줌을 누면 오렌지색으로 나오는 비타민제를 만드는 원료를 추출한다는 등 다양한 억측을 준 남다른 기억으로 남아 있었다.

궁금했던 그 소변 통의 비밀은 내가 제약 관련 투자리포트를 쓰기 위해 녹십자를 방문하고 관계자들을 만나면서 그 의문은 풀렸다. 우리들이 온갖 추측을 하면서도 그 오줌통에 정 조준해 가며 착실하게 모아준 오줌은 뇌졸중 치료제인 '유로키나제'를 1973년 분리하는 데 성공했던 것이다. 그 신제품 개발 약은 녹십자의 주력제품이 되었고 뒤이어 개발에 성공한 그 유명한 '헤파박스'를 1983년 탄생하는 밑거름이 되었다.

12년의 연구기간을 거쳐 세계에서 3번째로 개발에 성공한 '해파박스'는 지금까지 세계에서 가장 많이 접종된 B형간염백신으로 기록되고 있다. 녹십자를 세계보건기구는 물론 세계 제약산업계에 데뷔시키고 기업 이미지를 널리 알린 계기가 되었다.

이 신기록의 '해파박스'의 선풍적인 인기에 힘입어 회사는 성장의 기틀을 마련함과 동시 막대한 현금을 확보하게 된다. 그 재원을 어디에 투자할까 오랜 고민 끝에 내놓은 것은 전혀 뜻밖의 대상으로 결정되는데 회사와는 분리된 순수 민간연구재단의 설립이었다. 그곳이 그 유명한 '목암생명공학연구소'다. 녹십자는 왜 자신의 회사에 연구소를 설립하지 않고 순수 비영리단체로 분리하여 연구소를 세운 것일까. 리포트를 준비하면서 갖게 되는 궁금증이었다. 회사가 자회사의 관계기관으로 연구소를 설립하지 않는 이유는 회사의 경영방침에 따라 연구소의 기능이 좌지우지하게 되고 순수한 연구기능을 수행할 수 없기 때문이라고 회사 관계자는 설명해주었다. 연구소는 일관되게 연구기능을 하는 곳으로 존재해야 한다는 것이다. 녹십자의 기업철학과 가치관을 엿볼 수 있는 대목이 아닐 수 없다.

많은 투자전문가들이나 일반인들은 이 목암생명공학연구소가 녹십자의 자회사로 알고 있는 것도 사실이다. 그러나 현재 이 연구소는 예산의 30%는 정부로부터 지원받고 30%는 자체 기금에서 발생하는 수익으로 충당하며 나머지는 녹십자 등 기업으로부터 의뢰받은 연구비와 로열티로 대체하고 있는 순수 민간연구기관이다. 그렇다고 녹십자와 전혀 다른 기관이 아닌 상호 유기적 관계를 지속하며 녹십자가 추구하는 신약개발을 공동수행하고 있다고 보는 게 맞다. 이 연구소에서 개발한 신약들은 녹십자가 전적으로 상품화에 주력하고 있기 때문이다.

의협신문에서 발표한 당 연구소가 개발에 성공한 대표적인 백신을 보면 1988년 세계 최초로 유행성출혈열 백신 개발을 완료했고, 1993년 세계 두 번째로 수두백신을 선보였다. 또한, 국내 최초 HIV 진단시약 완료와 유전자재조합 B형간염백신을 연이어 내놓았고 유전자재조합 인터페론 알파 B형간염 진단시약 외 124건의 특허등록을 하는 등 활발한 연구를 지속하고 있다.

올해로 50의 나이를 맞은 녹십자는 앞으로 100년 장수기업으로 갈 수 있는 토대를 마련하고 있을까. 투자자적 관점에서 들여다보지 않을 수 없다.

주식시장에서 외면받은 주된 원인은 어디에 있을까?

우리나라 제2위의 제약회사임에도 그동안 주식시장에서는 철저히 외면받아 왔다. 회사의 본 가치를 크게 부각시키지 못한 원인은 어디에 있을까 하는 의문도 이 회사를 심도 있게 보는 계기를 주었다. 첫째 이유는 회사의 주 매출에서 찾아볼 수 있다. 국내 매출의 35%가 혈액제제, 25%가 백신이다. 나머지 40%인 의약품사업 중 일반의약품은 9%에 불과하다. 즉, 미래성장동력이 없다는 얘기다. 하지만 향후 10년 동안 모아갈 주식으로 보는 근거도 바로 여기에서 힌트를 찾은 것이다. 회사는 이 점을 보완하기 위해 꾸준히 신약연구개발비를 대폭적으로 늘리고 있고 기본 매출을 받쳐줄 백신 개발에도 좋은 성과를 낸다는 것을 확인할 수 있었다. 그리고 주가도 현재 우리나라 대표 제약사 중 가장 낮은 가격에 거래되고 있는 점도 현시점(10만 원대)에서 주식을 매수할 좋은 타이밍으로 판단했기 때문이다.

그리고 긍정적인 부분도 보이고 있다. 비효율적인 여러 개의 자회사들을 합병하여 수직화를 이루었고 회사 창립 이래 가장 큰 프로젝트라 할 수 있는 최첨단 생산시설을 갖춘 오창공장과 인플루엔자 백신 생산시설인 화순공장이 완공되어 제2의 성장 발판을 마련했다는 점이다.

연구개발부문에서는 전략제품의 글로벌화를 위해 전사적으로 자원과 역량을 집중하며 북미, 유럽, 중국 등에서 글로벌 임상시험을 완료 및 진행 중이다. 면역글로불린 '아이비 글로불린 에스엔', 헌터증후군 치료제 '헌터라제', 3세대 유전자재조합 혈우병 치료제 '그린진 에프' 등이 대표적인 글로벌 전략 품목으로 진행 중이다.

또한, 백신 분야에서는 기존 3사가 독감백신에서 4가 독감백신으로의 전환을 능동적으로 대처하여 백신 시장에서의 선도적 지위를 유지해 나가는 점도 긍정적이다. 특히 올해부터 독감백신 남반구 입찰에서 4가로 전환이 시작되어 PQ를 보유 중인 회사에는 유리한 측면이 있어 기대감을 갖게 한다.

회사의 핵심사업인 혈액제제, Recombinant제제, 백신제제의 대형 수출품목 육성과 신규 시장개척을 위해 캐나다 퀘백주 몬트리올에 혈액분획제제 공장을 설립하고, 생산된 의약품을 현지 구매기관에 공급하기로 캐나다 정부와 계약 체결하였다. 국내 제약기업 최초로 북미에 설립한 바이오 의약품 공장을 교두보로 향후 '아이비글로불린'과 '알부민' 등의 혈액제제 공급, 헌터증후군 치료제 '헌터라제' 등의 수출을 확대해 글로벌시장 공략을 가속화 할 것으로 보인다.

그러나 녹십자가 넘어야 할 산은 바로 미국이다. 제약회사가 꼭 거쳐야 하는 것은 미국의 검사기준이기 때문이다. 세계화로 가는 첫걸음

이자 신약개발에 대한 보증수표나 다름없어서다.

2017년 미국에 설립한 해외법인(Curevo)을 통해 대상포진백신의 미 FDA 임상 1상 계획을 승인받아 임상 1상 진행 중이나 보다 더 적극적으로 집중해야 할 과제가 아닐 수 없다.

현재 국내매출이 70% 이상 차지하고 있다는 점도 풀어야 할 숙제다. 향후 급속한 인구감소와 성장이 멈춘 국내 경기를 감안하면 수출만이 성장을 이끌 수 있는 동력이기 때문이다. 현재 24% 정도인 수출 부분도 잠재력으로 남아 있어 해외시장에 전사의 노력이 필요할 것이다.

재무제표상으로는 상당히 우량한 기업임을 알 수 있다. 낮은 부채비율과(2018년 말 기준 53%) 높은 유보율 1,774%는 상위 제약사 중 건전한 재무구조를 갖추고 있다. 미래를 예측해 볼 수 있는 신약개발 투자비용도 지속적으로 증가하고 있다. 2017년 전체 매출액 대비 10.4%를 연구개발비로 지출했고, 2018년 10.9%이며 총연구비는 1,459억을 투자했다. 향후 10년 동안 꾸준히 투자해도 좋을 주식으로 보는 근거다. 그 외에 동종업계의 투자 종목으로 유한양행을 첫 번째로 꼽고 있으나 이 종목은 앞선 글(바이오 산업의 부분별 섹터)에서 다루었기에 여기서는 생략했다.

10년 동안 투자해도 좋을 종목군

기타 장수기업으로 많은 기업들이 있으나 여러 개의 사업부문으로 연결되어 있고 전문성이 결여되어 언급하지 않았지만 향후 세계를 무대로 성장하게 될 제일제당도 현시점에서 10년간 모아길 좋은 주식으로 보고 있다. CJ제일제당은 내수의 한계를 극복하고자 세계적인 브랜드 비비고를 출시해 좋은 성과를 보이고 있어서다. 미래의 먹거리로 야심 차게 선보인 비비고 제품들은 북미 웬만한 슈퍼마켓에 가면 만두 제품을 선두로 몇 가지를 볼 수 있다. 그리고 매장에 갈 때마다 유심히 지켜보면 백인들이 주 소비층이다. 몇 박스씩 사 들고 가는 백인들에게 어떤 맛이냐고 물을 때마다 엄지를 척 들어 올리며 추천을 마다치 않는다. 즉석요리 제품과 냉동식품의 특성상 젊은 층과 중산층을 겨냥한 가격대를 감안하면 향후 성장성은 무진무궁하다는 생각이다. 전 세계인구의 절반 가까이 사는 아시아 권역의 젊은 국가들을 상대로 얼마든지 성장할 수 있는 잠재력이 있기 때문이다. 현재 북미지역을 먼저 공략한 비비고 제품은 꾸준한 성장을 이루고 있는 점으로 봤을 때 식생활 개선이 이뤄지고 있는 아시아권 진출도 본격화될 것으로 판단된다. 2019년 8월 17일 현재 주가 229,000원은 사상 최대의 할인된 가격으로 볼 수 있다. 향후 10년을 목표로 꾸준히 모아가도 좋을 주식이다.

LG화학도 향후 50년은 장기 지속경영이 가능한 기업으로 보고 있다. 제2의 반도체산업이라고 할 수 있는 전기차 배터리의 성장성은 향후 신성장동력으로 안착할 수 있을 것이다. 현재 화학과 배터리 사업의 양대 축을 형성하고 있는 사업구도에서 배터리사업 부분이 이 회사의 미래를 보장해 줄 것으로 보는 이유다. 향후 50년 지속경영을 넘어 100년 기업으로 갈 확률이 매우 높다.

그 외 카페24주식회사는 한국의 아마존이 될 수 있는 주식이다. 향후 10년 안에 가장 빠르게 성장하며 큰 투자성과를 줄 수도 있어 관심 있게 지켜봐야 할 주식이다.

이 기업의 특성상 향후 100년 장수기업을 갈 수 있다는 것을 짐작하기는 쉽지 않지만 향후 10년 동안 모아갈 주식으로 최 우선주로 추천하고 싶다. IT 관련 E-커머스 종목 중 가장 핫한 주도주가 될 가능성이 매우 높다. 카페24주식회사와 유사한 해외 기업들과 단순 비교해봐도 현 주가 6만 원은 가장 바닥이라는 것을 머지않아 확인하게 될 것이다.

숨겨진 부의 설계도

초판 1쇄	2019년 11월 25일

지은이	자명
발행인	김재홍
편집	이근택
교정·교열	김진섭
마케팅	이연실

발행처	도서출판 지식공감
등록번호	제396-2012-000018호
주소	경기도 고양시 일산동구 견달산로225번길 112
전화	02-3141-2700
팩스	02-322-3089
홈페이지	www.bookdaum.com
이메일	bookon@daum.net

가격	25,000원
ISBN	979-11-5622-478-5 03320

CIP제어번호 CIP2019039855
이 도서의 국립중앙도서관 출판예정도서목록(CIP)은 서지정보유통지원시스템 홈페이지(http://seoji.nl.go.kr)와
국가자료공동목록시스템(http://www.nl.go.kr/kolisnet)에서 이용하실 수 있습니다.